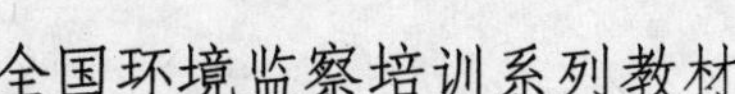

全国环境监察培训系列教材

环境典型案例分析与执法要点解析

环境保护部环境监察局　编

中国环境科学出版社 · 北京

图书在版编目（CIP）数据

环境典型案例分析与执法要点解析/环境保护部环境监察局编. —北京：中国环境科学出版社，2012.4（2012.10 重印）
全国环境监察培训系列教材
ISBN 978-7-5111-0901-9

Ⅰ. ①环… Ⅱ. ①环… Ⅲ. ①环境保护法—行政执法—案例—中国—技术培训—教材 Ⅳ. ①D922.685

中国版本图书馆 CIP 数据核字（2012）第 021276 号

责任编辑 黄晓燕
文字编辑 安子莹
责任校对 唐丽虹
封面设计 玄石至上

出版发行 中国环境科学出版社
（100062 北京东城区广渠门内大街 16 号）
网 址：http://www.cesp.com.cn
电子邮箱：bjgl@cesp.com.cn
联系电话：010-67112765（编辑管理部）
010-67112735（环评与监察图书出版中心）
发行热线：010-67125803，010-67113405（传真）
印装质量热线：010-67113404

印 刷 北京市联华印刷厂
经 销 各地新华书店
版 次 2012 年 4 月第 1 版
印 次 2012 年 10 月第 2 次印刷
开 本 787×1092 1/16
印 张 20.75
字 数 450 千字
定 价 60.00 元

本书编审委员会

序

目前，我国经济进入了工业化、城镇化快速发展的关键时期，传统发展方式带来的经济社会发展与人口资源环境压力加大的矛盾日益凸显。党中央、国务院高度重视我国环境保护监督管理水平的提高，国务院发布的《关于加强环境保护重点工作的意见》（国发[2011]35 号）明确指出应强化环境执法监管，并提出完善督查体制机制，加强国家环境监察职能。这为我们全面做好“十二五”环境保护工作、积极探索中国环境保护新道路、大力提高生态文明建设水平指明了方向。

周生贤部长指出，环境执法监督是环保部门的立局之本。加强环境执法监督，是全面贯彻落实科学发展观、推动环保历史性转变的有效手段，是维护群众环境权益、保障和改善民生的基本要求，是环保部门参与宏观决策的依据、环境综合管理的基础。建立权责明确、行为规范、监督有力、高效运转的环境执法监督体系至关重要。“十二五”期间，环境执法工作要紧紧围绕主题主线新要求，以环境执法监督理念和模式转变为主攻方向，以解决影响科学发展和损害群众健康的突出环境问题为工作重点，逐步实现环境执法“精细化、科学化、效能化、智能化”，构建完备的环境执法监督体系，适应经济社会发展新要求和人民群众的新期待。

环境监察队伍是我国环境保护现场监督管理的专门执法队伍，肩负着环境执法监督的重要任务，奋战在环境保护工作的第一线，他们的素质能力和知识水平直接关系到党和国家环境保护方针政策能否落到实处、环境保护法律法规能否得到贯彻执行。如何建设一流的环境监察人才队伍，为环保事业的发展提供有力的人才保障和智力支持，是当前面临的一项重大课题。环境保护部一直十分重视环境监察队伍的培训工作，特别是《关于加强全国环境保护系统人才队伍建设的若干意见》发布实施后，以规范环境监察队伍管理、提高执法效能为出发点，统筹规划，创新方式，实施全覆盖、多形式、高质量的环境监察岗位培训，切实提高了环境监察人员的综合素质和执法能力，为建设生态文明、探索环境保护新道路提供了环境执法保障。

为了进一步规范环境监察培训，夯实环境监察培训基础性工作，环监局组织有关专家，在总结全国环境执法实践的基础上，综合基层环境监察机构的需求，编制了环境监察专业知识培训系列教材。本系列培训教材的编制完成，对指导全国环境监察的岗位培训、提高环境监察人员的执法水平和业务素质、促进环境监察培训工作水平的提升，将发挥重要作用。希望环境监察战线的同志们认真学习，再接再厉，为做好环境保护执法工作、加快推进环保历史性转变、积极探索环境保护新道路、全面推进生态文明建设作出更大的贡献。

张力军

2011 年 12 月 22 日

前　言

本书是《环境监察》系列辅助教材之一，是在《环境监察（第三版）》第七章的基础上，对环境监察执法工作中的常见问题和疑难问题以案例分析的形式进行较为详尽、细致的分析、提示和必要的阐述。

环境违法案件的调查与处理是环境监察工作的重要内容。为规范行政处罚行为，环境保护部已经先后发布了9个文件。如对执法依据进行梳理形成了《法律、行政法规和部门规章设定的环境保护部门行政处罚目录》（环办[2009]107号）；对处罚程序进行规范发布了《环境行政处罚办法》（环境保护部令第8号）、《环境行政处罚案件办理程序暂行规定》（环监发[2009]42号）、《环境行政处罚听证程序规定》（环办[2010]174号）；对证据的收集和审查提出具体要求，印发了《环境行政处罚证据指南》（环办[2011]66号）；对裁量权进行规范形成了《规范环境行政处罚自由裁量权若干意见》（环发[2009]24号）、《主要环境违法行为行政处罚自由裁量权细化参考指南》（环办[2009]107号）；针对执法文书制作形成了《环境行政处罚主要文书制作指南》（环办[2010]51号）；为强化处罚执行发布了《环境行政执法后督察办法》（环境保护部令第14号）。另外，《环境行政处罚案件评议与监督办法》正在起草中。

依据环境保护部出台的一系列规范性文件和相关环境保护法律法规，为解决环境行政执法和环境行政处罚工作中的一些具体问题，我们编写了《环境典型案例分析与执法要点解析》和《环境行政处罚》两本教材。编写过程中我们力求教材内容实用、翔实、全面，符合基层执法实践工作的需要。

《环境典型案例分析与执法要点解析》一书采取了和环境法教材基本一致的编写体例，在对案例进行介绍和分析的同时辅助一定的理论阐述。不同的是，环境法学教材侧重于理论性，且受众较广泛。而本教材主要面对环境监察执法工作人员的工作需要，侧重于案例的解析，结合案例的分析讲解法律知识、环境执法过程中存在的问题和解决方法，力争在环境执法领域结合环境执法中的难点和困惑多方位、多角度进行分析和提示，以求为环境监察工作人员提供一本环境执法工作实用参考书。

本教材共六章，分别为：环境法律制度（上、下）、环境污染防治法、环境行政责任、环境行政复议和环境行政诉讼、环境污染纠纷处理。本书正文共收集了 113 个案例，另外又从环境保护部环境监察局的案例库选编了 10 个典型案例，以使该书内容更全面；其中部分案例由全国各地环保部门提供，部分案例来源于“环境监察机构负责人岗位培训班参评案例”，部分案例来源于律师刘湘的工作实践，部分案例来源于中国环境报、网络等公开媒体。在进行案例选择时，我们力求选择具有一定影响和典型意义且对基层执法实践有一定帮助的案例。

本教材由刘定慧、刘湘、曹晓凡、宫银海、毛应淮和宋海鸥编写。第一、第二、第三章由刘定慧负责编写，第四、第五、第六章由刘湘负责编写；全书由宫学栋负责统稿；环境保护部环境监察局处罚处赵柯和李铮同志负责审核，排污收费与排污申报部分由环境保护部环境监察局排污收费管理处杨子江同志审核。参加本书编写的还有王律政、迟赛慧、温慧卿、张武丁、姚永春、薛东飞、李濮、叶学永、冯加清、穆亮、朱晓晨、金鸿飞、刘永涛、来勇、戴秋香、王雪。曹晓凡、宫银海及中国环境管理干部学院的部分学生负责案例的整理、编辑。

本教材可作为基层环境执法人员的执法参考书，也可作为大专院校环境法与环境监察等相关专业的参考教材。

本教材的案例分析及执法提示均反映了编写人员个人的观点和意见，因编者水平有限，如有不妥之处请指正，修改意见和建议请发至：dinghui_liu@sohu.com。

编　者

2011 年 11 月 30 日

目 录

第一章 环境法律制度（上）

第一节 环境影响评价与“三同时”制度

一、环境影响评价制度与“三同时”制度的主要法律规定

（一）环境影响评价制度与“三同时”制度的主要法律规定及违反法律规定应承担的法律责任

环境影响评价制度与“三同时”制度是我国建设项目环境管理的基本法律制度。对违反环境影响评价制度与“三同时”制度的行为，依法给予相应的处罚。

1．环境影响评价制度

环境影响评价是指对规划和建设项目实施后可能造成的环境影响进行分析、预测和评估，提出预防或者减轻不良环境影响的对策和措施，进行跟踪监测的方法和制度。

环境影响评价制度的实施过程主要包括两个方面：一方面是有审批权的环境保护行政主管部门对经过环境影响评价而得出的书面结论进行审查和批准；另一方面是对建设单位执行环境影响评价制度的过程进行监督和管理。本书主要就后一方面的问题进行讲解和论述。

（1）环境影响评价制度的法律规定。环境影响评价制度的主要法律规定见表 1-1。

表 1-1 环境影响评价制度的法律规定

法律	《环境保护法》（1989 年 12 月）第十三条； 《环境影响评价法》（2002 年 10 月）； 《大气污染防治法》（2000 年 9 月）第十一条； 《水污染防治法》（2008 年 6 月）第十七条； 《海洋环境保护法》（2000 年 4 月）第六、四十三、四十七条； 《环境噪声污染防治法》（1997 年 3 月）第十三条； 《固体废物污染环境防治法》（2005 年 4 月）第十三条； 《放射性污染防治法》（2003 年 6 月）第十九、二十、二十九、三十四、四十四、五十条
行政法规和规范性文件	《建设项目环境保护管理条例》（1998 年 10 月）

部门规章和规范性文件	《建设项目环境保护分类管理名录》（2002 年 10 月）； 《建设项目环境影响评价文件分级审批规定》（2009 年 1 月）； 《国家环境保护总局关于进一步加强环境项目环境保护管理工作的通知》（2001 年 2 月）； 《环境影响评价公众参与暂行办法》（2006 年 2 月）； 《专项规划环境影响报告书审查办法》（2003 年 10 月）； 《建设项目环境影响评价审批程序规定》（2005 年 11 月）； 《环境行政许可听证暂行办法》（2004 年 7 月 1 日）
地方性法规和规章	略

（2）违反环境影响评价制度应当承担的法律责任。根据《环境影响评价法》的规定，违反环境影响评价制度应当承担的法律责任主要包括以下几方面：

①建设单位未依法报批建设项目环境影响评价文件，或者未依照相关规定重新报批，或者未依照相关规定报请重新审核而擅自开工建设的，应受到以下相应处罚。

表 1-2　未报批建设项目环境影响评价文件应承担的法律责任

违法行为认定	法律依据	《环境影响评价法》规定的法律责任		
		行政命令	处罚的种类、幅度	实施机关
建设单位未报批建设项目环境影响评价文件而擅自开工建设的	《环境影响评价法》第二十二条规定，建设项目的环境影响评价文件，由建设单位按照国务院的规定报有审批权的环境保护行政主管部门审批； 《建设项目环境保护管理条例》第九条规定，建设单位应当在建设项目可行性研究阶段报批建设项目环境影响报告书、环境影响报告表或者环境影响登记表； 第十条规定，建设项目环境影响报告书、环境影响报告表或者环境影响登记表，由建设单位报有审批权的环境保护行政主管部门审批	责令停止建设，限期补办手续	逾期不补办手续，可以处 5 万元以上 20 万元以下的罚款； 对建设单位的直接负责人员给予行政处分（《环境影响评价法》第三十一条）	有权审批该项目环境影响评价文件的环境保护行政主管部门

表 1-3　未重新报批建设项目环境影响评价文件应承担的法律责任

违法行为认定	法律依据	《环境影响评价法》规定的法律责任		
		行政命令	处罚的种类、幅度	实施机关
建设项目的性质、规模、地点或者采用的生产工艺发生重大变化，未重新报批建设项目环境影响评价文件	《环境影响评价法》第二十四条规定：建设项目的环境影响评价文件经批准后，建设项目的性质、规模、地点、采用的生产工艺或者防治污染、防止生态破坏的措施发生重大变动的，建设单位应当重新报批建设项目的环境影响文件； 《建设项目环境保护管理条例》第十二条规定：建设项目的环境影响报告书、环境影响报告表或者环境影响登记表经批准后，建设项目的性质、规模、地点或者采用的生产工艺发生重大变化的，建设单位应当重新报批建设项目环境影响报告书、环境影响报告表或者环境影响登记表	责令停止建设，限期补办手续	逾期不补办手续的，可以处 5 万元以上 20 万元以下罚款； 对建设单位的直接负责人员给予行政处分（《环境影响评价法》第三十一条）	有权审批该项目环境影响评价文件的环境保护行政主管部门

表 1-4 未报原审批机关重新审核建设项目环境影响评价文件应承担的法律责任

违法行为认定	法律依据	《环境影响评价法》规定的法律责任		
		行政命令	处罚的种类、幅度	实施机关
环境影响评价文件自批准之日起超过5年方决定该项目开工建设，环境影响评价文件未报原审批机关重新审核，建设单位擅自开工建设的	《环境影响评价法》第二十四条第二款规定：建设项目的环境影响评价文件自批准之日起超过5年，方决定该项目开工建设的，其环境影响评价文件应当报原审批部门重新审核；《建设项目环境保护管理条例》第十二条第二款规定：建设项目环境影响报告书、环境影响报告表或者环境影响登记表自批准之日起满5年，建设项目方开工建设的，其环境影响报告书、环境影响报告表或者环境影响登记表应当报原审批机关重新审核	责令停止建设，限期补办手续	逾期不补办手续的，可以处5万元以上20万元以下罚款；对建设单位的直接负责人员给予行政处分（《环境影响评价法》第三十一条）	有权审批该项目环境影响评价文件的环境保护行政主管部门

②建设项目的环境影响评价文件未经批准或者未经原审批部门重新审核批准，建设单位擅自开工建设的，应受到以下相应处罚。

表 1-5 建设项目的环境影响评价文件未经批准而擅自开工建设的建设单位应承担的法律责任

违法行为认定	法律依据	《环境影响评价法》规定的法律责任		
		行政命令	处罚的种类、幅度	实施机关
建设项目环境影响评价文件未批准擅自开工建设的，或擅自建造、运行、生产和使用的	《环境影响评价法》第二十五条规定：建设项目的环境影响评价文件未经法律规定的审批部门审查或者审查后未予批准的，……建设单位不得开工建设	责令停止建设	可以处5万元以上20万元以下的罚款；对建设单位的直接负责人员给予行政处分（《环境影响评价法》第三十一条）	有权审批该项目环境影响评价文件的环境保护行政主管部门

表 1-6 建设项目的环境影响评价文件未报原审批机关重新审核而擅自开工建设的建设单位应承担的法律责任

违法行为认定	法律依据	《环境影响评价法》规定的法律责任		
		行政命令	处罚的种类、幅度	实施机关
环境影响评价文件自批准之日起超过5年方决定该项目开工建设，环境影响评价文件未报原审批机关重新审核，建设单位擅自开工建设的	《环境影响评价法》第二十四条第二款规定：建设项目的环境影响评价文件自批准之日起超过5年，方决定该项目开工建设的，其环境影响评价文件应当报原审批部门重新审核；《建设项目环境保护管理条例》第十二条第二款规定：建设项目环境影响报告书、环境影响报告表或者环境影响登记表自批准之日起满5年，建设项目方开工建设的，其环境影响报告书、环境影响报告表或者环境影响登记表应当报原审批机关重新审核	责令停止建设，限期补办手续	逾期不补办手续的，可以处5万元以上20万元以下罚款；对建设单位的直接负责人员给予行政处分（《环境影响评价法》第三十一条）	有权审批该项目环境影响评价文件的环境保护行政主管部门

③ 建设项目依法应当进行环境影响评价而未评价，或者环境影响评价文件未经依法批准，审批部门擅自批准该项目建设的，应受到以下相应处罚。

表 1-7 违法批准项目建设应承担的法律责任

违法行为认定	法律依据	《环境影响评价法》规定的法律责任		
		行政命令	处罚的种类、幅度	实施机关
未评价或环评文件未经批准，审查部门擅自批准建设	《环境影响评价法》第三十二条规定：建设项目依法应当进行环境影响评价而未评价，或者环境影响评价文件未经依法批准，审批部门擅自批准该项目建设的，对直接负责的主管人员和其他直接责任人员，由上级机关或者监察机关依法给予行政处分；构成犯罪的，依法追究刑事责任		对直接负责的主管人员和其他直接责任人员，给予行政处分；构成犯罪，依法追究刑事责任（《环境影响评价法》第三十二条）	上级机关或者监察机关；检察院、法院

④ 编制不实的环境影响评价文件，造成严重环境污染或者生态破坏的，应受到以下相应处罚。

表 1-8 编制不实的环境影响评价文件应承担的法律责任

违法行为认定	法律依据	《环境影响评价法》规定的法律责任		
		行政命令	行罚的种类、幅度	实施机关
为建设项目环境影响评价提供技术服务的机构编制不实的环境影响评价文件造成严重环境污染或者生态破坏的	《环境影响评价法》第二十八条规定：环境保护行政主管部门应当对建设项目投入生产或者使用后所产生的环境影响进行跟踪检查，对造成严重环境污染或者生态破坏的，应当查清原因、查明责任。对属于为建设项目环境影响评价提供技术服务的机构编制不实的环境影响评价文件的，依照本法第三十三条的规定追究其法律责任；《环境影响评价法》第三十三条规定：接受委托为建设项目环境影响评价提供技术服务的机构在环境影响评价工作中不负责任或者弄虚作假，致使环境影响评价文件失实的		降低其资质等级或者吊销其资质证书，并处所收费用1倍以上3倍以下的罚款；构成犯罪的，依法追究刑事责任（《环境影响评价法》第三十三条）	授予环境影响评价资质的环境保护行政主管部门

⑤ 负责预审、审核、审批建设项目环境影响评价文件的部门在审批中收取费用的，应受到以下相应处罚。

表 1-9 环境影响评价文件审批部门在审批中收取费用应承担的法律责任

违法行为认定	法律依据	《环境影响评价法》规定的法律责任		
		行政命令	处罚的种类、幅度	实施机关
负责预审、审核、审批建设项目环境影响评价文件的部门在审批中收取费用	《环境影响评价法》第三十四条规定：负责预审、审核、审批建设项目环境影响评价文件的部门在审批中收取费用的，由其上级机关或者监察机关责令退还；情节严重的，对直接负责的主管人员和其他直接责任人员依法给予行政处分	处分	责令退还； 情节严重的，对直接负责的主管人员和其他直接责任人员依法给予行政	其上级机关或者监察机关

⑥ 环境保护行政主管部门或者其他部门的工作人员徇私舞弊，滥用职权，玩忽职守，违法批准建设项目环境影响评价文件，承担表 1-10 规定的法律责任。

表 1-10 行政工作人员违法批准建设项目环境影响评价文件应承担的法律责任

违法行为认定	法律依据	《环境影响评价法》规定的法律责任		
		行政命令	处罚的种类、幅度	实施机关
建设项目投入生产或者使用后……造成严重环境污染或者生态破坏的，属于审批部门工作人员失职、渎职，对不应批准的建设项目环境影响评价文件予以批准的； 环境保护行政主管部门或者其他部门的工作人员，违法批准建设项目环境影响评价文件的	《环境影响评价法》第三十五条规定：环境保护行政主管部门或者其他部门的工作人员徇私舞弊，滥用职权，玩忽职守，违法批准建设项目环境影响评价文件的		给予行政处分； 构成犯罪的，依法追究刑事责任（《环境影响评价法》第三十五条）	

（3）违反单行污染防治法对环境影响评价制度的规定应承担的法律责任。

表 1-11 单行污染防治法对违反环境影响评价制度的规定

法律依据		法律责任		
		行政命令	处罚的种类、幅度	实施机关
《大气污染防治法》第十一条规定：新建、扩建、改建向大气排放污染物的项目，必须遵守国家有关建设项目环境保护管理的规定； 建设项目的环境影响报告书，必须对建设项目可能产生的大气污染和对生态环境的影响作出评价，规定防治措施，并按照规定的程序报环境保护行政主管部门审查批准			按《环境影响评价法》的规定处罚	有审批权的环境保护行政主管部门
《水污染防治法》第十七条规定：新建、改建、扩建直接或者间接向水体排放污染物的建设项目和其他水上设施，应当依法进行环境影响评价			按《环境影响评价法》的规定处罚	有审批权的环境保护行政主管部门
海岸工程建设项目的单位未执行环境影响评价制度的行为	《海洋环境保护法》第四十三条规定：海岸工程建设项目的单位，必须在建设项目可行性研究阶段，对海洋环境进行科学调查，根据自然条件和社会条件，合理选址，编报环境影响报告书。环境影响报告书经海洋行政主管部门提出审核意见后，报环境保护行政主管部门审查批准	责令其停止违法行为和采取补救措施； 责令其限期拆除	并处 5 万元以上 20 万元以下的罚款（《海洋环境保护法》第八十条）	县级以环境保护行政主管部门； 县级以上地方人民政府

<table>
<tr><th colspan="2" rowspan="2">法律依据</th><th colspan="3">法律责任</th></tr>
<tr><th>行政命令</th><th>处罚的种类、幅度</th><th>实施机关</th></tr>
<tr><td colspan="2">《固体废物污染环境防治法》第十三条规定：建设产生固体废物的项目以及建设贮存、利用、处置固体废物的项目，必须依法进行环境影响评价，并遵守国家有关建设项目环境保护管理的规定；
第十四条规定：固体废物污染环境防治设施必须经原审批环境影响评价文件的环境保护行政主管部门验收合格后，该建设项目方可投入生产或者使用</td><td></td><td>按《环境影响评价法》的规定处罚</td><td>有审批权的环境保护行政主管部门</td></tr>
<tr><td colspan="2">《环境噪声污染防治法》第十三条规定：新建、改建、扩建的建设项目，必须遵守国家有关建设项目环境保护管理的规定；
建设项目可能产生环境噪声污染的，建设单位必须提出环境影响报告书，规定环境噪声污染的防治措施，并按照国家规定的程序报环境保护行政主管部门批准</td><td></td><td>按《环境影响评价法》的规定处罚</td><td>有审批权的环境保护行政主管部门</td></tr>
<tr><td>核设施未编制环境影响评价文件，或者环境影响评价文件未经环境保护行政主管部门批准，擅自进行建造、运行、生产和使用等活动</td><td>《放射性污染防治法》第十八条规定：核设施选址，应当进行科学论证，并按照国家有关规定办理审批手续。在办理核设施选址审批手续前，应当编制环境影响报告书，报国务院环境保护行政主管部门审查批准；未经批准，有关部门不得办理核设施选址批准文件；
第二十条规定：核设施营运单位应当在申请领取核设施建造、运行许可证和办理退役审批手续前编制环境影响报告书，报国务院环境保护行政主管部门审查批准；未经批准，有关部门不得颁发许可证和办理批准文件。
第二十九条规定：生产、销售、使用放射性同位素和加速器、中子发生器以及含放射源的射线装置的单位，应当在申请领取许可证前编制环境影响评价文件，报省、自治区、直辖市人民政府环境保护行政主管部门审查批准；未经批准，有关部门不得颁发许可证；
第三十四条规定：开发利用或者关闭铀（钍）矿的单位，应当在申请领取采矿许可证或者办理退役审批手续前编制环境影响报告书，报国务院环境保护行政主管部门审查批准；
开发利用伴生放射性矿的单位，应当在申请领取采矿许可证前编制环境影响报告书，报省级以上人民政府环境保护行政主管部门审查批准</td><td>责令停止违法行为，限期补办手续或者恢复原状</td><td>并处 1 万元以上 20 万元以下罚款（《放射性污染防治法》第五十条）</td><td>有审批权的环境保护行政主管部门</td></tr>
</table>

（4）对违反环境影响评价制度实施行政处罚的实施主体的法律规定。依据《环境影响评价法》和《大气污染防治法》、《水污染防治法》、《固体废物污染环境防治法》、《环境噪声污染防治法》的规定，对违反环境影响评价制度的行政处罚，仅限于有审批权的环境保护行政主管部门来实施，但对海岸工程，县级以上环保部门均有处罚权。

2.“三同时”制度

“三同时”制度是指一切新建、改建、扩建的基本建设项目（包括小型建设项目）、技术改造项目、自然开发项目以及可能对环境造成损害的其他工程项目，其防治污染和其他公害的设施和其他环境保护设施，必须与主体工程同时设计、同时施工、同时投产的法律规定。

环保部门对“三同时”的管理主要在三个方面：一是在建设项目环境影响评价文件审批后，根据环境影响评价文件的要求对相应的环境保护设施是否同时设计、同时施工进行现场的监督检查；二是对试生产的建设项目进行现场监督管理；三是组织环境保护设施的竣工验收及进行后续的监督管理。

（1）“三同时”制度的法律规定。

国家关于“三同时”制度的法律规定见表 1-12。

表 1-12 “三同时”制度的法律规定

法律	《环境保护法》（1989 年 12 月）第二十六、三十六条； 《大气污染防治法》（2000 年 9 月）第十一、四十七条； 《水污染防治法》（2008 年 6 月）第十七、七十一条； 《海洋环境保护法》（2000 年 4 月）第四十四、四十八、八十一条； 《固体废物污染环境防治法》（2005 年 4 月）第十四、六十九条； 《环境噪声污染防治法》（1997 年 3 月）第十四、十五、四十八、五十条； 《放射性污染防治法》（2003 年 6 月）第二十、三十、三十五、五十一条
行政法规和规范性文件	《建设项目环境保护管理条例》（1998 年 11 月）
部门规章和规范性文件	《建设项目环境保护管理程序》（1990 年 6 月）； 《建设项目竣工环境保护验收管理办法》（2010 年 12 月修改）； 《建设项目“三同时”监督检查和竣工环保验收管理规程（试行）》（2009 年 12 月）
地方性法规和规章	略

（2）违反“三同时”制度应承担的法律责任。

①试生产建设项目配套建设的环境保护设施未与主体工程同时投入试运行。根据《建设项目环境保护管理条例》第十八、十九条和第二十条第二款的规定，需要进行试生产的建设项目，其配套建设的环保设施必须与主体工程同时投入试运行，并在投入试生产之日起 3 个月内申请竣工验收；建设项目试生产期间，建设单位应当对环保设施运行情况和建设项目对环境的影响进行监测。根据《建设项目竣工环境保护验收管理办法》规定，建设项目试生产前，建设单位应提出试生产申请。环境保护行政主管部门应自接到试生产申请之日起 30 日内，组织或委托下一级环境保护行政主管部门对申请试生产的建设项目环境保护设施及其他环境保护措施的落实情况进行现场检查，并做出审查决定。

对环境保护设施已建成及其他环境保护措施已按规定要求落实的，同意试生产申请；对环境保护设施或其他环境保护措施未按规定建成或落实的，不予同意，并说明理由。逾期未做出决定的，视为同意。试生产申请经环境保护行政主管部门同意后，建设单位方可进行。但是，建设单位未向环境保护行政主管部门申请试生产，国家现有法律法规并未设定相应的行政处罚条款。

表 1-13 试生产建设项目配套的环保设施未与主体工程同时投入试生产应承担的法律责任

违法行为认定	法律依据	法律责任		
		行政命令	处罚的种类、幅度	实施机关
试生产建设项目配套建设的环境保护设施未与主体工程同时投入试生产运行 （包括：试生产期间环境保护设施未按规定建成； 试生产期间部分或全部污染物不经环保设施而直接排入环境； 试生产期间将部分或全部污染物从环保设施中间工序引出直接排入环境； 试生产期间环保设施未按规定程序操作，致使环保设施未与主体工程同时运行的； 试生产建设项目配套建设的环境保护设施未与主体工程同时投入试运行的其他情形） （环函[2003]380 号）	《建设项目环境保护管理条例》（以下简称《条例》）第十八条规定：建设项目的主体工程完工后，需要试生产的，其配套建设的环境保护设施必须与主体工程同时投入试运行； 《建设项目环境保护竣工验收环境保护管理办法》第七条规定：建设项目试生产前，建设单位应向有审批权的环境保护行政主管部门提出试生产申请； 第八条规定：试生产申请经环境保护行政主管部门同意后，建设单位方可进行试生产	责令限期改正；逾期不改正的，责令停止试生	可以处 5 万元以下的罚款（《条例》第二十六条）	审批环境影响评价文件的环境保护行政主管部门

②建设项目投入试生产超过 3 个月建设单位未申请环保设施竣工验收。

《建设项目竣工验收管理办法》第十条规定：对试生产 3 个月确不具备环保验收条件的建设项目，建设单位应当在试生产的 3 个月内，向环保部门提出该建设项目环保延期验收申请，说明延期验收的理由及拟进行验收的时间。经批准后建设单位方可继续进行试生产。试生产的期限最长不超过 1 年。核设施建设项目试生产的期限最长不超过 2 年。对试生产超过 1 年（核设施建设项目为 2 年）仍未申请环保设施竣工验收的，可认定为试生产结束投入正式生产。

表 1-14 试生产 3 个月未申请环保设施竣工验收应承担的法律责任

违法行为认定	法律依据	法律责任		
		行政命令	处罚的种类、幅度	实施机关
建设项目投入试生产超过 3 个月，建设单位未申请环境保护设施竣工验收	《建设项目环境保护管理条例》第十九条规定：……需要试生产的建设项目，建设单位应当自建设项目投入试生产之日起 3 个月内……申请该建设项目需要配套建设的环境保护设施竣工验收	责令限期办理环境保护设施竣工验收手续	逾期未办理的，责令停止试生产，可以处 5 万元以下的罚款（《条例》第二十七条）	审批环境影响评价文件的环境保护行政主管部门

表 1-15　试生产超过 1 年建设单位仍未申请环保设施竣工验收应承担的法律责任

违法行为认定	法律依据	法律责任		
		行政命令	处罚的种类、幅度	实施机关
试生产超过 1 年仍未申请环保设施正式竣工验收	《建设项目环境保护竣工验收环境保护管理办法》第十条第二款规定：对试生产 3 个月确不具备环境保护验收条件的建设项目，向有审批权的环境保护行政主管部门提出该建设项目延期验收申请，……经批准后建设单位方可继续进行试生产。试生产的期限最长不超过 1 年。核设施建设项目试生产的期限最长不超过 2 年； （环函[2003]380 号） 《条例》第二十条规定：需要进行试生产的建设项目，建设单位应当自建设项目投入试生产之日起 3 个月内，向审批该建设项目环境影响报告书、环境影响报告表或者环境影响登记表的环境保护行政主管部门，申请该建设项目需要配套建设的环境保护设施竣工验收。由此可以认定试生产期一般为 3 个月； 根据以上规定，凡是建设项目自试生产之日超过 3 个月或建设项目主体工程建成投产超过 3 个月却未申请环境保护设施竣工验收的，环境保护行政主管部门可以认定为其主体工程已经投入正式生产；如其需要配套的环境保护设施未建成或未经环境保护行政主管部门验收，可依据《条例》第二十八条予以处理	责令停止生产或者使用	可以并处罚款（《环境保护法》第三十六条） 可处 10 万元以下的罚款（《建设项目环境保护条例》第二十八条）	审批环境影响评价文件的环境保护行政主管部门

③建设项目环保设施未建成、未验收或者验收不合格主体工程即投入生产或者使用。

表 1-16　建设项目环保设施未建成、未验收或者验收不合格主体工程即投入生产或者使用应承担的法律责任

违法行为认定	法律依据	法律责任		
		行政命令	处罚的种类、幅度	实施机关
建设项目的水污染防治设施，未与主体工程同时设计、同时施工、同时投入使用的	《水污染防治法》第十七条第二款规定：建设项目的水污染防治设施，应当与主体工程同时设计、同时施工、同时投入使用。水污染防治设施应当经过环境保护行政主管部门验收，验收不合格的，该建设项目不得投入生产或者使用	责令停止生产或者使用，直至验收合格	可处 5 万元以上 50 万元以下罚款（《水污染防治法》第七十一条）	县级以上环境保护行政主管部门
海岸工程建设项目的环境保护设施，未与主体工程同时设计、同时施工、同时投产使用的	《海洋环境保护法》第四十四条规定：海岸工程建设项目的环境保护设施，必须与主体工程同时设计、同时施工、同时投产使用。环境保护设施未经环境保护行政主管部门检查批准，建设项目不得试运行；环境保护设施未经环境保护行政主管部门验收，或者经验收不合格的，建设项目不得投入生产或者使用	责令其停止生产或者使用	并处 2 万元以上 10 万元以下的罚款（《海洋环境保护法》第八十一条）	环境保护行政主管部门

违法行为认定	法律依据	法律责任		
		行政命令	处罚的种类、幅度	实施机关
建设项目的大气污染防治设施，未与主体工程同时设计、同时施工、同时投入使用的	《大气污染防治法》第十一条第二款规定：建设项目投入生产或者使用前，其大气污染防治设施必须经过环境保护行政主管部门验收，达不到国家有关建设项目环境保护管理要求的建设项目，不得投入生产或者使用	责令停止生产或者使用	可以并处1万元以上10万元以下罚款（《大气污染防治法》第四十七条）	审批环境影响评价文件的环境保护行政主管部门
建设项目的固体废物污染环境防治设施，未与主体工程同时设计、同时施工、同时投入使用的	《固体废物污染环境防治法》第十四条规定：建设项目的环境影响评价文件确定需要配套建设的固体废物污染环境防治设施，必须与主体工程同时设计、同时施工、同时投入使用。固体废物污染环境防治设施必须经原审批环境影响评价文件的环境保护行政主管部门验收合格后，该建设项目方可投入生产或者使用。对固体废物污染环境防治设施的验收应当与主体工程的验收同时进行	责令停止生产或者使用	可以并处10万元以下的罚款（《固体废物污染环境防治法》第六十九条）	审批环境影响评价文件的环境保护行政主管部门
建设项目的环境噪声污染防治设施，未与主体工程同时设计、同时施工、同时投入使用的	《环境噪声污染防治法》第十四条规定：建设项目的环境噪声污染防治设施必须与主体工程同时设计、同时施工、同时投产使用； 建设项目在投入生产或者使用之前，其环境噪声污染防治设施必须经原审批环境影响报告书的环境保护行政主管部门验收；达不到国家规定要求的，该建设项目不得投入生产或者使用	责令停止生产或者使用	可以并处罚款（《环境噪声污染防治法》第四十八条）	审批环境影响评价文件的环境保护行政主管部门
建设项目的放射性污染防治设施，未与主体工程同时设计、同时施工、同时投入使用的	《放射性污染防治法》第二十一条规定：与核设施相配套的放射性污染防治设施，应当与主体工程同时设计、同时施工、同时投入使用； 放射性污染防治设施应当与主体工程同时验收，验收合格的，主体工程方可投入生产或者使用； 第三十条规定：新建、改建、扩建放射工作场所的放射防护设施，应当与主体工程同时设计、同时施工、同时投入使用； 放射防护设施应当与主体工程同时验收，验收合格的，主体工程方可投入生产或者使用； 第三十五条规定：与铀（钍）矿和伴生放射性矿开发利用建设项目相配套的放射性污染防治设施，应当与主体工程同时设计、同时施工、同时投入使用； 放射性污染防治设施应当与主体工程同时验收，验收合格的，主体工程方可投入生产或者使用	责令停止违法行为，限期改正	并处5万元以上20万元以下罚款（《放射性污染防治法》第五十一条）	审批环境影响评价文件的环境保护行政主管部门

④建设单位未报批环境影响评价文件，建设项目已建成投入生产或者使用。

表 1-17 建设单位未报批环境影响评价文件建设项目已投入生产或者使用应承担的法律责任

违法行为认定	法律依据	法律责任		
		行政命令	处罚的种类、幅度	实施机关
未依法报批建设项目环境影响评价文件却已建成建设项目； 未依法报批建设项目环境影响评价文件，该建设项目需要配套建设的环境保护设施未建成、未经验收或经验收不合格，主体工程即正式投入生产或者使用	《环境影响评价法》第二十二条规定：建设项目的环境影响评价文件，由建设单位按照国务院的规定报有审批权的环境保护行政主管部门审批；建设项目有行业主管部门的，其环境影响报告书或者环境影响报告表应当经行业主管部门预审后，报有审批权的环境保护行政主管部门审批； 第二十五条规定：建设项目的环境影响评价文件未经法律规定的审批部门审查或者审查后未予批准的，该项目审批部门不得批准其建设，建设单位不得开工建设； 《建设项目环境保护条例》第十六条规定：建设项目需要配套建设的环境保护设施，必须与主体工程同时设计、同时施工、同时投产使用。第二十三条规定：建设项目需要配套建设的环境保护设施经验收合格，该建设项目方可正式投入生产或者使用	分别按：责令停止建设，限期补办手续； 责令停止生产或者使用	逾期不补办手续的，可以处 5 万元以上20万元以下罚款（《环境影响评价法》第三十一条） 可以处10万元以下罚款（《建设项目环境保护条例》第二十八条）	审批环境影响评价文件的环境保护行政主管部门

⑤对建设单位在试生产期间违反相关的环境法律、法规行为的行政处罚。

建设单位在试生产期间的环境违法行为，环境保护法律法规设定了相应的行政处罚，环保部门应视不同情况分别给予相应的行政处罚。

表 1-18 试生产期间的环境违法行为的行政处罚

环境违法行为	行政处罚依据
试生产期间企业未经环保部门同意擅自拆除或者闲置污染防治设施的	《水污染防治法》第七十三条
	《大气污染防治法》第四十六条
	《环境噪声污染防治法》第五十条
	《固体废物污染环境防治法》第六十八、七十五条
试生产期间造成环境污染事故的	《水污染防治法》第八十三条
	《大气污染防治法》第六十一条
	《固体废物污染环境防治法》第八十二条

（3）违反“三同时”制度行政处罚的实施主体的法律规定。

《环境保护法》及《大气污染防治法》等法律规定，对违反“三同时”制度的行政处罚由审批环境影响评价文件的环境保护行政主管部门来实施。目前只有《水污染防治法》规定对违反“三同时”制度的行政处罚，县级以上环保部门均可实施。

（二）与环境影响评价、“三同时”制度相关的行政执法解释

1．国务院“审批”的建设项目包括哪些项目

《环境影响评价法》第二十三条第一款第三项规定：国务院审批的或者由国务院授权有关部门审批的建设项目中“审批”的建设项目，可以包括《国务院关于投资体制改革的决定》中规定的由国务院或者国务院投资主管部门“核准”的建设项目。“备案”的建设项目中对环境可能造成重大影响，依照国务院及国务院有关部门的规定属于本条第一款第一项规定的“特殊性质”的建设项目的，其环境影响评价文件的审批按照本条的规定办理。（法工委复[2007]2 号）

2．关于责令未经环评擅自开工建设的单位停止建设、补办手续有关问题

①关于责令停止建设。

根据《行政诉讼法》第六十六条规定：公民、法人或者其他组织对具体行政行为在法定期限内不提起诉讼又不履行的，行政机关可以申请人民法院强制执行，或者依法强制执行。环保部门依据《环境影响评价法》第三十一条第一款规定责令建设单位停止建设，如果建设单位不提起诉讼又不履行停止建设的决定，环保部门可以依法向人民法院申请强制执行。

②关于补办手续。

《环境影响评价法》第三十一条第一款规定：建设单位未依法报批建设项目环境影响评价文件，或者未依照本法第二十四条的规定重新报批或者报请重新审核环境影响评价文件，擅自开工建设的，由有权审核该项目环境影响评价文件的环境保护行政主管部门责令停止建设，限期补办手续。

该款规定的“补办手续”是对违反环评规定的建设单位提出的要求，即建设单位应当根据环保部门的要求，依法报送建设项目环境影响评价文件、重新报批或者报请重新审核环境影响评价文件。

环保部门对建设单位根据“补办手续”的要求而报送的环评文件进行审核后，依法可以作出同意或者不同意的批复。（环函[2008]190 号）

3．关于公众申请公开建设项目环评文件有关问题

①环保部门在办理环境影响评价审批中获得的由建设单位编制的建设项目环评文件，包括环境影响报告书（表）等，不属于《环境信息公开办法》（试行）所列的主动公开的政府信息范围。

②公众向环保部门申请公开环境影响报告书（表）等建设项目环评文件时，环保部门可提供项目建设单位或环评单位的联系方式，告知其向项目建设单位或环评单位索取。

③《政府信息公开条例》第二十二、二十三条规定：申请公开的政府信息中含有不应当公开的内容，但是能够作区分处理的，行政机关应当向申请人提供可以公开的信息内容；行政机关认为申请公开的政府信息涉及商业秘密、个人隐私，公开后可能损害第三方合法权益的，应当书面征求第三方的意见；第三方不同意公开的，不得公开。但是，行政机关认为不公开可能对公共利益造成重大影响的，应当予以公开，并将决定公开的政府信息内容和理由书面通知第三方。

④根据《环境影响评价公众参与暂行管理办法》有关规定，建设单位应向受影响的公众公开环境影响报告书简本。（环函[2008]50 号）

4．关于建设单位无视环保部门审批要求擅自建设或经营产生污染的项目法规适用

根据《建设项目环境保护管理条例》第三条的规定：建设产生污染的建设项目，必须遵守污染物排放的国家标准和地方标准。该条例第十二条第一款还规定，建设项目环境影响报告书（报告表、登记表）经批准后，建设项目性质、生产工艺发生重大变化的，建设单位应当重新报批环境影响报告书（报告表、登记表）。该条例第十六条还规定，建设项目需要配套建设的环境保护设施必须与主体工程同时设计、同时施工，同时投产使用。该条例第二十四条和第二十八条分别对违反重新报批环境影响报告书（报告表、登记表）和“三同时”制度的行为规定了相应的法律责任。

根据以上规定，餐馆的建设或经营单位如果违反环保部门审批意见中关于“同意建设没有油烟污染的餐饮项目”或者“经营项目不得产生油烟项目”的要求，擅自建设或者经营产生油烟污染的项目，而且其油烟污染防治设施未建成或者建成但排放油烟未达到《饮食业油烟排放标准》（GB 18483—2001）即投入生产或者使用的，应视为违反建设项目性质和生产工艺发生重大变化应重新报批环境影响报告书（报告表、登记表）以及污染防治设施“三同时”的规定。

负责审批的环保部门应当依照《建设项目环境保护管理条例》第二十六条、第二十八条的规定，责令建设或经营单位停止其违背审批要求擅自建设或经营的产生油烟污染的项目，并可处以罚款。（环函[2001]252 号）

5．关于企业工商变更登记，环境影响评价制度适用问题

根据《环境影响评价法》和《建设项目环境保护管理条例》的有关规定，建设项目必须执行环境影响评价制度；建设项目环境影响评价文件经批准后，建设项目的性质、规模、地点或者采用的生产工艺发生重大变化的，建设单位应当重新报批建设项目环境影响评价文件。

关于工商企业变更登记后的环境管理问题，如果原有企业办理工商注销登记后重新设立新企业的，可以认定为建设项目，应当执行建设项目环境保护管理的规定。

办理工商变更登记的企业如果只是变更法人代表、企业名称，项目的性质、规模、地点或者采用的生产工艺未发生重大变动的，无须报批或者重新报批建设项目环境影响评价文件。（环函[2004]95 号）

6．关于使用医用加速器等伴有辐射装置的项目适用环境保护法律问题

①《环境保护法》明确规定，产生放射性物质及电磁波辐射等对环境的污染和危害属于该法调整的范围。因此，产生放射性从而具有环境影响的建设活动，都必须遵守《环境保护法》以及《建设项目环境保护管理条例》关于建设项目环境影响评价和环境保护设施“三同时”的规定。

②建设使用加速器等伴有辐射的装置，必须遵守《环境保护法》的有关规定。加速器等伴有辐射的装置，在使用过程中可能产生放射性物质或者辐射性质的能量流污染，对环境可能产生影响。因此，建设使用加速器等伴有辐射的装置，属于对环境有影响的建设项目，建设单位必须按照《环境保护法》和《建设项目环境保护管理条例》的规定，报经环保部门审查批准后开始建设，其环境保护设施必须经环保部门验收合格后该装置方可投入使用。对违反环境影响评价和环境保护设施“三同时”的建设项目，环保部门应当依照环境保护法律规定予以处罚。

③关于法律适用问题。某单位未经环保部门验收即擅自建设和使用加速器装置，其行

为已经违反了建设项目环境影响评价和环境保护设施“三同时”的法律规定，环保部门应当依照环境保护法律规定予以处罚。该单位因《建设项目环境保护分类管理名录（第一批）》（环发[2001]17 号）未明确列出医用加速器属放射性设施，拒绝接受环保部门监督管理。这种观点是错误的，也与法律适用规则不符。（环函[2003]73 号）

7．关于电磁辐射建设项目环境管理有关问题

豁免水平以下的电磁辐射建设项目，不需要进行环境影响评价。电磁辐射设备的豁免水平，按照《电磁辐射防护规定》（GB 8702—88）的要求，由省级环境保护主管部门确认。

国务院《建设项目环境保护管理条例》中，要求执行环境影响评价的电磁辐射建设项目，也是指豁免水平以上的电磁辐射建设项目。

由于移动通信基站数量较多，在环保竣工验收监测时，可以采用抽测的方法。抽测的基站，应主要考虑环境敏感区域的基站、可能在公众活动区域造成较大电磁辐射水平的基站以及某优势地点架设多部基站等具有代表性的基站。抽测数量由省级环境保护主管部门根据具体情况决定。

移动通信基站的豁免水平，按照 GB 8702—88 中第 3.1.2 条进行确认。（环函[2003]75 号）

二、环境影响评价与“三同时”制度典型案例分析与执法要点解析

案例一：建设单位未报批建设项目环境影响评价文件而擅自开工建设的

【案情介绍】

2005 年 9 月 26 日，某市环境监察人员在日常监察中发现该市某铸管有限公司的 179 立方米高炉项目未进行环境影响评价，擅自于 2005 年 8 月在厂区南侧开工建设。现场检查时高炉的工建部分已建起 1 米，炉体钢结构已完工 30%。监察人员当即对该公司高炉进行影像取证，并作了现场检查笔录，提出立即停止建设，补办环评手续的要求。2005 年 11 月 28 日该市环保局以违反《建设项目环境保护管理条例》第九条为由，拟依据《建设项目环境保护管理条例》第二十四条第一款对该公司作出罚款 5 万元，立即停止违法建设，拆除设施，恢复原貌的行政处罚，并送达了行政处罚事先告知书。2005 年 12 月 12 日该市环保局又作出了行政处罚听证告知书。2005 年 12 月 15 日该市环保局正式送达了行政处罚决定书，处罚认定的环境违法行为是擅自于 2005 年 8 月在厂区南部动工建设 179 立方米高炉；认定的证据为环境保护执法检查记录、录像；处罚种类、幅度等与行政处罚事先告知书内容相同。此案被处罚单位于 2006 年 6 月 1 日将 5 万元的罚款交到指定银行，后补办了环评手续，未发生复议与诉讼。

【案例分析】

此案环境监察人员在日常监察中发现高炉项目正在进行建设，该建设项目建成将会对环境产生污染。根据有关环境保护方面的法律规定，该项目建设之前应进行环境影响评价。于是环境监察人员对该公司高炉进行了影像取证，并作了现场检查笔录，确认该项目没有环评手续，提出立即停止建设，补办环评手续的要求。即环境监察人员当场及时进行了必要的调查取证，并提出了立即停止、改正违法行为的要求。

根据《建设项目环境保护管理条例》第九条的相关内容，建设单位应当在建设项目可行性研究阶段报批建设项目环境影响报告书、环境影响报告表或者环境影响登记表；按照国家有关规定，不需要进行可行性研究的建设项目，建设单位应当在建设项目开工前报批建设项目环境影响报告书、环境影响报告表或者环境影响登记表。而该市铸管有限公司擅自于 2005 年 8 月在厂区南部动工建设 179 立方米高炉行为违反了以上规定。根据《建设项目环境保护管理条例》第二十四条第一款：未报批建设项目环境影响报告书、环境影响报告表或者环境影响登记表的，由负责审批建设项目环境影响报告书、环境影响报告表或者环境影响登记表的环境保护行政主管部门责令限期补办手续；逾期不补办手续，擅自开工建设的，责令停止建设，可以处 10 万元以下的罚款。依据此规定，该市环保局作出了罚款 5 万元；立即停止违法建设，拆除设施，恢复原貌的处罚。

【执法提示】

本案被处罚单位虽主动交了罚款，也补办了环评手续，未提出复议与诉讼，但该案的办理过程仍存在许多需要总结的地方。

（1）执法人员首先应先明确，该建设项目是否是《建设项目环境影响评价分类管理名录》规定应该进行环境影响评价的建设项目。

（2）法律适用过程中也存在一些问题：

① 从处罚 5 万元的结果看，被处罚单位的环境违法行为是逾期未补办手续，擅自开工建设 179 立方米高炉。处罚书认定的环境违法行为也是擅自于 2005 年 8 月在厂区南部动工建设 179 立方米高炉。如果不联系案情介绍当中提到的监察人员当即对该公司高炉进行影像取证，并作了现场检查笔录，提出立即停止建设，补办环评手续的要求的内容，那么可以理解为被处罚单位“未报批环评手续，擅自开工了”就可以罚款，这不符合《建设项目环境保护管理条例》第二十四条的本意。

②《建设项目环境保护管理条例》第二十四条对逾期未补办手续，擅自开工建设的处罚是“责令停止建设，可以处 10 万元以下的罚款”，并没有“拆除设施，恢复原貌”的规定。

③《中华人民共和国环境影响评价法》第三十一条规定：建设单位未依法报批建设项目环境影响评价文件，……擅自开工建设的，由有权审批该项目环境影响评价文件的环境保护行政主管部门责令停止建设，限期补办手续；逾期不补办手续的，可以处 5 万元以上 20 万元以下的罚款，对建设单位直接负责的主管人员和其他直接责任人员，依法给予行政处分。2005 年《中华人民共和国环境影响评价法》已经颁布，根据《立法法》（2000 年 7 月 1 日实施）第七十九条规定，法律的效力高于行政法规、地方性法规、规章。《环境行政处罚办法》第九条规定，当事人的一个违法行为同时违反两个以上环境法律、法规或者规章条款，应当适用效力等级较高的法律、法规或者规章；效力等级相同的，可以适用处罚较重的条款。本案适用《环境影响评价法》第三十一条进行处罚更为恰当。

环境保护部 2008 年 9 月作出的《关于责令未经环评擅自开工建设的单位停止建设、补办手续有关问题的复函》（环函[2008]190 号）对适用《环境影响评价法》第三十一条“责令停止建设，限期补办手续”做了相应的执法解释，其内容如下：

一、关于责令停止建设

根据《行政诉讼法》第六十六条规定：公民、法人或者其他组织对具体行政行为在法定期限内不提起诉讼又不履行的，行政机关可以申请人民法院强制执行，或者依法强制执行。环保部门依据《环境影响评价法》第三十一条第一款规定责令建设单位停止建设，如果建设单位不提起诉讼又不履行停止建设的决定，环保部门可以依法向人民法院申请强制执行。

二、关于补办手续

《环境影响评价法》第三十一条第一款规定：建设单位未依法报批建设项目环境影响评价文件，或者未依照本法第二十四条的规定重新报批或者报请重新审核环境影响评价文件，擅自开工建设的，由有权审核该项目环境影响评价文件的环境保护行政主管部门责令停止建设，限期补办手续。

该款规定的“补办手续”是对违反环评规定的建设单位提出的要求，即建设单位应当根据环保部门的要求，依法报送建设项目环境影响评价文件、重新报批或者报请重新审核环境影响评价文件。

环保部门对建设单位根据“补办手续”的要求而报送的环评文件进行审核后，依法可以作出同意或者不同意的批复。

案例二：建设项目环境影响评价文件未获批准，建设单位擅自开工建设

【案情介绍】

某县环保局接到群众举报，某印染厂夜间进行施工建设。经调查，该厂曾于2006年8月报批环境影响评价报告书，但环保部门未批准其建设；该厂擅自于2007年10月进行建设；群众反映的情况属实。该县环保局在立案、调查后，向该印染厂送达了《行政处罚听证告知书》，告知该厂违法事实、处罚依据和拟作出的处罚决定，并告知该厂有权进行陈述、申辩和要求听证。该厂放弃听证并承认了违法行为。之后，该县环保局以该厂违反了《环境影响评价法》第十六条规定，依据《环境影响评价法》第三十一条第二款的规定责令该厂停止建设，并处罚款5万元。

【案例分析】

本案是一起违反环境影响评价制度的案件，某印染厂在环保部门未批准其建设的情况下擅自开工建设的典型案例。对于环境影响评价文件报了尚未批准或报了没有批准的建设项目，应适用《环境影响评价法》第三十一条第二款的规定：建设项目环境影响评价文件未经批准或者未经原审批部门重新审核同意，建设单位擅自开工建设的，由有权审批该项目环境影响评价文件的环境保护行政主管部门责令停止建设，可以处5万元以上20万元以下的罚款，对建设单位直接负责的主管人员和其他直接责任人员，依法给予行政处分。因此，该县环保局的处罚是符合法律规定的。

【执法提示】

（1）2009年10月22日环境保护部《关于未批先建环境违法行为行政处罚适用问题的复函》（环函[2009]258号）中对未报批和报后尚未批准即开工建设的情况作了进一步明确，其内容如下：

……《中华人民共和国环境影响评价法》第三十一条第一款规定：建设单位未依法报批建设项目环境影响评价文件擅自开工建设的，由有权审批该项目环境影响评价文件的环境保护行政主管部门责令停止建设，限期补办手续；逾期不补办手续的，可以处罚款。该

条第二款规定：建设项目环境影响评价文件未经批准，建设单位擅自开工建设的，由有权审批该项目环境影响评价文件的环境保护行政主管部门责令停止建设，可以处罚款。

建设单位未依法编制环评文件擅自开工建设，经环保部门依法责令停止建设，限期补办环评手续，建设单位已停止建设并报批环评文件，但有权审批的环保部门决定暂缓审批其环评文件的，如果建设单位在报批环评文件后未获批准前又重新擅自开工建设的，按照第三十一条第二款的规定予以处罚；如果建设单位在报批环评文件后未获批准前未重新擅自开工建设的，则不能适用第三十一条第二款的规定予以处罚。

（2）对违反环境影响评价制度行为的处罚，其处罚权在“有权审批该项目环境影响评价文件的环境保护行政主管部门”。2009 年 3 月 1 日实施的《建设项目环境影响评价文件分级审批规定》（环境保护部令第 5 号）第四条规定：建设项目环境影响评价文件的分级审批权限，原则上按照建设项目的审批、核准和备案权限及建设项目对环境的影响性质和程度确定。

对于污染较重的行业如：化工、造纸、电镀、印染、酿造、味精、柠檬酸、酶制剂、酵母等，其审批权限在省级或地市级环保部门。因此依据《环境影响评价法》第三十一条进行处罚时注意不要越权执法。《环境行政处罚办法》第二十一条的规定不属于本机关管辖的案件，应当移送有管辖权的环保部门处理。

案例三：公众意见能否作为否决建设项目的理由

【案情介绍】

颐和园集中国古代皇家园林建筑之大成，不仅是国人的骄傲，而且因其丰厚的文化积淀、完好的历史遗迹，被联合国教科文组织列为世界文化遗产。其周边及京密引水渠沿线，也因景观秀美、人杰地灵，成为自然和人文景观俱佳的京西著名生态景区，也为人们生活、休闲娱乐提供良好的环境。但自 2004 年 2 月始，几十天内，十几个高达 50 米的铁塔在京密引水渠沿线悄然而起。该高压线工程全称“西沙屯—上庄—六郎庄 220 千伏/110 千伏输电线路”。具体来说，就是从京郊西沙屯开始架设高达 40 米的铁塔，自北向南，途经上庄、上地到达中国医学科学院药用植物园，沿着城市主干路（农大北路）西行至京密引水渠边，顺着引水渠边绵延南下，从百旺山国家森林公园往南建设，穿越五环高速路途经中国医学科学院药用植物园、药植所、百旺家苑小区、天秀小区、龙背村地铁站、国防大学等 13 家单位或小区，最后到达颐和园附近的六郎庄。该高压线属于北京市重点建设工程，建成后将承担起京西一部分工业、生活用电，同时也为奥运场馆服务。

① 这条高压线路在开工建设时没有经过环境评价

“我们支持国家建设，我们希望 2008 年奥运会成功，但我们也希望国家能考虑我们的环境权，我们的生存权，采取适当的方式修建该工程。”搞清楚了此高压线的来龙去脉后，沿线居民开始深深担忧起这条高压线给身体带来的电磁污染，因为该高压线路有很多高压线塔就架在了居民小区内外，甚至是居民房屋顶部，32 根 220 千伏/110 千伏高压电缆就从居民休闲健身区上空经过，高压线下就是居民生活道路和住宅，最近处离楼房不足 10 米，严重威胁了沿线居民的身体健康和人身安全。他们自发地请来了我国著名电磁学专家赵玉峰等 5 位教授，进行实地考察，专家们对这条线路给人体及环境所带来的危害也感到忧虑，强烈建议施工方北京电力公司能考虑入地敷设线路的方式，最大限度地减少给人体及环境所带来的危害。而更让沿线居民感到愤怒的是，经过调查得知，该线路在开工建设时根本没有经过环境影响评价，属于典型的“先开工、后审批”的违法工程。沿线居民决定向政府讨个说法，从 2004 年 2 月开始，居民不断地通过网络、媒介向政府反映此事，寻求帮助。

② 沿线小区居民终于迎来第一次公开的听证会

2003 年 9 月 1 日正式实施的《环境影响评价法》第二十一条规定：除国家规定需要保密的情形外，对环境可能造成重大影响、应当编制环境影响报告书的建设项目，建设单位应当在报批建设项目环境影响报告书前，举行论证会、听证会，或者采取其他形式，征求有关单位、专家和公众的意见。2004 年 7 月 1 日，《北京市环境保护局行政许可规定》正式实施，其中规定“对需要进行听证的行政许可，按照国家和本市的有关规定组织听证”。这在规章制度上将召开听证会纳入了行政许可的程序。百旺家苑居民正是按照这些国家法规，于 2004 年 7 月 7 日正式向北京市环保局递交了“强烈要求召开听证会的信”，认为西沙屯至六郎庄 220 千伏高压线路工程涉及因素众多，影响重大，既包括了众多居民对电磁辐射的担忧，也包括了政府、国际组织和新闻媒体对颐和园这一世界遗产保护区遭到破坏的批评。希望北京市环保局在对本项目建设单位本项行政许可申请受理的过程中，不能简单行事，而应坚持依法办事、以人为本的原则，主持或者责令建设单位召开专门听证会，广泛听取公众的意见，回答公众的咨询，解答公众的困惑，接受公众的监督，采纳公众的正确意见，改变现在的架空施工为入地敷设。

2004 年 7 月 23 日，居民接到北京市环保局关于举行环境保护行政许可听证会的通知书。沿线小区居民终于撬动了听证会法定程序，听证会于 2004 年 8 月 13 日下午 2 点召开。本次听证会的主持人由北京市环保局法制处处长周小凡担任。审查人员北京市环保局环评管理处处长宗祝平和利害关系人各单位、小区代表们在听取了申请人电力部门的情况说明后，提出自己的意见和相关证据，就西沙屯至六郎庄 220 千伏输电线路工程是否会给沿途小区和单位造成电磁污染问题展开一场关乎生存环境的辩论。13 家小区和单位代表意见惊人的一致，那就是反对北京电力公司现在的施工方式，认为在不能证明该高压线路对人体不造成危害及对环境不造成破坏的情况下，电力公司应该改架明线为入地敷设的施工方式，以最大限度地减少电磁污染及环境破坏。百旺家苑业主代表提出了 7 大证据，深刻剖析了该高压线路一旦修成后将会给现有环境所带来的毁灭性破坏及对人体健康的危害。

经过 3 个小时的陈述、质证和辩论，听证会结束了。听证会并没有当场作出决定，环保部门有关人士表示会认真听取各方的意见，按照国家的法律法规作出决定。北京市环保局环评管理处宗祝平处长明确表示，在环保局的决定没有作出之前，这项工程暂时还不能开工。

③ 北京市环保局再次组织了内部“听证会”

然而 9 月 3 日，北京市环保局再次组织了有 8 位专家参加的 2004 年“论证会”。这一次和 8 月 13 日的听证会有很大不同，由公开改为内部，参加人也是由北京市环保局指定。这个听证会的过程至今没有公开，但据说在现场当有专家宣称“该高压线路的建设合理合法”时，还有专家再次提出不同意见，并出于负责的科学态度和一个科学家的良心而拒绝为“合理合法”的结论签字。

2004 年 9 月 6 日，北京市环保局根据 9 月 3 日内部听证会所得出的结论，对北京电力公司“西沙屯—上庄—六郎庄 220 千伏/110 千伏输电线路（上青段 12#36#塔架）工程环境影响报告书”作出“予以批准”的批复。中国第一个由民间要求，政府举行的关于百姓环境权的听证会就此拉上帷幕。

④ 环境权之争仍在继续

沿线居民感到非常困惑和不解。既然有了第一次听证会，那么有关部门为什么不认真听取百姓的呼声和提供的证据，及时核查，并将结果公布呢？为什么在第一次听证会没有结论的情况下，又匆匆举行一个不公开的听证会呢？

听证会虽然结束了，但沿线居民的斗争并没有停歇。2004 年 9 月 17 日，百旺家苑居民向国家环保总局递交行政复议申请，要求国家环保总局依法推翻北京市环保局的错误决定。2004 年 9 月 23 日，国家环保总局给百旺家苑居民发出了《行政复议受理通知书》；同一天，国家环保总局给北京市环保局下达了《行政复议答辩通知书》。2005 年 3 月 17 日，经过长达半年多的调查、协调、政府公关后，在某些政府领导的亲自过问下，国家环保总局解振华局长作出批示：驳回百旺家苑居民的行政复议请求，维持原北京市环保局的行政决定。至此，听证会的相关行政流程完全结束。

2005 年 4 月 26 日，百旺居民诉北京市环保局行政不作为的《行政起诉状》送达海淀法院立案。百姓的环境权之争仍在继续。

（来源：自然之友 《通讯》2005 年第三期 作者：陈海鹏）

【案例分析与执法提示】

“公众参与”是一种有计划的行动；它通过政府部门和开发行动负责单位与公众之间双向交流，使公民能参加决策过程并且防止和化解公民和政府机构与开发单位之间、公民与公民之间的冲突。一般认为除政府的环保行为和企业的环保责任行为外，其他所有环保行为均可认为是公众参与行为。

公众的范围包括：普通群众、非政府组织和民间团体。除政府的环保行政行为和企业的环保责任行为以外。公众参与环保的过程可以看成是广大群众通过一定的程序、途径参与城市环保相关的决策活动，并使得该项决策符合公众切身利益的过程。

我国法律就公众参与环保工作已在多部法律和规范性文件中作出规定，如《国务院关于环境保护工作的若干问题的决定》、《环境噪声污染防治法》、《环境影响评价法》都有涉及。特别是 2006 年出台的《环境影响评价公众参与暂行办法》进一步目前的公众参与环评工作的细节内容。

《环境影响评价公众参与暂行办法》第五条规定：建设单位或者其委托的环境影响评价机构在编制环境影响报告书的过程中，环境保护行政主管部门在审批或者重新审核环境影响报告书的过程中，应当依照本办法的规定，公开有关环境影响评价的信息，征求公众意见。但国家规定需要保密的情形除外。建设单位可以委托承担环境影响评价工作的环境影响评价机构进行征求公众意见的活动。

第十三条规定：环境保护行政主管部门应当在受理建设项目环境影响报告书后，在其政府网站或者采用其他便利公众知悉的方式，公告环境影响报告书受理的有关信息。

环境保护行政主管部门公告的期限不得少于 10 日，并确保其公开的有关信息在整个审批期限之内均处于公开状态。

环境保护行政主管部门根据本条第一款规定的方式公开征求意见后，对公众意见较大的建设项目，可以采取调查公众意见、咨询专家意见、座谈会、论证会、听证会等形式再次公开征求公众意见。

该案中的群众依据相关法律规定，2004 年 7 月 7 日正式向北京市环保局递交了“强烈要求召开听证会的信”，强烈地表达了要求参与的愿望。

依据《环境保护听证暂行办法》第五条规定：实施环境保护行政许可，有下列情形之一的，适用本办法：

（一）按照法律、法规、规章的规定，实施环境保护行政许可应当组织听证的；

（二）实施涉及公共利益的重大环境保护行政许可，环境保护行政主管部门认为需要听证的；

（三）环境保护行政许可直接涉及申请人与他人之间重大利益关系，申请人、利害关系人依法要求听证的。

依据该条第（三）项的规定，该案中北京市环境保护局于行政许可决定做出前向社会公告了举行听证的决定，也专门向有关利害关系人送达了《环境保护许可听证会通知书》通知他们出席听证会，利害关系人百旺家苑业主代表收到了北京市环保局正式发出的通知书，听证会于 2004 年 8 月 13 日下午 2 点召开。环保局的做法是符合法定程序的。

对于公众的意见是否采纳，《环境影响评价公众参与暂行办法》第十七条规定：建设单位或者其委托的环境影响评价机构，应当认真考虑公众意见，并在环境影响报告书中附具对公众意见采纳或者不采纳的说明。

资料

公众参与的法律框架

公众的参与权	法律依据
信息知情权	《政府信息公开条例》 《环境信息公开办法（试行）》
	《放射性污染防治法》第五条
	《清洁生产促进法》第十条、第十七条
环境管理与监督权	《环境保护法》第六条
	《水污染防治法》第十条
	《环境噪声污染防治法》第七条
	《固体废物污染环境防治法》第九条
	《大气污染防治法》第五条
	《环境影响评价法》第十一条、第二十一条
	《环境噪声污染防治法》第十三条
	《环境影响评价法》
	《建设项目环境保护管理条例》
	《规划环境影响评价条例》
	《行政许可法》
	《环境保护行政许可听证暂行办法》
	《公众参与环境影响评价暂行办法》
	《环境影响评价技术导则　公众参与》

资料

关于公众意见可否作为否决建设项目的理由其法律适用问题的复函

国家环境保护总局 环函[2003]90 号

浙江省环境保护局：

你局《关于公众意见可否作为否决建设项目理由问题的请示》（浙环函[2002]299 号）收悉。经研究，现函复如下：

一、环境保护行政主管部门依法审批建设项目环境影响报告书、环境影响报告表或者环境影响登记表时，应将公众意见作为重要的参考依据。

二、公众对餐饮、娱乐等服务行业项目产生的噪声、油烟、异味等扰民问题很敏感，反映也较强烈。这类项目的环境影响报告书、环境影响报告表或环境影响登记表要充分反映公众意见。同时，也要根据国家和地方污染物排放标准和环境功能区划的规定，对项目选址是否达到环保要求予以客观公正的评价。

三、根据你局反映的情况，该夜总会直接噪声产生的环境影响，在采取各种噪声污染防治措施后，可以达到环保法律法规及环境功能区划的规定。但是，对于夜总会间接产生的噪声影响，如果没有可靠的噪声防治措施，不能确保邻近居民楼噪声达到相应环境功能区标准，公众又有意见，该夜总会的选址也是不合适的。

二〇〇三年三月三十一日

案例四：建设单位未重新报批建设项目环境影响评价文件而擅自开工建设

【案情介绍】

2010 年 4 月 1 日，环境保护部环境投诉受理中心接到群众来电，反映山西运城河津市华晟集团距离附近居民区仅有 10 米，目前正在进行生产前的烘炉阶段。企业 24 小时不间断生产，粉尘污染严重，噪声和振动严重扰民。

接到转办件后，运城市环保局立即对企业进行了调查。经查发现，公司焦炉易地技改项目位于河津市樊家庄村。焦化技改项目（20 万吨）经原山西省经贸委批准立项，并通过项目工程可行性研究报告，主要建设内容为 42 万吨/年焦炉及配套煤气净化（硫胺工艺）、6000 千瓦煤气发电、90 万吨/年洗煤工程。公司 42 万吨/年焦炉易地技改项目环境影响报告书由原山西省环保局批复，但工程一直未开工建设。

2008 年 3 月，公司擅自开工建设 120 万吨焦炉一期工程（60 万吨）及配套煤气净化、1.8 万千瓦煤气机组、90 万吨洗煤工程。公司焦化项目“批小建大”，在建的 120 万吨焦炉一期工程（60 万吨）未重新办理项目环评手续；项目工程施工使用大型机械，施工工地未硬化，作业过程存在振动性噪声和扬尘污染。

针对公司存在的违法问题，山西省环保厅已立案进行处罚，责令其立即停止建设。同时，要求河津市政府依法对企业采取强制停建措施。

（来源：环境保护部网站“环境要闻”，2010-05-24）

【案例分析】

“批小建大”是在企业执行环境影响评价制度过程中较常见的问题。根据《环境影响评价法》第二十四条规定，建设项目的环境影响评价文件经批准后，建设项目的性质、规模、地点、采用的生产工艺或者防治污染、防止生态破坏的措施发生重大变动的，建设单位应当重新报批建设项目的环境影响评价文件。第三十一条第一款规定：建设单位未依法报批建设项目环境影响评价文件，或者未依照本法第二十四条的规定重新报批或者报请重新审核环境影响评价文件，擅自开工建设的，由有权审批该项目环境影响评价文件的环境保护行政主管部门责令停止建设，限期补办手续；逾期不补办手续的，可以处5万元以上20万元以下的罚款。

【执法提示】

在对这类案件实施处罚时，应注意两个问题：

其一，有权实施处罚的机关应是有权审批该项目环境影响评价文件的环境保护行政主管部门，其他机关无权进行。该案中建设项目是由原山西省环保局审批，因此目前该案由山西省环保厅立案调查；

其二，处罚的时间段应在责令停止生产、限期补办手续之后，如逾期不补办手续的，才可以处罚。

对于责令停止建设的强制措施，具备条件的情况下可以申请法院强制执行。

资料

关于环保部门可以申请人民法院强制执行责令改正决定的复函

环境保护部　环函[2010]214号

……

一、环保部门可以申请人民法院强制执行责令改正决定

《中华人民共和国行政诉讼法》第六十六条规定，公民、法人或者其他组织对具体行政行为在法定期限内不提起诉讼又不履行的，行政机关可以申请人民法院强制执行。《最高人民法院关于执行〈中华人民共和国行政诉讼法〉若干问题的解释》第八十六条—第九十一条对行政机关申请执行其具体行政行为的条件、程序、期限、要求做了具体规定。

责令改正决定属于具体行政行为的一种形式。因此，根据上述法律规定，当事人逾期不申请行政复议、不提起行政诉讼又不履行责令改正决定的，环保部门可以向人民法院申请强制执行，并遵守《最高人民法院关于执行〈中华人民共和国行政诉讼法〉若干问题的解释》规定的有关条件和要求。

二、环保部门作出责令改正决定时，应当告知行政管理相对人依法享有申请行政复议或者提起行政诉讼的权利

《中华人民共和国行政复议法》第六条规定，公民、法人或者其他组织认为行政机关的具体行政行为侵犯其合法权益的，可以申请行政复议。《中华人民共和国行政诉讼法》第十一条规定，人民法院受理公民、法人或者其他组织对具体行政行为不服提起的诉讼。《全面推进依法行政实施纲要》第七条规定，行政机关作出对行政管理相对人、利害关系人不利的

行政决定后，应当告知行政管理相对人依法享有申请行政复议或者提起行政诉讼的权利。

责令改正决定属于具体行政行为的一种形式。因此，根据上述规定，环保部门作出责令改正决定时，应当告知行政管理相对人依法享有申请行政复议或者提起行政诉讼的权利。公民、法人或者其他组织认为环保部门作出的责令改正决定侵犯其合法权益的，可以申请行政复议和提起行政诉讼。

三、是“责令停产”还是“责令停止生产”，应当结合违法行为的性质和具体的法律法规规章条款选择适用

《环境行政处罚办法》第十条、第十二条是对环境法律、行政法规和部门规章规定的行政处罚和责令改正违法行为的主要形式的列举，并不是新的创设性规定。在具体案件的处理中是“责令停产”还是“责令停止生产”，应当结合违法行为的性质，选择适用相应的具体法律法规规章条款。

二〇一〇年七月二十二日

资料

关于未批先建环境违法行为行政处罚适用问题的复函

环境保护部 环函[2009]258 号

河北省环境保护厅：

你厅《关于未批先建环境违法行为行政处罚适用问题的请示》（冀环法[2009]316 号）收悉。经研究，函复如下：

《中华人民共和国环境影响评价法》第三十一条第一款规定，建设单位未依法报批建设项目环境影响评价文件擅自开工建设的，由有权审批该项目环境影响评价文件的环境保护行政主管部门责令停止建设，限期补办手续；逾期不补办手续的，可以处罚款。该条第二款规定，建设项目环境影响评价文件未经批准，建设单位擅自开工建设的，由有权审批该项目环境影响评价文件的环境保护行政主管部门责令停止建设，可以处罚款。

建设单位未依法编制环评文件擅自开工建设，经环保部门依法责令停止建设，限期补办环评手续，建设单位已停止建设并报批环评文件，但有权审批的环保部门决定暂缓审批其环评文件的，如果建设单位在报批环评文件后未获批准前又重新擅自开工建设的，按照第三十一条第二款的规定予以处罚；如果建设单位在报批环评文件后未获批准前未重新擅自开工建设的，则不能适用第三十一条第二款的规定予以处罚。

二〇〇九年十月二十二日

资料

关于责令未经环评擅自开工建设的单位停止建设、补办手续有关问题的复函

环境保护部 环函[2008]190号

河南省环境保护局：

你局《关于行政执法有关问题的请示》（豫环[2008]36号）收悉。经研究，函复如下：

一、关于责令停止建设

根据《行政诉讼法》第六十六条规定，“公民、法人或者其他组织对具体行政行为在法定期限内不提起诉讼又不履行的，行政机关可以申请人民法院强制执行，或者依法强制执行”。环保部门依据《环境影响评价法》第三十一条第一款规定责令建设单位停止建设，如果建设单位不提起诉讼又不履行停止建设的决定，环保部门可以依法向人民法院申请强制执行。

二、关于补办手续

《环境影响评价法》第三十一条第一款规定，“建设单位未依法报批建设项目环境影响评价文件，或者未依照本法第二十四条的规定重新报批或者报请重新审核环境影响评价文件，擅自开工建设的，由有权审核该项目环境影响评价文件的环境保护行政主管部门责令停止建设，限期补办手续”。

该款规定的“补办手续”是对违反环评规定的建设单位提出的要求，即建设单位应当根据环保部门的要求，依法报送建设项目环境影响评价文件、重新报批或者报请重新审核环境影响评价文件。

环保部门对建设单位根据“补办手续”的要求而报送的环评文件进行审核后，依法可以作出同意或者不同意的批复。

二〇〇八年九月三日

案例五（案一）：建设项目的防治污染的设施没有建成主体工程即投入生产或者使用

【案情介绍】

某企业在未重新报批环境影响评价文件的情况下，擅自将其经营的精研塑料厂从某市××镇××路段搬迁至该镇××工业区××路1号，并增设了8台切割机、1台磨粉机，新建了挤塑车间，且未建任何环保设施即擅自将主体工程正式投入生产。某市环保局在经过调查、取证和组织听证后，于2005年6月28日作出了环罚字[2005]037号“行政处罚书”，认定该企业的上述行为违反了《环境影响评价法》第三十一条的规定，对其作出责令停止生产并处罚款3万元的行政处罚决定。该企业不服，遂于2005年7月10日向某市人民法院提起行政诉讼，请求撤销处罚决定。

【案例分析】

本案中，某企业在未重新办理环境影响报批手续的情况下，将其经营的精研塑料厂擅自搬迁并扩大生产规模，增设新生产车间；在没有建成污染治理设施的情况下即投入生产。因此，市环保局依据《环境影响评价法》第三十一条规定：对其作出责令停止生产并处罚款 3 万元的行政处罚决定。

从本案的处理我们可以发现，市环保局的处罚内容与法律依据不对应。《环境影响评价法》第三十一条规定：建设单位未依法报批建设项目环境影响评价文件，或者未依照本法第二十四条的规定重新报批或者报请重新审核环境影响评价文件，擅自开工建设的，由有权审批该项目环境影响评价文件的环境保护行政主管部门责令停止建设，限期补办手续；逾期不补办手续的，可以处 5 万元以上 20 万元以下的罚款，对建设单位直接负责的主管人员和其他直接责任人员，依法给予行政处分。而市环保局的处罚决定书内容为：责令停止生产并处罚款 3 万元。处罚内容与法律要求不一致。

对于建设单位未报批环境影响评价文件却已建成并投入生产的建设项目该如何处罚，2007 年 3 月全国人大法工委《关于建设项目环境管理有关法律适用问题的解释》（法工委复[2007]2 号）已有明确答复："对建设单位未依法报批建设项目环境影响评价文件却已建成建设项目，同时该建设项目需要配套建设的环境保护设施未建成、未经验收或者经验收不合格，主体工程正式投入生产或者使用的，应当分别依照《环境影响评价法》第三十一条、《建设项目环境保护管理条例》第二十八条的规定作出相应处罚。"

《建设项目环境保护管理条例》第二十八条规定如下：

违反本条例规定，建设项目需要配套建设的环境保护设施未建成、未经验收或者经验收不合格，主体工程正式投入生产或者使用的，由审批该建设项目环境影响报告书、环境影响报告表或者环境影响登记表的环境保护行政主管部门责令停止生产或者使用，可以处 10 万元以下的罚款。

【执法提示】

对违法建设项目依法实施处罚，应当注意"同时处罚，分别处罚，相应处罚"的区别和不同。

所谓"同时处罚"，是指建设单位"未报批"（或"未重新报批"）环评文件即擅自建设和"未经验收"（或"验收不合格"）环保设施而主体工程即擅自投产，各自违反了环评制度和"三同时"制度，均已构成独立的环境违法行为，环保部门应当对其同时依法予以处罚。对两个违法行为的处罚，互不代替，互不排斥。

所谓"分别处罚"，是指环保部门对建设单位违反了环评制度和"三同时"制度的行为，应当分别引用不同的法律条款，分别适用不同的处罚种类。《环境行政处罚办法》第五十三条第二款规定：对同一当事人的两个或者两个以上环境违法行为，可以分别制作行政处罚决定书，也可以列入同一行政处罚决定书。为了便于复议、诉讼和申请法院强制执行，环保部门对两个独立的违法行为，最好是分别叙述违法事实，分别制作不同的处罚决定文书。

所谓"相应处罚"，是指在实际执法过程中，应当针对违法行为的实际情形，选择实施对应的处罚种类。就未报批环评文件却已建成的项目而言，由于其施工建设阶段已经结束，如按《环境影响评价法》第三十一条责令"停止建设"已不具针对性，但环保部门可以相应地责令"限期补办手续"；逾期不补办手续的，可处 5 万元以上 20 万元以下的罚款。

具体到本案，市环保局一是要针对建设单位未重新报批环评文件的行为，依据《环境影响评价法》第三十一条，责令"限期补办手续"；二是针对建设单位未经环保验收即擅自投产的行为，依据《建设项目环境保护管理条例》第二十八条，责令“停止生产或者使用”，可以处10万元以下罚款。

案例五（案二）：建设项目的防治污染的设施没有建成主体工程即投入生产或者使用

【案情介绍】

2007年1月11日接群众举报后，某县环境监察大队监察人员于1月15日对小长山乡正昌海鲜烧烤店进行了现场监察。经查证，该烧烤店于2006年11月13日起在小长山乡回龙村居民楼下开始经营，未报批环境影响评价文件，也未建设污染防治设施。

县环保局认为，正昌海鲜烧烤店的行为违反了《建设项目环境保护管理条例》第二十三条的规定，拟依据《建设项目环境保护管理条例》第二十八条的规定，给予以下行政处罚：① 责令停止经营；② 罚款人民币3 000元。2007年1月17日，该县环保局送达长环罚告字[2007]第1号《环境保护行政处罚告知书》，1月24日送达长环罚字[2007]第1号《环境保护行政处罚决定书》。

【案例分析】

本案是建设在居民楼下的烧烤店，既未办理环评申报手续，也没有建设污染治理设施，擅自开始经营的案件。

过去，我国长时间在技术或管理上都把污染防治的重点放在对重点工业污染的治理上，而餐饮业的污染防治技术及管理水平相对比较薄弱。随着餐饮企业的不断增多，对环境造成的污染问题也日趋严重；加之餐饮业污染排放点多且分布面广，污染物成分复杂，排放的时间基本集中在早晨、中午和晚上，属间断性集中排放，造成的局部污染比较严重，因餐饮业排放的污染物引起的纠纷也越来越多。现实生活中为数不少的中、小业主往往是先开店、后办理营业执照，而且不依法执行建设项目环境影响审批制度，不按要求及时进行排污申报，加之餐饮业变化快，经营者往往采取消极等待观望的态度，在无证无牌的情况下违法经营。近年来，城市建设步伐不断加快，在建设和改造过程中，由于缺乏对餐饮业的指导性规划和实施办法，加上房屋使用功能的不合理、不确定，导致餐饮企业多选址在居民密集区，与居民楼混为一体。同时，由于有关管理部门未充分考虑餐饮与居民区隔离的问题，也没有给商住楼预留专用的餐饮排烟管道（一些店铺在规划设计时并不作为餐饮店设计），根本不具备餐饮污染处理、排放的条件，一旦经营餐饮企业，即使加装、改造环保设备，大多也无法达到群众满意。这类经营单位其选址往往就不符合居民生活区的要求，污染治理也达不到相应标准（甚至没有污染治理设施）。

因此，县环保局依照《建设项目环境保护管理条例》第二十八条的规定，直接责令正昌海鲜烧烤店停止营业，并处罚款的做法笔者认为是可行的。

【执法提示】

目前对饮食服务业在环保方面的专门规定只有《中华人民共和国饮食业油烟排放标准》（GB 18483—2001）、《国家环境保护总局关于加强饮食业油烟污染防治监督管理的通知》（环发[2000]191号）以及地方性的法规和规章。

对建在居民密集区的餐饮企业，在环境执法时，一方面可以依据《建设项目环境保护管理条例》的规定，对没有污染治理设施的企业责令其停止营业，并处罚款。另一方面，对没有取得工商营业执照的，可采用移送工商行政管理部门或以联合执法的形式处理类似问题，效率会更高。另外，也可以从居民小区的环境影响评价文件入手，从根本上解决问题。

案例六：建设单位未执行建设项目环境管理制度，但污染物达标排放

【案情介绍】

2011 年 5 月，某市环境监察支队在现场检查时发现，某企业 2010 年建成并正式投产，未办理环评手续，但建成了防治污染的设施。经监测，其污染物排放达标。该市环保局以该企业没有报批环境影响评价文件，违反了建设项目环境管理的相关规定，拟依据《环境影响评价法》第三十一条第一款及《建设项目环境保护条例》第二十八条规定，对其作出行政处罚：① 责令限期补办环境影响评价文件；② 责令停止生产；③ 罚款 2 万元。

【案例分析】

本案讲述的是生产企业违反了环境影响评价制度和“三同时”制度的要求，但未超标排放污染物的情况。

《环境影响评价法》立法的目的主要是为了贯彻预防为主的环境管理原则，从源头，即从企业选址、产业结构的调整等方面对企业进行管理。该企业从其起步阶段就出现了严重的环境违法行为，这对今后企业的环境守法是个挑战。本案中环保部门首先依据《环境影响评价法》第三十一条第一款责令企业限期补办环境影响评价文件，该要求应有明确的期限。其次依据《建设项目环境保护管理条例》第二十八条的规定，建设项目的污染防治设施没有验收责令其停止生产，罚款 2 万元；《条例》第二十八条规定，处 10 万元以下的罚款，从本案的违法情节考虑处 2 万元的罚款也是适宜的。市环保局对该企业的处罚不仅是合法的，也是必要和及时的。

【执法提示】

违反环境影响评价制度的构成要件是未依法报批、未依法重新报批或者报请重新审核环境影响评价文件未经原审批部门重新审核同意已擅自开工建设。依此就可以认定其违反环境影响评价制度，可以依据《环境影响评价法》第三十一条进行处罚。

依据《环境影响评价法》第三十一条第一款进行处罚时应注意，先要求企业限期补办环境影响评价文件，如在规定的限期内补办环境影响评价文件，环保部门不能再对企业进行处罚，只有在企业逾期未补办环境影响评价文件的前提下才能处以罚款。

案例七：建设项目的防治污染的设施没有达到国家规定的要求主体工程即投入生产或者使用

【案情介绍】

某化工厂于 2008 年建厂，是一家生产化学添加剂的企业。2009 年，该厂通过了市环保局环境影响评价审批。在废水处理设施验收合格后，正式投入生产。2010 年该化工厂为了扩大生产规模、增加企业利润，在已向环保局申报的情况下扩建了加工精制 3-硝基,4-氨基苯酚（NAP）工艺和设备。因赶工期，水污染防治设施只进行了适当改造（只敷设塑料薄膜而未做永久性防渗）。在投入生产使用前，该厂申请污染治理设施验收，未通过。之后，该厂即将扩建的设备投入使用。扩建的设备投入使用后，因废水处理设施存在缺陷，

造成处理池废水渗漏和直接排放，污染了地下水和附近河道。

2011 年 3 月，某省 A 县环保局接到群众举报后对该化工厂进行了现场检查。经对排污口污水排放情况进行监测，污染物排放严重超过规定的排放标准。A 县环保局以化工厂违反了《水污染防治法》第七十四条责令化工厂限期治理，并处 1 万元罚款。

【案例分析】

本案某化工厂为了增加利润，扩建了新加工工艺的设备，但未建设永久性污染治理设施。在其污染治理设施没有通过验收的情况下，即将扩建部分投入生产，致使生产过程中产生的超标废水直接外排，污染了地下水和附近的河道。A 县环保局以化工厂违反《水污染防治法》第七十四条对其进行了处罚。

以上环保局的处罚有两点可以商榷：

（1）法律条款的适用是否正确。

本案中某化工厂的违法行为主要是水污染防治设施未通过验收即投入生产，由此发生了后面的废水渗漏和直接排放，污染了地下水和附近河道的事故。因此，按《水污染防治法》第七十四条规定进行处罚似不够准确，按《水污染防治法》第七十一条规定处罚更为妥当。

（2）罚款额度缺乏依据。

本案中环保局对某化工厂处以 1 万元罚款，缺乏依据。即便是按《水污染防治法》第七十四条规定处罚，罚款额度应是该企业应缴纳排污费数额的 2～5 倍，“1 万元”与企业应缴纳排污费数额是何关系呢？何不按《水污染防治法》第七十一条规定处罚更有法定依据。

因此，笔者认为，A 县环保局依据《水污染防治法》第七十一条规定的“责令停止生产或者使用，直至验收合格，处 5 万元以上 50 万元以下的罚款”进行处罚更为恰当。

【执法提示】

环境执法中作出的行政处罚要有法律依据，法律本身必须是合法有效的，不能是未生效或已失效的。适用的法律要与违法行为一致，符合法律适用规则；出现法律条款竞合时，按照从重的原则处罚。

《水污染防治法》第七十四条规定：违反本法规定，排放水污染物超过国家或者地方规定的水污染物排放标准，或者超过重点水污染物排放总量控制指标的，由县级以上人民政府环境保护主管部门按照权限责令限期治理，处应缴纳排污费数额二倍以上五倍以下的罚款。

《水污染防治法》第七十一条规定：违反本法规定，建设项目的水污染防治设施未建成、未经验收或者验收不合格，主体工程即投入生产或者使用的，由县级以上人民政府环境保护主管部门责令停止生产或者使用，直至验收合格，处 5 万元以上 50 万元以下的罚款。

环境保护部 2009 年 9 月 1 日实施的《限期治理管理办法（试行）》第三条 【不适用情形】 排放水污染物超标或者超总量，但有下列情形之一，法律法规相关条款另有特别规定的，适用特别规定，不适用限期治理：

（一）建设项目的水污染防治设施未建成、未经验收或者验收不合格，主体工程即投入生产或者使用的，根据《水污染防治法》第七十一条处罚。

案例八：试生产建设项目配套建设的环境保护设施未与主体工程同时投入试运行的

【案情介绍】

2007 年 5 月 14 日，某市环境监察支队在巡查中发现，建龙钢铁有限公司烟尘超标排放。经现场检查发现，该公司试生产的一期工程部分污染防治设施未建成，使得试生产建设项目配套建设的环境保护设施未与主体工程同时试运行。市环境监察支队立即下达环境监察通知书，责令该公司停止试生产，完善污染防治设施。该公司未停止试生产。市环境监察支队遂向市环保局申请立案调查，到该公司作了环境保护笔录。经局务会讨论研究决定，依据《建设项目环境保护管理条例》第二十六条，责令该公司立即停止试生产，完善污染防治设施，并处罚款 5 万元。6 月 15 日送达听证告知书，6 月 22 日送达行政处罚决定书。该公司未申请行政复议也未提起行政诉讼，履行了行政处罚决定。

【案情分析】

本案中，环境监察支队对建龙钢铁有限公司进行现场检查时发现，该公司一期工程在污染治理设施没有全部建成的情况下主体工程即投入试生产，导致烟尘超标排放。这属于主体工程分期投入试生产，而与之配套的环保设施没有分期与主体工程同时投入试生产。该市环保局依据《建设项目环境保护管理条例》第二十六条进行了处罚。

《建设项目环境保护管理条例》第二十六条规定：违反本条例规定，试生产建设项目配套建设的环境保护设施未与主体工程同时投入试运行的，由审批该建设项目环境影响报告书、环境影响报告表或者环境影响登记表的环境保护行政主管部门责令限期改正；逾期不改正的，责令停止试生产，可以处 5 万元以下的罚款。

针对本案，首先应注意，《建设项目环境保护管理条例》第二十六条是针对试生产建设项目的污染治理设施没有与主体工程同时投入试生产的情况进行处罚。若依据该条款进行处罚，还应注意有处罚权的机关应是审批该建设项目环境影响评价文件的环保部门；而罚款实施前提是责令限期改正，逾期不改正的，责令停止试生产，可以处 5 万元以下的罚款。本案中环境监察支队以自己的名义下达了“责令停止试生产、完善污染防治设施”的环境监察通知书，没有提供下达环境监察通知书的法律依据。国家法律、法规和规章均没有赋予监察支队这样的权力，如果地方性法规没有相应的授权执法的规定，那么该环境监察通知书属于越权执法。其次，该市环保局下达的处罚决定书没有给予企业限期改正的时间，而直接要求其停止试生产，处 5 万元罚款的决定，也不符合《建设项目环境保护管理条例》第二十六条的规定。因此笔者认为，本案中某市环境监察支队和市环保局对案件的处理是不当的。

【执法提示】

对于试生产的建设项目的行政处罚与不需要试生产或超过试生产期限正式投入生产，而污染防治设施没有与主体工程同时投入生产的处罚，法律、法规的规定是有区别的。环保部门应视不同情况分别实施行政处罚：

① 对建设项目配套的环保设施未与主体工程同时投入试运行的（试生产没有超过 3 个月），应依据《建设项目环境保护管理条例》第二十六条的规定，责令其限期改正；逾期不改正的，责令停止试生产，可以处 5 万元以下的罚款；

② 对建设项目投入试生产超过3个月未申请环保设施竣工验收的，应依据《建设项目环境保护条例》第二十七条的规定，责令限期办理环保设施竣工验收手续；逾期未办理的，责令停止试生产，可处以5万元以下的罚款；

③《建设项目竣工环境保护验收管理办法》第十条规定：对试生产3个月确不具备环保验收条件的建设项目，建设单位应当在试生产的3个月内，向环保部门提出该建设项目环保延期验收申请，说明延期验收的理由及拟进行验收的时间。经批准后建设单位方可继续进行试生产。试生产的期限最长不超过1年。核设施建设项目试生产的期限最长不超过2年。对试生产超过1年（核设施建设项目为2年）仍未申请环保设施竣工验收的，可认定为试生产结束投入正式生产，应依据《建设项目环境保护管理条例》第二十八条的规定，责令停止生产或使用，可处以10万元以下的罚款。

资料

关于企业试生产期间违法行为行政处罚意见的复函

国家环境保护总局　环函[2007]112号

河南省环境保护局：

你局《关于企业试生产期间有关法律问题的请示》（豫环文[2007]33号）收悉。经研究，函复如下：

一、有关法规对企业试生产提出了严格要求

根据《建设项目环境保护管理条例》（以下简称《条例》）第十八条、第十九条和第二十条第二款的规定，需要进行试生产的建设项目，其配套建设的环保设施必须与主体工程同时投入试运行，并在投入试生产之日起3个月内申请竣工验收；建设项目试生产期间，建设单位应当对环保设施运行情况和建设项目对环境的影响进行监测。

根据《建设项目竣工环境保护验收管理办法》（环保总局令第13号）（以下简称《办法》）第七条和第八条的规定：建设项目试生产前，建设单位应提出试生产申请。试生产申请经环保部门同意后，建设单位方可进行试生产。

《办法》第十条规定：对试生产3个月确不具备环保验收条件的建设项目，建设单位应当在试生产的3个月内，向环保部门提出该建设项目环保延期验收申请，说明延期验收的理由及拟进行验收的时间。经批准后建设单位方可继续进行试生产。试生产的期限最长不超过1年。核设施建设项目试生产的期限最长不超过2年。

二、对企业试生产期间的环境违法行为，有关法律法规设定了相应的行政处罚，环保部门应视不同情况分别实施行政处罚

（一）对建设项目配套环保设施未与主体工程同时投入试运行的，应依据《条例》第二十六条的规定，责令其限期改正；逾期不改正的，责令停止试生产，可以处5万元以下的罚款。

（二）对建设项目投入试生产超过3个月未申请环保设施竣工验收的，应依据《条例》第二十七条的规定，责令限期办理环保设施竣工验收手续；逾期未办理的，责令停止试生产，可以处5万元以下的罚款。

（三）对试生产期间企业未经环保部门同意擅自拆除或者闲置污染防治设施，排污超标的，应分别依据《水污染防治法》第四十八条、《大气污染防治法》第四十六条、《环境噪声污染防治法》第五十条、《固体废物污染环境防治法》第六十八条和第七十五条的规定予以处罚。

（四）对试生产期间造成环境污染事故的，应分别依据《水污染防治法》第五十三条、《大气污染防治法》第六十一条、《固体废物污染环境防治法》第八十二条的规定予以处罚。

（五）对试生产超过1年（核设施建设项目为2年）仍未申请环保设施竣工验收的，可认定为试生产结束投入正式生产，应依据《环境保护法》第三十六条和《条例》第二十八条的规定，责令停止生产或使用，可处10万元以下的罚款。

二○○七年三月二十九日

案例九：对试生产期间企业违法行为的处罚

【案情介绍】

某市环保局在巡查中发现，某化工厂在环保设施没有同时投入试生产的情况下，于2008年7月进行试生产，致使硝基苯车间每小时向环乡河排放50吨冷却水，而该冷却水带有毒性物质硝基苯。经测定，环乡河及某渔民承包的鱼塘里硝基苯含量超过渔业标准5～7倍。调查过程中，3月中旬该化工厂又发生硝基苯物料溢漏流入地沟事故，最终也排入环乡河。事故发生后，化工厂即通知承包渔民停止抽水，鱼塘因得不到及时供水又造成大量鱼类死亡、泛塘，计损失5万元。对此，市环保局作出行政处罚决定，对化工厂罚款1000元，并要求化工厂赔偿渔民的全部损失5万元。

【案例分析】

本案中，某化工厂试生产期间其环境污染防治设施没有与主体工程同时投入试生产，导致环境污染事故；之后又发生硝基苯物料溢漏流入地沟最终也排入环乡河的事故。市环保局作出决定，对化工厂处罚款1000元，并要求化工厂赔偿渔民的全部损失5万元。

市环保局作出的两项决定中，第二项决定要求化工厂赔偿渔民的全部损失属于财产损失的赔偿，应当依照《水污染防治法》第八十六条，因水污染引起的损害赔偿责任和赔偿金额的纠纷，可以根据当事人的请求，由环境保护主管部门或者海事管理机构、渔业主管部门按照职责分工调解处理，而不能以行政处罚决定的形式出现。对于试生产期间的环境违法行为，有关法律法规设定了相应的行政处罚，环保部门应视不同情况分别实施行政处罚。原国家环境保护总局《关于企业试生产期间违法行为行政处罚意见的复函》（环函[2007]112号）对此进行了梳理："对建设项目配套环保设施未与主体工程同时投入试运行的，应依据《建设项目环境保护管理条例》第二十六条的规定，责令其限期改正；逾期不改正的，责令停止试生产，可以处5万元以下的罚款。""对试生产期间造成环境污染事故的，应分别依据《水污染防治法》、《大气污染防治法》、《固体废物污染环境防治法》……的规定予以处罚。"

【执法提示】

对于试生产的建设项目应严格依法进行管理，首先应依据《建设项目环境保护竣工验收环境保护管理办法》第七条"建设项目试生产前，建设单位应向有审批权的环境保护行政主管部门提出试生产申请”，第八条“……试生产申请经环境保护行政主管部门同意后，建设单位方可进行试生产”的规定，要求建设项目提出试生产申请；其次，如试生产的建设项目的污染防治设施没有与主体工程同时投入试生产的，可以依据《建设项目环境保护管理条例》第十八条规定（建设项目的主体工程完工后，需要试生产的，其配套建设的环境保护设施必须与主体工程同时投入试运行）、《建设项目环境保护管理条例》第二十六条规定（试生产建设项目配套建设的环境保护设施未与主体工程同时投入试运行的，责令限期改正；逾期不改正的，责令停止试生产，可以处 5 万元以下的罚款），对其进行处罚。造成环境污染事故的依据各污染防治法的规定进行处罚和管理。

案例十：群众向环保部门反映规划实施过程中产生重大不良环境影响

【案情介绍】

武汉锦绣龙城住宅小区位于湖北省武汉市东湖新技术开发区民院路和中环线交会处，北临开发区南环铁路（距离约 50 米），南临武汉中环线（距离约 50 米）。小区于 2005 年 8 月开工分期建设，已建成 A 区、B 区、E 区、I 区 4 个区并交付使用，建筑面积共约 30 万平方米。2005 年 8 月—2006 年 12 月，武汉市环保局东湖新技术开发区分局分别办理了小区 4 个区的项目环评审批手续。

2009 年 6 月以来，小区 A 区多名业主就住宅受到南环铁路等交通噪声污染，向武汉市环保局申请行政复议，要求撤销东湖新技术开发分局做出的关于锦绣龙城建设项目环评报告审批意见的具体行政行为。

经复议，武汉市环保局做出了维持原具体行政行为的复议决定。此后，多名业主向东湖高新区人民法院提起行政诉讼。同年 10 月 27 日，法院开庭审理此案，目前，案件在审理中。

2009 年 8 月 7 日，武汉市环保局就申请人提出的环评报告表声环境部分内容与事实不符、评价机构与审批机构存在利益关系和被诉具体行政行为违反了国家强制性标准进行了全面、认真审查，认为：一是项目环评文件编制合法，内容完整，审批意见符合法律规定；二是评价机构与审批机关不存在利益关系；三是环评报告表关于昼夜间噪声值达标的结论与申请人陈述的事实不相关。

鉴于交通噪声对小区住户造成的影响，根据《环境噪声污染防治法》中交通运输噪声污染防治规定和《湖北省环保局关于新建铁路武汉至咸宁城际铁路环境影响报告书的批复》要求，武汉市环保局已向武汉市政府报告，建议协调铁路、公路管理部门在南环铁路和中环线邻锦绣龙城小区一侧安装声屏障。

（来源：环境监察工作通讯）

【案例分析】

该案涉及两个问题：其一，建设项目环境影响评价的问题。《环境影响评价法》第十七条规定了建设项目的环境影响报告书应当包括下列内容：建设项目概况，建设项目周围环境现状，建设项目对环境可能造成影响的分析、预测和评估，建设项目环境保护措施及其技术、经济论证，建设项目对环境影响的经济损益分析，对建设项目实施环境监测的建议，环境影响评价的结论。涉及水土保持的建设项目，还必须有经水行政主管部门审查同意的水土保持方案。从该规定可以看出建设项目的环境影响评价只对项目可能对环境造成的影响进行评价和分析，并不会重点分析周围环境可能对项目本身所造成的影响。因此在武汉市环保局在复议决定中维持了原具体行政行为，此后的行政诉讼中法院意见基本和复议机关相同。

其二，该案中居民受到噪声影响的问题主要原因在于规划的不合理。因城市不断地向四周扩展，住宅小区也延伸到铁路附近，从而产生了噪声污染。这就要求政府部门在进行城市规划建设的时候，按照实际情况合理划分功能区域。通过建设工程规划许可证的发放及对房地产开发项目的竣工验收这两个环节对商品房与交通干线之间的防噪声距离合理性进行控制和审查。此外，政府部门在审批建设项目规划时一定要严格按照功能区划审查项目规划的环境影响评价，禁止那些打乱功能区划乱建的建设项目。通过环境影响评价制度和土地利用规划制度等预防性手段进行合理的布局与规划。只有这样才可从根本上杜绝类似案件的发生。

该类案件的解决可通过与开发商进一步协商，要求其采取措施以降低室内噪声。另外，可以通过政府规划部门对铁路部门提出要求，要求其在南环铁路邻锦绣龙城小区一侧安装声屏障。

【执法提示】

居民向开发商购买房屋时，铁路已客观存在，这种情况在国外被称为“进入妨扰”。对此，我国的《环境噪声污染防治法》没有作出明确规定，其他法律、法规和有权解释，也都没有作出界定。在国外，对这种情况通常都是由污染者承担责任，即并不能因为污染源的先存在就认为对他人造成污染是合法的或天经地义的。居民即使是后来进入有污染的区域，也同样有权利要求排污者停止污染侵害，赔偿污染损失。

我国《环境噪声污染防治法》对噪声规定要同时具备“超标”和“扰民”两个条件才承担治理污染、缴纳排污费的义务，主要是出于对我国目前经济技术条件相对落后状况的考虑。允许那些噪声虽然超标但却不扰民的生产活动存在，这样可以降低经济发展的成本。但这并不意味着要“削足适履”，哪里有高噪声的企业，周围就不能再搞其他建设。而只能理解为，只要超标的噪声能够干扰他人，它就由原先不污染变成了污染，排污者也就要承担污染责任。

因此，当一个工矿企业周围建起居民楼，其超标噪声干扰了他人的生活、工作和学习时，受害居民就有权要求排污者停止侵害、赔偿损失，环保部门也有权要求排污者治理污染、缴纳超标排污费。

有的噪声污染往往是由于规划不合理造成的，把本来是工业区的地方挤进几座居民楼，污染当然也就由此而生。因此，为了避免这类情况的产生，规划部门在颁发建设规划许可证时，一定要严格按照规划办事，不要在工业区范围内的工矿企业、铁路两侧和机场旁边规划建设住宅区。

本节小结

1. 环保部门可以对环境违法行为直接进行处罚的情况

（1）未批先建。建设项目已报送环境影响评价文件，但环评文件未经审批或需缓建，而建设项目已进行建设。

（2）未批已建且已投入生产。建设项目未报批环境影响评价文件，已建成，并投入生产或营业。

（3）建设项目环境影响评价文件已批，建设项目投入试生产。

① 试生产期间污染防治设施不正常运行；

② 试生产期间发生环境污染事故。

（4）建设项目环境影响评价文件已批，但污染治理设施：

① 未建；

② 已建未验收；

③ 已建，验收不合格。

（5）下达限期补办环评审批手续或限期申请验收通知后，逾期未补办审批手续或申请验收。

2．必须在下达责令改正违法行为决定书后，企业未改正，才能实施处罚的

（1）未批先建：未报批建设项目环境影响评价文件，该项目已经开始建设。

（2）未经批准擅自扩大生产规模、改变生产工艺或环境影响评价文件经审批 5 年后才动工建设的。

（3）污染防治设施未与主体工程同时投入试生产的。

（4）试生产超过 3 个月，污染防治设施没有申请竣工验收。

第二节　排污申报登记、环境保护设施拆除或闲置审批制度

一、排污申报登记、环境保护设施拆除或闲置审批制度的主要法律规定

（一）与排污申报登记、环境保护设施拆除或闲置审批制度有关的法律规定

1．排污申报登记制度

排污申报登记制度是指向环境排放污染物的排污单位，必须依照法律规定的程序向环保部门申报其污染物的排放及防治情况，并提供有关技术资料的法律制度。

在我国直接或者间接向环境排放污染物、工业和建筑施工噪声或者产生固体废物的单位必须进行排污申报登记。污染物种类包括废水、废气和其他有害环境的物质。但是排放的生活废水、废气和生活垃圾以及生活噪声，不在申报登记范围内。排放放射性废物的，适用特殊的申报登记要求。

排污申报登记的程序见图 1-1。

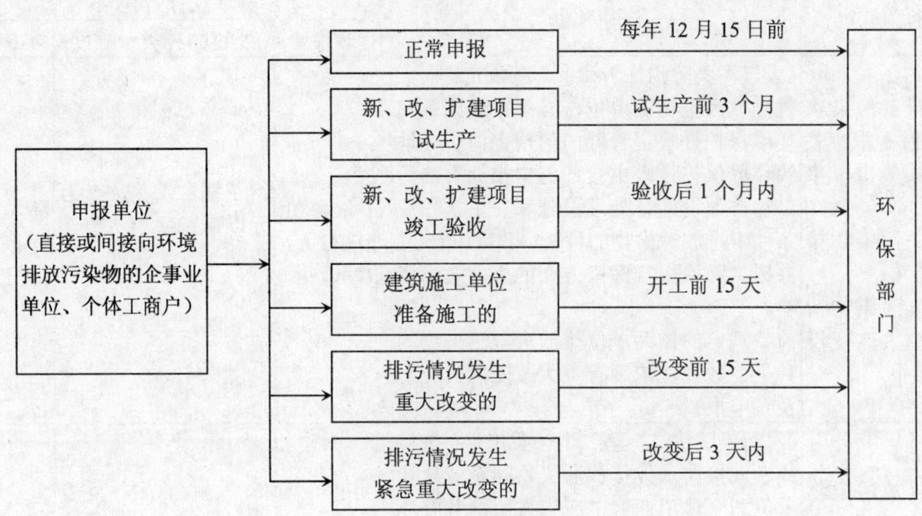

图 1-1 排污申报登记程序

（1）排污申报登记的法律规定。

表 1-19 排污申报登记制度的法律规定

序号	相关法律法规	实施时间	备注
1	《环境保护法》第二十七、三十五条	1989年12月26日	
2	《大气污染防治法》第十二、四十六条	2000年4月1日	
3	《水污染防治法》第二十一、七十二条	2008年6月1日	
4	《水污染防治法实施细则》第三十八条	2000年3月20日	
5	《海洋环境保护法》第三十二、六十七、七十四条	2000年4月1日	
6	《环境噪声污染防治法》第二十四、二十九、四十二、四十九条	1997年3月1日	
7	《固体废物污染环境防治法》第三十二、五十三、六十八条	2005年4月1日	
8	《排污费征收使用管理条例》第六条	2003年7月1日	
9	《关于排污费征收核定有关工作的通知》	2003年4月15日	
10	《关于排污费征收核定有关问题的通知》	2003年11月26日	

注：不含放射性废物和生活垃圾的申报登记规定。

（2）违反排污申报登记制度应承担的法律责任。

表 1-20 违反排污申报登记制度应承担的法律责任

违法行为认定	法律依据	法律责任		
		行政命令	处罚的种类、幅度	实施机关
拒报污染物排放申报事项；谎报污染物排放申报事项	《环境保护法》第二十七条规定：排放污染物的企业事业单位，必须依照国务院环境保护行政主管部门的规定申报登记		根据情节，给予警告或者处以罚款（《环境保护法》第三十五条（二））	环境保护行政主管部门

违法行为认定	法律依据	法律责任		
		行政命令	处罚的种类、幅度	实施机关
向大气排放污染物的排污者：拒报有关污染物排放申报事项； 谎报有关污染物排放申报事项； 排放大气污染物情况发生重大改变没有及时申报	《大气污染防治法》第十二条规定：向大气排放污染物的单位，必须按照国务院环境保护行政主管部门的规定向所在地的环境保护行政主管部门申报拥有的污染物排放设施、处理设施和在正常作业条件下排放污染物的种类、数量、浓度，并提供防治大气污染方面的有关技术资料。 前款规定的排污单位排放大气污染物的种类、数量、浓度有重大改变的，应当及时申报	责令停止违法行为，限期改正	给予警告或者处5万元以下罚款(《大气污染防治法》第四十六条（一）)	环境保护行政主管部门
向水体排放污染物的排污者：拒报有关污染物排放申报事项； 谎报有关污染物排放申报事项； 排放水污染物情况发生重大改变没有及时申报	《水污染防治法》第二十一条规定：直接或者间接向水体排放污染物的企业事业单位和个体工商户，应当按照国务院环境保护行政主管部门的规定向县级以上环境保护行政主管部门申报拥有的水污染物排放设施、处理设施和在正常作业条件下排放水污染物的种类、数量和浓度，并提供防治水污染物方面的有关技术资料。 企业事业单位个体工商户排放水污染物的种类、数量和浓度有重点改变的，应当及时申报登记	责令限期改正；逾期不改正的	处1万元以上10万元以下的罚款(《水污染防治法》第七十二条（一）)	县级以上环境保护行政主管部门
向海洋排放陆源污染物的排污者： 拒报有关污染物排放申报事项； 谎报有关污染物排放申报事项	《海洋环境保护法》第三十二条规定：排放陆源污染物的单位，必须向环境保护行政主管部门申报拥有的陆源污染物排放设施、处理设施和在正常作业条件下排放陆源污染物的种类、数量和浓度，并提供海洋环境污染方面的有关技术和资料		处2万元以下的罚款(《海洋环境保护法》第七十四条（一）)	环境保护行政主管部门
排放工业固体废物的排污者： 不按照规定申报登记； 申报登记时弄虚作假 排放危险废物的排污者：不按照规定申报； 在申报登记时弄虚作假； 申报登记事项有重大改变未及时申报	《固体废物污染环境防治法》第三十二条规定：国家实行工业固体废物申报登记制度。 产生工业固体废物的单位必须按照国务院环境保护行政主管部门的规定，向所在地环境保护行政主管部门提供工业固体废物的种类、产生量、流向、贮存、处置等有关资料。 前款规定的申报登记事项有重大改变的，应当及时申报； 第五十三条规定：产生危险废物的单位，必须按照国家有关规定，制定危险废物管理计划，并向所在地县级以上环境保护行政主管部门申报危险废物的种类、产生量、流向、贮存、处置等有关资料； 本条规定的申报事项或者危险废物管理计划内容有重大改变的，应当及时申报	责令停止违法行为，限期改正	处5000元以上5万元以下的罚款(《固体废物污染环境防治法》第六十八条（一）) 处1万元以上10万元以下的罚款(《固体废物污染环境防治法》第七十五条（二）)	县级以上环境保护行政主管部门

违法行为认定	法律依据	法律责任		
		行政命令	处罚的种类、幅度	实施机关
工业生产中造成环境噪声污染的排污者：拒报环境噪声污染申报登记事项；谎报环境噪声污染申报登记事项 建筑施工使用机械可能产生环境噪声污染的，未在开工前15天进行环境噪声污染申报登记；（在城市市区范围内） 商业企业在商业经营活动中造成环境噪声污染而未进行申报登记（在城市市区噪声敏感建筑物集中区域内）	《环境噪声污染防治法》第二十四条规定：在工业生产中使用固定设备造成环境噪声污染的工业企业，必须按照国务院环境保护行政主管部门的规定，向所在地的县级以上环境保护行政主管部门申报拥有的造成环境噪声污染的设备的种类、数量以及在正常作业条件下所发出的噪声值和防治环境噪声的设施的情况，并提供防治噪声污染的技术资料。造成环境噪声污染的设备的种类、数量、噪声值和防治设施有重大改变的，必须及时申报，并采取应有的防治措施； 第二十九条规定：在城市市区范围内，建筑施工中使用机械设备，可能产生环境噪声污染的，施工单位必须在开工前15日以前向工程所在地县级以上地方人民政府环境保护行政主管部门申报该工程的项目名称、施工场所和期限、可能产生环境噪声值以及所采取的环境噪声污染防治措施的情况； 第四十二条规定：在城市市区噪声敏感建筑物集中区域内，因商业经营活动中使用固定设备造成环境噪声污染的商业企业，必须按照国务院环境保护行政主管部门的规定，向所在地县级以上环境保护行政主管部门申报拥有的造成环境噪声污染的设备的状况和防治环境噪声污染的设施的情况		给予警告或者处以罚款（《环境噪声污染防治法》第四十九条）	县级以上环境保护行政主管部门

2. 环境保护设施拆除或闲置审批制度

环境保护设施拆除或闲置审批制度是指排污单位拆除或者闲置环境保护设施必须事先报经环保部门批准的法律制度。

（1）环境保护设施拆除或闲置审批制度的法律规定。《排污申报登记管理规定》第八条规定：需要拆除或者闲置污染物处理设施的，必须提前向所在地环保部门申报，说明理由。环保部门在接到申报后，应当在 1 个月内予以批复，逾期不批复的，视为同意。《水污染防治法实施细则》第五条规定：企业事业单位需要拆除或者闲置污染物处理设施的，必须事先向所在地的县级以上环保部门申报，并写明理由。环保部门应当自收到申报之日起 1 个月内作出同意或者不同意的决定，并予以批复；逾期不批复的，视为同意。

污染防治设施停用核准的程序见图 1-2。

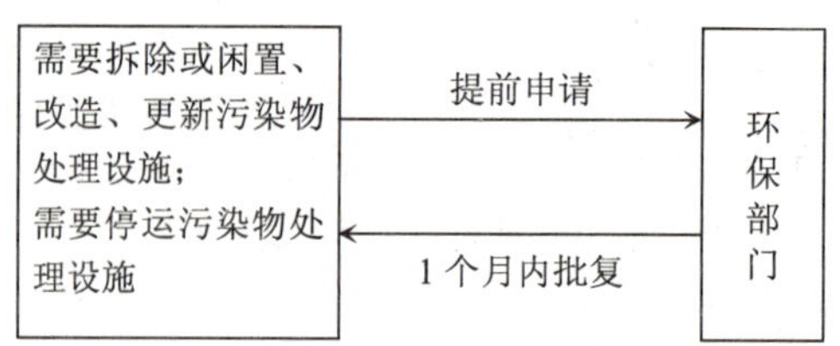

图 1-2 环境保护设施拆除或闲置审批程序

环境保护设施拆除或闲置审批制度的法律规定见表 1-21。

表 1-21 环境保护设施拆除或闲置审批制度的法律规定

序号	关于“环境保护设施拆除或闲置审批制度”的法律规定	实施时间	备注
1	《环境保护法》第二十六、三十七条	1989 年 12 月 26 日	
2	《大气污染防治法》第十二、四十六条	2000 年 9 月 1 日	
3	《水污染防治法》第二十一、七十三条	2008 年 6 月 1 日	
4	《水污染防治法实施细则》第五条	2000 年 3 月 20 日	
5	《海洋环境保护法》第三十二、七十八条	2000 年 4 月 1 日	
6	《固体废物污染环境防治法》第二十一、三十四、四十四、六十八（四）、七十四（二）条	2005 年 4 月 1 日	

（2）违反环境保护设施拆除或闲置审批制度应当承担的法律责任。

①违法行为的认定。

表 1-22 闲置或者不正常使用污染治理设施行为的认定

违法行为	违法情节
闲置污染治理设施	① 污染治理设施未与相应产生污染的生产设施同时运行； ② 已有的闲置污染治理设施搁置不用； ③ 虽然处理设施在运行，但已失去作用； ④ 污染治理设施经环保部门批准，在规定的时间内停运，逾期无故仍然不启动
故意不正常使用污染治理设施	① 将部分或全部污水或者其他污染物不经过处理设施，直接排入环境； ② 通过埋设暗管或者其他隐蔽排放的方式，将污水或者其他污染物不经处理而排入环境； ③ 非紧急情况下开启污染物处理设施的应急排放阀门，将部分或全部污水或者其他污染物直接排入环境； ④ 将未经处理的污水或者其他污染物从污染物处理设施的中间工序引出直接排入环境； ⑤ 将部分污染物处理设施短期或者长期停止运行； ⑥ 违反操作规程使用污染物处理设施，致使处理设施不能正常发挥处理作用； ⑦ 污染物处理设施发生故障后，排污单位不及时或者不按规程进行检查和维修，致使处理设施不能正常发挥处理作用； ⑧ 违反污染物处理设施正常运行所需的条件，致使处理设施不能正常运行的其他情形

②违反环境保护设施拆除或闲置审批制度应承担的法律责任。

表 1-23 违反环境保护设施拆除或闲置审批制度应承担的法律责任

违法行为认定	法律依据	法律责任		
		行政命令	处罚的种类、幅度	实施机关
未经环保部门同意擅自拆除或者闲置污染防治设施，污染物排放超过排放标准	《环境保护法》第二十六条第二款规定：防治污染的设施不得擅自拆除或者闲置，确有必要拆除或者闲置的，必须征得所在地的环境保护行政主管部门同意	责令重新安装使用	并处罚款（《环境保护法》第三十七条）	县级以上环境保护行政主管部门
未经环境保护行政主管部门批准拆除、闲置大气污染处理设施	《大气污染防治法》第十二条第二款规定：排污单位的大气污染防治设施必须保持正常使用，拆除或者闲置大气污染物处理设施的，必须事先报经所在地县级以上环境保护部门批准	责令停止违法行为，限期改正	给予警告或者处 5 万元以下罚款（《大气污染防治法》第四十六条（三））	县级以上环境保护行政主管部门
未经环境保护行政主管部门批准拆除或者闲置水污染处理设施	《水污染防治法》第二十一条第二款规定：……其水污染物处理设施应当保持正常使用；拆除或者闲置水污染物处理设施的，应当事先报县级以上地方人民政府环境保护主管部门批准。 《水污染防治法实施细则》第五条规定：企业事业单位需要拆除或者闲置污染物处理设施的，必须事先向所在地县级以上地方人民政府环境保护行政主管部门申报，并写明理由。环境保护部门应当自收到之日起 1 个月内作出同意或者不同意的决定，并予以批复；逾期不批复的，视为同意	责令限期改正，	处应缴纳排污费数额 1 倍以上 3 倍以下的罚款（《水污染防治法》第七十三条）	县级以上环境保护行政主管部门
擅自拆除、闲置陆源污染物处理设施	《海洋环境保护法》第三十二条第二款规定：拆除或者闲置陆源污染物处理设施的，必须事先征得环境保护行政主管部门的同意	责令重新安装使用	并处 1 万元以上 10 万元以下的罚款（《海洋环境保护法》第七十八条）	县级以上环境保护行政主管部门
① 擅自关闭、闲置或者拆除工业固体废物污染环境防治设施、场所的； ② 擅自关闭、闲置或者拆除危险废物集中处置设施、场所的； ③ 擅自关闭、闲置或者拆除生活垃圾处置设施场所的	《固体废物污染环境防治法》第二十一条规定：对收集、贮存、运输、处置固体废物的设施、设备和场所，应当加强管理和维护，保证其正常运行和使用。 第三十四条规定：禁止擅自关闭、闲置或者拆除工业固体废物污染环境防治设施、场所；确有必要关闭、闲置或者拆除的，必须经地方人民政府环境保护行政主管部门核准，并采取措施，防止污染环境。 第五十四条第二款规定：县级以上地方人民政府应当依据危险废物集中处置设施、场所的建设规划组织建设危险废物集中处置设施、场所。 第五十五条规定：产生危险废物的单位，必须按照国家有关规定处置危险废物，不得擅自倾倒、堆放。 第四十四条第二款规定：禁止擅自关闭、闲置或者拆除垃圾处置的设施、场所；确有必要关闭、闲置或者拆除的，必须经所在地县级以上地方人民政府环境卫生行政主管部门和环境保护行政主管部门核准，并采取措施，防止污染环境	① 责令停止违法行为，限期改正 ② 责令停止违法行为，限期改正 ③ 责令停止违法行为，限期改正	① 处以 1 万元以上 10 万元以下的罚款（《固体废物污染环境防治法》第六十八条（四）） ② 处 2 万元以上 20 万元以下罚款（《固体废物污染环境防治法》第七十五条（三）） ③ 处 1 万元以上 10 万元以下的罚款（《固体废物污染环境防治法》第七十四条（二））	县级以上人民政府环境保护行政主管部门； 县级以上人民政府环境保护行政主管部门； 县级以上人民政府环境卫生行政主管部门

（二）与排污申报登记、环境保护设施拆除或闲置审批制度相关的行政执法解释

1．排污申报登记范围适用法律的问题

国家环保总局《关于排污申报范围适用法律等问题的复函》（环函[2005]459号）

……

根据《排污费征收使用管理条例》第二条第一款“直接向环境排放污染物的单位和个体工商户（以下简称“排污者”），应当依照本条例的规定缴纳排污费”和第六条“排污者应当按照国务院环境保护行政主管部门的规定，向县级以上地方人民政府环境保护行政主管部门申报排放污染物的种类、数量，并提供有关资料”的规定，机关和个体工商户应当进行排污申报登记。

机关和个体工商户拒报或谎报排污申报登记事项的，我局已在《关于排污费征收核定有关工作的通知》（环发[2003]64号）第五条第三项作出明确规定：对拒报、谎报《全国排放污染物申报登记报表（试行）》、《排污变更申报登记表（试行）》的，由环境监察机构直接确定其排放污染物的种类、数量，并向排污者送达《排污核定通知书（试行）》。

拒报或者谎报国务院环境保护行政主管部门规定的有关污染物排放申报登记事项的，应参照《中华人民共和国水污染防治法》、《中华人民共和国大气污染防治法》、《中华人民共和国环境噪声污染防治法》、《中华人民共和国固体废物污染环境防治法》等法律的规定予以处罚。

2．关于建设项目建设过程中排污申报登记及排污费征收问题

国家环保总局《关于建设项目建设过程中排污申报及排污费征收问题的复函》（环函[2005]243号）

……

《排污费征收使用管理条例》（国务院令第369号）第六条规定：排污者应当按照国务院环境保护行政主管部门的规定，向县级以上地方人民政府环境保护行政主管部门申报排放污染物的种类、数量，并提供有关资料，我局《关于排污费征收核定有关工作的通知》（环发[2003]64号）规定：“新建、扩建、改建项目，应当在项目试生产前3个月内办理排污申报手续。在城市市区范围内，建筑施工过程中使用机械设备，可能产生环境噪声污染的，施工单位必须在工程开工15日前办理排污申报手续”，根据上述规定，按照“谁污染、谁治理、谁付费”的原则，在建设项目建设期间，施工单位作为直接的责任者，应当依法履行排污申报和缴纳排污费的义务。大型建设项目不同施工单位分别承担施工任务的，应按施工单位分别申报、核定排污费。

二、排污申报登记、环境保护设施拆除或闲置审批制度典型案例分析与执法要点解析

案例十一（案一）：拒报、谎报排污申报事项

【案情介绍】

个体工商户王中杰经营小型农具加工和销售，在加工过程中使用了钻床、车床和切割

机等产生环境噪声的设备。依据国家排污申报登记的有关法律、法规及规章的规定，内乡县环保局于 2003 年 8 月 5 日向王中杰下达了排污申报登记通知书，要求其限期办理排污申报登记手续。但是王中杰对此通知置之不理，在规定的期限内，虽经环境执法人员多次对其进行说服解释工作，仍置若罔闻，拒不办理。针对王中杰的环境违法行为，该环保局在经过了立案登记、调查取证、告知申辩、集体审议等行政处罚程序后，依法向其下达了行政处罚决定书。王中杰在接到处罚决定书后认为，其不排水、不排气，不属于排污者，并称该局行政处罚程序违法，遂向内乡县人民法院提起行政诉讼。内乡县人民法院受理后，依法组成了合议庭，公开审理了此案。经审理查明：原告王中杰在加工小型农具过程中产生了环境噪声，经内乡县环境监测站监测，其厂界噪声值超过了 GB 12348—90 规定的排放标准，并且处于居民区内。根据《环境噪声污染防治法》第二条第二款的规定，所产生的噪声为环境噪声污染，属于排污单位，应依法按时申报。原告的行为构成了拒报，内乡县环保局的行政处罚程序合法、适法正确、量罚得当，故维持内乡县环保局作出的内环罚字[2003]第 061 号行政处罚决定。王中杰接到判决书后，不服一审判决，上诉至南阳市中级人民法院。南阳市中级人民法院公开开庭审理后，依法驳回王中杰的上诉，维持原判。

（摘自《环境法学案例教程》）

【案例分析】

本案中，个体工商户王中杰经营小型农具加工和销售，在加工过程中使用了钻床、车床和切割机等产生环境噪声的设备，产生环境噪声，且干扰到周围的生活环境，故县保护局要求其申报登记。该案中个体工商户王中杰拒绝申报登记，从而构成拒报。

《环境噪声污染防治法》第二十四条规定：在工业生产中因使用固定的设备造成环境噪声污染的工业企业，必须按照国务院环境保护行政主管部门的规定，向所在地的县级以上地方人民政府环境保护行政主管部门申报拥有的造成环境噪声污染的设备的种类、数量以及在正常作业条件下所发出的噪声值和防治环境噪声污染的设施情况，并提供防治环境噪声的技术资料。

造成环境噪声污染的设备的种类、数量、噪声值和防治设施有重大改变的，必须及时申报，并采取应有的防治措施。

第四十九条规定：违反本法规定，拒报或者谎报规定的环境噪声排放申报事项的，县级以上地方人民政府环境保护行政主管部门可以根据不同情节，给予警告或者处以罚款。

《排污费征收使用管理条例》第六条规定：排污者应当按照国务院环境保护行政主管部门的规定，向县级以上地方人民政府环境保护行政主管部门申报排放污染物的种类、数量，并提供有关资料。

依据以上法律规定，内乡县环保局对王中杰下达了行政处罚决定书，该处罚程序合法，适法正确、量罚得当。

【执法提示】

对于排放环境噪声造成环境噪声污染的企、事业单位进行处罚时要注意，排放环境噪声的申报登记与排放废水、废气的排污申报登记有一定区别，排放环境噪声的申报登记必须是造成环境噪声污染的工业企业。根据《环境噪声污染防治法》第二条第二款规定，本法所称环境噪声污染，是指所产生的环境噪声超过国家规定的环境噪声排放标准，并干扰他人正常生活、工作和学习的现象。因此构成环境噪声污染必须具备两个条件，一是超标排放环境噪声，二是扰民，缺一都不构成环境噪声污染，不构成环境噪声污染就不需要申报登记。

案例十一（案二）：拒报、谎报排污申报事项

【案情介绍】

某县一家将水污染物排放到城镇污水处理厂的企业，因未按照县环保局规定的时间履行水污染物的排污申报登记，被当地县环保局处以罚款 1 万元。该企业对此处罚不服，向县政府申请复议，要求撤销县环保局对其做出的处罚决定。其理由是：企业的生产废水没有直接排入水体，而是进入城镇污水处理厂，并缴纳了污水排污费，按《水污染防治法》、《排污费征收管理使用条例》的规定，不再缴纳排污费，所以也就不应该再向环保局申报登记。

【案例分析】

本案中，某县一家将水污染物排入城镇污水处理厂的企业因未进行排污申报登记，被处 1 万元罚款。

当地县环保局处罚的依据是，该企业违反了《水污染防治法》第二十一条“直接或者间接向水体排放污染物的企业事业单位和个体工商户，应当按照国务院环境保护主管部门的规定，向县级以上地方人民政府环境保护主管部门申报登记拥有的水污染物排放设施、处理设施和在正常作业条件下排放水污染物的种类、数量和浓度，并提供防治水污染方面的有关技术资料”的规定。

本案件处理存在一定的瑕疵。县环保局应依据《水污染防治法》第七十二条第一项的规定，首先责令其限期改正；逾期不改正的，处 1 万元以上 10 万元以下的罚款。

【执法提示】

排污申报登记制度包括正常情况下的申报登记，也包括异常情况及排放污染物情况发生重大改变时的及时申报。《大气污染防治法》、《水污染防治法》、《环境噪声污染防治法》、《固体废物污染环境防治法》以及《陆源污染物污染损害海洋环境管理条例》、《消耗臭氧层物质管理条例》等对排污申报登记制度的适用条件分别作出了规定。因此，执法人员在进行行政处罚时应注意违法行为的一般构成要件和特殊构成要件。

案例十二：排放污染物情况发生重大改变没有及时申报

【案情介绍】

某石化公司炼油厂由于职工操作失误，于 2009 年 4 月 3 日，发生油品泄漏事故。6 吨多油品及污水排到厂区外，严重污染了周围土壤、水体。事故发生后，该炼油厂未按国家环境保护法律规定向环境环保行政主管部门报告，而是擅自以推土掩埋的方法处理污染现场，掩盖污染事实真相。某市环保局接到群众举报后，于 4 月 20 日立案，4 月 21 日派环境监察人员到现场进行调查，发现该炼油厂周围被新土掩盖，经检测，被掩盖土壤、水被污染。环保局认为某石化公司炼油厂自 4 月 3 日事故发生至 4 月 20 日环保部门接到举报进行现场调查，期间未向环境环保行政主管部门正式报告，而擅自处理污染现场，隐瞒事实真相，已构成违法。于是市环保局依据《水污染防治法》第七十二条对采油厂作出罚款 5 万元的行政处罚。炼油厂不服，认为其已对污染现场作了妥善处理，市环保局不应再

对其进行行政处罚，于是向上一级环保局申请复议。

【案例分析】

本案中的炼油厂由于职工操作失误，造成污水和油品的泄漏，对周边环境造成污染，已构成污染事故。造成水污染事故必须向环保部门报告，以便环保部门及时了解污染物排放变化的情况及事故发生时间、地点原因，以及可能发生或者已经发生的后果以便及时采取有效措施。但该炼油厂从 4 月 3 日事故发生至环境部门启动调查的 4 月 20 日都没有主动报告。

显然，该炼油厂的行为是错误的：

（1）违反了排污申报登记制度。

《水污染防治法》第二十一条第二款规定：企业事业单位和个体工商户排放水污染物的种类、数量和浓度有重大改变的，应当及时申报登记。《关于排污费征收核定有关工作的通知》（环发[2003]64 号）规定：排放污染物需作重大改变或者发生紧急重大改变的，排污者必须分别在变更前 15 日内或改变后 3 日内履行变更申报手续，填报《排污变更申报登记表（试行）》。该炼油厂的行为已构成了拒报排污申报登记的行为。

依据《水污染防治法》第七十二条第（一）款规定：拒报或者谎报国务院环境保护主管部门规定的有关水污染物排放申报登记事项的；责令限期改正；逾期不改正的，处 1 万元以上 10 万元以下的罚款。

（2）违反了应急响应制度。

《水污染防治法》第六十八条规定：企业事业单位发生事故或者其他突发性事件，造成或者可能造成水污染事故的，应当立即启动本单位的应急方案，采取应急措施，并向事故发生地的县级以上地方人民政府或者环境保护主管部门报告。

第八十二条第（二）款规定：水污染事故发生后，未及时启动水污染事故的应急方案，采取有关应急措施的，责令改正；情节严重的，处 2 万元以上 10 万元以下的罚款。

（3）造成了水污染事故。

《水污染防治法》第八十三条规定：企业事业单位违反本法规定，造成水污染事故的，由县级以上人民政府环境保护主管部门依照本条第二款的规定处以罚款，责令限期采取治理措施，消除污染；不按要求采取治理措施或者不具备治理能力的，由环境保护主管部门指定有治理能力的单位代为治理，所需费用由违法者承担；对造成重大或者特大水污染事故的，可以报经有批准权的人民政府批准，责令关闭；对直接负责的主管人员和其他直接责任人员可以处上一年度从本单位取得的收入百分之五十以下的罚款。

对造成一般或者较大水污染事故的，按照水污染事故造成的直接损失的百分之二十计算罚款；对造成重大或者特大水污染事故的，按照水污染事故造成的直接损失的百分之三十计算罚款。

该案中市环保局依据违反排污申报登记制度对该企业进行处罚，罚款 5 万元。适用这一条款，调查取证相对比较容易。如依据造成水污染事故进行处罚，对水污染事故的直接经济损失，我国目前尚未有统一规定的计算方法，搞清楚污染损失是比较困难的，这样执法成本会比较高。

【执法提示】

排污申报登记制度是企业的一项法定义务。《环境保护法》第二十七条规定：排放污染物的企业事业单位，必须按照国务院环境保护行政主管部门的规定申报登记。

《水污染防治法》第二十一条规定：直接或者间接向水体排放污染物的企业事业单位和个体工商户，应当按照国务院环境保护主管部门的规定，向县级以上地方人民政府环境保护主管部门申报登记拥有的水污染物排放设施、处理设施和在正常作业条件下排放水污染物的种类、数量和浓度，并提供防治水污染方面的有关技术资料。

企业事业单位和个体工商户排放水污染物的种类、数量和浓度有重大改变的，应当及时申报登记。

《排污费征收使用管理条例》第六条规定：排污者应当按照国务院环境保护行政主管部门的规定，向县级以上地方人民政府环境保护行政主管部门申报排放污染物的种类、数量，并提供有关资料。

国家环境保护总局文件《关于排污费征收核定有关工作的通知》（环发[2003]64 号）规定：二、负责征收排污费的环境监察机构应要求所辖行政区域范围内的一切排污单位和个体工商户（以下简称排污者）于每年 12 月 15 日前，申报下一年度正常作业条件下排放污染物种类、数量、浓度等情况，并提供与污染物排放有关的资料。排污者申报下一年度排放污染物的情况，应当以本年度污染物排放实际情况和下一年度生产计划所需排放污染物情况为依据。

新建、扩建、改建项目，应当在项目试生产前 3 个月内办理排污申报手续。在城市市区范围内，建筑施工过程中使用机械设备，可能产生环境噪声污染的，施工单位必须在工程开工 15 日前办理排污申报手续。

排放污染物需作重大改变或者发生紧急重大改变的，排污者必须分别在变更前 15 日内或改变后 3 日内履行变更申报手续，填报《排污变更申报登记表（试行）》。

环境监察部门在对企业的管理中要善用法律的这一规定，要求企业按照规定要求进行排污申报登记，这样一方面可以及时了解企业的污染物排放变化情况，另一方面可以弥补执法力量的不足。

资料

违反排污申报登记规定事实证明和证据收集示例

（一）主要事实

1. 拒报或者谎报污染物排放申报登记事项的事实；

2. 环保部门责令限期改正的事实和当事人逾期不改正的事实（适用《水污染防治法》第 72 条的）。

（二）必要证据（证明主要事实）

1. 拒报污染物排放申报登记事项的：

（1）当事人的身份证明；

（2）排污申报通知书及送达回证；

（3）企业排放污染物申报登记情况查询材料；

（4）环保部门责令限期改正决定及送达回证（适用《水污染防治法》第七十二条的）。

2. 谎报污染物排放申报登记事项的：

（1）当事人的身份证明；

（2）排放污染物申报登记表；

（3）排污费核定通知书；

（4）环境监测报告，或者通过有效性审核的自动监控数据，或者物料衡算结果等；

（5）环保部门责令限期改正决定及送达回证（适用《水污染防治法》第七十二条的）。

（三）可收集的补充证据（证明裁量事实、印证主要事实）

1. 煤质分析报告等技术报告，用电、用水、用煤合同及发票，生产记录、财务报表等；

2. 投诉、举报、信访材料；

3. 环境监察记录；

4. 环保部门处理违法行为的行政决定。

——摘自《环境行政处罚证据指南》（环办[2011]66号）

案例十三：闲置污染防治设施

【案情介绍-1】

某油田江河采油厂的水污染防治设施已使用多年并老化，在使用过程中经常出现问题，总是需要技术人员进行维修。采油厂认为既费时又费钱，与其这样还不如不用。于是采油厂为减少麻烦，决定不再使用水污染处理设施。2003 年 3 月 2 日，江河环保局例行抽样检测，发现采油厂排污虽未超标，但其没有使用水污染物处理设施，应对其进行行政处罚。于是环保局于 3 月 6 日做出行政处罚决定：责令恢复水污染物处理设施正常使用，并处 6000 元罚款。采油厂不服，向上一级环保局提起行政复议。

【案情介绍-2】

2006 年 12 月 1 日，由即墨市环境监察大队和环境监测站有关执法人员组成的调查组对青岛三环线业有限公司进行检查时发现，该公司违反污染治理设施正常运行条件，没有及时加酸调解 pH 值，现场 pH 值测试呈碱性。遂由即墨市环境监测站采取水样，经检测，其排放废水 pH 值达 12.01。即墨市环境监察大队在现场做了《现场勘验笔录》、《调查询问笔录》。即墨市环保局依据《水污染防治法》（1996，2008 年已经修订）第四十八条，《水污染防治法实施细则》第四十一条，于 2007 年 1 月 22 日对青岛三环线业有限公司作出即环罚字 2007 年 2 号《行政处罚决定书》，责令其立即回复水污染治理设施正常使用；罚款 5 万元。

【案例分析】

案例 1 中，某油田采油厂因水污染防治设施老化，且维修既费时又费力，遂停用污染防治设施；但污染物排放未超标。江河环保局以该油田停用污染防治设施，对其进行行政处罚，责令恢复水污染物处理设施正常使用，并处 6000 元罚款。该案发生在 2003 年，应适用 1996 年修订的《水污染防治法》第四十八条和《水污染防治法实施细则》第四十一条的规定，可以处 10 万元以下的罚款。但处罚必须具体两个条件：一是擅自闲置污染防治设施；二是排放污染物超过规定标准。该油田停用污染防治设施但未超标排放污染物，因此该行为在当时不具有法定的处罚要件。

案例 2 中，即墨市环保局对青岛三环线业有限公司的处罚包含两个必要条件：一是废水监测 pH 值达 12.01；二是违反污染治理设施正常运行条件。符合 1996 年《水污染防治法》规定的对不正常使用污染防治设施的处罚规定。

现场证据包括《现场勘验笔录》、《调查询问笔录》等证据。但还应给出该企业应执行的环境标准及标准的相关要求，证据略显不足。

【执法提示】

在实施环境行政处罚时，违法行为构成要件的认定必须全面、准确。法无明文规定不受罚，因此要充分理解法律的规定和要求，对法律适用必须准确。如上述案例 1，如果发生在 2009 年，在《水污染防治法》第二次修订后（2008 年 6 月 1 日修订实施），情况就不同了。《水污染防治法》第二次修订后，该法第七十三条规定：违反本法规定，不正常使用水污染物处理设施，或者未经环境保护主管部门批准拆除、闲置水污染物处理设施的，由县级以上人民政府环境保护主管部门责令限期改正，处应缴纳排污费数额 1 倍以上 3 倍以下的罚款。这时，江河环保局的处罚就符合法律规定了。而发生在 2003 年的违法行为必须适用 1996 年 5 月 15 日修订的《水污染防治法》第四十八条规定：违反本法第十四条第二款规定，排污单位故意不正常使用水污染物处理设施，或者未经环境保护主管部门批准拆除、闲置水污染物处理设施，排放污染物超标规定标准，由县级以上人民政府环境保护主管部门责令恢复正常使用或者限期重新安装使用，并处罚款。可见，江河环保局的处罚没有充分的法律依据。

案例十四：故意不正常使用污染治理设施

【案情介绍】

2007 年 7 月 10 日，广东省环境监察分局根据群众的投诉，会同东莞市环保局执法人员对东莞市某造纸厂进行检查，遭该厂门卫的百般阻挠。大约经过 15 分钟后执法人员进入厂区，发现污水处理设施采用物化、生化工艺，运行也正常，看不出什么问题。检查运行记录均有记录，监控仪的流量显示为 172.5 吨/小时。执法人员沿南丫河总排口下游检查，发现南丫河在退潮，河里总排口 20 米河段的河水呈异常灰黑。执法人员返回直扑生产车间，发现生产车间 5 条生产线正常生产，大量的白水排入暗渠。执法人员下令停止抽调节池的污水，10 多分钟后，调节池的污水没有上涨。执法人员要求厂长解释以上现象，说出偷排位置，遭到厂长的拒绝。执法人员再仔细检查，发现调节池旁边的地面上有新旧水泥界线，经过寻找在压滤机一死角处发现一堆杂物，杂物下有一块烂钢板，打开后发现一沙井，有大量的灰黑色污水正排入该井，又从该井排入暗管。该暗管深埋 3 米，直伸入南丫河江心 10 多米处。

掌握该厂私设暗管偷排废水的基本事实后，执法人员又核实车间生产线、生产用水及偷排污水量，并及时取样送检。经核实，该厂四条生产线没有经过环保部门审批，配套的污染防治设施未经验收一直在生产；已两次故意不正常使用污染防治设施。执法人员作了现场询问笔录等证据。

2007 年 7 月 20 日，该案由广东省环保局立案查处，按照建设项目的审批权限，向东莞市环保局下达《广东省环保局立案查处通知书》，7 月 26 日发出《广东省环保局行政处罚通知书》。处罚内容：一、依据《建设项目环境保护管理条例》第二十八条的规定，对该厂作出责令停止擅自扩大的四条生产线的生产；罚款人民币 10 万元的行政处罚。二、依据《中华人民共和国水污染防治法》第十四条第二款及其实施细则第十四条的规定，对该厂故意不正常使用水污染防治设施，排放污染物（SS、COD）超过国家标准的违法行为，作出罚款人民币 10 万元的行政处罚。三、由东莞市环保局追缴该厂排污费 112 万元。

事后该厂将暗管破坏、填平，工厂全部停产整改，未要求复议，并交齐所有的罚款。

【案例分析】

此案中，环境监察人员在发现污水处理设施运行正常，看不出什么问题的情况下，从该厂南丫河总排口下游检查入手，采取停抽调节池污水的方法，进一步判断该厂偷排行为；通过仔细检查发现调节池旁边的地面上有新旧水泥界线，最后找到了一直伸入南丫河深埋 3 米的暗管。在掌握了该厂私设暗管偷排废水的基本事实后，执法人员及时核实车间生产线、生产用水及偷排污水量，并及时取样送检以及作了现场询问笔录等手段获取了相关证据。

该厂四条生产线配套的污染防治设施未经验收，而生产线一直在生产。《建设项目环境保护管理条例》第二十八条规定：建设项目需要配套建设的环境保护设施未建成、未经验收或者经验收不合格，主体工程正式投入生产或者使用的，由审批该建设项目环境影响报告书、环境影响报告表或者环境影响登记表的环境保护行政主管部门责令停止生产或者使用，可以处 10 万元以下的罚款。广东省环保局作出责令停止擅自扩大的四条生产线的生产；罚款人民币 10 万元的行政处罚符合该条规定。

该厂通过私设暗管偷排废水，故意不正常使用水污染防治设施，违反了 1996 年《中华人民共和国水污染防治法》第十四条第二款水污染物处理设施必须保持正常使用的规定，根据 1996 年《中华人民共和国水污染防治法》第四十八条及其实施细则第四十一条的规定，按上限可以处罚 10 万元罚款，同时。追缴该厂排污费。这样处理、处罚也是正确的。

【执法提示】

（1）本案可以根据《建设项目环境保护管理条例》第二十八条以建设项目需要配套建设的环境保护设施未建成、未经验收或者经验收不合格，主体工程正式投入生产或者使用进行处罚，但其擅自扩大的四条生产线没有环评的问题没有解决。根据全国人大常委会法制工作委员会《建设项目环境管理如何适应法律的复函》（法工复[2007]2 号）的解释，该厂四条生产线没有经过环保部门审批，配套的污染防治设施未经验收一直在生产的行为，应分别适用《中华人民共和国环境影响评价法》第三十一条、《建设项目环境保护管理条例》第二十八条规定处罚。

（2）2008 年《中华人民共和国水污染防治法》第七十五条增设了对私设暗管的处罚。该项处罚幅度为 2 万元以上 10 万元以下的罚款，还可以提请县级以上地方人民政府责令停产整顿。我们认为按照新的《中华人民共和国水污染防治法》，发生在 2008 年 6 月 1 日以后与该厂相同的违法行为，不仅故意不正常使用水污染防治设施要受到处罚，私设暗管也要受到处罚。

（3）修订后的《中华人民共和国水污染防治法》第七十三条规定，对不正常使用水污染物处理设施，除责令限期改正外，处罚款是按应缴纳排污费数额 1 倍以上 3 倍以下计罚。

资料

关于“不正常使用”污染物处理设施违法认定和处罚的意见

国家环境保护总局 环发[2003]177号

各省、自治区、直辖市环境保护局（厅）、计划单列市环境保护局：

在清理整顿不法排污行为保障群众健康环保行动中，一些地方环保部门反映部分排污单位不正常使用污染物处理设施，导致污染物超标排放的现象相当严重。为了查处此类违法排污行为，现就有关违反污染物处理设施管理规定的违法排污行为的认定和处罚提出以下意见：

一、关于“不正常使用”污染物处理设施的认定

排污单位有下列行为之一的，环保部门可以认定为“不正常使用”污染物处理设施：

1. 将部分或全部污水或者其他污染物不经过处理设施，直接排入环境；

2. 通过埋设暗管或者其他隐蔽排放的方式，将污水或者其他污染物不经处理而排入环境；

3. 非紧急情况下开启污染物处理设施的应急排放阀门，将部分或全部污水或者其他污染物直接排入环境；

4. 将未经处理的污水或者其他污染物从污染物处理设施的中间工序引出直接排入环境；

5. 将部分污染物处理设施短期或者长期停止运行；

6. 违反操作规程使用污染物处理设施，致使处理设施不能正常发挥处理作用；

7. 污染物处理设施发生故障后，排污单位不及时或者不按规程进行检查和维修，致使处理设施不能正常发挥处理作用；

8. 违反污染物处理设施正常运行所需的条件，致使处理设施不能正常运行的其他情形。

二、关于“故意”的认定

排污单位明知上述行为可能导致污染物处理设施不能正常发挥处理作用的结果，并且希望或者放任该结果的发生的，环保部门对该行为可以认定为“故意”不正常使用污染物处理设施。

三、关于“不正常使用”污染物处理设施的行政处罚

1. 环保部门应依据《水污染防治法》第四十八条及其实施细则第四十一条的规定，责令故意不正常使用水污染物处理设施并且排放污染物超过规定标准的排污单位限期恢复正常使用，并应同时处以十万元以下罚款。

2. 环保部门应依据《大气污染防治法》第四十六条第（三）项的规定，责令不正常使用大气污染物处理设施的排污单位停止违法行为，限期恢复正常使用，并应给予警告或者处以五万元以下罚款。

二〇〇三年十一月十一日

第三节　排污收费制度

一、排污收费制度的主要法律规定

（一）排污收费制度主要法律、法规的规定

排污收费制度是对直接向环境排放污染物或者超过国家排放标准排放污染物的排污者，按照污染物的种类、数量、浓度，根据规定征收一定的费用。这项制度是运用经济手段来促进节能减排和新技术的发展，使污染者承担一定的污染防治费用的法律制度。

排污收费是环保部门的主要工作之一，也是环境管理的重要手段。排污收费制度主要包括四个方面的工作：排污申报登记、排污量核定、排污费征收（包括排污费减收、缓收或者免收）以及对违反排污收费制度的行政处罚。

（1）排污收费制度的法律规定。

表 1-24　排污收费制度的法律规定

序号	关于“排污收费制度”的法律规定	实施时间	备注
1	《环境保护法》第二十八、三十五条	1989 年 12 月 26 日	
2	《大气污染防治法》第十四条	2000 年 9 月 1 日	
3	《水污染防治法》第二十四、四十五条	2008 年 6 月 1 日	
4	《水污染防治法实施细则》第三十八条	2000 年 3 月 20 日	
5	《海洋环境保护法》第十一条	2000 年 4 月 1 日	
6	《固体废物污染环境防治法》第五十六、七十五（四）条	2005 年 4 月 1 日	
7	《环境噪声污染防治法》第十六、五十一条	1997 年 3 月 1 日	
8	《排污费征收使用管理条例》	2003 年 7 月 1 日	
9	《排污费征收标准管理办法》	2003 年 7 月 1 日	
10	《排污费资金收缴使用管理办法》	2003 年 7 月 1 日	
11	《关于排污费收缴有关问题的通知》	2003 年 7 月 1 日	
12	《关于减免及缓缴排污费有关问题的通知》	2003 年 7 月 1 日	
13	《关于排污费征收核定有关工作的通知》	2003 年 4 月 15 日	
14	《关于排污费征收核定有关问题的通知》	2003 年 11 月 26 日	

（2）违反排放收费制度应当承担的法律责任。

表 1-25 不按照国家规定缴纳排污或超标排污费应承担的法律责任

违法行为认定	法律依据	法律责任		
		行政命令	处罚的种类、幅度	实施机关
不按照国家规定缴纳排污费或超标排污费	《环境保护法》第二十八条规定：排放污染物超过国家或者地方规定的污染物排放标准的企业事业单位，依照国家规定缴纳超标准排污费，并负责治理； 《排污费征收使用管理条例》第二条规定：直接向环境排放污染物的单位和个体工商户（以下简称排污者），应当依照本条例的规定缴纳排污费	责令限期缴纳	根据情节，给予警告或者处以罚款（《环境保护法》第三十五条（三）） 逾期不缴纳的，处应缴排污费数额 1 倍以上 3 倍以下的罚款，并报经有批准权的人民政府批准，责令停产停业整顿（《排污费征收使用管理条例》第二十一条）	县级以上环境保护行政主管部门
排污者未按规定时间缴纳排污费	《排污费征收使用管理条例》第十四条第二款规定：排污者应当自接到排污费缴纳通知单起 7 日内，到指定的商业银行缴纳排污费	责令限期缴纳	逾期不缴纳的，处应缴排污费数额 1 倍以上 3 倍以下的罚款，并报经有批准权的人民政府批准，责令停产停业整顿（《排污费征收使用管理条例》第二十一条）	县级以上环境保护行政主管部门
企业向大气或者直接向海洋排放污染物未按照规定缴纳排污费	《大气污染防治法》第十四条规定：国家实行按照向大气排放污染物的种类和数量征收排污费的制度； 《海洋环境保护法》第十一条规定：直接向海洋排放污染物的单位和个人，必须按照国家规定缴纳排污费； 《排污费征收使用管理条例》第十二条规定：排污者应当按照下列规定缴纳排污费：依照大气污染防治法、海洋环境保护法的规定，按照排放污染物的种类、数量缴纳排污费			
企业直接向水体排污，未按照规定缴纳排污费	《水污染防治法》第二十四条规定：直接向水体排放污染物的企业事业单位和个体工商户，应当按照排放水污染物的种类、数量和排污费征收标准缴纳排污费； 《排污费征收使用管理条例》第十二条（二）规定：依照水污染防治法的规定，向水体排放污染物的，按照排放污染物的种类、数量缴纳排污费			
以不符合国家规定的填埋方式处理了危险废物，而没有缴纳排污费	《固体废物污染环境防治法》第五十六条规定：以填埋方式处置危险废物不符合国务院环境保护行政主管部门规定的，应当缴纳危险废物排污费。危险废物排污费征收的具体办法由国务院规定； 《排污费征收使用管理条例》第十二条（三）规定：依照固体废物污染环境防治法的规定……以填埋方式处置危险废物不符合国家有关规定的，按照排放污染物的种类、数量缴纳危险废物排污费	责令限期缴纳	逾期不缴纳的，处应缴纳危险废物排污费金额1倍以上3倍以下的罚款（《固体废物污染环境防治法》第七十五条（四）） 逾期不缴纳的，处应缴排污费数额 1 倍以上 3 倍以下的罚款，并报经有批准权的人民政府批准，责令停产停业整顿（《排污费征收使用管理条例》第二十一条）	县级以上环境保护行政主管部门

违法行为认定	法律依据	法律责任		
		行政命令	处罚的种类、幅度	实施机关
造成环境噪声污染，未按照规定缴纳超标准环境噪声排污费	《环境噪声污染防治法》第十六条规定：产生环境噪声污染的单位，应当采取措施进行治理，并按照国家规定缴纳超标准排污费； 《排污费征收使用管理条例》第十二条（四）规定：依照环境噪声污染防治法的规定，产生环境噪声污染超过国家环境噪声标准的，按照排放噪声的超标声级缴纳排污费	责令限期缴纳	警告或者处以罚款（《环境噪声污染防治法》第五十一条） 逾期不缴纳的，处应缴排污费数额1倍以上3倍以下的罚款，并报经有批准权的人民政府批准，责令停产停业整顿（《排污费征收使用管理条例》第二十一条）	县级以上环境保护行政主管部门

表1-26 违法批准、骗取排污费的减、免、缓缴的违法行为应承担的法律责任

违法行为认定	法律依据	法律责任		
		行政命令	处罚的种类、幅度	处罚机关
不具备减、免排污费条件而骗取批准减缴、免缴排污费	《排污费征收使用管理条例》第十五条规定：排污者因不可抗力遭受重大经济损失的，可以申请减半缴纳排污费或者免缴排污费	责令限期补缴应当缴纳的排污费	并处所骗取批准减缴、免缴或者缓缴排污费数额1倍以上3倍以下的罚款（《排放费征收管理条例》第二十二条）	县级以上环境保护行政主管部门
不具备缓缴条件而骗取缓缴批准	《排污费征收使用管理条例》第十六条规定：排污者因有特殊困难不能按期缴纳排污费的，自接到排污费缴纳通知单之日起7日内，可以向发出缴费通知单的环境保护行政主管部门申请缓缴排污费； 排污费的缓缴期限最长不超过3个月			
违规批准减缴、免缴、缓缴排污费的	《排污费征收使用管理条例》第二十五条规定：县级以上环境保护行政主管部门、财政部门、价格主管部门的工作人员有下列行为之一的： 违反本条例规定批准减缴、免缴、缓缴排污费的		依法追究刑事责任； 尚不构成刑事处罚的，依法给予行政处分（《排放费征收管理条例》第二十五条）	

表1-27 排污费使用过程中的环境违法行为及应承担的法律责任

违法行为认定	法律依据	法律责任		
		行政命令	处罚的种类、幅度	实施机关
环境保护专项资金使用者不按照批准的用途使用环境保护专项资金	《排污费征收管理使用条例》第十八条规定：排污费必须纳入财政预算，列入环境保护专项资金进行管理，主要用于下列项目的拨款补助或者贷款贴息： （一）重点污染源防治； （二）区域性污染防治； （三）污染防治新技术、新工艺的开发、示范和应用； （四）国务院规定的其他污染防治项目。 具体使用办法由国务院财政部门会同国务院环境保护行政主管部门征求其他有关部门意见后制定。 第十九条第二款规定：按照本条例第十八条的规定使用环境保护专项资金的单位和个人，必须按照批准的用途使用	责令限期改正	逾期不改正的，10年内不得申请使用环境保护专项资金，并处挪用资金数额1倍以上3倍以下的罚款（《排污费征收管理使用条例》第二十三条）	县级以上环境保护行政主管部门或者财政部门

违法行为认定	法律依据	法律责任		
		行政命令	处罚的种类、幅度	实施机关
主管部门的工作人员违规使用环境保护专项资金	《排污费征收管理使用条例》第二十五条规定：县级以上环境保护行政主管部门、财政部门、价格主管部门的工作人员有下列行为之一的： 截留、挤占环境保护专项资金或者将环境保护专项资金挪作他用的		依法追究刑事责任；尚不构成刑事处罚的，依法给予行政处分（《排放费征收管理条例》第二十五条）	

（二）排污收费制度相关的行政执法解释

1. 关于焦炭生产企业环境监管及排污收费有关问题

《中华人民共和国大气污染防治法》第十四条规定：国家实行按照向大气排放污染物的种类和数量征收排污费的制度。

《中华人民共和国水污染防治法》第二十四条规定：直接向水体排放污染物的企业事业单位和个体工商户，应当按照排放水污染物的种类、数量和排污费征收标准缴纳排污费。按照上述规定，炼焦产生的废水用于熄焦，污染物排放至大气当中的，不应缴纳污水排污费，而应按照排放至大气中的污染物种类和数量缴纳废气排污费。

国务院《排污费征收使用管理条例》（国务院令第 369 号）第九条规定：负责污染物排放核定工作的环境保护行政主管部门在核定污染物排放种类、数量时，具备监测条件的，按照国务院环境保护行政主管部门规定的监测方法进行核定；不具备监测条件的，按照国务院环境保护行政主管部门规定的物料衡算方法进行核定。根据上述规定，核定熄焦过程中大气污染物排放量应以国务院环境保护行政主管部门规定的监测方法进行；不具备废气监测条件的，可监测核定用于熄焦的炼焦废水中氰化物、氨等污染物排放量，再折算成大气污染物排放量。若不具备炼焦废水监测条件，可暂参照《排污申报登记实用手册》、《工业污染物产生和排放系数手册》和《工业污染核算》中相关系数核定其炼焦废水中污染物排放量。

在焦炭行业排放标准颁布实施前，炼焦企业的废水和废气排放应执行《污水综合排放标准》（GB 8978—1996）、《大气污染物综合排放标准》（GB 16297—1996）和《恶臭污染物排放标准》（GB 14554—93）的规定。其中，炼焦废水中第一类污染物应在车间或车间处理设施排放口监控。超出上述标准的，应依照《中华人民共和国水污染防治法》和《中华人民共和国大气污染防治法》予以处罚。（环函[2009]122 号）

2. 关于向无照经营者征收排污费有关问题

《排污费征收使用管理条例》（国务院令第 369 号）第二条规定：直接向环境排放污染物的单位和个体工商户（以下简称排污者），应当依照本条例的规定缴纳排污费。《无照经营查处取缔办法》（国务院令第 370 号）第四条规定：应当取得而未依法取得许可证或者其他批准文件和营业执照，擅自从事经营活动的无照经营行为，由工商行政管理部门依照本办法的规定予以查处。公安、国土资源、建设、文化、卫生、质检、环保、新闻出版、药监、安全生产监督管理等许可审批部门也应当依照法律、法规赋予的职责予以查处。

根据上述规定，对于未取得工商营业执照，也未取得环保许可批准文件，擅自从事经营活动的，环境保护主管部门应依照相关环保法律法规，以实际经营者作为处罚相对人予以处罚；对未向城镇污水集中处理设施排放污水且缴纳污水处理费用的，按实际排污量核定、征收排污费。（环函[2008]286 号）

3．关于矿山企业排污费有关问题

国务院《排污费征收使用管理条例》（国务院令第 369 号）第九条规定：负责污染物排放核定工作的环境保护行政主管部门在核定污染物排放种类、数量时，具备监测条件的，按照国务院环境保护行政主管部门规定的监测方法进行核定；不具备监测条件的，按照国务院环境保护行政主管部门规定的物料衡算方法进行核定。目前，在我部未制定统一的矿山企业污染物物料衡算方法前，可暂参照原国家环保总局组织编制的《排污申报登记实用手册》、《工业污染物产生和排放系数手册》等技术手册核定矿山企业废气及粉尘排污量，并据此征收排污费。（环函[2008]246 号）

4．关于未排入水体的企业废水征收排污费有关问题

《排污费征收使用管理条例》（国务院令第 369 号）第二条规定：直接向环境排放污染物的单位和个体工商户，应当依照本条例的规定缴纳排污费。对工业企业污水排向农田、用于林地灌溉的，环保部门应当按照水污染物排放标准判断其是否超标，并相应征收排污费或者超标准排污费。

按照《农田灌溉水质标准》（GB 5084—2005）的规定，用于农田灌溉的污水必须是经处理后的工业废水和城市污水，必须保证其下游最近灌溉取水点的水质标准，不允许未经处理直接向农田、林地等排放污水。当地环保部门应当加强监管，防止土壤和地下水污染。（环函[2007]141 号）

5．关于不按规定缴纳排污费行政处罚适用问题

对未按规定缴纳排污费的环境违法行为，应按以下规则处理：

（1）法律的效力高于行政法规，故应优先适用。《固体废物污染环境防治法》、《环境噪声污染防治法》等法律和《排污费征收使用管理条例》等行政法规规定不一致的，在具体的执法中应当首先适用法律的规定。

（2）《排污费征收使用管理条例》和《水污染防治法实施细则》属于同位阶的环境行政法规，但《排污费征收使用管理条例》是新的规定，按照优先适用新的规定的规则，应当适用《排污费征收使用管理条例》的规定。（环函[2004]425 号）

6．关于《排污费征收标准管理办法》第三条适用问题的复函

辽宁省环境保护局：

你局《关于〈排污费征收标准管理办法〉第三条适用问题的请示》（辽环[2008]8 号）收悉。经研究，函复如下：

《环境噪声污染防治法》第二条第二款规定：本法所称环境噪声污染，是指所产生的环境噪声超过国家规定的噪声排放标准，并干扰他人正常生活、工作和学习的现象。

企业内部无论是固定噪声源、还是企业厂界内运输车辆产生的噪声，均属于企业整体产生的噪声，应在企业厂界外按照《工业企业厂界噪声标准》（GB 12348—90）的规定进行监测。如果厂界噪声超过国家规定的噪声排放标准，并干扰了厂界外他人正常生活、工作和学习，应对企业征收噪声超标准排污费。（环函[2008]72 号）

7. 对向海洋排放脱硫海水以及其他污染物的，应当依照《排污费征收使用管理条例》的规定征收排污费。（环函[2010]254 号）

二、排污收费制度典型案例分析与执法要点解析

案例十五（案一）：排污者未按规定缴纳排污费的行政处罚

【案情介绍】

华伦公司排放的污染物主要是工业污水。2006 年 7 月，县环保局先后向华伦公司送达“排污费核定通知单”、“排污费缴纳通知单”，要求其依法缴纳上半年排污费共计 11 154 元。但该公司拒缴。依据《排污费征收使用管理条例》，县环保局对该公司作出以下处罚：① 限 3 日内缴纳排污费；② 罚款 33 462 元。该公司接到罚款通知书后向县环保局提交了书面陈述，称未按规定缴纳排污费的原因为：在公司向该县投资建设时，向县政府提交了《关于申请享受环保收费优惠政策的报告》及子文件《项目投资协议书》。对该《项目投资协议书》，县政府已明确承诺给予本项目不高于以下收费标准的优惠政策：其中第（6）项为排污费 5 000 元/年。目前我公司由于各种原因生产能力还不到设计能力的 1/3，减产 60% 以上，也就是说目前的排污量远远未达到设计能力的排污量。希望环保局考虑公司经营实际困难及政府的承诺，减免我公司排污费。

【案例分析】

分析本案，有两点需要注意：

（1）协议的合法性。

该案中华伦公司与县政府签订了《项目投资协议书》，在该协议书中县政府承诺给予该项目征收排污费不高于 5 000 元/年的优惠政策。该承诺违反了《环境保护法》、《水污染防治法》、《排污费征收管理使用条例》关于征收排污费的规定。根据我国《合同法》的规定，“违反法律和行政法规的合同”为无效合同，因此县政府的承诺是无效的。如公司确有困难可以依据《排污费征收使用管理条例》第十六条“排污者因有特殊困难不能按期缴纳排污费的，自接到排污费缴纳通知单之日起 7 日内，可以向发出缴费通知单的环境保护行政主管部门申请缓缴排污费”的规定申请缓缴排污费。

（2）排污费的征收。

根据我国法律的规定，排污费的征收是按月或按季征收，征收的标准是依据排污者的实际排污量而不是设计排污量。《排污费征收使用管理条例》第六条规定：排污者应当按照国务院环境保护行政主管部门的规定，向县级以上地方人民政府环境保护行政主管部门申报排放污染物的种类、数量，并提供有关资料。第七条规定：县级以上地方人民政府环境保护行政主管部门，应当按照国务院环境保护行政主管部门规定的核定权限对排污者排放污染物的种类、数量进行核定。第十一条（二）规定：依照水污染防治法的规定，向水体排放污染物的，按照排放污染物的种类、数量缴纳排污费；……缴纳排污费数额的计算则依据国家发改委、财政部、环保总局、经贸委联合制定的《排污费征收标准管理办法》来进行核定。因此该案中公司的申辩理由违反了相关法律规定，不能作为减缴或不缴排污费的理由。

因此，该案中县环保局对该公司征收排污费的具体行政行为是正确的，对拒缴排污费

的处罚是符合法律规定的。

【执法提示】

（1）关注法律的变化。

随着经济社会的发展，污染防治法均做了修订，在排污费的征收过程中应按照新的法律实施。如：

2008 年《中华人民共和国水污染防治法》第四十四条：向城镇污水集中处理设施排放污水、缴纳污水处理费用的，不再缴纳排污费。

第二十四条规定：直接向水体排放污染物的企业事业单位和个体工商户，应当按照排放水污染物的种类、数量和排污费征收标准缴纳排污费。

2000 年《大气污染防治法》第十四条规定：国家实行按照向大气排放污染物的种类和数量征收排污费。

2000 年《海洋环境保护法》第十一条规定：直接向海洋排放污染物的单位和个人，必须按照国家规定缴纳排污费。

2000 年《海洋环境保护法》第七十三条规定：违反本法有关规定，有下列行为之一的，由依照本法规定行使海洋环境监督管理权的部门责令限期改正，并处以罚款：（二）不按照本法规定向海洋排放污染物，或者超过标准排放污染物的；……处 2 万元以上 10 万元以下的罚款。

1990 年《中华人民共和国防治陆源污染物污染损害海洋环境管理条例》第二十九条规定：不按规定缴纳超标准排污费的，除追缴超标准排污费及滞纳金外，并可由县级以上人民政府环境保护行政主管部门处以 1 000 元以上 1 万元以下的罚款。

2005 年《固体废物污染环境防治法》第五十六条规定：以填埋方式处置危险废物不符合国务院环境保护行政主管部门规定的，应当缴纳危险废物排污费。危险废物排污费征收的具体办法由国务院规定。

（2）对未按规定缴纳排污费的环境违法行为，应按照《立法法》第七十九条规定的法律适用原则进行适用。

《立法法》第七十九条规定：法律的效力高于行政法规，故应优先适用。《水污染防治法》、《固体废物污染环境防治法》、《环境噪声污染防治法》等法律和《排污费征收使用管理条例》等行政法规规定不一致的，在具体的执法中应当首先适用法律的规定。

资料

关于向公共污水处理系统排放废水执行标准问题的复函

环境保护部　环函[2011]195 号

山东省环境保护厅：

你厅《关于向污水处理厂排放废水执行标准有关问题的请示》（鲁环函[2011]359 号）收悉。经研究，现函复如下：

一、2008 年修订的《中华人民共和国水污染防治法》（以下简称《水污染防治法》）规定，采用向城镇污水集中处理设施排污等间接方式排放水污染物的，应当执行国家或地方规定的水污染物排放标准。

在《水污染防治法》出台前，一些国家排放标准中曾规定，控制间接排放可采用由排污企业、排污项目建设单位与公共污水处理系统运营单位（城镇污水处理厂等）商定其间接排放一般污染物控制要求的方式。为落实《水污染防治法》的规定，2009年我部制定并发布了《国家排放标准中水污染物排放监控方案》（以下简称《方案》）。《方案》对国家排放标准制定规则进行了修改，取消了上述做法，并明确规定国家排放标准中要设置间接排放限值。

二、为在充分利用公共污水处理系统处理能力的同时，防范环境风险，《方案》要求根据公共污水处理系统的特点和各种污染物处理的难易程度，设置不同的间接排放限值。对于易降解污染物，其间接排放限值，幅度可以适当宽于相应的直接排放限值。

二〇一一年七月二十二日

案例十五（案二）：排污者未按规定缴纳排污费的行政处罚

【案情介绍】

某水泥有限公司在经营过程中向周边环境排放废气，按照《大气污染防治法》、《排污费征收使用管理条例》、《排污费征收标准管理办法》规定，2007年第三季度应缴纳排污费共计174544元。2007年10月25日，某市环境保护局向该水泥有限公司送达了《排污核定通知书》、《排污费缴纳通知书》、《排污费限期缴纳通知书》。该公司于10月29日已缴排污费：20000元，还欠缴排污费154544元。该公司至11月10日尚未缴纳所欠缴排污费。该公司拖欠排污费的行为违反了《排污费征收使用管理条例》第十四条第二款“排污者应当自接到排污费缴纳通知单之日起7日内，到指定的商业银行缴纳排污费”的规定，某市环境保护局依据《排污费征收使用管理条例》第二十一条“排污者未按照规定缴纳排污费的，由县级以上地方人民政府环境保护行政主管部门依据职权责令限期缴纳；逾期拒不缴纳的，处应缴纳排污费数额1倍以上3倍以下的罚款，并报经有批准权的人民政府批准，责令停产停业整顿”的规定，拟对某水泥有限公司作出如下行政处罚：限3日内交齐所欠缴排污费；处应缴纳排污费数额2倍的罚款，共计309088元。同时，市环保局还告知了有关法律权利和义务。但在规定时间内，该企业既未申请行政复议，未起诉，也不履行市环保局的处罚决定。市环保局按照《行政处罚法》规定，在法定期限内，向市中级人民法院申请强制执行。近日，市中院通过强制手段，依法对该公司实施了强制执行，收缴排污费154544元、罚款309088元；并按罚款数额的百分之三收取了加处罚款。

【案例分析】

该案中某水泥有限公司在规定时间内既未申请行政复议，未起诉，也不履行市环保局的处罚决定。市环保局按照《行政处罚法》规定，向市中级人民法院申请强制执行。《行政处罚法》第五十一条规定：当事人逾期不履行行政处罚决定的，作出行政处罚决定的行政机关可以采取下列措施：（一）到期不缴纳罚款的，每日按罚款数额的百分之三加处罚款；（二）根据法律规定，将查封、扣押的财物拍卖或者将冻结的存款划拨抵缴罚款；（三）申请人民法院强制执行。

本案中环保局借助司法机关的力量促进行政执法的做法是可取的，有利于维护环境法律的实施。

【执法提示】

（1）申请法院强制执行的期限。

申请法院强制执行不是什么时候想申请就可以申请的。申请人民法院强制执行应当符合《行政诉讼法》和《最高人民法院关于执行〈中华人民共和国行政诉讼法〉若干问题的解释》的规定。《环境行政处罚办法》第六十二条将不同情况下申请法院强制执行的期限做了梳理：（一）行政处罚决定书送达后当事人未申请行政复议且未提起行政诉讼的，在处罚决定书送达之日起60日后起算的180日内；（二）复议决定书送达后当事人未提起行政诉讼的，在复议决定书送达之日起15日后起算的180日内；（三）第一审行政判决后当事人未提出上诉的，在判决书送达之日起15日后起算的180日内；（四）第一审行政裁定后当事人未提出上诉的，在裁定书送达之日起10日后起算的180日内；（五）第二审行政判决书送达之日起180日内。

（2）行政处罚可以申请法院强制执行，排污收费是否也可以申请法院强制执行。

依据《行政诉讼法》第六十六条规定，"公民、法人或者其他组织对具体行政行为在法定期限内不提起诉讼又不履行的，行政机关可以申请人民法院强制执行，或者依法强制执行。"而征收排污费是环保部门依法进行的一种具体行政行为。当符合强制执行条件时，对拒缴排污费的排污者可以直接依法申请法院强制执行。根据《最高人民法院关于执行〈中华人民共和国行政诉讼法〉若干问题的解释》（法释[2000]8号）第八十八条规定，行政机关申请人民法院强制执行其具体行政行为，应当自被执行人的法定起诉期限届满之日起180日内提出。逾期申请的，除有正当理由外，人民法院不予受理。因此排污费征收应按照法律法规的规定按月或按季及时征收到位，如果出现拒缴的问题，必要的沟通是需要的，但不能无止境的沟通或"协议收费"，应及时申请法院强制执行，争取司法机关的支持。

（3）《中华人民共和国行政强制法》已由中华人民共和国第十一届全国人民代表大会常务委员会第二十一次会议于2011年6月30日通过，自2012年1月1日起施行。

《中华人民共和国行政强制法》第五章对没有行政强制执行权的行政机关申请人民法院强制执行做了专门规定。自2012年1月1日起，有关申请人民法院强制执行的时限、程序和其他有关要求应当按照《中华人民共和国行政强制法》执行。

申请期限：行政处罚决定书送达后当事人未申请行政复议且未提起行政诉讼的，在处罚决定书送达之日起60日后起算的3个月内提出申请。

前置程序：申请人民法院强制执行决定前，环保部门应当事先催告当事人履行义务。催告应当以书面形式作出，并载明下列事项：履行义务的期限；履行义务的方式；涉及金钱给付的，应当有明确的金额和给付方式；当事人依法享有的陈述权和申辩权。当事人收到催告书后有权进行陈述和申辩。环保部门应当充分听取当事人的意见，对当事人提出的事实、理由和证据，应当进行记录、复核。当事人提出的事实、理由或者证据成立的，应当采纳。催告书送达10日后当事人仍未履行义务的，向人民法院提出强制执行申请。

执行管辖：行政机关所在地有管辖权的人民法院；执行对象是不动产的，向不动产所在地有管辖权的人民法院申请。

向人民法院申请需提交的材料：①强制执行申请书；②行政决定书及作出决定的事实、理由和依据；③当事人的意见及行政机关催告情况；④申请强制执行标的情况；⑤法律、行政法规规定的其他材料。

资料

中华人民共和国行政强制法

（2011年6月30日第十一届全国人民代表大会常务委员会第二十一次会议通过）

……

第五章　申请人民法院强制执行

第五十三条　当事人在法定期限内不申请行政复议或者提起行政诉讼，又不履行行政决定的，没有行政强制执行权的行政机关可以自期限届满之日起三个月内，依照本章规定申请人民法院强制执行。

第五十四条　行政机关申请人民法院强制执行前，应当催告当事人履行义务。催告书送达十日后当事人仍未履行义务的，行政机关可以向所在地有管辖权的人民法院申请强制执行；执行对象是不动产的，向不动产所在地有管辖权的人民法院申请强制执行。

第五十五条　行政机关向人民法院申请强制执行，应当提供下列材料：

（一）强制执行申请书；

（二）行政决定书及作出决定的事实、理由和依据；

（三）当事人的意见及行政机关催告情况；

（四）申请强制执行标的情况；

（五）法律、行政法规规定的其他材料。

强制执行申请书应当由行政机关负责人签名，加盖行政机关的印章，并注明日期。

第五十六条　人民法院接到行政机关强制执行的申请，应当在五日内受理。

行政机关对人民法院不予受理的裁定有异议的，可以在十五日内向上一级人民法院申请复议，上一级人民法院应当自收到复议申请之日起十五日内作出是否受理的裁定。

第五十七条　人民法院对行政机关强制执行的申请进行书面审查，对符合本法第五十五条规定，且行政决定具备法定执行效力的，除本法第五十八条规定的情形外，人民法院应当自受理之日起七日内作出执行裁定。

第五十八条　人民法院发现有下列情形之一的，在作出裁定前可以听取被执行人和行政机关的意见：

（一）明显缺乏事实根据的；

（二）明显缺乏法律、法规依据的；

（三）其他明显违法并损害被执行人合法权益的。

人民法院应当自受理之日起三十日内作出是否执行的裁定。裁定不予执行的，应当说明理由，并在五日内将不予执行的裁定送达行政机关。

行政机关对人民法院不予执行的裁定有异议的，可以自收到裁定之日起十五日内向上一级人民法院申请复议，上一级人民法院应当自收到复议申请之日起三十日内作出是否执行的裁定。

第五十九条　因情况紧急，为保障公共安全，行政机关可以申请人民法院立即执行。经人民法院院长批准，人民法院应当自作出执行裁定之日起五日内执行。

第六十条　行政机关申请人民法院强制执行，不缴纳申请费。强制执行的费用由被执行人承担。

人民法院以划拨、拍卖方式强制执行的，可以在划拨、拍卖后将强制执行的费用扣除。

依法拍卖财物，由人民法院委托拍卖机构依照《中华人民共和国拍卖法》的规定办理。

划拨的存款、汇款以及拍卖和依法处理所得的款项应当上缴国库或者划入财政专户，不得以任何形式截留、私分或者变相私分。

案例十六（案一）：排污费的征收

【案情介绍】

湖南省鲤鱼江电厂是一家以煤炭为燃料的火力发电厂。为了解决电厂的“三废”问题，1971 年经有关部门批准，兴建了鲤鱼江炉渣砖厂（后改称湘南新型建材总厂）。砖厂以电厂排放的工业废渣为原料制成炉渣砖。1981 年经砖厂同意，鲤鱼江电厂投资在该厂料棚的一端新建了一沉渣池，采用水冲式将废渣送入池内，其沉渣池内的废渣捞出用于制砖，而废水则泄入鲤鱼江河道。此股废水的排污费一直由鲤鱼江电厂缴纳。1993 年 9 月 20 日，鲤鱼江电厂与建材总厂协商签署了会谈纪要，双方达成如下协议：9 月底前，由双方财务部门补办沉渣池等固定资产转移手续，其沉渣池的管理与使用，包括沉渣池灰水排放的综合利用和治理，属于湘南新型建材总厂的管理范围。但后因建材总厂的主管部门不同意而未果。1995 年 3 月和 4 月，鲤鱼江电厂在未经郴州市环保局同意的情况下，在环境保护考核报告中不申报建材总厂排污口的情况。郴州市环境监测站于同年 3 月 27 日和 4 月 13 日先后对鲤鱼江电厂厂区、灰坝、砖厂（建材总厂）的废水排放口进行了采样监测分析，认定砖厂排污口废水 3 月份 pH 值、4 月份石油类超标。郴州市环保局遂根据监测结果，分别于 1995 年 4 月 5 日和 5 月 4 日开具排污费的收据，向鲤鱼江电厂征收两个月的超标排污费共计 268940 元，随后又下达了催款通知。但鲤鱼江电厂只缴纳了厂区和灰坝排污口的超标排污费，而对砖厂排污口的 199680 元排污费予以拒付。6 月 29 日，郴州市环保局作出了对鲤鱼江电厂罚款 9000 元，追缴 3 月至 4 月份超标排污费 199680 元，追缴滞纳金 26734 元的行政处罚决定。鲤鱼江电厂对此不服，向湖南省环保局申请行政复议。湖南省环保局维持了郴州市环保局的决定。于是，鲤鱼江电厂于 1996 年 2 月 27 日向郴州市中级人民法院提起行政诉讼，郴州市中级人民法院经审理，驳回了鲤鱼江电厂的诉讼请求，维持郴州市环保局的处理决定，并判决鲤鱼江电厂承担诉讼费用。电厂仍然不服，于 1996 年 12 月 4 日向湖南省高级人民法院递交了上诉状。湖南省高级人民法院受理该案后进行了大量调查、复核，并进行了实地勘察，最后认定鲤鱼江电厂为了减轻对环境的污染，采用水冲式将工业废渣通过管道送至第三人建材总厂内的沉渣池做制造炉渣砖用，沉渣池是上诉人建筑物的组成部分，并未与第三人办理固定资产转移登记手续。上诉人采用水冲式将工业废渣送至沉渣池内；所产生的污染源于发电生产之中，根据法律规定，谁污染谁治理。建材总厂虽然是处理“三废”的社会性企业，但无防治污染的能力，双方签订的会谈纪要中有关污染治理责任承担的内容不符合法律规定，不能作为认定排污费缴纳主体的依据。因而湖南省高级人民法院作出了二审判决：一审判决认定事实清楚，适用法律正确，程序合法，驳回鲤鱼江电厂的上诉，维持郴州市中级人民法院一审所作出的维持郴州市环保局对鲤鱼江电厂拒缴排污费处罚的判决。

【案例分析】

本案中的鲤鱼江电厂为了治理其排放的废渣，兴建了鲤鱼江炉渣砖厂，以电厂排放的工业废渣为原料制炉渣砖，出发点是好的。但是，在该炉渣砖厂归属问题没有解决前却与其签订不符合法律规定的会议纪要，以此逃避缴纳排污费的责任，从而受到了处罚。

《环境保护法》第二十四条规定：产生环境污染和其他公害的单位，必须把环境保护工作纳入计划，建立环境保护责任制度；采取有效措施，防治在生产建设或者其他活动中产生的废气、废水、废渣、粉尘、恶臭气体、放射性物质以及噪声、振动、电磁波辐射等对环境的污染和危害。第二十八条规定：排放污染物超过国家或者地方规定的污染物排放标准的企业事业单位，依照国家规定缴纳超标准排污费，并负责治理。各部污染防治法也均有类似的规定。

鲤鱼江电厂为了减轻对环境的污染，采用水冲式将工业废渣通过管道送至建材总厂内的沉渣池做制造炉渣砖用，沉渣池并没有办理固定资产转移手续，它仍是电厂固定财产的组成部分，沉渣池产生的污染源于发电生产过程中，因此可以将该设施认定为电厂的污染治理设施，鲤鱼江电厂仍然应对此沉渣池产生的污染负责。根据法律规定，在生产经营活动中产生污染并向环境排放污染物的单位，均应按照国家规定缴纳排污费，并承担环境保护法律规定的治理污染的责任以及其他法律义务。环保局要求鲤鱼江电厂缴纳排污费是正确的。鲤鱼江电厂与建材总厂双方签订的会谈纪要中有关污染治理责任承担的内容不符合法律规定，不能作为认定为排污费缴纳主体转移的依据。

【执法提示】

违反排污收费制度的行为：

（1）直接向大气或者海洋排放污染物不按排放污染物的种类和数量缴纳排污费；

（2）直接向水体排污不按排放污染物的种类和数量缴纳排污费；

（3）以不符合国家规定的填埋方式处理危险废物，不按排放污染物的种类和数量缴纳排污费；

（4）造成环境噪声污染的不按照排放噪声的超标声级缴纳排污费；

（5）未按规定时间缴纳排污费；

（6）不具备减、免排污费条件而获批准减缴、免缴排污费；

（7）不具备缓缴条件而取得缓缴批准；

（8）环境保护专项资金使用者不按照批准的用途使用环境保护专项资金。

对以上任何一种违法行为进行处罚时，其适用的对象必须是违反排污收费制度的具有一定的责任能力的排污者。

如本案中产权没有转移的，废物综合利用单位的排污费的缴纳；再如某单位承租另一单位的生产设施，若该承租单位在承租后的生产经营活动中产生污染并向环境排放污染物，则该承租单位应当按照国家规定缴纳排污费，并依法承担环境保护法律规定的其他义务。任何的合同或协议、约定都不能改变其应承担的保护环境的法律义务。

案例十六（案二）：排污费的征收

【案情介绍】

2003 年 1 月，顺达公司承建“东方花苑”商住楼工程开工后，顺达公司向颍东区环保局申请办理环境噪声申报登记，但未申报噪声值。2003 年 3 月 26 日颍东区环保局到顺达公司工地对其施工产生的噪声值进行了第一次核定，核定测量的噪声值分别为 84 分贝、85 分贝。同年 9 月 26 日，颍东区环保局对顺达公司施工所产生的噪声值进行了第二次核定，核定监测的噪声值为 82 分贝。颍东区环保局根据顺达公司申报施工机械的工作时间，认定建设噪声每月超标天数大于 15 天，并于同日向顺达公司送达排污核定数据值。

2003 年 10 月 9 日，颍东区环保局向顺达公司送达了《排污核定通知书》，并告知顺达公司如对核定结果有异议，可在接到通知之日起 7 日内申请复核。顺达公司对此通知书未提出异议。同年 10 月 20 日，颍东区环保局根据《排污费征收使用管理条例》第 13 条的规定，对征收顺达公司第 3 季度噪声超标排污费的数额等情况作出（颍东）环收费字[2003]第 03010 号排污费缴费通知，决定征收顺达公司第 3 季度噪声超标排污费 13200 元。

顺达公司不服此行政行为，向阜阳市环保局申请复议。2003 年 12 月 25 日，阜阳市环保局做出复决字[2003]第 02 号行政复议决定，维持颍东区环保局的行政征收行为。

区法院一审

2004 年 1 月 7 日，顺达公司向颍东区人民法院提起行政诉讼，请求依法撤销或者变更颍东区环保局做出的征收 13200 元排污费的决定。

阜阳市颍东区人民法院一审认为，顺达公司作为建筑施工单位，在建筑施工过程中使用机械设备所产生噪声值超过国家环境噪声排放标准，应依法承担缴纳噪声超标排放费的法定义务；颍东区环保局作为环境保护行政主管部门依照有关法律规定，具有征收噪声排污费的权利。故颍东区环保局根据《环境保护法》、《环境噪声污染防治法》、《排污费征收使用管理条例》、《排污费征收标准管理办法》的相关规定，向顺达公司征收 2003 年第三季度噪声超标排污费的行为事实清楚、证据充分，适用法律、法规正确，程序合法。2004 年 2 月 12 日，颍东区人民法院一审判定维持颍东区环保局做出的具体行政行为。

中级法院二审

顺达公司不服，提起上诉：颍东区环保局未能依法举证其具有征收排污费的资格，未能依法使用国家规定并统一印制的通知书，噪声核定时间违反法律的规定，被诉具体行政行为没有适用法律，向顺达公司征收排污费没有提供计算依据。顺达公司请求撤销原判决，撤销排污费缴纳通知的具体行政行为。

阜阳市中级人民法院二审认为，颍东区环保局在一审诉讼中应当依法提供其做出具体行政行为时的证据、依据，其不提供或无正当理由逾期提供的，应当认定其具体行政行为没有证据、依据。颍东区环保局做出的排污缴费通知单只引用法律、法规的名称，而没有引用具体条文；所征收的噪声超标排污费没有提供计算依据，其在诉讼中提供的法律依据不能作为处罚时的合法依据；在排污核定时间上违反法律规定，做出的具体行政行为主要证据不足，程序违法，适用法律错误。阜阳市中级人民法院认为，顺达公司的上诉理由成立，应予以支持，故于 2004 年 4 月 19 日判决撤销颍东区人民法院原行政判决，撤销颍东区环保局做出的排污费缴费通知。

中级法院再审

颍东区环保局不服判决申请再审。阜阳市中级人民法院再审查明的事实与一审查明的事实相同。再审认为，颍东区环保局做出的（颍东）环收费[2003]第 03010 号排污费缴纳通知单，是国家环保总局制定的全国统一使用的文书格式，并没有违反具体的法律法规。

颍东区环保局征收的噪声超标排污费数额符合《排污费征收标准管理办法》的规定，其行政征收行为有合法依据。颍东区环保局根据国家环保总局《关于排污费征收核定有关工作的通知》对顺达公司进行排污核定时，其实地测定排污数量和送达《排污核定通知书》均严格按照规定时间进行，但在填发核定时间时按国家环保总局的通知规定时间应在 2003 年 9 月 26 日，这个时间上的差距并非违反法律法规的强制性规定，不影响具体行政行为的合法性。阜阳市中级人民法院 2004 年 12 月 16 日判决，撤销法院原判决，维持颍东区人民法院判决。

高院接抗诉再审

顺达公司不服，向检察机关申诉。安徽省人民检察院随后向安徽省高级人民法院提出抗诉。抗诉书认为，颍东区环保局对顺达公司征收噪声超标排污费的行为，没有提供计算依据，征收 13200 元排污费，缺乏相应的事实依据。其一，颍东区环保局一审未提供证据证实颍东区环境监理监测站及工作人员具备监测资格；其二，颍东区环保局测定工地噪声值的时间是在 2003 年 9 月 26 日上午 9 时 59 分，而测量背景噪声值的时间却是当天下午 15 时 39 分，加大了顺达公司的噪声值；其三，颍东区环保局提供的排污审核表没有加盖单位公章，审核小组意见一栏仅有一个人签名；其四，颍东区环保局没有提供征收排污费 13200 元的审议材料证据。抗诉书还指出，颍东区环保局排污费缴纳通知单只引用法律法规的名称，没有引用具体条文；颍东区环保局对顺达公司征收噪声超标排污费的行为，没有依法进行公告等问题。

安徽省高级人民法院经再审查明的事实与阜阳市中级人民法院再审查明的事实相同。安徽省高级人民法院认为，颍东区环保局享有对本辖区的排污者征收排污费的法定职权；对环境噪声污染超过国家环境噪声排放标准，且干扰到他人正常生活、工作和学习的，应按照噪声的超标分贝数计征噪声超标排污费。关于颍东区环保局对顺达公司实施的行政征收行为是否有事实依据问题，颍东区环保局于 2003 年 10 月 9 日向顺达公司送达了《排污核定通知书》，顺达公司在收到通知后 7 日内对 82 分贝的排污核定结果未提出异议，未向颍东区环保局申请复核，表明其已认可了排污核定结果。颍东区环保局据此《排污核定通知书》决定对顺达公司征收 2003 年第三季度排污费 13200 元的行为有事实依据。

安徽省高级人民法院 2006 年 11 月 22 日判决，颍东区环保局于 2003 年 10 月 20 日做出的决定征收顺达公司 2003 年第三季度排污费 13200 元的行为符合法律规定，抗诉机关的抗诉理由不能成立。维持阜阳市中级人民法院再审判决。

（摘自：中国环境报 2007 年 1 月 5 日）

【案例分析】

该案从 2003 年至 2006 年历时 4 年，经过一审、二审、再审等过程，最后由安徽省高级人民法院 2006 年 11 月 22 日作出判决：颍东区环保局据《排污核定通知书》决定对顺达公司征收 2003 年第三季度排污费 13200 元的行为有事实依据。颍东区环保局的行为符合法律规定。

该案虽然最后以法院支持了环保部门的具体行政行为而结束，但耗费了大量的人力、精力。如在初期下达《排污申报核定通知书》时多做一点工作，使企业充分理解该《通知书》的意义及可能发生的后续问题，则此案可能会处理得顺畅一些。

【执法提示】

该案对执法者的提示有两点：

其一，排污费的核定和征收权限。

《排污费征收使用管理条例》第七条规定：县级以上地方人民政府环境保护行政主管部门，应当按照国务院环境保护行政主管部门规定的核定权限对排污者排放污染物的种类、数量进行核定。

装机容量 30 万千瓦以上的电力企业排放二氧化硫的数量，由省、自治区、直辖市人民政府环境保护行政主管部门核定。

污染物排放种类、数量经核定后，由负责污染物排放核定工作的环境保护行政主管部门书面通知排污者。

按照《关于排污费征收核定有关工作的通知》要求，除装机容量 30 万千瓦以上电力企业的二氧化硫排污费，由省、自治区、直辖市人民政府环境保护行政主管部门核定和收缴外，其他排污费应按照属地征收的原则，主要由市、县环境监察机构具体负责核定、收缴。

其二，排污费征收的时间。

《排污费资金收缴使用管理办法》第五条规定：排污费按月或者按季属地化收缴。

装机容量 30 万千瓦以上的电力企业的二氧化硫排污费，由省、自治区、直辖市人民政府环境保护行政主管部门核定和收缴，其他排污费由县级或市级地方人民政府环境保护行政主管部门核定和收缴。

有个别地区对于一些中小企业不是按《排污费资金收缴使用管理办法》规定按月或按季征收排污费，而是半年征收一次。这种征收方式一旦对排污费的核定出现不同意见，很难得到法律的有力支持。为了提高排污费的征收效率和可行性，环境部办公厅 2011 年 5 月 3 日下发了《关于应用污染源自动监控数据核定征收排污费有关工作的通知》（环办[2011]53 号），该通知要求，各级环保部门应当结合排污费征收全程信息化管理有关要求，进一步整合和健全污染源自动监控与排污费征收信息管理系统，提高排污费计征的工作效率和计征过程的科学性、准确性。自 2012 年起，安装污染源自动监控系统的国家重点监控企业排污费核定和征收工作，必须应用经有效性审核的污染源自动监控数据。且自 2011 年第二季度起，30 万千瓦以上电力企业二氧化硫排污费必须应用经有效性审核的污染源自动监控数据进行核定、征收。

资料

关于城镇污水集中处理设施直接排放污水征收排污费有关问题的复函

环境保护部　环函[2011]188 号

北京市环境保护局：

你局《关于对城镇污水集中处理设施直排污水征收排污费问题的请示》（京环文[2011]32 号）收悉。经研究，函复如下：

《中华人民共和国水污染防治法》第四十五条第二款规定：“城镇污水集中处理设施的出水水质达到国家或者地方规定的水污染物排放标准的，可以按照国家有关规定免缴排污费。”

据此，城镇污水集中处理设施的出水水质超过国家或者地方规定的水污染物排放标准的，则不符合上述免缴排污费的法定条件。

因此，城镇污水集中处理设施的出水水质超过国家或者地方规定的水污染物排放标准的，应当按照国家有关规定缴纳排污费。

二〇一一年七月十二日

案例十七：以不符合国家规定的填埋方式处理了危险废物，而没有缴纳排污费

【案情介绍】

2010 年 9 月 7 日，某县环保局接到市 12369 环保热线通报某县植保站在魏岗乡水稻原种场生活区附近填埋固体废物，立即派出执法人员前往现场进行调查取证和走访群众。经查，县植保站日前因拆迁问题，将仓库内多年积压的一批固体废物拉到水稻原种场附近准备进行填埋，遭到周边群众的反对。接到市环保局情况通报后，该局执法人员立即赶到现场，对这批固体废物的种类进行调查，发现这是一批过期的废弃农药，属于危险废物。根据《中华人民共和国固体废物污染环境防治法》第五十三、五十五条的规定，向县植保站下达了“环监（2010）148 号”危险废物管理督查通知书，并责令其限期改正违法行为。目前，县植保站已将这批准备填埋的危险废物从水稻原种场运回仓库封存保管。

（摘自：《潢川在线》）

【案例分析】

该案是县植保站将一批过期的废弃农药拉到水稻原种场附近准备进行填埋，遭到周边群众反对，进而被调查处理的案件。过期的废弃农药属于危险废物目录中 HW04 农药废物类（废物代码：900-003-04）销售及使用过程中产生的失效、变质、不合格、淘汰、伪劣的农药产品，因此属于危险废物。应按照危险废物进行管理。

《固体废物污染环境防治法》第五十三条第一款规定：产生危险废物的单位，必须按照国家有关规定制定危险废物管理计划，并向所在地县级以上地方人民政府环境保护行政主管部门申报危险废物的种类、产生量、流向、贮存、处置等有关资料。

第五十五条规定：产生危险废物的单位，必须按照国家有关规定处置危险废物，不得擅自倾倒、堆放；不处置的，由所在地县级以上地方人民政府环境保护行政主管部门责令限期改正；逾期不处置或者处置不符合国家有关规定的，由所在地县级以上地方人民政府环境保护行政主管部门指定单位按照国家有关规定代为处置，处置费用由产生危险废物的单位承担。

依据以上法律规定，县环保局下达了危险废物管理督查通知书，并责令其限期改正违法行为。县环境部门的处理基本符合法律规定。

【执法提示】

过期农药是《国家危险废物名录》HW04 类“销售及使用过程中产生的失效、变质、不合格、淘汰、伪劣的农药产品”的危险废物。

对于危险废物的管理应严格按照法律和标准的要求进行管理。

第一，对危险废物贮存环境和时间的要求。

环境执法的主要目的是防止环境污染的发生。县植保站将准备填埋的危险废物运回仓库封存保管后，环境污染发生的可能性并没有消除。因此，县环保局还应对县植保站提出对危险废物贮存环境和时间的要求。

《固体废物污染环境防治法》第五十八条规定：收集、贮存危险废物，必须按照危险废物特性分类进行。禁止混合收集、贮存、运输、处置性质不相容而未经安全性处置的危险废物。

贮存危险废物必须采取符合国家环境保护标准的防护措施，并不得超过一年；确需延长期限的，必须报经原批准经营许可证的环境保护行政主管部门批准；法律、行政法规另有规定的除外。

禁止将危险废物混入非危险废物中贮存。

第二，可以征收一定数额的排污费。

因为县植保站已经“将仓库内多年积压的一批固体废物拉到水稻原种场附近准备进行填埋”，只是由于“遭到周边群众的反对”和环保局执法人员的制止，才“将这批准备填埋的危险废物从水稻原种场运回仓库封存保管”。这就是说，县植保站已经具有了“以填埋方式处置危险废物不符合国务院环境保护行政主管部门规定的”事实。因此，可以按法律法规的规定征收一定数额的排污费。

《固体废物污染环境防治法》第五十六条规定：以填埋方式处置危险废物不符合国务院环境保护行政主管部门规定的，应当缴纳危险废物排污费。危险废物排污费征收的具体办法由国务院规定。

《排污费征收使用管理条例》第二条规定：直接向环境排放污染物的单位和个体工商户（以下简称排污者），应当依照本条例的规定缴纳排污费。第十二条规定，排污者应当按照下列规定缴纳排污费：（三）……以填埋方式处置危险废物不符合国家有关规定的，按照排放污染物的种类、数量缴纳危险废物排污费。

《排污费征收标准管理办法》规定，对以填埋方式处置危险废物不符合国家有关规定的，危险废物排污费征收标准为每次每吨1000元。

第二章　环境法律制度（下）

第一节　达标排放制度和环境标准的适用

一、达标排放制度的主要法律规定

（一）达标排放制度主要法律、法规的规定

所谓达标排放制度是指工业污染源排放污染物不得超过国家或者地方规定的相应的排放标准的制度。目前达标排放的要求主要是针对向大气和向水体排放污染物的工业污染源。除总量控制外，一般情况下各排污单位排放的污染物只要不超过国家或者地方规定的排放标准，就可以合法排放。

这种主要针对大气污染物和水污染物的浓度控制存在着一定缺陷，因此法律除对工业污染源作出达标排放的要求外，对重点地区、重点污染物还规定了总量控制的要求。

表 2-1　达标排放制度的法律规定

序号	相关法律、法规	实施时间	备注
1	《大气污染防治法》第十三、四十八条	2000 年 9 月 1 日	
2	《水污染防治法》第九、七十四、三十、三十一、三十二、七十六条	2008 年 6 月 1 日	
3	《海洋环境保护法》第二十九、三十三、三十四、三十五、三十六、七十三条	2000 年 4 月 1 日	
4	《环境噪声污染防治法》第二十三、二十八、四十三、四十四、五十九条	1997 年 3 月 1 日	
5	《防治陆源污染物污染损害海洋环境管理条例》第七、十六、十七、二十七条	1990 年 8 月 1 日	

（二）环境标准的适用

1．环境标准的适用原则及一般规定

我国环境标准分为二级五类：二级即国家级和地方级；五类包括环境质量标准、污染物排放标准、监测方法标准、标准样品标准和环境基础标准。一般情况下，各地统一执行国家制定的监测方法标准、标准样品标准和环境基础标准。

对于污染物排放标准，在执行关系上，实行国家综合排放标准和国家行业排放标准不交叉执行，即有行业标准的污染源优先执行行业排放标准，其他污染源执行综合排放标准。

根据《环境保护法》、单行污染防治法的规定，地方省级人民政府可以制定严于国家污染物排放标准的地方标准，或对国家污染物排放标准中未作规定的项目进行补充；有地方标准的优先执行地方标准。

在地方综合排放标准和国家行业标准执行关系上，若地方综合排放标准规定的适用范围包括污染源所属的行业，应执行地方综合排放标准，若不包括，则应执行国家行业污染物排放标准。

2．标准具体执行过程中相关问题的执法解释

（1）关于执行火电厂大气污染物排放和监测标准有关问题。

①《固定污染源烟气排放连续监测技术规范（试行）》（HJ/T 75—2007）中的有效数据是为计算有效小时均值设置的，不作为判定污染源排放是否超标的依据。《固定污染源烟气排放连续监测系统技术要求及检测方法（试行）》（HJ/T 76—2007）中有关“仪器应能够每 10 秒获得一个累积平均值，能显示和打印 1 分钟、15 分钟的测试数据”的要求适用于固定污染源烟气排放连续监测系统的适用性检测，10 秒累积平均值、1 分钟、15 分钟的测试数据用于固定污染源烟气排放连续监测系统日常运行中有效小时均值的计算。符合《固定污染源烟气排放连续监测技术规范（试行）》（HJ/T 75—2007）要求的自动监测数据，如有效小时均值、有效日均值和有效月均值与日常监督性手工监测数据均可作为实施环境保护管理措施的依据。

②按照《关于环保部门现场检查中排污监测方法问题的解释》（环保总局公告 2007 年第 16 号）的要求，环保部门在对排污单位进行监督性检查时，可以环保工作人员现场即时采样或监测的结果作为判定排污行为是否超标以及实施相关环境保护管理措施的依据。根据该公告的精神，固定污染源烟气排放连续监测系统有效小时均值可作为判定排污行为是否超标以及实施相关环境保护管理措施的依据。日均值和月均值的使用可根据环境管理的需要确定。

③《地方环境质量标准和污染物排放标准备案管理办法》（国家环保总局令第 24 号）规定，地方污染物排放标准应参照国家污染物排放标准的体系结构设置。若地方排放标准未按上述要求制定，且排放限值宽于相应的国家行业型排放标准的，则该行业适用国家排放标准而不适用地方综合型排放标准。（环函[2008]22 号）

（2）关于油田回注采油废水和油田废弃钻井液适用标准。

石油开采废水（包括原油脱出水、钻井以及井下作业等生产工艺生产排放水）应处理达到《碎屑盐油藏注水水质推荐指标及分析方法》（SY/T 5329—94）规定的回注标准后回注，同时要采取切实可行的措施，防止地层污染。排放的废水如不回注，应符合《污水综合排放标准》（GB 8978—1996）的要求。对外排放的油田废水，按照《排污收费管理条例》的有关规定收取排污费。（环函[2005]125 号）

（3）关于城市污水集中处理设施进水执行标准有关问题。

①工业企业等排污者向城市污水集中处理设施排放污水应执行水污染物排放标准，有地方水污染物排放标准的应优先执行。

②《排污费征收标准管理办法》（国家发改委等 4 部门令第 31 号）第三条中“对城市

污水集中处理设施接纳符合国家规定标准的污水”的“国家规定标准”是指《污水排入城市下水道水质标准》（CJ 3082—1999），城市污水集中处理设施进水应按此标准执行。

③城市污水集中处理设施处理后的出水应按《城镇污水处理厂污染物排放标准》（GB 18918—2002）执行。（环函[2006]430 号）

（4）关于实施国家环境监测方法标准问题。

①环境监测工作中应执行国家有关环境监测方法标准。在没有国家环境监测方法标准的情况下，可使用原国家环保总局《水和废水监测分析方法》（第四版）、《空气和废气监测分析方法》（第四版）等出版物中的方法。

②为适应全国环境监测工作的需要，目前环境保护部正在制定相应的国家环境监测方法标准，在新标准实施后，应停止使用前款所列出版物中的方法。（环函[2009]131 号）

（5）关于企业厂界噪声标准适用问题。

……某生产企业在生产活动中，在固定或者相对固定的地点使用农用三轮车、手推铁轮车等工具装卸货物，造成噪声污染，对该生产单位应当适用前述《工业企业厂界噪声标准》（GB 12348—90）（现应为 GB 12348—2008）。（环函[2002]169 号）

二、达标排放制度与环境标准适用典型案例分析与执法要点解析

案例十八：达标排放但不符合总量控制的要求

【案情介绍】

2008 年 4 月 20 日，某法律援助中心接到群众投诉，希望他们对其正在诉讼过程中的 17 户果农诉水泥厂污染果树纠纷案进行法律援助。为进一步了解案情，援助中心工作人员于 5 月 13 日前往淄博进行现场调研。在淄川区环保局，我们看到了该水泥厂 2007 年的烟气监测结果报告单，数据显示烟尘浓度和排放量都符合国家规定标准。而该厂环境影响报告书也通过了环保局审批。环保局监测站的工作人员告诉我们，他们将依法履行职责，加强监管，督促水泥厂进一步更新配套环保设施。据我们了解，该局信访办受理过群众的信访投诉，并委托区林业局、物价局作了关于污染原因和损失价值的专业技术鉴定，根据区林业局的鉴定报告“粉尘造成果树减产减收”的结论和区物价局价格认证中心出具的具体损失额，于 2007 年 11 月 13 日、19 日、23 日召集果农和企业进行了三次调解，但调解未达成协议。环保局出具了《环境污染损害赔偿纠纷调解终结书》，该案行政调解处理程序结束。行政调解终结后，17 户果农于 2007 年 12 月将 3 家水泥厂告上法庭，要求停止排放污染物，并赔偿损失共计 118404.3 元。在庭审过程中，水泥厂依然认为除尘设施正常运转、粉尘排放符合环保标准，不可能造成污染而拒绝赔偿。

最终，水泥厂了解了行政合法并不意味着民事免责的法律规定。在法院主持下，当事人双方于 5 月 23 日达成赔偿协议：3 家水泥厂赔偿 17 家果农果树减产损失、鉴定费用、必要的交通费等共计 65000 元。

【案例分析】

该案涉及两方面的问题：

其一，污染物排放达标且符合排放总量要求，即为合法排污企业。

目前我国环境标准体系中制定了环境质量标准、污染物排放标准等一系列国家强制性标准，企业在排污过程中，污染物的浓度没有超过规定的标准，且排放污染物的总量控制在国家或地方限制的排放总量的范围内，则不会受到行政处罚。如《水污染防治法》第十八条规定，国家对重点水污染物排放实施总量控制制度。第九条规定，排放水污染物，不得超过国家或者地方规定的水污染物排放标准和重点水污染物排放总量控制指标。《大气污染防治法》第十三条规定，向大气排放污染物的，其污染物排放浓度不得超过国家和地方规定的排放标准。第十五条第三款规定，有大气污染物总量控制任务的企业事业单位，必须按照核定的主要大气污染物排放总量和许可证规定的排放条件排放污染物。《固体废物污染环境防治法》也有类似的规定。

但这并不意味着污染物排放达标也符合排放总量要求即可免除行为人的民事赔偿责任。《环境保护法》第四十一条规定：造成环境污染损害的，有责任排除危害，并对直接受到损害的单位和个人赔偿损失。这说明，只要造成了环境污染损害就应当承担赔偿责任，而不以行为是否违法为前提。

其二，如企业达标排放污染物，但是不符合总量控制要求，目前只有《水污染防治法》有相应的罚则，其他法律没有明确规定。

如《水污染防治法》第七十四条规定，违反本法规定，排放水污染物超过国家或者地方规定的水污染物排放标准，或者超过重点水污染物排放总量控制指标的，由县级以上人民政府环境保护主管部门按照权限责令限期治理，处应缴纳排污费数额2倍以上5倍以下的罚款。

限期治理期间，由环境保护主管部门责令限制生产、限制排放或者停产整治。限期治理的期限最长不超过1年；逾期未完成治理任务的，报经有批准权的人民政府批准，责令关闭。

这种情况下，除排放水污染物超过总量要求的企业应受到相应处罚并承担相应民事损害赔偿之外，其他情况下企业只承担民事损害赔偿责任。

【执法提示】

达标排放与符合总量控制要求涉及两方面问题：

其一，按照污染物总量减排的要求而对企业核发的排污许可证上所给出的污染物排放总量进行要求。这种情况下，环保部门可以通过相关法律规定，对其进行行政处罚。

其二，企业相对集中的地区的每个企业污染物排放都符合污染物排放标准的要求，但该地区的环境仍不符合环境质量标准要求，即该地区的环境是被污染的。这种情况下，环保部门只能在受害人请求的情况下，作为行政调解人，对受害人和致害人进行民事调解。

案例十九：综合性排放标准与行业性排放标准

【案情介绍】

某县一家纺织股份有限公司位于居民生活区附近，其厂界噪声超过国家工业企业厂界噪声标准10分贝，严重影响了周围居民的正常生活。县环保部门依法对其计征2004年排污费33 600元。该公司对此数额有异议，认为，纺织工业应执行纺织行业标准而不应执行国家工业企业厂界噪声标准。对此问题县环保部门多次给企业做工作，但企业仍然拒绝缴纳排污费。

【案例分析】

该案是一个环境标准的执行争议案例。该案中如果县环保部门征收的是印染废水的排污费，根据规定应执行《纺织染整工业水污染物排放标准》（GB 4286—92），而不能执行《污水综合排放标准》（GB 8978—1996）；但县环境部门征收的是环境噪声超标排污费，《纺织染整工业水污染物排放标准》（GB 4286—92）中并未规定，纺织厂厂界环境噪声的排放标准，因此环保部门依据《工业企业环境噪声排放标准》的规定对纺织厂征收排污费是正确的。

【执法提示】

环境执法人员在环境执法过程中如何正确运用行业标准和国家综合性排放标准，是正确地使用标准的关键环节之一。

（1）标准的适用。

依据《环境噪声污染防治法》第十六条规定：产生环境噪声污染的单位，应当采取措施进行治理，并按照国家规定缴纳超标准排污费。第二十三条规定：在城市范围内向周围生活环境排放工业噪声的，应当符合国家规定的工业企业厂界环境噪声排放标准，县环保部门依据《工业企业厂界环境噪声标准》（1993，2008 年已经修订更名为《工业企业厂界环境噪声排放标准》）征收超标噪声排污费的行政行为是正确的。

该案中县环保部门对企业拒缴排污费的行为可以根据《环境噪声污染防治法》第五十一条规定：违反本法第十六条的规定，不按照国家规定缴纳超标准排污费的，县级以上地方人民政府环境保护行政主管部门可以根据不同情节，给予警告或者处以罚款；《排污费征收管理使用条例》第二十一条规定：排污者未按照规定缴纳排污费的，由县级以上地方人民政府环境保护行政主管部门依据职权责令限期缴纳；逾期拒不缴纳的，处应缴纳排污费数额 1 倍以上 3 倍以下的罚款，并报经有批准权的人民政府批准，责令停产停业整顿的规定对纺织公司进行处罚。

（2）标准的不交叉执行。

我国主要的环境标准包括环境质量标准和污染物排放标准两大类。环境质量标准是指由国务院环境保护行政主管部门或省级人民政府依照法定的程序对环境质量功能区域划分、标准分级、污染物项目、取值时间及浓度限值、采样与分析方法及数据统计的有效性所作的规定。目前我国适用的国家级环境质量标准包括《环境空气质量标准》、《地表水环境质量标准》等。如《环境空气质量标准》的意义在于，它是判断不同大气环境功能区的空气质量是否已经受到污染的客观数值，同时也是国家或地方确定大气污染物排放标准值的直接依据。

国家污染物排放标准分为国家污染物排放标准和地方污染物排放标准。《环境标准管理办法》在第十七条标准的实施中规定，建设项目向已有地方污染物排放标准的区域排放污染物时，应执行地方污染物排放标准，对于地方污染物排放标准中没有规定的指标，执行国家污染物排放标准中相应的指标。地方污染物排放标准是对国家污染物排放标准的补充和加严。

国家污染物排放标准（或控制标准）是根据国家对环境质量的要求，以及适用的污染控制技术，并考虑经济承受能力，对排入环境的有害物质所产生的各种因素所做的限制性规定。按性质可分为“跨行业污染物综合性排放标准”和“污染物单一行业性排放标准”

两大类，即综合性标准和行业性标准。综合性标准包括两方面标准，一方面，具有普遍适用性标准如：《污水综合排放标准》、《大气污染物综合排放标准》，规定了所有排污单位都必须达到的排放限值；另一方面，一些各行业必须统一执行标准，如各行业使用的锅炉都要执行《锅炉大气污染物排放标准》，全国所有的噪声源不分单位，均要执行《工业企业厂界噪声标准》等。在标准的实施上，行业性标准与综合性标准均规定了“不交叉执行原则”。即两类标准虽然在某些控制项目上有交叉，但是执行了行业性标准以后，便不再执行综合性标准（反之也是如此）。如果执行行业性标准，即使控制项目不足，也不再执行综合性标准中的项目，仅有锅炉、噪声、餐饮业油烟等个别标准例外。目前国家标准的制定倾向于以行业标准为重点对行业污染物进行控制和管理。

案例二十（案一）：污染物排放标准适用范围

【案情介绍】

四川省某县石羊造纸厂、天池造纸厂、麒麟化工厂均处于丝绸厂取水源的上游。两造纸厂和化工厂的废水和生产芦酊废水未经任何处理，全部大量排入江河，致使下游河段的丝绸厂的取水源遭到严重污染，水质无法达到国家丝绸用水的标准要求，给丝绸厂造成经济损失 30 余万元。丝绸厂向县法院起诉，要求法院判令三被告停止侵害，赔偿所造成的经济损失。

法院依法审理此案。审理期间，县环境监测站受委托分别于 1994 年 8 月，1995 年 3 月两次采样检测。结果表明：石羊厂、天池厂、麒麟厂三厂排放的大量污水与废水的各项指标均超过《四川省水污染物排放标准》规定的三级标准最高允许排放浓度，属超标排放。检测结果出来后，石羊厂决定停产；天池厂停产治理；化工厂的芦酊车间已完全停产，并决定不再生产。至此三污染源全部消失。后经法院调解，四厂达成协议，由石羊厂、天池厂、麒麟厂共同赔偿丝绸厂的经济损失。

【案例分析】

本案中石羊厂、天池厂、麒麟厂三厂排放的大量污水与废水的各项指标均超过《四川省水污染物排放标准》规定的三级标准最高允许排放浓度，属超标排放，致使下游河段的丝绸厂的取水源遭到严重污染，水质无法达到国家丝绸用水的标准要求，给丝绸厂造成经济损失 30 余万元。丝绸厂要三厂停止侵害，赔偿其经济损失。

案中确定三厂超标排污依据的标准是《四川省水污染物排放标准》。在确定企业是否超标排放污染物时应如何适用标准，在行政执法过程中应重点关注。目前我国的污染物排放标准包括国家标准（国家污染物排放标准中包括综合性排放标准和行业污染物排放标准）和地方标准。在执行关系上，可按本章“环境标准的适用”中“环境标准的适用原则及一般规定”执行，即国家综合排放标准和国家行业排放标准不交叉执行；有地方标准的优先执行地方标准；若地方综合排放标准规定的适用范围包括污染源所属的行业，应执行地方综合排放标准，若不包括，则应执行国家行业污染物排放标准。本案中县环境监测站依据《四川省水污染物排放标准》规定的出具检测结果是正确的。

当然，根据《环境保护法》和《水污染防治法》的相关规定，该案中即使石羊厂、天池厂、麒麟厂三厂不超标排污，也应该赔偿丝绸厂的经济损失。

【执法提示】

地方污染物排放标准包括大气污染物排放标准、水污染物排放标准。省、自治区、直辖市人民政府可以根据地方环境问题特点，对国家污染物排放标准中未作规定的项目，制定地方污染物排放标准；也可以根据区域的技术、经济发展水平，对国家污染物排放标准中已作规定的项目，制定严于国家污染物排放标准的地方污染物排放标准。即对于同类行业污染源或产品污染源，在相同的环境功能区内采用相同的监测方法，地方污染物排放标准规定的项目限值、控制要求在其有效期内严于相应时期的国家污染物排放标准。

凡是向已有地方污染物排放标准的区域排放污染物的，应当执行地方污染物排放标准。地方污染物排放标准的适用范围只限于制定该标准的地区，不能适用其他地方；且能够适用的地方标准必须是严于国家标准的地方标准，否则是不能适用的。如国家标准进行了修订，但地方标准没有作相应修订，而且其指标已宽于国家标准，这种情况下尽管有地方标准在执法时适用也是不恰当的。

在行政执法时还有一点需要注意，即某地区在既有地方标准又有国家行业标准的情况下，如地方标准的适用范围没有包括该行业，尽管该行业在该地也不能适用地方标准，而必须适用该行业标准。

正确掌握环境标准的适用范围，是正确执法的前提。

资料

关于向公共污水处理系统排放废水执行标准问题的复函

环境保护部　环函[2011]195 号

山东省环境保护厅:

你厅《关于向污水处理厂排放废水执行标准有关问题的请示》（鲁环函[2011]359 号）收悉。经研究，现函复如下:

一、2008 年修订的《中华人民共和国水污染防治法》（以下简称《水污染防治法》）规定，采用向城镇污水集中处理设施排污等间接方式排放水污染物的，应当执行国家或地方规定的水污染物排放标准。

在《水污染防治法》出台前，一些国家排放标准中曾规定，控制间接排放可采用由排污企业、排污项目建设单位与公共污水处理系统运营单位（城镇污水处理厂等）商定其间接排放一般污染物控制要求的方式。为落实《水污染防治法》的规定，2009 年我部制定并发布了《国家排放标准中水污染物排放监控方案》（以下简称《方案》）。《方案》对国家排放标准制定规则进行了修改，取消了上述做法，并明确规定国家排放标准中要设置间接排放限值。

二、为在充分利用公共污水处理系统处理能力的同时，防范环境风险，《方案》要求根据公共污水处理系统的特点和各种污染物处理的难易程度，设置不同的间接排放限值。对于易降解污染物，其间接排放限值，幅度可以适当宽于相应的直接排放限值。

二〇一一年七月二十二日

案例二十（案二）：污染物排放标准适用范围

【案情介绍】

2008 年 10 月 15 日，某县环境监察执法人员在现场检查中发现，位于县城二类声环境功能区内由个体经营者王某经营的家具厂在使用圆盘锯进行高噪声机具作业，执法人员随即对噪声进行了现场监测。

检测结果显示，其厂界昼间噪声值为 68 分贝（超标 8 分贝）。紧接着，执法人员又到距离家具厂最近的居民李某住房窗子外 1 米处监测，其噪声值为 63 分贝（超标 3 分贝）。

针对这种情况，环境执法人员随后向王某送达了《排污申报登记通知书》，要求其在 10 天内到县环保局办理排污申报登记手续，填报《排污申报登记表》。然而王某并未在规定的时间内履行申报登记义务。

2008 年 11 月 3 日，执法人员又上门对其进行催报，并向王某说明拒报将承担的有关法律责任。但王某认为，其工厂未对包括李某在内的周围居民造成干扰，拒不申报。2008 年 11 月 11 日，执法人员向王某送达了行政处罚事先告知书，拟处罚款 2000 元。

2008 年 11 月 17 日，王某同他的邻居李某一道来到县环保局陈述他未申报登记的理由，主要有以下几点：一是《环境噪声污染防治法》第二十四条中要求申报的对象是工业企业，并没有规定个体经营者（没有办理营业执照）也要申报；二是住在其工厂周围的居民并没有向环保部门反映受到噪声污染。随他前来的邻居李某当场也证明这家工厂并没有对他家造成干扰。

对此，县环保局有关人员对王某提出的问题一一进行了解释，但王某仍认为其工厂未对邻居李某造成干扰，而拒不申报登记。

县环保局认为，王某的申辩理由不能成立，其行为已经违反了《环境噪声污染防治法》的有关规定，应依法给予行政处罚。行政处罚决定书于 2008 年 11 月 24 日送达给王某。

王某对此不服，于 2008 年 12 月 5 日向县人民法院提起行政诉讼，要求撤销县环保局对其做出的处罚决定。

县环保局在接到县人民法院行政庭送达的应诉通知书及诉状副本后，立即向县人民法院提交了《行政答辩状》，并提交了对此案做出行政处罚的证据、法律依据和其他有关资料。

2008 年 12 月 15 日，县人民法院对此案进行审理后认为，被告做出的行政处罚决定事实清楚、程序合法、法律适用正确。县人民法院于 2008 年 12 月 25 日做出判决，维持了县环保局做出的处罚决定。

【案例分析】

该案涉及两个问题：

其一，该个体户是否需要进行排污申报登记。

《环境噪声污染防治法》第二十四条规定：在工业生产中因使用固定的设备造成环境噪声污染的工业企业，必须按照国务院环境保护行政主管部门的规定，向所在地的县级以上地方人民政府环境保护行政主管部门申报拥有的造成环境噪声污染的设备的种类、数量以及在正常作业条件下所发出的噪声值和防治环境噪声污染的设施情况，并提供防治环境噪声的技术资料。

《排污费征收管理使用条例》第六条规定：排污者应当按照国务院环境保护行政主管部门的规定，向县级以上地方人民政府环境保护行政主管部门申报排放污染物的种类、数量，并提供有关资料。

依据以上规定，只要是排污者就应当进行排污申报登记。县环保局要求王某进行排污申报登记是有道理的。

其二，环境标准的适用范围。

排放环境噪声的申报登记前提是产生环境噪声污染。环境噪声污染需要两个条件，即超标和扰民，超标和扰民均需依据标准来判断。

《环境噪声污染防治法》第十条规定：国务院环境保护行政主管部门分别不同的功能区制定国家声环境质量标准。

县级以上地方人民政府根据国家声环境质量标准的适用区域，划定本行政区内各类声环境质量标准的适用区域，并进行管理。

第十一条规定：国务院环境保护行政主管部门根据国家声环境质量标准和国家经济、技术条件，制定国家环境噪声排放标准。规定地方没有环境噪声标准的制定权，地方政府只要按照管理的需要将环境噪声标准的适用区域进行划分，在不同的区域执行不同的环境噪声标准。

因此超标排放环境噪声是指在地方政府划定的某一功能区内超过了适用该功能区的《工业企业环境噪声厂界排放标准》的限值。

至于扰民的判断标准，不是有无群众投诉，而是该地区的环境噪声是否超过了《声环境质量标准》规定的限值，如果超过了就可以认定为扰民。

污染物排放标准和环境质量标准的适用范围各不相同，污染物排放标准是判断一个排污者的排污行为是否符合法律的要求，环境质量标准是判断一个地区的环境质量是否符合要求，即环境是否被污染的标准。如果该地区的环境噪声超过《声环境质量标准》的要求说明该地区的环境被噪声所污染，该地区居民的生活可能会受到影响。

该案中王某以其邻居李某的证言作为判断是否扰民的标准是没有法律依据的，县环保局没有采纳其意见是正确的。

【执法提示】

在对企业事业单位排放环境噪声进行管理时，要注意正确的适用环境噪声标准。不同的环境噪声标准的适用范围和对象均不相同，同一地方不同区域所适用标准值也不相同。正确地把握环境噪声标准的适用范围，才能在执法过程中做出正确的判断。

案例二十一：排放物质标准没有规定

【案情介绍】

1999 年，某市 A 公司在未执行环境影响评价手续也未经“三同时”验收的情况下，自行新建了一个溴化锂车间并投产使用。不久大片农田禾苗枯死。经检测，农业部门排除了禾苗遭受细菌性病虫害的可能。于是环保部门对受影响的农田周围排污情况进行了调查，发现附近只有 A 公司的溴化锂车间，没有其他污染源，且发现溴化锂含量越高的农田禾苗枯死现象也越严重，而没有检出溴化锂的禾苗生长良好。据此，环保部门认定 A 公司的溴化锂污染是周围农田受损的原因，并对 A 公司以违反“三同时”制度进行处罚。但 A

公司以溴化锂无排放标准为由，拒不承认造成污染，也不接受行政处罚，更不对受损农田承担赔偿责任。

【案例分析】

本案中 A 公司在没有执行环境影响评价制度和“三同时”制度的前提下，自行新建了溴化锂车间，排放的含溴化锂的污染物导致附近农田受到污染。该厂以没有排放标准为由不接受行政处罚。

这里需要明确的是：

（1）环境影响评价制度和“三同时”制度是我国环保法律制度的强制性法律义务，排污单位不得以没有排放标准为由拒绝执行该制度。

（2）《环境标准管理办法》（1999-04-01）第十七条“污染物排放标准的实施”中规定：……建设从国外引进的项目，其排放的污染物在国家和地方污染物排放标准中无相应污染物排放指标时，该建设项目引进单位应提交项目输出国或发达国家现行的该污染物排放标准及有关技术资料，由市（地）人民政府环境保护行政主管部门结合当地环境条件和经济技术状况，提出该项目应执行的排污指标，经省、自治区、直辖市人民政府环境保护行政主管部门批准后实行，并报国家环境保护总局备案。

根据这一规定，该项目在审批环境影响评价文件时，环保部门就可以要求企业提供相应的资料或标准，为项目投产后的监管提供法律依据和支持。

（3）致人损害而承担的赔偿责任不以是否超标排污为前提。

该部分内容将在后续章节进行详细介绍，在此不再赘述。

【执法提示】

该案虽然发生在 1999 年，但由于我国经济的快速发展，这类问题有增无减。对类似问题的管理首先要在项目一开始引进时就从“建设项目环境影响评价”制度、“三同时”制度和“排污申报登记”制度的执行上进行管理，使污染从源头上得到有效控制，避免后续问题的出现。一旦出现因没有排放标准而造成环境污染问题，也要认真查处。环境部发布的《关于未纳入污染物排放标准的污染物排放控制与监管问题的通知》（环发[2011]85 号）中对于无排放限值的污染物排放提出了控制要求。该通知要求，对于国家和地方排放标准中没有规定排放限值的污染物，排污行为不得造成环境质量超标，不得损害人体健康和生态环境。

资料

关于未纳入污染物排放标准的污染物排放控制与监管问题的通知

环境保护部　环发[2011]85 号

各省、自治区、直辖市环境保护厅（局），新疆生产建设兵团环境保护局，辽河保护区管理局：

排放标准是对向环境排放污染物行为作出的限制性规定，国家和地方排放标准是依法制定、强制实施的环境保护技术法规。因此，排放标准是对污染源进行排放控制的基本要求。排放标准中规定的污染物排放控制要求，都是在现实条件下可量化、可测量、可核查的内容。由于污染源的实际排污行为具有多样性、不稳定性和隐蔽性等特点，以及受到排放监控技术适用性、实施和监管成本等因素的制约，一些实际存在的排污行为和污染源排放的污染物尚难采用制定和实施排放标准的方式加以控制。而排污行为是影响环境质量状况的重要因素，对排污行为进行监督、限制和规范，是保障环境安全的必要措施。为切实防范环境和健康风险，进一步落实环境保护责任，现就完善污染物排放监控体系等问题提出如下意见。请各地环境保护行政主管部门在工作中参照实行。

一、进一步明确排污者的环境保护责任

向环境排放污染物的企事业单位，是环境污染责任的第一责任主体。无论排污行为是否达到国家或地方规定的排放标准，无论排放的污染物在国家或地方排放标准中是否规定了排放控制要求，排污者都应对其排污造成的环境污染承担相应的责任。排污企业应及时向社会发布排污信息。

二、严格执行现行的环境管理制度

要加强对建设项目和现有排污单位的环境监管，严格执行法律规定的防范排污风险的各项管理制度，包括环境影响评价、"三同时"监管、竣工环保验收、排污申报登记、排污许可证等制度，做到防患于未然。

要充分发挥排污申报登记制度的作用，并要求企业严格遵守《中华人民共和国水污染防治法》和《中华人民共和国大气污染防治法》规定，向环保部门申报登记在正常作业条件下排放污染物的种类、数量和浓度，排放污染物的种类、数量和浓度有重大改变的，应当及时申报登记。企业依法建立自行监测能力，对所排污染物的种类、数量和浓度开展日常自行监测。

三、以保障饮用水和农产品质量安全为重点，加强环境质量监控工作

在排放和泄漏有毒有害物质造成的环境污染事件中，受威胁最大的往往是饮用水水源和排污单位周围的居民区、食用农产品种植地和水产养殖区。保障环境安全和人体健康是环境保护工作的出发点和落脚点，要采取有效措施，切实加强污染源周围和纳污河流下游的水、空气、土壤等环境质量的监控工作，优先安排饮用水源上游等敏感区域环境质量自动在线监测，及时发现和消除环境隐患。鼓励群众举报，接受媒体和社会监督，形成公众广泛参与环境保护的良好氛围。

四、严格执行排放标准，进一步完善标准体系

根据经济、技术发展状况和社会发展要求，逐步完善环境质量标准和污染物排放控制指标体系。各级环境保护行政主管部门要加大环境执法监管工作力度，督促相关排污单位全面、严格地执行国家和地方排放标准，杜绝"选择性"执行标准的现象。省级环境保护行政主管部门要根据当地的产业结构和污染源排污的特点，积极协助省级人民政府，用好用足法律赋予的地方环境质量标准和排放标准制定权，切实履行保护当地环境质量的责任。

发生过污染事件省份的环保部门，要认真总结经验教训，举一反三，及时采取制定或修订地方排放标准等措施，完善当地的污染物排放监控体系，防止再次发生类似事件。加强企业所在地环境保护部门监测机构能力建设，确保其可对企业所排所有污染物进行监督性监测。

五、无排放限值的污染物排放控制要求

保护人体健康和生态安全是环境保护的根本目的和依据。对于国家和地方排放标准中没有规定排放限值的污染物，排污行为不得造成环境质量超标，不得损害人体健康和生态环境。

二〇一一年七月二十一日

第二节　限期治理、限期淘汰与区域限批制度

一、限期治理、限期淘汰与区域限批制度的主要法律规定

（一）限期治理制度

限期治理制度，是指对现已存在的危害环境的污染源和污染严重的区域环境，由有关国家机关依法限定其在一定期限内完成治理任务，达到治理目标的法律规定。

环境保护部 2010 年 3 月 1 日修订后实施的《环境行政处罚办法》规定：责令限期治理为行政命令的一种具体形式。

限期治理制度的法律规定见表 2-2。

表 2-2　限期治理制度的法律规定

序号	“限期治理制度”的法律依据	法律实施时间
1	《环境保护法》第二十九、三十九条	1989 年 12 月 26 日
2	《大气污染防治法》第十六、四十八条	2000 年 9 月 1 日
3	《水污染防治法》第七十四条	2008 年 6 月 1 日
4	《水污染防治法实施细则》第四、十、十六、四十六条	2000 年 3 月 20 日
5	《限期治理管理办法》（试行）	2009 年 9 月 1 日
6	《海洋环境保护法》第十二条	2000 年 4 月 1 日
7	《固体废物污染环境防治法》第八十一条	2005 年 4 月 1 日
8	《环境噪声污染防治法》第十七条	1997 年 3 月 1 日

1. 造成严重环境污染的单位的限期治理

表 2-3　造成严重环境污染的单位的限期治理及行政处罚

限期治理的对象	法律依据	处罚	决定机关
造成环境严重污染的企业事业单位	《环境保护法》第二十九条规定：对造成环境严重污染的企业事业单位，限期治理； 中央或者省、自治区、直辖市人民政府直接管辖的企业事业单位的限期治理，由省、自治区、直辖市人民政府决定。市、县或者市、县以下人民政府管辖的企业事业单位的限期治理，由市、县人民政府决定。被限期治理的企业事业单位必须如期完成治理任务	经限期治理逾期未完成治理任务的企业事业单位：除依照国家规定加收超标准排污费外： 可以根据所造成的危害后果处以罚款； 责令停业、关闭（《环境保护法》第三十九条）	人民政府； 经限期治理逾期未完成治理任务的处罚： 县级以上环境保护行政主管部门； 人民政府

表 2-4 造成固体废物严重污染环境的单位的限期治理及行政处罚

限期治理的对象	法律依据	处罚	决定机关
造成固体废物严重污染环境的企业事业单位	《固体废物污染环境防治法》第八十一条规定：……造成固体废物严重污染环境的，由县级以上人民政府环境保护行政主管部门按照国务院规定的权限决定限期治理	逾期未完成治理任务的：停业或者关闭（《固体废物污染环境防治法》第八十一条）	县级以上环境保护行政主管部门；本级人民政府

表 2-5 造成严重环境噪声污染的单位的限期治理及行政处罚

限期治理的对象	法律依据	处罚	决定机关
在噪声敏感建筑物集中区域内造成严重环境噪声污染的企业事业单位	《环境噪声污染防治法》第十七条规定：对于在噪声敏感建筑物集中区域内造成严重环境噪声污染的企业事业单位，限期治理；被限期治理的单位必须按期完成治理任务	对逾期未完成治理任务的：加收超标排污费；并可以根据所造成的危害后果处以罚款；或者责令停业、搬迁、关闭（《环境噪声污染防治法》第五十二条）	县级以上人民政府（对小型企业事业单位的限期治理，可由县级以上环境保护行政主管部门决定）；罚款由县级以上环境保护行政主管部门决定；停业、搬迁、关闭等处罚由县级以上人民政府决定

2. 超过污染物排放标准或者超过污染物总量控制指标的单位的限期治理

表 2-6 对超标或者超总量控制指标排放大气污染物的单位的限期治理及行政处罚

限期治理的对象	法律依据	处罚	决定机关
在风景名胜区等需要特别保护区内已有的设施向大气超标排放大气污染物的企业事业单位	《大气污染防治法》第十六条规定：在国务院和省、自治区、直辖市人民政府划定的风景名胜区、自然保护区、文物保护单位附近地区和其他需要特别保护的区域内，不得建设污染环境的工业生产设施；建设其他设施，其污染物排放不得超过规定的排放标准。本法实施前企业事业单位已经建成的设施，其污染物排放超过规定的排放标准的，依照本法第四十八条规定限期治理；《大气污染防治法》第四十八条规定：违反本法规定，向大气排放污染物超过国家和地方规定的排放标准的，应当限期治理	并处一万元以上十万元以下罚款（《大气污染防治法》第四十八条）	决定权由国务院规定；县级以上环境保护行政主管部门
“两控区”内已建企业超标排放大气污染物的企业事业单位	《大气污染防治法》第三十条第二款规定：在酸雨控制区和二氧化硫污染控制区内，属于已建企业超过规定的污染物排放标准排放大气污染物的，依照本法第四十八条的规定限期治理		

表 2-7 对超标或者超总量控制指标排放水污染物的单位的限期治理及行政处罚

限期治理的对象	法律依据	处罚	决定机关
因水污染治理设施与需求不匹配造成超标排放水污染物或者超总量控制指标排放水污染物的企业事业单位	《水污染防治法》第七十四条规定：排放水污染物超过国家或者地方规定的水污染物排放标准（本办法以下简称“超标”），或者超过重点水污染物总量控制指标（本办法以下简称“超总量”）的，由县级以上人民政府环境保护行政主管部门按照权限责令限期治理，限期治理的期限最长不超过一年； 逾期未完成治理任务的，报经有批准权的人民政府批准，责令关闭； 《水污染防治法实施细则》第十条规定：……对超过总量控制指标的，限期治理。限期治理期间，发给临时排污许可证； 《细则》第十六条第一款规定：被责令限期治理的排污单位，应当向作出限期治理决定的人民政府环境保护行政主管部门提交治理计划，并定期报告治理进度； 《细则》第十六条第三款规定：被责令限期治理的排污单位，必须按期完成治理任务；因不可抗力不能在规定的期限内完成治理任务的，必须在不可抗力情形发生后 1 个月内，向作出限期治理决定的人民政府环境保护行政主管部门提出延长治理期限的申请，由作出限期治理决定的人民政府审查决定； 《限期治理管理办法》（试行）第二条规定：排污单位的污染源有下列情形之一的，适用限期治理： （一）排放水污染物超过国家或者地方规定的水污染物排放标准的； （二）排放国务院或者省、自治区、直辖市人民政府确定实施总量削减和控制的重点水污染物，超过总量控制指标的	处应缴排污费数额 2 倍以上 5 倍以下的罚款； 限期治理期间，责令限制生产、限制排放或者停产整治； 逾期未完成治理任务的，责令关闭； 限期治理 （《水污染防治法》第七十四条）	县级以上环境保护行政主管部门； 由环境保护行政主管部门； 有批准权的人民政府； 县级以上环境保护行政主管部门； 相应环境保护行政主管部门

表 2-8 对超标或者超总量向海洋排放污染物的单位的限期治理及行政处罚

限期治理的对象	法律依据	处理	决定机关
超标排放污染物或者未在规定期限内完成总量削减任务的企业事业单位	《海洋环境保护法》第十二条规定：对超过污染物排放标准的，或者在规定的期限内未完成污染物排放削减任务的，或者造成海洋环境严重污染损害的，应当限期治理	限期治理 （《海洋环境保护法》第十二条）	按国务院规定的权限决定

表 2-9 对其他超标或者超总量排放污染物的单位的限期治理及行政处罚

限期治理对象	法律依据	处罚	决定机关
在风景名胜区等需要特别保护的区域内超标排放污染物的企业事业单位	《环境保护法》第十八条规定：在国务院、国务院有关主管部门和省、自治区、直辖市人民政府划定的风景名胜区、自然保护区和其他需要特别保护的区域内，不得建设污染环境的工业生产设施；建设其他设施，其污染物排放不得超过规定的排放标准。已经建成的设施，其污染物排放超过规定的排放标准的，限期治理	经限期治理逾期未完成治理任务的企业事业单位：除依照国家规定加收超标准排污费外，可以根据所造成的危害后果处以罚款； 责令停业、关闭（《环境保护法》第三十九条）	人民政府； 经限期治理逾期未完成治理任务的处罚： 县级以上环境保护行政主管部门； 人民政府

（二）限期淘汰制度

限期淘汰制度，是指国家以防治环境污染和调整产业结构为目的，定期公布严重污染环境的工艺、设备、产品或项目的名录，并通过行政和法律的强制措施，限期禁止其生产、销售、进口、使用或转让的规定的总称。

1．限期淘汰制度的主要法律、法规规定

为了降低污染负荷，实现工业企业达标排放，我国通过一系列的法律文件对消耗高、污染重、危及安全生产、技术落后的工艺和产品实施强制淘汰制度。

表 2-10　限期淘汰制度的法律规定

序号	“限期淘汰制度”的法律依据	法律实施时间	备注
1	《环境保护法》第三十、三十四条	1989 年 12 月 26 日	
2	《大气污染防治法》第十九、四十九条	2000 年 9 月 1 日	
3	《水污染防治法》第四十一、七十七条	2008 年 6 月 1 日	
4	《海洋环境保护法》第十三条	2000 年 4 月 1 日	
5	《环境噪声污染防治法》第十八、五十三条	1997 年 3 月 1 日	
6	《固体废物污染环境防治法》第二十八、七十二条	2005 年 4 月 1 日	
7	《促进产业结构调整暂行规定》第九、十三、十八、十九、二十条	2005 年 12 月 2 日	

迄今为止，国家经贸委会同国务院环境保护主管部门及有关产业部门，先后提出并公布了一系列限期淘汰的名录。主要淘汰内容见表 2-11。

表 2-11　我国禁止、限制和淘汰的企业及工艺、设备、产品内容

序号	禁止、限制和淘汰内容	实施时间	备注
1	关于禁止和限制支持的乡镇工业污染控制重点企业名录	1994 年 12 月 24 日	国家环保总局环然[1994]64 号
2	第一批严重污染大气环境的淘汰工艺与设备的名录	1997 年 6 月 5 日	国经贸资[1997]367 号
3	国务院关于关闭非法和布局不合理煤矿有关问题的通知	1998 年 12 月 5 日	国发[1998]43 号
4	国务院办公厅关于限期停止生产、销售、使用含铅汽油的通知	1998 年 9 月 2 日	国办发[1998]129 号
5	关于发布《汽车报废标准》的通知	1997 年 7 月 15 日	国经贸经[1997]456 号
6	关于加强重点交通干线、流域及旅游景区塑料包装废物管理的若干意见	1998 年 9 月 22 日	环发[1998]317 号
7	关于禁止新建生产、使用消耗臭氧层物质生产设施的通知	1997 年 11 月 11 日	环发[1997]733 号
8	关于在气雾剂行业禁止使用氯氟化碳类物质的通告	1997 年 6 月 5 日	环控[1997]366 号
9	关于限制电池含汞量的规定	1997 年 12 月 31 日	轻总行管[1997]14 号
10	关于修订《中国禁止或严格限制的有毒化学品目录（第一批）》的通知	1998 年 12 月 25 日修订	环发[1999]83 号
11	中国禁止或严格限制的有毒化学品目录（第二批）	2005 年 7 月 10 日	国家环保总局 海关总署 2005 年第 29 号公告
12	国务院关于发布实施《促进产业结构调整暂行规定》的决定	2005 年 12 月 2 日	国发[2005]40 号
13	产业结构调整指导目录（2011 年本）	2011 年 6 月 1 日	国家发改委令 2011 年第 9 号
14	国务院关于环境保护若干问题的决定	1996 年 8 月 3 日	国发[1996]31 号
15	关于加强铅蓄电池及再生铅行业污染防治工作的通知	2011 年 5 月 18 日	环发[2011]56 号

2. 违反限期淘汰制度应承担的法律责任

根据环境保护法的规定，负有淘汰义务的单位必须在限期内自觉停止生产、销售、进口或者使用已被淘汰的工艺、设备、产品或项目，也不得转让。对淘汰类项目，禁止投资，各金融机构应停止各种形式的支持，并采取措施收回已发放的贷款。在淘汰期限内国家价格主管部门可提高供电价格。

表 2-12　引进或者转移严重污染环境的技术和设备应承担的法律责任

违法行为认定	法律依据	法律责任		
		行政命令	行政处罚的种类、幅度	实施机关
引进不符合我国环境保护规定要求的技术和设备	《环境保护法》第三十条规定：禁止引进不符合我国环境保护规定要求的技术和设备		给予警告或者罚款（《环境保护法》第三十五条（四）款）	环境保护行政主管部门或者其他行使环境监督管理权的部门
将产生严重污染的生产设备转移给没有污染防治能力的单位使用	《环境保护法》第三十四条规定：任何单位不得将产生严重污染的生产设备转移给没有污染防治能力的单位使用		给予警告或者罚款（《环境保护法》第三十五条（五）款）	环境保护行政主管部门或者其他行使环境监督管理权的部门

表 2-13　使用严重污染大气环境的落后生产工艺和设备的单位应承担的法律责任

违法行为认定	法律依据	法律责任		
		行政命令	行政处罚的种类、幅度	实施机关
生产、销售、进口或者使用禁止生产、销售、进口、使用的设备，或者采用禁止采用的工艺	《大气污染防治法》第十九条规定：……国家对严重污染大气环境的落后生产工艺和严重污染大气环境的落后设备实行淘汰制度。生产者、销售者、进口者或者使用者必须在……规定的期限内分别停止生销售、进口或者使用列入……规定名录中的设备。生产工艺的采用者必须……在规定的期限内停止采用……规定名录中的工艺；依照前两款规定被淘汰的设备，不得转让给他人使用	责令改正	情节严重的，责令停业、关闭（《大气污染防治法》第四十九条）	县级以上人民政府经济综合主管部门；县级以上人民政府
将淘汰的设备转让给他人使用的			没收转让者的违法所得，并处违法所得 2 倍以下罚款（《大气污染防治法》第四十九条）	县级以上环境保护行政主管部门或者其他依法行使监督管理权的部门

表 2-14　使用严重污染水环境的落后生产工艺和设备的单位应承担的法律责任

违法行为认定	法律依据	法律责任		
		行政命令	行政处罚的种类、幅度	实施机关
生产、销售、进口或者使用列入禁止生产、销售、进口、使用的严重污染水环境的设备名录中的设备；采用列入禁止采用的严重污染水环境的工艺名录中的工艺的	《水污染防治法》第四十一条规定：国家对严重污染水环境的落后工艺和设备实行淘汰制度；生产者、销售者、进口者或者使用者应当在规定的期限内停止生产、销售、进口或者使用列入前款规定的设备名录中的设备。工艺的采用者应当在规定的期限内停止采用列入前款规定的工艺名录中的工艺	责令改正	处 5 万元以上 20 万元以下的罚款；情节严重的，责令停业、关闭（《水污染防治法》第七十七条）	县级以上人民政府经济综合宏观调控部门；本级人民政府

表 2-15 使用产生严重污染的工业固体废物的落后生产工艺和设备应承担的法律责任

违法行为认定	法律依据	法律责任		
		行政命令	行政处罚的种类、幅度	实施机关
生产、销售、进口禁止生产、销售、进口的设备	《固体废物污染环境防治法》第二十八条第一款规定：国务院经济综合宏观调控部门应当会同国务院有关部门组织研究、开发和推广减少工业固体废物产生量和危害性的生产工艺和设备，公布限期淘汰产生严重污染环境的工业固体废物的落后生产工艺、落后设备的名录；生产者、销售者、进口者、使用者必须在国务院经济综合宏观调控部门会同国务院有关部门规定的期限内分别停止生产、销售、进口或者使用列入前款规定的名录中的设备。生产工艺的采用者必须在国务院经济综合宏观调控部门会同国务院有关部门规定的期限内停止采用列入前款规定的名录中的工艺；列入限期淘汰名录被淘汰的设备，不得转让给他人使用	责令限期改正	情节严重的，停业或者关闭（《固体废物污染环境防治法》第七十二条）	县级以上人民政府经济综合宏观调控部门；同级人民政府
将列入限期淘汰名录被淘汰的设备，转让给他人使用		责令限期改正	处 1 万元以上 10 万元以下罚款（《固体废物污染环境防治法》第六十八条（三））	县级以上环境保护行政主管部门

表 2-16 生产、销售、进口限期淘汰的环境噪声严重污染的设备的单位应承担的法律责任

违法行为认定	法律依据	法律责任		
		行政命令	行政处罚的种类、幅度	行政处罚机关
生产、销售、进口禁止生产、销售、进口的设备	《环境噪声污染防治法》第十八条规定：国家对环境噪声污染严重的落后设备实行淘汰制度；生产者、销售者或者进口者必须在……规定的期限内分别停止生产、销售或者进口列入（限期淘汰的环境噪声污染严重的设备名录）名录中的设备	责令改正	情节严重的，责令停业、关闭（《环境噪声污染法》第五十三条）	县级以上人民政府经济综合主管部门；同级人民政府

表 2-17 不按期淘汰生产工艺技术、装备和产品的单位应承担的法律责任

违法行为认定	法律依据	法律责任		
		行政命令	处罚的种类、幅度	实施机关
对不按期淘汰国家明令淘汰的生产工艺技术、装备和产品的企业	《促进产业结构调整暂行规定》第十九条规定：对淘汰类项目，禁止投资。各金融机构应停止各种形式的授信支持，并采取措施收回已发放的贷款；各地区、各部门和有关企业要采取有力措施，按规定限期淘汰。在淘汰期限内国家价格主管部门可提高供电价格。对国家明令淘汰的生产工艺技术、装备和产品，一律不得进口、转移、生产、销售、使用和采用	责令其停产	或予以关闭；吊销生产许可证；办理变更登记或注销登记；吊销其排污许可证；停止供电（第十九条第二款）	人民政府；有关部门

（三）区域限批制度

所谓“区域限批”制度，是指对超过污染物总量控制指标、生态破坏严重或者尚未完成生态恢复任务的地区，不予审批新增污染物排放总量和对生态有较大影响的建设项目。

“区域限批”制度，是以区域环境承载力为基准核定区域内的环境负荷，以保证区域内污染负荷不超过区域的环境承载力的一项法律制度。这是环保部门对存在严重环境问题的相关区域和企业作出的一种行政处罚措施。

《规划环境影响评价条例》首次对“区域限批”制度作出明确规定，该《条例》第三十条规定：规划实施区域的重点污染物排放总量超过国家或者地方规定的总量控制指标的，应当暂停审批该规划实施区域内新增该重点污染物排放总量的建设项目的环境影响评价文件。

新修订的《水污染防治法》第十八条规定：国家对重点水污染物排放实施总量控制制度。

……

“对超过重点水污染物排放总量控制指标的地区，有关人民政府环境保护主管部门应当暂停审批新增重点水污染物排放总量的建设项目的环境影响评价文件。”

有关法律法规的规定使得“区域限批”制度法制化，成为常规化的法律制度。“区域限批”制度的法制化、常规化，必将使“区域限批”制度在调整产业结构、转变经济增长方式、实现减排目标和打击环境违法行为方面发挥更大的作用。

“区域限批”制度的具体限批内容及法律依据见表 2-18。

表 2-18　“区域限批”制度的内容及法律依据

序号	“区域限批”内容	法律法规依据
1	对未按期完成《污染物总量削减目标责任书》确定的削减目标的地区，暂停审批该地区新增排放总量的建设项目	《国务院关于落实科学发展观　加强环境保护的决定》第五条第二十一项规定：对超过污染物总量控制指标……的地区，暂停审批新增污染物排放总量……建设项目
2	对生态破坏严重或者尚未完成生态恢复任务的地区，暂停审批对生态有较大影响的建设项目	《国务院关于落实科学发展观　加强环境保护的决定》第五条第二十一项规定：对……生态破坏严重或者尚未完成生态恢复任务的地区，暂停审批……对生态有较大影响的建设项目
3	在大中城市及其近郊，严格控制新（扩）建除热电联产外的燃煤电厂，停止审批新（扩）建钢铁、冶炼等高耗能企业；在重要环境保护区、严重缺水地区，停止审批钢铁冶炼生产能力	《国务院关于落实科学发展观　加强环境保护的决定》第四条第十三项规定：……在大中城市及其近郊，严格控制新（扩）建除热电联产外的燃煤电厂，禁止新（扩）建钢铁、冶炼等高耗能企业。《钢铁产业政策》第十条规定：……重要环境保护区、严重缺水地区、大城市市区，不再扩建钢铁冶炼生产能力
4	对无正当理由未实施或未按期完成国家确定的燃煤电厂二氧化硫污染防治项目的地区、电力集团和企业，停止审批该地区的新建、改建和扩建项目	《关于加强燃煤电厂二氧化硫污染防治工作的通知》第六条规定：对无正当理由未实施或未按期完成国家确定的燃煤电厂二氧化硫污染防治项目的地区、电力集团和企业，不再审批该地区、电力集团和企业的新建、改建和扩建项目

序号	“区域限批”内容	法律法规依据
5	对不按法定条件、程序和分级审批权限审批环评文件，不依法验收，或者因不依法履行职责致使环评、“三同时”执行率低的地区，限期整改。整改期间暂停审批该区域内除污染治理项目以外的建设项目；逾期不整改的，暂停并上收一级该地区环保部门的项目审批权	《关于印发清理和督查新开工项目工作情况报告的通知》规定：切实把好建设项目开工建设关口。明确开工建设必须符合的产业政策、投资管理、土地管理、环评审批、节能评估、信贷政策等各种条件。发改委将会同有关部门，加强对各地执行新开工项目条件的监督检查，对各项建设程序执行不力的地区，将采取暂停项目审批（核准），暂停安排国家投资等惩罚措施
6	因超过总量控制方案确定的污染物总量控制指标，致使环境质量达不到要求的工业开发区，暂停审批该开发区新增排放总量的建设项目	《国务院关于落实科学发展观　加强环境保护的决定》第五条第十九项规定：加大对各类工业开发区的环境监管力度，对达不到环境质量要求的，要限期整改
7	凡在饮用水水源保护区、自然保护区、人口集中居住区以及国家规定的其他环境敏感区域进行开发建设，新布设化工石化集中工业园区、基地以及其他存在有毒有害物质的建设项目的园区、基地，必须进行开发建设规划的环境影响评价；未开展规划环境影响评价的，各级环保部门原则上不得受理上述园区、基地区域范围内的建设项目环境影响评价文件	《环境影响评价法》第七条规定：国务院有关部门、设区的市级以上地方人民政府及其有关部门，对其组织编制的土地利用的有关规划，区域、流域、海域的建设、开发利用规划，应当在规划编制过程中组织进行环境影响评价，编写该规划有关环境影响的篇章或者说明； 《环境影响评价法》第八条规定：国务院有关部门、设区的市级以上地方政府及其有关部门，对其组织编制的工业、农业、畜牧业、林业、能源、水利、交通、城市建设、旅游、自然资源开发的有关专项规划，应当在该专项规划草案上报审批前，组织进行环境影响评价，并向审批该专项规划的机关提出环境影响报告书； 《规划环境影响评价条例》第二条规定：国务院有关部门、设区的市级以上地方人民政府及其有关部门，对其组织编制的土地利用的有关规划和区域、流域、海域的建设、开发利用规划（以下简称综合性规划），以及工业、农业、畜牧业、林业、能源、水利、交通、城市建设、旅游、自然资源开发的有关专项规划（以下简称专项规划），应当进行环境影响评价； 《环境影响评价法》第十八条规定：建设项目的环境影响评价，应当避免与规划的环境影响评价相重复。作为一项整体建设项目的规划，按照建设项目进行环境影响评价，不进行规划的环境影响评价。已经进行了环境影响评价的规划所包含的具体建设项目，其环境影响评价内容建设单位可以简化； 《规划环境影响评价条例》第二十三条规定：已经进行环境影响评价的规划包含具体建设项目的，规划的环境影响评价结论应当作为建设项目环境影响评价的重要依据，建设项目环境影响评价的内容可以根据规划环境影响评价的分析论证情况予以简化； 《关于加强环境影响评价管理防范环境风险的通知》（环发[2005]152号）规定： （一）凡在以下区域进行开发建设，新布设化工石化集中工业园区、基地以及其他存在有毒有害物质的建设项目的园区、基地，必须进行开发建设规划的环境影响评价：（1）江河湖海沿岸，特别是饮用水水源保护区、自然保护区和重要渔业水域、珍稀水生生物栖息地附近区域；（2）人口集中居住区域附近；（3）《建设项目环境保护分类管理目录》中确定的其他环境敏感区域及其附近。 …… （五）未开展规划环境影响评价的，各级环保部门原则上不得受理上述园区、基地区域范围内的建设项目环境影响评价文件

序号	“区域限批”内容	法律法规依据
8	对因不能稳定达标或者超总量被责令限期治理的排污企业，暂停审批该企业新增排放总量的项目	《国务院关于落实科学发展观 加强环境保护的决定》第五条第二十一项规定：对不能稳定达标或超总量的排污单位实行限期治理，治理期间应予限产、限排，并不得建设增加污染物排放总量的项目
9	对改建、扩建项目未采取措施治理与该项目有关的原有环境污染和生态破坏的企业，在该企业完成“以新带老”治理任务之前，暂停审批该企业新增排污总量的项目	《建设项目环境保护管理条例》第五条规定：改建、扩建项目和技术改造项目必须采取措施，治理与该项目有关的原有环境污染和生态破坏
10	规划实施区域的重点污染物排放总量超过国家或者地方规定的总量控制指标的，暂停审批新增该重点污染物排放总量的建设项目	《规划环境影响评价条例》第三十条规定：规划实施区域的重点污染物排放总量超过国家或者地方规定的总量控制指标的，应当暂停审批该规划实施区域内新增该重点污染物排放总量的建设项目的环境影响评价文件

二、限期治理、限期淘汰与区域限批制度典型案例分析与执法要点解析

案例二十二：限期治理的决定权

【案情介绍】

四川省某县一企业建在农村，其排放的环境噪声超过国家环境噪声厂界排放标准 10 分贝，但其前后左右都是荒地，因而没有其他单位和居民受到该厂环境噪声干扰，只有其本单位职工受到不同程度的噪声危害。当地县环保局以该企业超标排放环境噪声为由，责令其限期治理，同时核定其应缴噪声超标排污费 8800 元/月。

该企业不服，向人民法院提起行政诉讼，要求撤销县环保局的行政处罚决定。其理由是：若按《环境噪声污染防治法》第十六条规定，产生环境噪声污染的单位，应当采取措施进行治理，并按照国家规定缴纳超标排污费。但按照该法第二条规定，环境噪声污染必须有超标和扰民两个条件，我厂只满足一个条件，不属于限期治理的对象，也不应当缴纳超标排污费。

结果，法院采纳了原告的意见，判决撤销县环保局的决定。

【案例分析】

本案中建在农村的企业厂界排放环境噪声超过标准 10 分贝，但该厂周围没有居民，四周都是荒地。县环保局以其超标排放环境噪声为由，责令其限期治理，并核定其应缴排污费 8800 元/月。

显然，县环保局的处罚决定存在以下问题：

（1）什么是环境噪声污染。

《环境噪声污染防治法》中所指的环境噪声污染，是指所产生的环境噪声超过国家规定的环境噪声排放标准，并干扰他人正常生活、工作和学习的现象。也就是说必须具备“超标”和“扰民”两个条件才能构成环境噪声污染。据此，该企业不属于产生环境噪声污染

的单位，不符合限期治理的条件。

（2）关于环境噪声严重污染企业的限期治理。

限期治理的对象，各部污染防治法均有不同的要求，《环境噪声污染防治法》中规定的限期治理对象是指在噪声敏感建筑物集中区域内造成严重环境噪声污染的企业事业单位。

也就是说，构成限期治理同样也需要两个条件，其一是产生噪声的单位必须是在噪声敏感建筑物集中区域；其二是所产生的环境噪声超标且严重扰民。从地理位置上讲，该企业就不符合限期治理条件。

（3）限期治理的决定权。

县级以上环保部门对限期治理有决定权的仅在《水污染防治法》和《环境噪声污染防治法》有规定，而《环境噪声污染防治法》规定，小型企业事业单位的限期治理，可以由县级以上人民政府在国务院规定的权限内授权其环境保护行政主管部门决定。如果本案中的企业不属于小型企业，县环保部门还可能存在越权执法问题。

【执法提示】

（1）限期治理的决定权一般有以下三种情况：

①由有管辖权的人民政府决定；②由人民政府委托的环保部门决定；③由有权的环保部门决定。

环境执法中要注意不要越权执法。

（2）限期治理决定下达后，对排污单位执行限期治理的进度和排放污染物情况要进行后督察（通过现场检查、采样监测）。被限期治理的企业事业单位必须如期完成治理任务；治理期间企业应予限产、限排，并不得建设增加污染物排放总量的项目；逾期未完成治理任务的，责令其停产整治；情况严重、治理无望的，依法报请有管辖权的人民政府决定停业、关闭。

（3）对需要试运行的企业要：①加强现场监督检查；②相应增加监测频次。

（4）将被解除限期治理的排污单位作为重点监管对象，发现 12 个月内该单位再次超标或超总量排放污染物情况时应从重处罚。

案例二十三（案一）：限期治理的条件

【案情介绍】

某区环保局接到陈辉、陈景才等人对某煤炭开发经营公司投诉，陈景才等人诉称：某煤炭开发经营公司在该村设立运销站，进行出口煤炭筛选加工及运输业务。该公司从 1999 年建站到 2000 年扩建，再到 2001 年改变道路走向，从没有进行过环境影响评价，也没有建设过任何防污措施。2000 年该公司运销站扩建，其扩建的站区离旁边的居民住宅只有五六米的距离，该站在无任何防治污染设备及防治污染措施的情况下，筛选设备经常昼夜工作，且每日早、中、晚 3 次运煤，尤其是晚上，经常有 70 吨以上的重型煤车通过。常年如此，对周围的住户造成噪声、粉尘污染。自 2000 年以来，当地空气中煤尘污染严重，周围居民几乎平日不能开窗户，甚至还要用多层塑料布封挡窗户。近年来，当地居民的身体免疫力下降，呼吸道疾病增加，癌症患者发病率远远高于其他地方，当地居民的正常生活和身心健康受到严重的影响。附近居民曾多次找到该区环保局反映被告单位的电动筛选带噪声扰民及粉尘严重等情况，要求制止运销站的污染行为。市环保监测中心，于 2001 年 3 月 23 日对煤炭开发经营公司进行无组织排放监测。监测结果：4 个采样点无组织排放颗粒浓度每立方米均大于 5 毫克（根据《大气污染物综合排放标准》，无组织排放颗粒物监控浓度限值为每立方米 5.0 毫克），监测结果表明煤厂及周边环境污染程度超过国家标准。2001 年 4 月 16 日，该区环保局对煤炭开发经营公司发出限期治理通知书，提出进一步整改要求：第一，坚持每日两次向煤堆和路面洒水；第二，厂界北侧围墙加高 1～2 米；第三，对运输车辆要加盖棚布，减少扬尘。以上措施要求在当年 3 月底完成。

【案例分析】

限期治理制度是指对现已存在的危害环境的污染源和污染严重的区域环境，由有关国家机关依法限定其在一定期限内完成治理任务，达到治理目标的法律规定。

综合现有法律的规定，适用限期治理的有以下几种情况：

（1）造成严重环境污染的企业。

《环境保护法》规定，对造成严重污染的企业事业单位，限期治理。此外，《环境噪声污染防治法》规定，在噪声敏感建筑物集中区域内造成严重环境噪声污染的企业事业单位，限期治理。《海洋环境保护法》规定，造成海洋环境严重污染损害的企业事业单位，限期治理。对这类企业的限期治理，并非超标就要限期治理，而是造成严重污染才限期治理。

何谓“严重污染”，我国目前的法律、法规中没有具体明确的规定。实践中往往是依据污染物的排放是否对人体健康有严重的影响和危害、是否严重扰民、经济效益是否远远小于环境危害所造成的损失、是否属于有条件治理而不治理等情况来考虑是否属于严重污染。

（2）超过污染物排放标准的企业：

① 排放水污染物超过国家或者地方水污染物排放标准的；

② 排放污染物超过国家或者地方大气污染物排放标准的；

③ 超过污染物排放标准向海域排放污染物的。

这类企业的限期治理只要超过相应的标准不再判断是否造成“严重污染”。

（3）超过污染物排放总量控制指标的企业。如：《水污染防治法》规定，超过重点水污染物排放总量指标的企业需要限期治理。这类企业的限期治理只要污染物排放超过市、县人民政府下达的总量控制指标即需要限期治理，不考虑是否达标排放或者是否“严重污染”。

结合《水污染防治法》及《限期治理暂行办法》的规定，排放水污染物需限期治理的企业条件为：水污染处理设施与需求不匹配，且：①排放水污染物超过国家或者地方规定的水污染物排放标准的；②排放国务院或者省、自治区、直辖市人民政府确定实施总量削减和控制的重点水污染物，超过总量控制指标的。（①、②具备一项即可责令其限期治理）

（4）在规定的期限内未完成污染物削减任务的。如：《海洋环境保护法》规定，在规定的期限内未完成污染物削减任务的，需要限期治理。

本案中区环保局对煤炭开发经营公司发出限期治理通知是否正确呢？

《大气污染防治法》第四十八条规定：向大气排放污染物超过国家和地方规定排放标准的，应当限期治理，……限期治理的决定权限和违反限期治理要求的行政处罚由国务院规定。《环境保护法》第二十九条规定：……中央或省、自治区、直辖市人民政府直接管辖的企业事业单位的限期治理，由省、自治区、直辖市人民政府决定。市、县或者市、县以下人民政府管辖的企业事业单位的限期治理，由市、县人民政府决定。

可见，本案中区环保局下达《限期治理通知书》的行为属于越权执法。该案中区环保局可依据《大气污染防治法》第五十六条“违反本法规定，有下列行为之一的，由县级以上地方人民政府环境保护行政主管部门或者其他依法行使监督管理权的部门责令停止违法行为，限期改正，可以处五万元以下罚款：……（三）未采取密闭措施或者其他防护措施，运输、装卸或者贮存能够散发有毒有害气体或者粉尘物质的”规定，将要求限期整改的内容在“停止违法行为，责令改正”通知书中下达，这样既不越权，又达到要求企业改正的目的。

2010 年 1 月 19 日环境保护部发布的《环境行政处罚办法》（2010 年 3 月 1 日实施）第十二条将责令改正的具体形式做了进一步明确；2010 年 4 月 16 日印发的《环境行政处罚主要文书制作指南》中给出了“责令改正违法行为决定书”的式样，环境执法人员可学习使用。

【执法提示】

限期治理制度既是一项环境法律制度，也是一项环境法律强制措施，也是唯一一项既有治理时间要求，又有治理目标要求的法律制度。该制度是对现有的污染源进行管理的制度。随着我国环境保护要求的不断严格，限期治理条件的要求也日趋严格。目前除对严重污染环境的污染源要求限期治理外，对于符合一定条件的超标排污的污染源也要求限期治理。行政执法人员应准确地把握限期治理的条件，使需要限期治理的污染源、污染行业、区域都能得到有效治理，使其污染物的排放既符合排放浓度标准的要求也符合总量控制的要求。此外，在对符合治理条件的企业作出限期治理决定时还应注意正确地把握执法的管辖权。

案例二十三（案二）：限期治理的条件

【案情介绍】

2009 年 12 月 3 日，市环保局环境监察支队执法人员来到市区南部进行例行巡查。在该片区的一条河涌里，执法人员突然看见了一股淡蓝色的浑浊水流，根据经验他们判断是附近哪家工厂在偷排污水。于是执法人员顺着水流找到了隐蔽在草丛中的排污口，原来是一电镀厂在排放废水。执法人员顺藤摸瓜，把该工厂的偷排行为抓了个正着。

随后，市环保局就此进行调查，发现该厂正常生产时每天的废水排放量达 120 吨，但其污水处理站设计处理能力每小时仅 2 吨，也就是说一天 24 小时不停处理，所处理的废水也不超过 50 吨。不能处理的废水，就通过该厂私自埋设的一条地下管道排放到旁边的水沟里。进一步调查发现，该公司此前还曾多次偷排污水被查处。于是，执法人员依法责令该公司限期整改，并给予罚款 10 万元的从重处罚。

（来源：惠州新闻网 2008-05-26）

【案例分析】

环境监察执法人员在某市市区南部进行例行巡查时发现一电镀厂私设暗管偷排电镀废水。市环保局经过进一步的调查发现该厂正常生产时每天产生的废水排放量达 120 吨，但其污染水处理站设计能力每小时仅 2 吨，即每天的废水处理量最多不超过 50 吨，污染处理设施与生产需求明显不匹配。而且，该公司此前还曾多次偷排污水被查处。

该案是依据《水污染防治法》第七十五条还是第七十四条处罚更恰当呢？

《水污染防治法》第七十五条规定：违反法律、行政法规和国务院环境保护主管部门的规定设置排污口或者私设暗管的，由县级以上地方人民政府环境保护主管部门责令限期拆除，处 2 万元以上 10 万元以下的罚款；逾期不拆除的，强制拆除，所需费用由违法者承担，处 10 万元以上 50 万元以下的罚款；私设暗管或者有其他严重情节的，县级以上地方人民政府环境保护主管部门可以提请县级以上地方人民政府责令停产整顿。

第七十四条规定：排放水污染物超过国家或者地方规定的水污染物排放标准，或者超过重点水污染物排放总量控制指标的，由县级以上人民政府环境保护主管部门按照权限责令限期治理，处应缴纳排污费数额 2 倍以上 5 倍以下的罚款。

限期治理期间，由环境保护主管部门责令限制生产、限制排放或者停产整治。限期治理的期限最长不超过 1 年；逾期未完成治理任务的，报经有批准权的人民政府批准，责令关闭。

【执法提示】

（1）从本案证据看，可依据第七十五条处罚，责令限期拆除，处 2 万元以上 10 万元以下的罚款；同时，还可以提请人民政府责令停产整顿。这样处罚比较恰当，且后续的监督工作也不复杂。

（2）如果依据第七十四条处罚，从目前看直接证据显得不足，因没有超标排污的检测报告。

案例二十四：未完成限期治理的处罚

【案情介绍】

为确保重点工业污染源全面达标排放，某市人民政府依据《环境保护法》和《大气污染防治法》的规定，于 2003 年 3 月 3 日发出《关于对水泥立窑生产企业下达限期治理任务的通知》，依法对兴宁市某水泥厂下达限期治理任务，要求该厂必须在 2003 年 12 月完成立窑窑尾粉尘的治理任务，达到“消烟除尘、达标排放”的治理目标。

2004 年 4 月 6 日下午和 4 月 15 日下午，市环保执法人员两次对该厂进行现场检查时发现，该厂没有完成市政府下达的“消烟除尘，达标排放”的治理任务，在生产工艺和立窑粉尘治理设施都没有改变的情况下，立窑仍在继续生产，厂区周围浓烟滚滚，附近村民投诉不断。执法人员依法展开调查取证，向该厂发出《行政处罚听证告知书》，拟对该厂实施行政处罚。5 月 12 日上午，应该厂的申请，市环保局在梅城举行了行政处罚听证会。该厂对市环保局拟作出行政处罚所认定的事实、证据、处理程序和适用法律没有异议。因此，市环保局于 6 月 8 日根据听证结论和《环境保护法》第三十九条，对经限期治理逾期未完成治理任务的企业、事业单位，除依照国家规定加收超标准排污费外，可以根据所造成的危害后果处以罚款的法律规定，正式下达了《行政处罚决定书》对该厂罚款 5 万元。该厂接到市环保局《行政处罚决定书》后，不服处罚决定，于 2004 年 6 月 16 日书面向某市政府申请行政复议。该厂（申请人）称，由于水泥市场不景气，经济困难，几乎处于停产状态。2003 年 9 月，该厂与除尘安装队签订了在 2004 年 3 月必须完工的合同，由于安装队在其他厂也同时施工，工程量大，拖延了工期，再加上春季雨水较多也影响施工，造成未能如期完成限期治理的任务。称 2004 年 5 月，该厂已经完成治理达标验收，鉴于目前企业环保投入较大，经济比较困难，请求市政府免予处罚。

6 月 23 日，市环保局针对厂方的行政复议理由，向市政府提交了书面答辩和所有证据材料，答辩称：

对该厂实行限期治理的法律依据充分。经梅州市环保部门在日常监督管理中证实，该厂在 2000 年安装的水膜除尘设施技术含量低，效果不理想，仍对周围环境造成严重污染，群众反应强烈（有群众投诉记录）。因此某市政府根据《环境保护法》第二十九条第一款，对造成环境严重污染的企业事业单位，限期治理的规定对该厂实施限期治理的法律依据充足。

该厂强调经济困难等原因造成未完成治理任务，并不免除其承担行政处罚的责任。梅州市政府早在 2003 年 3 月 3 日就发出《关于对水泥立窑生产企业下达限期治理任务的通知》，要求该厂在 2003 年 12 月底完成治理任务，规定的治理期限为 10 个月，按照目前的技术条件，一台立窑安装布袋除尘设备（包括购买材料、土建工程等）的时间最多两个月足以完成，况且梅州市政府在下达治理任务时已经综合考虑了该厂的经济困难等因素，只对该厂一座立窑下达了限期治理任务。但该厂一直强调经济困难、雨水较多影响治理施工进度等“客观”原因，由此造成直至 2004 年 3 月底仍未完成某市政府下达的限期治理任务。因此，该厂提出的免予处罚的理由不成立，也无法律依据，依法应予行政处罚。

2004 年 6 月，梅州市政府依法受理了该厂提出的行政复议申请，对市环保局作出行政处罚所认定的事实、证据、处理程序、法律适用以及书面答辩进行了审查，认为市环保局作出的《行政处罚决定书》事实清楚、程序合法、适用法律依据正确、自由裁量适当；该厂提出的“因资金周转困难、工程量大、春季雨水较多，影响限期治理任务，希望市政府免予行政处罚”的理由不足，不属于法定的不可抗力，依法不能免除处罚。于是，市政府于 8 月 13 日作出《行政复议决定书》，维持市环保局作出的《行政处罚决定书》。至此，某市某水泥厂不服市环保局行政处罚提起的行政复议案，以市政府维持行政处罚决定而结束。

（来源：新华网广东频道）

【案例分析】

《环境保护法》第二十九条第一款规定：对造成环境严重污染的企业事业单位，限期治理。

第三十九条第一款规定：对经限期治理逾期未完成治理任务的企业事业单位，除依照国家规定加收超标准排污费外，可以根据所造成的危害后果处以罚款，或者责令停业、关闭。

《大气污染防治法》第四十八条规定：违反本法规定，向大气排放污染物超过国家和地方规定排放标准的，应当限期治理，并由所在地县级以上地方人民政府环境保护行政主管部门处 1 万元以上 10 万元以下罚款。限期治理的决定权限和违反限期治理要求的行政处罚由国务院规定。

依据上述法律规定，某市人民政府和环保部门要求水泥立窑生产企业限期治理，并对逾期未完成治理任务的兴宁市某水泥厂处以罚款。是符合法律规定的。

但从国家总体要求及相关产业政策要求看，这种类型的企业关停或转产更符合要求。

首先，《大气污染防治法》第十九条第二款规定：国家对严重污染大气环境的落后生产工艺和严重污染大气环境的落后设备实行淘汰制度。而我国分别于 1997 年、2000 年发布了《淘汰落后生产能力、工艺和产品的目录（第一批、第二批、第三批）》，2005 年、2011 年发布了《产业结构调整指导目录》。国家经贸委、国家环保局、机械工业部联合发布的国经贸资[1997]367 号文公布的第一批严重污染环境（大气）的落后工艺与设备名录中就规定，“窑径小于 2 米（含 2 米）即年生产能力 3 万吨以下的水泥机械化立窑于 1997 年底淘汰；窑径小于 2.2 米（含 2.2 米）即年生产能力 4.4 万吨以下的水泥机械化立窑 2000 年底淘汰。根据上大改小原则，以 700 吨/日及以上新型干法水泥生产线进行改造。”

水泥行业是属于产能过剩的行业，去产能化和淘汰全部立窑只是时间问题。因此，该市政府 2003 年 3 月 3 日发出《关于对水泥立窑生产企业下达限期治理任务的通知》只能解决暂时性污染问题，不能从根本上解决问题。随着节能减排和环境保护要求的不断提高，对这类企业还会不断地提出更高的要求。

【执法提示】

对被限期治理的企业，环保部门应注意：

（1）制定跟踪检查方案，加强现场监督检查，保证限期治理期间排污单位不超标或者超总量排放污染物。

（2）对排污单位限期治理的进度和污染物排放情况进行后督察（通过现场检查、采样监测）。

（3）对限期治理完成后需要试运行的企业应加强监管并相应增加监测频次，如果企业以限期治理后试生产的名义超标排污或造成环境污染事故应按照法律规定从重处罚。

（4）在限期治理期间发现企业有违法行为时，要立即制止并责令改正，限期治理期间排放污染物的要按照《排污费征收使用管理条例》收取排污费并对其环境违法行为按照相关法律规定进行处罚。

（5）对经限期治理仍未达标的企业应立案调查并及时向有管辖权的政府提出停产或关停的执法建议。

（6）对于被解除限期治理的排污企业应确定为重点监管对象，加强日常的监督检查，如发现环境违法行为应从重处罚。

案例二十五：区域限批的条件

【执法提示】

区域限批以污染事故频发而开始，以区域整体完成整改为目标，达到相应的目标而解除的一项制度。首次启动区域限批是在 2007 年 1 月环境保护总局对多个污染严重的行政区域及企业集团实行区域及行业限批。此后，多个省市也相继出台了地方规范性文件，如《河北省环境保护局环境保护挂牌督办和区域限批（试行办法)、《安徽省环境保护挂牌督办和区域限批（试行办法)、《重庆市环境保护区域限批实施办法》，区域限批是促进地方政府、企业加强对环境的治理，避免某一区域环境持续恶化，实现经济与环境协调发展的目标的重要手段。

2008 年 4 月 1 日环境保护部周生贤部长在全国环境保护部际联席会议松花江流域水污染防治专题会议上说：“强化对松花江休养生息政策措施落实情况的督促检查。……对未按期完成城市污水处理及再生利用项目的地区，一律实行‘区域限批’”。

2011 年 5 月 31 日环境保护部周生贤部长在全国环境保护部际联席会议上说：“治理重金属污染，中央决心很大。我们已经做了决定，重金属污染发生在哪个省、哪个市，将先‘区域限批’，然后再进行调查研究。”

“区域限批”一直被认为是环保“杀手锏”，是指如果一家企业或一个地区出现严重环保违规的事件，环保部门有权暂停这一企业或这一地区所有新建项目的审批，直至该企业或该地区完成整改。该制度既不是行政处罚也不是行政强制措施，而是一种规范性文件下达形式，一般情况下是由环境保护行政主管部门提出意见，报政府批准后实施；作为环境监察部门对该项工作起作用只能是加强日常监管，督促被限批区域内单位按照整改要求制定整改方案，并在整改期限内完成总量减排、污染防治等环保目标整改任务。

下面选择限期整改的两个成功案例供大家参考。

【案一】

路面坑洼不平，旁边驶过的一辆辆超载卡车卷起漫天烟尘，遮云蔽日，挡住视线，又四下弥散开去……虽然车窗密闭，但坐在车内，依然嗅到呛人气息。作为吕梁市下属某县一位正科级干部，高小民对此习以为常。

“吕梁是能让外地人产生自豪感的地方。如果你觉得自己家乡环境差，那么到吕梁一趟，一比较，就知道什么叫真正的差了。”高小民对记者说，“更严重的是工业污染，吕梁是一个被焦化厂、炼铁厂、水泥厂包围的城市。平时在大街上走一趟过后，拿纸巾擦擦额头和鼻孔，肯定都是黑的。冬天，空气中永远弥漫着一股呛人的煤烟味和硫黄味。”

山西省环保局年初公布的山西省 11 个重点城市空气质量情况显示，2006 年，山西省 11 个重点城市空气质量二级以上天数平均为 246 天，比 2005 年增长了 8.67%，全省空气质量二级以上天数最少的吕梁市只有 181 天，比 2005 年减少 41 天，降幅为 18.47%，是山西省 11 个重点城市空气质量二级天数唯一下降的城市。该市 2006 年资源环境指数为 18.22，由高到低在全省排列末位。

中共山西省委政策研究室一份报告说，2007 年 1—6 月，吕梁市空气质量二级以上天数累计达到 138 天，同比增加 37 天，完成年度目标任务的 64%，在全省 11 个重点城市中的排名由倒数第一上升到正数第五。

2007 年 1 月 10 日，被称为环保总局对付环境污染“杀手锏”的区域限批政策首次“亮剑”：国家环保总局副局长潘岳当天宣布，将启动区域限批政策，以遏制高污染、高耗能产业的迅速扩张趋势。

所谓区域限批，就是停止审批相关行政区域境内除循环经济类项目之外的所有项目，直至违规项目彻底整改为止。

被列入首批区域限批黑名单的有大唐国际、华能、华电、国电 4 个电力集团，以及河北省唐山市、山西省吕梁市、贵州省六盘水市、山东省莱芜市 4 个高耗能、高污染产业行政区域。

给吕梁惹麻烦的是中吕焦化有限公司（原吕梁焦化厂）。

2006 年 9 月，国家环保总局在对建设项目“三同时”执行情况现场检查时发现，中吕焦化 60 万吨/年焦化项目一期工程未经环保验收，两台焦炉分别于 2003 年 10 月和 2004 年 4 月投运，擅自非法生产和排污长达近 3 年，主要环保设施和措施均未落实，焦化废水直排三川河，后进入黄河。同时，二期工程 60 万吨/年焦化项目未经环评审批已基本建成。

2006 年 10 月，国家环保总局对此项目进行了通报，下达了限期改正通知书，责令一期工程停止试生产，在 2006 年 12 月 31 日前完成环保设施建设；二期工程停止建设，补办环评手续。12 月 28 日，国家环保总局再次组织省、市环保局对其进行了现场检查，发现一期工程没有按要求停止试生产，煤气净化系统未按要求完成。

鉴于中吕焦化严重违规生产和建设，且逾期未完成限期整改任务，2007 年 1 月 10 日，国家环保总局通报决定在其完成整改前对吕梁市建设项目实施“区域限批”。

近几年，吕梁的发展形势一片大好：GDP 每年以 30%的速度增长，2006 年年底达到 382 亿元；财政收入每年以 50%的速度增长，从 2003 年的 23 亿元到 2006 年的 77 亿元。

2006 年以来，在山西省“两区开发”战略带动下，吕梁新上了 150 多个项目，占全省“两区开发”项目的一半多；吕梁市自己又提出一个“双百双千”工程，即投资 2043 亿元，上马 284 个项目。

在这些项目带动下，2006 年吕梁引进了不少省内外以及境外资金。在传统产业（煤炭、焦炭、钢铁、水泥）新型化、新型产业规模化（电力、铝镁、建材、化工）方面跃跃欲试，“大干快上”的局面正在形成，经济步入快速上行通道，吕梁人似乎已经隐约看到彻底翻身的光明前景。

区域限批对吕梁经济无异于釜底抽薪，对吕梁官员，则是当头一棒。“好像突然间黑云压天。吕梁经济铺下这么大摊子，大家正信心十足，政策一来，一下子手足无措。”张中生说。

张中生等吕梁市的官员直到 2007 年 1 月 10 日“大棒落下”时，才知道“区域限批”这个概念。但能不能解除限批，什么时候能解除限批，怎么才能解除限批等，则一概不知，上上下下一片茫然。

所幸，吕梁的官员在很短时间内就比较清醒地意识到，“区域限批不是游戏”，近 200 个计划中的项目眼睁睁看着不能上马。

“大棒”落下的第二天，官员们在一起开会时，应对危机的共识就基本形成，大家基本看法是一致的：一是要采取积极态度，主动面对此事；二是认为科学发展观就是不能走“先污染，后治理”的老路；三是感觉这事中央挺重视，就是想扛，谁也扛不过去；四是这几年吕梁经济发展比较快，有条件也有能力淘汰落后生产能力，进行转型。

吕梁市先后召开 8 次常委扩大会议和市政府常务会议，反思和查找原因。

随后，吕梁市市委书记聂春玉向媒体表态：“力争在三年内让吕梁市跨入全省环保先进市行列。”吕梁市市长董洪运也公开表态将拿出壮士断腕的决心，争取在 3 个月内摘掉扣在吕梁市头上的区域限批帽子。

为此，吕梁成立了由市委、市政府“一把手”挂帅，纪检、组织、公安、法院、检察院等 27 个部门组成的“吕梁市环境保护攻坚领导组”，并于 1 月 23 日召开全市“环保攻坚年动员大会”，出台《吕梁市环境保护攻坚年实施方案》，以及《吕梁市工业污染企业集中整治规划》。

全市 700 多个工业污染企业被纳入整治范围，区别不同情况，采取不同手段：

一是关停取缔 489 个企业。对“仿三佳”焦炉以及小炼铁、小耐火、小选矿、小石灰、土烧结等企业，违法违规建设的小机焦企业，处于饮用水水源保护区等敏感区域有环境隐患的企业和国家法律法规明令禁止的企业，全部实行关停取缔；

二是限期治理121个企业，做到全面达标排放。对已经通过环保设施竣工验收但没有进行达标验收的企业，严重超标排污或者处于敏感区重污染、停用污染防治设施偷排偷放的企业，影响群众生产生活和生态环境的企业，实行限期治理；

三是集中整改137个企业，落实“三同时”制度。对未通过竣工验收企业，环保设施简陋、难以有效满足污染治理的企业，超标排放引起环境纠纷的企业，实行集中整改，补办环境影响评价手续。

对中铝焦化一期60万吨机焦项目两台焦炉进行停产治理，是全面铺开污染整治工作的难点，也是社会关注的焦点。市环保局直接介入，重点督办，派出由10人组成的停产治理督察组，实行24小时驻厂监控。市委、市政府主要领导先后5次现场办公，并协调解决10多个具体问题，终于在2月28日按时完成国家环保总局限期整改要求中所提出的废水处理站、煤气净化系统和地面除尘站工程建设。

在取缔行动中，为达“斩草除根”效果，吕梁市实行部门联动，出台《吕梁市各相关职能部门配合关停取缔专项行动职责规范》，要求部门各司其职、各负其责。2月12日关停取缔严重违法排污企业名单公布后，电力部门实施了高压断电、变压器移位、拆除供电设备等断电方式；工商部门统一吊扣了企业营业执照；公安部门派出500余人次的警力维持秩序；新闻单位组织80多人采访队伍密集报道。

按照吕梁市环保局统计，至解除区域限批前，吕梁列入取缔名单的191个企业中，取缔了182个，关停8个，共炸毁烟囱208根，推倒焦炉2600多支，拆除炼铁高炉92座，直接削减二氧化硫排放3.4万吨，削减COD排放800吨。

2007年4月9日，国家环保总局副局长潘岳宣布，山西吕梁市、贵州六盘水市及华电集团环境违法项目，经过近3个月的整改已达到有关要求，决定从即日起解除限批。

至此，国家环保总局对4个区域和4个集团的限批禁令全部解除。

作为对国家环保总局的一种积极回应，吕梁的党政官员在不同场合都曾表示，解除限批不是根本目的，更重要的是建立环境管理长效机制，真正转变观念，落实科学发展观。

2007年9月1日，吕梁市环保局又呈递给国家环保总局一份材料，汇报自区域限批解除以后，吕梁市开展的环保攻坚第二战役取得的成效。

吕梁市给自己定的进一步减排任务是，削减二氧化硫排放量1万吨，削减COD 300吨、烟粉尘2000吨。

与此同时，吕梁市还进一步完善考核体系，把蓝天碧水工程实施情况和环保攻坚工作成效纳入全市国民经济和社会发展考核体系，纳入领导班子和领导干部政绩考核体系，作为干部选拔任用和奖惩的硬指标。

准确估计区域限批给吕梁市造成的经济损失是不太可能的。到目前为止，不同方面有不同口径：有人认为吕梁的直接经济损失高达数百亿元，财政收入减少20亿元；另有说法称，直接经济损失约为23亿元，影响税收6.5亿元。

张中生的说法是，关闭“五小”影响GDP约15%～20%，影响税收约为2亿元。和2006年的77亿元税收相比，2亿元的损失并不算大，甚至小得有些出乎吕梁官员的意料。

虽然治理动作很大，但2007年的财政收入情况也还不错，计划完成100亿元，前半年就完成54亿元，全年100亿元不成问题。“也就是说，吕梁经济发展没有因为区域限批而慢下来。或者说，落实了科学发展观，从经济上是很划算的事情。”张中生说，“发现对财政收入影响不大后，我们的信心和决心都增强了。况且，关掉小的，可以腾出空间上马规模更大、效益更好的项目，反而会增加经济总量和税收。”

张中生这样概括区域限批的积极意义：促进了产业结构调整；提升企业管理水平；促进干部观念转变和地区发展思路提升。

2006年，吕梁工业企业的主要污染物二氧化硫排放量为40.6万吨，而省环保局分解到吕梁2007年的目标值为8.85万吨，“十一五”期末控制指标为8.4万吨；2006年COD排放量为8.1万吨，省环保局分解到吕梁市的2007年目标值为3.31万吨，“十一五”期末控制指标为3.08万吨。

加上吕梁市还有不在册的违规企业和未进行统计的排污情况没有计算在内，摆在吕梁市面前的环保总量控制已严重超标，形势十分严峻。

即便采取如此天翻地覆、伤筋动骨的革命性手段，也不过减排了3.4万吨二氧化硫和800吨COD。

如此，通过产业结构调整根本上解决吕梁环境问题，根本不现实，至少应当说，需要一个漫长的过程。

（来源：中国经济时报）

【案二】新华社上海7月18日电　上海浦东新区环保局最近发布《关于对川沙功能区域实行环保区域限制审批的通知》，决定从2007年6月20日至年底，停止川沙功能区域内工业建设项目的环境保护审批授权。

据《文汇报》报道，这是浦东乃至上海市首次启用区域限批这一行政惩罚手段。所谓区域限批，是指如果一家企业或一个地区出现违反环评法的事件，环保部门有权暂停这一企业或这一地区所有新建项目的审批，直至这一企业或地区完成整改。

据了解，目前川沙功能区域内的六团化工点化工企业较多，现污水泵站日处理量难以满足企业需求，造成污水满溢进入河道。此外，这个化工点形成至今已有20多年，污水管网年久失修，经常破裂，跑冒滴漏现象严重；大多数企业的设备老化、工艺落后。

浦东新区环保局的区域限批《通知》要求，川沙功能区域应开展污染源的摸底调查和控制工作，对产业布局和产业结构进行调整优化。从川沙功能区域生态环境的持续改进出发，切实协调好经济发展和环境保护的关系。新区环保部门表示，“限批是以解决区域严重环境问题为切入点，让地方走出低水平发展道路，扭转先污染后治理、先积累后发展的思路，逐渐甩掉对高耗能产业规模数量的依赖。”

目前，川沙功能区域消除环境污染的一系列措施正在实施，包括对六团化工点的企业进行监督检查、扩建化工点污水泵站、整修污水管线，以及实施“腾笼换鸟”，转变化工点产业结构等。

案例二十六：关停“十五小”的权限及依据（环保主管部门能关停“十五小”企业吗）

【案情介绍】

2011年6月22日下午，记者接到阳曲县泥屯镇中兵村一位村民举报，一家非法造纸厂白天掩人耳目休息，晚上加足马力生产，且这种情况持续了好多年，污染严重。接到群众举报后，记者一行3人在没有通知阳曲县任何部门的情况下，于当晚22点45分驱车赶到阳曲县中兵村。因为天黑，加上对中兵村道路不熟悉，在一位村民的指引下，记者一行摸黑走向“中兵福利造纸厂”。距离造纸厂还有五六十米远，“轰隆隆”的机器轰鸣声不断传入记者的耳中，生产车间透出忽隐忽现的灯光。深一脚浅一脚，费了好大劲，记者才找到围墙外的排污口，只见乳白色的造纸废水在夜色的掩护下正源源不断往外排放。一位姓张的村民向记者透露，这些造纸废水全排到附近村民的庄稼地和两个洗砂场。他家2.5亩庄稼地深受其害，连续3次在地里播种高粱、玉米、谷子，可是什么也不长。为此，这位村民曾找过造纸厂和中兵村负责人，结果半年过去了，也没有人管。他也曾多次拨打“12319”城建举报热线。

走进车间，只见灯火通明，碎纸机、卷纸机高速旋转，现场的三四个工人忙得不可开交。记者发现，生产车间没有任何废水治理设施，更谈不上什么废水闭路循环。也不知道是现场工人一时的疏忽大意，还是别的原因，碎纸机上面的盖子没有盖，搅拌过程中溅起的纸浆四处飞溅，溅得记者满身纸浆点子。而在车间门前的空地上，一辆满载碎纸的小客货司机看到记者前来拍照，赶忙溜之大吉。据造纸厂负责人义保元介绍，这家企业建于20世纪七八十年代，是一家村办集体企业。2005年3月，他承包了这家企业，年生产卫生纸50多吨，每天耗水60吨左右。造纸厂有没有相关证件？能否拿出来让记者看看？义保元在现场说：“有”。可是，他随后却支支吾吾，迟迟拿不出任何证件。

时间已是晚上23点，记者拨通电话，向阳曲县有关部门举报了这家企业。经了解，这是一家非法造纸企业，早在2005年就应该关停取缔，属于国家明令禁止的“十五小”企业。近几年，阳曲县曾多次对这家企业进行关停取缔。令人匪夷所思的是，这样一家非法企业在6年时间却关而不停。为躲避监管，这家企业白天休息，晚上违法生产，大肆排污，当地有关部门是否尽到监管责任？值得深思。

“其实，我早都不想干了，但是村里一直不让停。”义保元说。据了解，中兵村800人饮用水由水泵抽到水塔上，一年大概三四万元的费用。造纸厂作为回报，承担了抽水的工作。中兵村村委会负责人明知这家企业违法，却受利益的驱使，支持这家非法企业生产至今。第二天，阳曲县政府召集环保、工商、公安、供电、质监、泥屯镇政府等有关部门，就中兵造纸厂的关停取缔工作进行了专门安排部署，决定对中兵造纸厂实施联合关停行动。阳曲县政府责成县环保局负责组织牵头；县工商局负责查扣有关违法生产设施与物资，依法对造纸厂无证经营行为实施查处；县供电局负责拆除造纸厂相关供电设施；县公安局负责关停取缔行动的保障工作；泥屯镇政府负责督促中兵村委落实关停取缔工作。在太原市召开创建环保模范城市动员会的当日，阳曲县各有关部门组成联合执法行动小组，依法对中兵造纸厂实施了强制关停，供电部门已切断了进厂电源线路，并切断了车间内部线路；工商部门现场查封了全部生产车间，正在对企业的无证经营行为进行立案查处。

（来源：中国环境报 记者：高岗栓 2011-07-25）

【案例分析】

“十五小”是指1996年《国务院关于加强环境保护若干问题的决定》中明令取缔关停的十五种重污染小企业，包括小造纸、小制革、小染料、土炼焦、土炼油、小电镀等。这些企业技术装备落后、不符合安全生产条件、污染环境、产品质量低劣、破坏资源。对“十五小”取缔的决定是在《国务院关于环境保护若干问题的决定》（国发[1996]31 号）作出的，此后，经国务院同意，国家环保局 1996 年 9 月 12 日发布《关于贯彻〈国务院关于环境保护若干问题的决定〉有关问题的解释》，该解释中对《决定》第四条中取缔、关闭或停止土法生产企业的问题中规定取缔的期限、土法生产企业的范围及界定的原则做了明确规定；在 1998 年 5 月 20 日，国家环境保护总局向各省、自治区、直辖市人民政府发出《关于 1998 年取缔、关闭和停产 15 种污染严重企业工作的意见的函》（环发[1998]61 号），首次提出了在执行《国务院关于环境保护若干问题的决定》（国发[1996]31 号）工作中取缔、关停小造纸厂等“十五小”的统一标准和具体措施。对“十五小”企业要逐一落实，坚持标准，切实做到“断水断电、拆除设备、吊销执照、消除原料”，杜绝死灰复燃。

取缔工作是否是环保部门的职责？《国务院关于环境保护若干问题的决定》明确规定，对“十五小”由县级以上地方人民政府“责令取缔”、“责令关闭或停产”。对逾期未按规定取缔，关闭或停产的，要追究有关地方人民政府主要领导人及有关企业负责人的责任。即“关”而不“闭”的权力和责任主要不在环保部门。

但是，对“中兵福利造纸厂”这一早在 2005 年就应该关停取缔的非法“十五小”企业，6 年时间却关而不停，“掩耳盗铃”式地继续违法生产，大肆排污，当地环保部门是否有监管不力之责呢。

环保部门的职责，应在查清事实的基础上将本行政区内擅自恢复生产的“十五小”企业情况报同级人民政府，由同级人民政府按照《决定》的规定予以处理，报同级监察机关和上级环保行政主管部门并且继续加大监督检查力度。

该案中对死灰复燃的“十五小”由县政府委托环保部门牵头，全县各职能部门通力合作进行工作予以关停。在该项工作中环境监察机构要充分认识，这种对“十五小”“断水断电、拆除设备、吊销执照、消除原料”是一项政府的行政强制措施，而不是行政处罚，只能由政府作出决定，而环保部门只是受县政府委托去执行县政府的决定。

【执法提示】

对县级以上环境监察部门来说，日常的工作主要是依法对辖区内的排污单位进行现场检查，对发现的环境违法问题只能依职权来处理。就现有的环境立法来看，对于关停“十五小”并没有做出明确的法律规定，只是国务院规范性文件《国务院关于环境保护若干问题的决定》中要求政府承担关停“十五小”责任。对类似关停“十五小”案件，环保部门应进行立案调查并向政府提出执法建议。

现有法律环保部门只能对未经环境影响评价手续即开工建设并投产的建设项目，作出“停止生产或者使用”的决定。如果该企业是违反规定燃用高污染燃料造成大气污染，环境部门可以依据《大气污染防治法》第五十一条规定，对违反当地人民政府规定的期限届满后继续燃用高污染燃料的，由环保部门责令拆除或者没收燃用高污染燃料的设施。对此，环保部门就可以采用责令拆除或者没收的处罚方式。否则就不能采用类似的处罚方式。

第三节　环境污染与破坏事故的应急处理制度

环境污染与破坏事故的应急处理制度包括环境事故的报告及响应两个方面。其中，环境污染与破坏事故的报告制度早在1989年的《环境保护法》中就作出了明确的规定，之后，污染防治的各单行法律也作出了相应的规定。应急响应制度主要在2005年发布的《国家突发事件应对法》和2006年制定的《国家突发环境事件应急预案》中作出了规定。

一、环境污染与破坏事故应急处理制度的主要法律规定

（一）环境污染与破坏事故报告制度

环境污染与破坏事故报告制度是指因发生环境污染或其他突发性事件，使环境受到或可能受到严重污染，威胁居民生命财产安全的紧急情况时，造成或者可能造成环境污染损害的单位，除了立即采取措施进行处理外，还必须及时通报可能受到污染危害的单位和居民，并且向当地环保部门和有关部门报告，接受调查处理，以及当地环保部门及时向上级主管部门和同级人民政府报告的法律制度。

环境污染与破坏事故报告制度是防止环境污染或破坏发生以及污染或破坏后果扩大的有效措施。具体表现在：① 有助于可能遭受事故危害的居民及有关主管部门及时了解事故真相并采取有效措施；② 环境污染或破坏事故所造成的危害较复杂，有些危害后果有一定的潜伏期，该制度的实施将有利于正确判断灾情，及时了解案情，为公证处理环境污染与破坏纠纷准备翔实的材料。

《环境保护法》、《水污染防治法》、《海洋环境保护法》、《大气污染防治法》、《固体废物污染环境防治法》等均对环境污染与破坏事故的报告作出了明确规定。2011年5月1日实施的《突发环境事件信息报告办法》具体规定了环境污染与破坏事故报告的具体报告时限和程序。

1．突发环境事件的分级

突发环境事件分为特别重大（Ⅰ级）、重大（Ⅱ级）、较大（Ⅲ级）和一般（Ⅳ级）四级。

2．环境事件突发后的有关规定

突发环境事件发生地设区的市级或者县级人民政府环境保护主管部门在获知突发环境事件信息后：

（1）确认。

①立即进行核实。②对事件性质进行初步认定。

（2）报告及时限要求。

①对初步认定为一般（Ⅳ级）或者较大（Ⅲ级）突发环境事件的，应当在4小时内向本级人民政府和上一级环境保护主管部门报告。②对初步认定为重大（Ⅱ级）或者特别重大（Ⅰ级）突发环境事件的应当在两小时内向本级人民政府和省级环境保护主管部门报告，同时上报环境保护部。③省级环境保护主管部门接到报告后，应当进行核实并在1小时内报告环境保护部。④突发环境事件已经或者可能涉及相邻行政区域的，事件发生地环境保护主管部门应当及时通报相邻区域同级人民政府环境保护主管部门，并向本级人民政府提出向相邻区域人民政府通报的建议。

（3）报告内容要求。

突发环境事件的报告分为初报、续报和处理结果报告。

①初报：在发现或者得知突发环境事件后首次上报。

报告突发环境事件的发生时间、地点、信息来源、事件起因和性质、基本过程、主要污染物和数量、监测数据、人员受害情况、饮用水水源地等环境敏感点受影响情况、事件发展趋势、处置情况、拟采取的措施以及下一步工作建议等初步情况，并提供可能受到突发环境事件影响的环境敏感点的分布示意图。

②续报：在查清有关基本情况、事件发展情况后随时上报，续报应当在初报的基础上，报告有关处置进展情况。

③处理结果报告：在突发环境事件处理完毕后上报，处理结果报告应当在初报和续报的基础上，报告处理突发环境事件的措施、过程和结果，突发环境事件潜在或者间接危害以及损失、社会影响、处理后的遗留问题、责任追究等详细情况。

（4）报告方式。

采用传真、网络、邮寄和面呈等方式书面报告；情况紧急时，初报可通过电话报告，但应当及时补充书面报告。书面报告中应当载明突发环境事件报告单位、报告签发人、联系人及联系方式等内容，并尽可能提供地图、图片以及相关的多媒体资料。

（5）法律后果。

在突发环境事件信息报告工作中迟报、谎报、瞒报、漏报有关突发环境事件信息的，给予通报批评；造成后果的，对直接负责的主管人员和其他直接责任人员依法依纪给予处分；构成犯罪的，移送司法机关依法追究刑事责任。

（二）应急响应制度

突发环境事件往往具有时间上的潜伏性和长期性、空间上的跨区域扩散性、后果上的不可逆转性的特点，因而会给生态环境带来严重的污染和破坏，影响社会经济的发展和人民群众的生命财产安全。为此，突发环境事件应急响应作为防范和处理突发环境事件的基本保障，已成为突发环境事件应急处理机制的重要组成部分。

根据《国家突发环境事件应急预案》的规定，国务院有关部门和相关机构成立了全国环境保护部际联席会议，负责指导、协调突发环境事件的应对工作。

突发环境事件应急响应坚持属地为主的原则，地方各级人民政府按照有关规定全面负责突发环境事件应急处置工作，环境保护部及国务院相关部门根据情况给予协调支援。

按突发环境事件的可控性、严重程度和影响范围，突发环境事件的应急响应分为特别重大（Ⅰ级响应）、重大（Ⅱ级响应）、较大（Ⅲ级响应）、一般（Ⅳ级响应）四级。超出本级应急处置能力时，应及时请求上一级应急救援指挥机构启动上一级应急预案。Ⅰ级应急响应由环境保护部和国务院有关部门组织实施。

环保部门应根据《水污染防治法》、《固体废物污染环境防治法》等法律的有关规定，检查排污单位是否制订应急预案（应急计划）并有针对性地组织了演练和培训，以保证发生环境事故时能及时启动应急预案。一旦发生突发环境事件，环保部门应在第一时间到达现场了解情况并及时报告。

表 2-19 环境污染与破坏事故报告制度及应急响应制度的法律规定

序号	相关法律、法规	实施时间
1	《环境保护法》第三十一、三十八条	1989 年 12 月 26 日
2	《大气污染防治法》第二十、六十一条	2000 年 9 月 1 日
3	《水污染防治法》第六十六、六十七、六十八、八十二条	2008 年 6 月 1 日
4	《水污染防治法实施细则》第十九、四十三条	2000 年 3 月 20 日
5	《海洋环境保护法》第十七、十八、九十一条	2000 年 4 月 1 日
6	《陆源污染物污染损害海洋环境管理条例》第二十二条	1990 年 8 月 1 日
7	《固体废物污染环境防治法》第六十三、八十二条	2005 年 4 月 1 日
8	《危险化学品安全管理条例》第四十九、五十、五十一条	2002 年 3 月 15 日
9	《废弃危险化学品污染环境防治办法》第十九条	2005 年 10 月 1 日
10	《突发事件应对法》	2007 年 11 月 1 日
11	《国家突发环境事件应急预案》	2005 年 5 月 24 日
12	《国家环保总局突发环境事件应急工作暂行办法》	2006 年 12 月 26 日
13	《突发环境事件信息报告办法》	2011 年 5 月 1 日
14	《环境污染与破坏事故新闻发布管理办法》	2002 年 11 月 26 日

（三）违反环境污染与破坏事故应急处理制度的法律责任

表 2-20 造成环境污染与破坏事故单位的责任

违法行为认定	法律依据	污染事故报告制度及应急响应制度的法律责任	
		处罚的种类、幅度	实施机关
造成环境破坏与污染事故	《环境保护法》第三十一条规定：因发生事故或者其他突发性事件，造成或者可能造成污染事故的单位，必须立即采取措施处理，及时通报可能受到污染危害的单位和居民，并向当地环境保护行政主管部门报告，接受调查处理	根据所造成的危害后果处以罚款； 情节较重的，对有关责任人给予行政处分（《环境保护法》第三十八条）	县级以上环境保护行政主管部门

表 2-21 造成大气污染事故单位的责任

违法行为认定	法律依据	污染事故报告制度及应急响应制度的法律责任	
		处罚的种类、幅度	实施机关
造成大气污染事故	《大气污染防治法》第二十条规定：单位因发生事故或者其他突然性事件，排放和泄漏有毒有害气体和放射性物质造成或者可能造成大气污染事故、危害人体健康的，必须立即采取防治大气污染危害的应急措施，通报可能受到大气污染危害的单位和居民，并报告当地环境保护行政主管部门，接受调查处理	根据所造成的危害后果处直接经济损失 50%以下的罚款，但最高不超过 50 万元，对直接负责的主管人员和其他直接责任人依法给予行政处分； 构成犯罪的，依法追究刑事责任	县级以上环境保护行政主管部门

表 2-22　造成水污染事故单位的责任

违法行为认定	法律依据	污染事故报告制度及应急响应制度的法律责任	
		处罚的种类、幅度	实施机关
未按规定制定水污染事故应急方案； 水污染事故发生后，未及时启动水污染事故的应急方案，采取有关应急措施的	《水污染防治法》第六十七条规定：可能发生水污染事故的企业事业单位，应当制定有关水污染事故的应急方案，做好应急准备，并定期进行演练； 生产储存危险化学品的企业事业单位，应当采取措施，防止在处理安全生产事故过程中产生的可能严重污染水体的消防废水、废液直接排入水体； 第六十八条规定：企业事业单位发生事故或者其他突发性事件，造成或者可能造成水污染事故的，应当立即启动本单位的应急方案，采取应急措施，并向事故发生地的县级以上地方人民政府或者环境保护行政主管部门报告	责令改正； 情节严重的，处 2 万元以上 10 万元以下的罚款（《水污染防治法》第八十二条（一）、（二））	县级以上环境保护行政主管部门
造成一般或者较大水污染事故的； 造成重大或者特大水污染事故的		发生水污染事故后，责令限期采取治理措施，消除污染。并按照水污染事故造成的直接经济损失计算罚款： 造成一般或者较大水污染事故的，按 20%计算罚款； 造成重大或者特大水污染事故的：责令关闭； 按 30%计算罚款； 对直接负责的主管人员和其他直接责任人员可以处上一年度从本单位取得收入 50%以下的罚款（《水污染防治法》第八十三条第二款）	县级以上环境保护行政主管部门（渔业、海事主管部门）

表 2-23　造成海洋环境污染事故单位的责任

违法行为认定	法律依据	污染事故报告制度及应急响应制度的法律责任	
		处罚的种类、幅度	实施机关
造成海洋环境污染事故	《海洋环境保护法》第十七条规定：因发生事故或者其他突发性事件，造成或者可能造成海洋环境污染事故的单位和个人，必须立即采取有效措施，及时向可能受到危害者通报，并向行使海洋环境监督管理权的部门报告，接受调查处理； 第十八条规定：国家根据防止海洋环境污染的需要制定国家重大海上污染事故应急计划； ……沿海可能发生重大海洋环境污染事故的单位，应当依照国家的规定，制定污染事故应急计划，并向当地环境保护行政主管部门、海洋行政主管部门备案； 《陆源污染物污染损害海洋环境管理条例》第二十二条规定：一切单位和个人造成陆源污染物污染损害海洋环境事故时，必须立即采取措施处理，并在事故发生后 48 小时内向当地环境保护行政主管部门作出事故发生时间、地点、类型和排放污染物的数量、经济损失、人员受害等情况的初步报告，并抄送有关部门。事故查清后，应当向当地人民政府环境保护行政主管部门作出书面报告，并附有关证明文件	根据所造成的危害和损失，按照直接经济损失 30%计算罚款，但最高不得超过 30 万元； 对直接责任人给予行政处分（《海洋环境保护法》第九十一条）	依法行使海洋环境监督管理权的部门

表 2-24 造成固体废物污染事故单位的责任

违法行为认定	法律依据	污染事故报告制度及应急响应制度的法律责任	
		处罚的种类、幅度	实施机关
造成固体废物污染环境事故的； 造成重大污染事故的	《固体废物污染环境防治法》第六十三条规定：因发生事故或者其他突发性事件，造成危险废物严重污染环境的单位，必须立即采取措施消除或者减轻对环境的污染危害，及时通报可能受到污染危害的单位和居民，并向所在地县级以上环境保护行政主管部门和有关部门报告，接受调查处理	造成事故的，处 2 万元以上 20 万元以下罚款； 造成重大损失的，按照直接经济损失的 30%计算罚款，但最高不超过 100 万元； 对负有责任的主管人员和其他直接责任人员，依法给予行政处分； 造成重大事故的： 责令停业或关闭 （《固体废物污染环境防治法》第八十二条）	县级以上环境保护行政主管部门 人民政府
造成废弃危险化学品污染环境事故的	《废弃危险化学品污染环境防治办法》第十九条规定：产生、收集、贮存、运输、利用、处置废弃危险化学品的单位，应当制定废弃危险化学品突发环境事件应急预案报县级以上级环境保护部门备案，建设或配备必要的环境应急设施和设备，并定期进行演练； 发生废弃危险化学品事故时，事故责任单位应当立即采取措施消除或者减轻对环境的污染危害，及时通报可能受到污染危害的单位和居民，并按照国家有关事故报告程序的规定，向所在地县级以上环境保护部门和有关部门报告，接受调查处理	按《固体废物污染环境防治法》第八十二条规定处罚； 构成犯罪的，依法追究刑事责任	同上

表 2-25 造成危险化学品污染事故单位的责任

违法行为认定	法律依据	污染事故报告制度及应急响应制度的法律责任	
		处罚的种类、幅度	实施机关
造成危险化学品事故后： 未按《条例》规定立即组织救援或者采取必要措施，减少事故损失，防止事故蔓延、扩大； 不立即向负责危险化学品安全监督管理综合工作的部门和公安、环境保护、卫生主管部门报告；（道路运输、水路运输过程中发生危险化学品事故的，不立即向事故发生地交通运输主管部门报告）	《危险化学品安全管理条例》第七十条规定：危险化学品单位应当制定本单位危险化学品事故应急预案，配备应急救援人员和必要的应急救援器材、设备，并定期组织应急救援演练； 第七十一条规定：发生危险化学品事故，事故单位主要负责人应当立即按照本单位危险化学品应急预案组织救援，并向当地安全生产监督管理部门和环境保护、公安、卫生主管部门报告；道路运输、水路运输过程中发生危险化学品事故的，驾驶人员、船员或者押运人员还应当向事故发生地交通运输主管部门报告； 第九十四条规定：危险化学品单位发生危险化学品事故，其主要负责人不立即组织救援或者不立即向有关部门报告的，依照《生产安全事故报告和调查处理条例》的规定处罚。 危险化学品单位发生危险化学品事故，造成他人人身伤害或者财产损失的，依法承担赔偿责任。 《生产安全事故报告和调查处理条例》第三十二条规定，有关机关应当按照人民政府的批复，依照法律、行政法规规定的权限和程序，对事故发生单位和有关人员进行行政处罚，对负有事故责任的国家工作人员进行处分。 事故发生单位应当按照负责事故调查的人民政府的批复，对本单位负有事故责任的人员进行处理。 负有事故责任的人员涉嫌犯罪的，依法追究刑事责任	单位：暂扣或者吊销其有关证照； 个人：暂停或者撤销其与安全生产有关的执业资格、岗位证书； 罚款： 主要负责人：上一年年收入的 40%～80%； 单位：10 万～500 万元； 行政处分； 追究刑事责任；	人民政府主管部门； 安全生产监督管理部门； 有关单位； 司法部门

表 2-26　其他违法行为应当承担的法律责任（一）

违法行为认定	行政处罚的法律依据	处罚种类	实施机关
拒不执行突发环境事件应急预案，不服从命令和指挥 在环境事件应急响应时临阵脱逃的 盗窃、贪污、挪用环境事件应急工作资金、装备和物资的 阻碍环境事件应急工作人员依法执行职务或者进行破坏活动的 散布谣言，扰乱社会秩序的	《突发事件应对法》（以下简称《应对法》）第六十三条规定：地方各级人民政府和县级以上各级人民政府有关部门违反本法规定，不履行法定职责的，由其上级行政机关或者监察机关责令改正；有下列情形之一的，根据情节对直接负责的主管人员和其他直接责任人员依法给予处分： （一）未按规定采取预防措施，导致发生突发事件，或者未采取必要的防范措施，导致发生次生、衍生事件的； （二）迟报、谎报、瞒报、漏报有关突发事件的信息，或者通报、报送、公布虚假信息，造成后果的； （三）未按规定及时发布突发事件警报、采取预警期的措施，导致损害发生的； （四）未按规定及时采取措施处置突发事件或者处置不当，造成后果的； （五）不服从上级人民政府对突发事件应急处置工作的统一领导、指挥和协调的； （六）未及时组织开展生产自救、恢复重建等善后工作的； （七）截留、挪用、私分或者变相私分应急救援资金、物资的； （八）不及时归还征用的单位和个人的财产，或者对被征用财产的单位和个人不按规定给予补偿的； 《应对法》第六十四条规定：有关单位有下列情形之一的，由所在地履行统一领导职责的人民政府责令停产停业，暂扣或者吊销许可证或者营业执照，并处 5 万元以上 20 万元以下的罚款；构成违反治安管理行为的，由公安机关依法给予处罚： （一）未按规定采取预防措施，导致发生严重突发事件的； （二）未及时消除已发现的可能引发突发事件的隐患，导致发生严重突发事件的； （三）未做好应急设备、设施日常维护、检测工作，导致发生严重突发事件或者突发事件危害扩大的； （四）突发事件发生后，不及时组织开展应急救援工作，造成严重后果的。 前款规定的行为，其他法律、行政法规规定由人民政府有关部门依法决定处罚的，从其规定； 《应对法》第六十五条规定：违反本法规定，编造并传播有关突发事件事态发展或者应急处置工作的虚假信息，或者明知是有关突发事件事态发展或者应急处置工作的虚假信息而进行传播的，责令改正，给予警告；造成严重后果的，依法暂停其业务活动或者吊销其执业许可证；负有直接责任的人员是国家工作人员的，还应当对其依法给予处分；构成违反治安管理行为的，由公安机关依法给予处罚； 《应对法》第六十六条规定：单位或者个人违反本法规定，不服从所在地人民政府及其有关部门发布的决定、命令或者不配合其依法采取的措施，构成违反治安管理行为的，由公安机关依法给予处罚； 《应对法》第六十七条规定：单位或者个人违反本法规定，导致突发事件发生或者危害扩大，给他人人身、财产造成损害的，应当依法承担民事责任	给予行政处分； 造成严重后果的，对负有责任的主管人员和其他直接责任人追究刑事责任	任免机关、监察机关

表 2-27 其他违法行为应当承担的法律责任（二）

违法行为认定	行政处罚的法律依据	处罚种类	实施机关
地方各级人民政府和县级以上各级人民政府有关部门不履行法定职责； 未按规定采取预防措施，导致事件发生； 不如实报告、公布突发事件的信息，造成后果； 措施滞后或处置不当，造成后果； 不服从统一领导、指挥和协调； 未及时组织善后工作； 截留、挪用、私分或者变相私分应急救援资金、物资； 不及时归还征用单位和个人的财产，或不按规定给予补偿	《突发事件应对法》（以下简称《应对法》）第六十三条规定：地方各级人民政府和县级以上各级人民政府有关部门违反本法规定，不履行法定职责的，由其上级行政机关或者监察机关责令改正；有下列情形之一的，根据情节对直接负责的主管人员和其他直接责任人员依法给予处分： （一）未按规定采取预防措施，导致发生突发事件，或者未采取必要的防范措施，导致发生次生、衍生事件的； （二）迟报、谎报、瞒报、漏报有关突发事件的信息，或者通报、报送、公布虚假信息，造成后果的； （三）未按规定及时发布突发事件警报、采取预警期的措施，导致损害发生的； （四）未按规定及时采取措施处置突发事件或者处置不当，造成后果的； （五）不服从上级人民政府对突发事件应急处置工作的统一领导、指挥和协调的； （六）未及时组织开展生产自救、恢复重建等善后工作的； （七）截留、挪用、私分或者变相私分应急救援资金、物资的； （八）不及时归还征用的单位和个人的财产，或者对被征用财产的单位和个人不按规定给予补偿的；	责令改正 给予处分	上级行政机关或监察机关
	《突发事件应对法》第六十八条规定：违反本法规定，构成犯罪的，依法追究刑事责任	追究刑事责任	公安机关
未按规定采取预防措施，导致发生严重突发事件； 未及时消除已发现隐患，导致发生严重突发事件； 未做好日常应急准备工作，导致发生严重突发事件或者突发事件危害扩大； 事件发生后，不及时组织救援工作，造成严重后果	《突发事件应对法》第六十四条规定：有关单位有下列情形之一的，由所在地履行统一领导职责的人民政府责令停产停业，暂扣或者吊销许可证或者营业执照，并处 5 万元以上 20 万元以下的罚款；构成违反治安管理行为的，由公安机关依法给予处罚： （一）未按规定采取预防措施，导致发生严重突发事件的； （二）未及时消除已发现的可能引发突发事件的隐患，导致发生严重突发事件的； （三）未做好应急设备、设施日常维护、检测工作，导致发生严重突发事件或者突发事件危害扩大的； （四）突发事件发生后，不及时组织开展应急救援工作，造成严重后果的。 前款规定的行为，其他法律、行政法规规定由人民政府有关部门依法决定处罚的，从其规定	责令停产停业，暂扣或者吊销许可证或者营业执照，并处五 5 万元以上 20 万元以下的罚款；构成违反治安管理行为的，依法给予处罚	所在地人民政府 公安机关
编造、传播有关突发事件的虚假信息	《突发事件应对法》第六十五条规定：违反本法规定，编造并传播有关突发事件事态发展或者应急处置工作的虚假信息，或者明知是有关突发事件事态发展或者应急处置工作的虚假信息而进行传播的，责令改正，给予警告；造成严重后果的，依法暂停其业务活动或者吊销其执业许可证；负有直接责任的人员是国家工作人员的，还应当对其依法给予处分；构成违反治安管理行为的，由公安机关依法给予处罚	责令改正，给予警告； 造成严重后果的，依法暂停其业务活动或者吊销其执业许可证； 对负有直接责任的国家工作人员，依法给予处分； 构成违反治安管理行为的，依法给予处罚	同上

违法行为认定	行政处罚的法律依据	处罚种类	实施机关
不服从所在地人民政府及其有关部门发布的决定、命令，或者不配合其依法采取的措施	《突发事件应对法》第六十六条规定：单位或者个人违反本法规定，不服从所在地人民政府及其有关部门发布的决定、命令或者不配合其依法采取的措施，构成违反治安管理行为的，由公安机关依法给予处罚	构成违反治安管理行为的，依法给予处罚	同上

二、环境污染与破坏事故应急处理制度典型案例分析与执法要点解析

案例二十七：企业没有环境应急与污染预防措施（方案）的处罚

【案情介绍】

2011 年 5 月 11 日晚 8 点左右，某市鑫亿化工公司在利用槽罐车卸载生产原料苯乙烯时，因工人操作不慎，导致部分苯乙烯泄漏至地面。之后，这家企业在没有收集装置的前提下，擅自用自来水进行冲洗，致使大量含有苯乙烯的冲洗废水通过地面以及管道流渗至池塘，后来又渗至溪沟和水井中，致中毒人数达 32 人。事故发生后，这家企业不但未及时采取应急抢救措施，也未及时向该市环保局和相关部门报告。由于企业的瞒报行为，这起事故错过了处置的最佳时机，短期内对下游附近地区的生活和生产用水造成了一定影响。某市环境监察支队接到当地群众举报后，对这家企业的违法行为展开了立案调查。在事实面前，企业承认了自己的违法行为。某市环保局据此对这家企业处以 4 万元罚款。

【案例分析】

《水污染防治法》第六章第六十六、六十七、六十八条规定：可能发生水污染事故的企业事业单位，应当制定有关水污染事故的应急方案，做好应急准备，并定期进行演练；企业事业单位发生事故或者其他突发性事件，造成或者可能造成水污染事故的，应当立即启动本单位的应急方案，采取应急措施，并向事故发生地的县级以上地方人民政府或者环境保护主管部门报告。《水污染防治法》第八十二条规定：企业事业单位有下列行为之一的，由县级以上人民政府环境保护主管部门责令改正；情节严重的，处 2 万元以上 10 万元以下的罚款：（一）不按照规定制定水污染事故的应急方案的；（二）水污染事故发生后，未及时启动水污染事故的应急方案，采取有关应急措施的。

具体到本案，事发后该企业既没有向环保部门报告，也没有采取有效抢救措施。环保局可以依据《水污染防治法》第八十二条第一项和第二项分别进行处罚。如果两项共处 4 万元罚款，处罚额度偏低。

【执法提示】

对于造成环境污染事故的单位，特别是水污染事故的单位，应从源头提出要求，要求企业制订应急预案并报环保部门备案。在现场执法检查时，对于可能造成污染事故单位应注意检查其应急预案的制定和演练情况。对发生水污染事故的单位，首先从不按照规定制定水污染事故应急预案进行处罚，这样有利于避免类似的事故再次发生。

第三章　环境污染防治法

第一节　水污染的典型案例及其执法要点解析

一、概述

（一）水污染防治的法律规定

我国水污染防治的主要法律规定见表 3-1。

表 3-1　水污染防治的主要法律规定

<table>
<tr><td>法律</td><td>中华人民共和国水污染防治法</td><td>2008 年 6 月 1 日修正，实施</td></tr>
<tr><td rowspan="2">行政法规和规范性文件</td><td>水污染防治法实施细则</td><td>2000 年 3 月 20 日实施</td></tr>
<tr><td>淮河流域水污染防治暂行条例</td><td>1995 年 8 月 8 日实施
（国务院令[2011]第 588 号修改第四十条）</td></tr>
<tr><td rowspan="5">部门规章及规范性文件</td><td>饮用水水源保护区污染防治管理规定</td><td>1989 年 7 月 10 日实施
（2010 年部令第 16 号修改）</td></tr>
<tr><td>渔业水域污染事故调查处理程序的规定</td><td>1997 年 3 月 26 日实施</td></tr>
<tr><td>防止船舶垃圾和沿岸固体废物污染长江水域管理规定</td><td>1997 年 12 月 24 日实施</td></tr>
<tr><td>淮河和太湖流域排放重点水污染物许可证管理办法（试行）</td><td>2001 年 10 月 1 日实施</td></tr>
<tr><td>限期治理管理办法（试行）</td><td>2009 年 9 月 1 日实施</td></tr>
<tr><td>地方性法规、规章</td><td colspan="2">略</td></tr>
</table>

我国水污染物排放标准见表 3-2。

表 3-2　国家水污染物排放标准

序号	标准编号	标准名称	实施时间
1	GB 27632—2011	橡胶制品工业污染物排放标准	2012-01-01
2	GB 27631—2011	发酵酒精和白酒工业水污染物排放标准	2012-01-01
3	GB 26877—2011	汽车维修业水污染物排放标准	2012-01-01
4	GB 26452—2011	钒工业污染物排放标准	2011-10-01

序号	标准编号	标准名称	实施时间
5	GB 26451—2011	稀土工业污染物排放标准	2011-10-01
6	GB 15580—2011	磷肥工业水污染物排放标准	2011-10-01
7	GB 26132—2010	硫酸工业污染物排放标准	2011-03-01
8	GB 26131—2010	硝酸工业污染物排放标准	2011-03-01
9	GB 25468—2010	镁、钛工业污染物排放标准	2010-10-01
10	GB 25467—2010	铜、镍、钴工业污染物排放标准	2010-10-01
11	GB 25466—2010	铅、锌工业污染物排放标准	2010-10-01
12	GB 25465—2010	铝工业污染物排放标准	2010-10-01
13	GB 25464—2010	陶瓷工业污染物排放标准	2010-10-01
14	GB 25463—2010	油墨工业水污染物排放标准	2010-10-01
15	GB 25462—2010	酵母工业水污染物排放标准	2010-10-01
16	GB 25461—2010	淀粉工业水污染物排放标准	2010-10-01
17	GB 21909—2008	制糖工业水污染物排放标准	2008-08-01
18	GB 21908—2008	混装制剂类制药工业水污染物排放标准	2008-08-01
19	GB 21907—2008	生物工程类制药工业水污染物排放标准	2008-08-01
20	GB 21906—2008	中药类制药工业水污染物排放标准	2008-08-01
21	GB 21905—2008	提取类制药工业水污染物排放标准	2008-08-01
22	GB 21904—2008	化学合成类制药工业水污染物排放标准	2008-08-01
23	GB 21903—2008	发酵类制药工业水污染物排放标准	2008-08-01
24	GB 21902—2008	合成革与人造革工业污染物排放标准	2008-08-01
25	GB 21901—2008	羽绒工业水污染物排放标准	2008-08-01
26	GB 21900—2008	电镀污染物排放标准	2008-08-01
27	GB 3544—2008	制浆造纸工业水污染物排放标准	2008-08-01
28	GB 21523—2008	杂环类农药工业水污染物排放标准	2008-07-01
29	GB 20425—2006	皂素工业水污染物排放标准	2007-01-01
30	GB 20426—2006	煤炭工业污染物排放标准	2006-10-01
31	GB 18466—2005	医疗机构水污染物排放标准	2006-01-01
32	GB 19821—2005	啤酒工业污染物排放标准	2006-01-01
33	GB 19431—2004	味精工业污染物排放标准	2004-04-01
34	GB 19430—2004	柠檬酸工业污染物排放标准	2004-04-01
35	GB 14470.3—2011	弹药装药行业水污染物排放标准	2012-01-01
36	GB 14470.1—2002	兵器工业水污染物排放标准　火炸药	2003-07-01
37	GB 14470.2—2002	兵器工业水污染物排放标准　火工药剂	2003-07-01
38	环保总局公告 2006 年第 21 号	《城镇污水处理厂污染物排放标准》（GB 18918—2002）修改单	2006-05-08
	GB 18918—2002	镇污城水处理厂污染物排放标准	2003-07-01
39	GB 18596—2001	畜禽养殖业污染物排放标准	2003-01-01
40	GB 13258—2001	合成氨工业水污染物排放标准	2002-02-21
41	GB 18486—2001	污水海洋处置工程污染控制标准	2002-01-01
42	GB 8978—1996	污水综合排放标标准	1998-01-01
	环保总局文件 环发[1999]285 号	《污水综合排放标准》中石化工业 COD 标准值修改单	1999-12-15
43	GB 15581—95	烧碱、聚氯乙烯工业水污染物排放标准	1996-07-01

序号	标准编号	标准名称	实施时间
44	GB 14374—93	航天推进剂水污染物排放标准	1993-12-01
45	GB 13257—92	肉类加工工业水污染物排放标准	1992-07-01
46	GB 13456—92	钢铁工业水污染物排放标准	1992-07-01
47	GB 4267—92	纺织染整工业水污染物排放标准	1992-07-01
48	GB 4914—85	海洋石油开发工业含油污水排放标准	1985-08-01
49	GB 4286—84	船舶工业污染物排放标准	1985-03-01
50	GB 3552—83	船舶污染物排放标准	1983-10-01

（二）违反水污染防治法律规定应承担的法律责任

违反环境影响评价、“三同时”、排污申报登记、现场检查、擅自闲置或拆除污染防治设施、限期治理、排污收费、排污许可证等制度的规定应承担的法律责任，在第一、二章已做介绍，在此不再赘述。

1. 监测管理

表 3-3 违反监测管理要求应承担的法律责任

违法行为认定	法律依据	《水污染防治法》规定的法律责任		
		行政命令	行政处罚的种类、幅度	实施机关
重点排污单位未按规定安装水污染物排放自动监测设备	《水污染防治法》第二十三条规定：重点排污单位应当安装水污染物排放自动监测设备，与环境保护主管部门的监控设备联网，并保证监测设备正常运行	责令限期改正	逾期不改正的，处 1 万元以上 10 万元以下的罚款（第七十二条（二））	县级以上环境保护行政主管部门
自动监测设备未按规定与环保部门的监控设备联网，并未正常运行				
未按规定对所排放的工业废水进行监测并保存原始监测记录	第二十三条规定：……排放工业废水的企业，应当对其所排放的工业废水进行监测，并保存原始监测记录	责令限期改正	逾期不改正的，处 1 万元以上 10 万元以下的罚款（第七十二条（三））	

2. 排污口规范化管理

表 3-4 违反排污口规范化管理要求应承担的法律责任

违法行为认定	法律依据	《水污染防治法》规定的法律责任		
		行政命令	行政处罚的种类、幅度	实施机关
超标排放水污染物或者超过重点水污染物总量控制指标	《水污染防治法》第九条规定：排放水污染物，不得超过国家或者地方规定的水污染物排放标准和重点排放总量控制指标	责令限期治理（最长不超过一年）	处应缴纳排污费数额 2 倍以上 5 倍以下罚款	县级以上环境保护行政主管部门
			逾期未完成限期治理任务的，责令关闭	人民政府

违法行为认定		法律依据	《水污染防治法》规定的法律责任		
			行政命令	行政处罚的种类、幅度	实施机关
违反排污口规范化管理要求设置排污口		第二十二条规定：向水体排放污染物的企业事业单位和个体工商户，应当按照法律、法规和环保规章设置排污口	责令限期拆除	处2万元以上10万元以下罚款；逾期不拆除，强制拆除，所需费用由排污者承；处10万元以上50万元以下罚款（第七十五条）	县级以上环境保护行政主管部门
私设暗管		第二十二条第二款规定：私设暗管或者采取其他规避监管的方式排放水污染物	责令限期拆除	处2万元以上10万元以下罚款；逾期不拆除，强制拆除，所需费用由排污者承；处10万元以上50万元以下罚款（第七十五条）	县级以上环境保护行政主管部门
其他规避监管方式排放水污染物	将废水进行稀释后排放	第二十二条第二款规定：私设暗管或者采取其他规避监管的方式排放水污染物			
	将废水通过槽车、储水罐等运输工具或容器转移出厂、非法倾倒				
	在雨污管道分离后利用雨水管道排放废水				
	其他擅自改变污水处理方式、不经法定排放口排放废水等规避监管的行为				
私设暗管或者其他严重情节				责令停产整顿	人民政府
水污染物削减单位未按规定设置排污口、安装总量控制监测设备		《水污染防治法实施细则》第十一条：总量控制实施方案确定的削减污染物排放量的单位，必须按照国务院环境保护部门的规定设置排污口，并安装总量控制的监测设备	责令限期改正	可以处1万元以下的罚款（《水污染防治法实施细则》第四十五条）	环保部门

3．污染物禁排管理

表 3-5　违反污染物禁排管理要求应承担的法律责任

违法行为认定	法律依据	《水污染防治法》规定的法律责任		
		行政命令	行政处罚的种类、幅度	实施机关
将油类、酸液、碱液排入水体	《水污染防治法》第二十九条规定，禁止向水体排放油类、酸液、碱液	责令停止违法行为，限期采取措施，消除污染；逾期不采取措施的，环保部门指定单位代治理，费用由违法者承担	处2万元以上20万元以下罚款[《水污染防治法》第七十六条（一）]	县级以上环境保护行政主管部门

违法行为认定	法律依据	《水污染防治法》规定的法律责任		
		行政命令	行政处罚的种类、幅度	实施机关
向水体排放剧毒废液 将汞、镉、砷、铬、铅、氰化物、黄磷等可溶性剧毒废渣： 向水体排放； 倾倒； 埋入地下	《水污染防治法》第二十九条规定：禁止向水体排放其他剧毒废液。 第三十三条第二款规定：禁止将含有汞、镉、砷、铬、铅、氰化物、黄磷等的可溶性剧毒废渣向水体排放、倾倒或者直接埋入地下	责令停止违法行为，限期采取措施，消除污染；逾期不采取措施的，环保部门指定单位代治理，费用由违法者承担	处5万元以上50万元以下的罚款[《水污染防治法》第七十六条（二）]	县级以上环境保护行政主管部门
在水体清洗装贮过油类、有毒污染物的车辆或者容器的	《水污染防治法》第二十九条第二款规定：禁止在水体清洗装贮过油类或者有毒污染物的车辆和容器	责令停止违法行为，限期采取措施，消除污染；逾期不采取措施的，环保部门指定单位代治理，费用由违法者承担	处1万元以上10万元以下罚款[《水污染防治法》第七十六条（三）]	县级以上环境保护行政主管部门
向水体排放、倾倒工业废渣、城市垃圾或者其他废弃物	《水污染防治法》第三十三条规定：禁止向水体排放、倾倒工业废渣、城市垃圾或者其他废弃物	责令停止违法行为，限期采取措施，消除污染；逾期不采取措施的，环保部门指定单位代治理，费用由违法者承担	处2万元以上20万元以下罚款[《水污染防治法》第七十六条（四）]	县级以上环境保护行政主管部门
将固体废弃物或者其他污染物堆放、存贮在江河、湖泊、运河、渠道、水库最高水位线以下的滩地、岸坡上	《水污染防治法》第三十四条规定，禁止在江河、湖泊、运河、渠道、水库、最高水位线以下的滩地、岸坡堆放、存贮固体废弃物或者其他污染物	责令停止违法行为，限期采取措施，消除污染；逾期不采取措施的，环保部门指定单位代治理，费用由违法者承担	处2万元以上20万元以下罚款[《水污染防治法》第七十六条（四）]	县级以上环境保护行政主管部门
向水体排放、倾倒放射性固体废物； 向水体排放、倾倒含有高、中放射性物质的废水	《水污染防治法》第三十条规定：禁止向水体排放、倾倒放射性固体废物，或者含有高放射性、中放射性的废水	责令停止违法行为，限期采取措施，消除污染；逾期不采取措施的，环保部门指定单位代治理，费用由违法者承担	处5万元以上50万元以下罚款[《水污染防治法》第七十六条（五）]	县级以上环境保护行政主管部门
未采取有效措施，致使储存的畜禽废渣、散落、溢流、雨水淋失、散发恶臭气味等对周围环境造成污染和危害	《畜禽养殖污染防治管理办法》第十三条规定：畜禽养殖场必须设置畜禽废渣的储存设施和场所，采取对储存场所地面进行水泥硬化等措施，防止畜禽养殖废渣渗漏、散落、溢流、雨水淋失、散发恶臭气味等对周围环境造成污染和危害	责令停止违法行为限期改正	并处以1000元以上3万元以下罚款[《畜禽养殖污染防治管理办法》第十八条（一）]	
向水体或其他环境倾倒、排放畜禽废渣和污水	《畜禽养殖污染防治管理办法》第十五条规定：禁止向水体倾倒畜禽废渣	责令停止违法行为限期改正	并处以1000元以上3万元以下罚款[《畜禽养殖污染防治管理办法》第十八条（二）]	

4．达标排放管理

表 3-6 违反达标排放管理要求应承担的法律责任

违法行为认定	法律依据	《水污染防治法》规定的法律责任		
		行政命令	行政处罚的种类、幅度	实施机关
向水体排放不符合国家有关规定或标准的含低放射性废水	《水污染防治法》第三十条规定：向水体排放含低放射性物质的废水，应当符合国家有关放射性污染防治的规定和标准	责令停止违法行为，限期采取措施，消除污染；逾期不采取措施的，环保部门指定单位代治理，费用由违法者承担	处 1 万元以上 10 万元以下罚款[《水污染防治法》第七十六条（六）]	县级以上环境保护行政主管部门
向水体排放不符合国家有关规定或标准的含热废水	《水污染防治法》第三十一条规定：向水体排放含热废水，应当采取措施，保证水体的水温符合水环境质量标准	责令停止违法行为，限期采取措施，消除污染；逾期不采取措施的，环保部门指定单位代治理，费用由违法者承担	处 1 万元以上 10 万元以下罚款[《水污染防治法》第七十六条（六）]	县级以上环境保护行政主管部门
向水体排放不符合国家有关规定或标准的含病原体的污水	《水污染防治法》第三十二条规定：含病原体的污水应当经过消毒处理；符合国家有关标准后，方可排放	责令停止违法行为，限期采取措施，消除污染；逾期不采取措施的，环保部门指定单位代治理，费用由违法者承担	处 1 万元以上 10 万元以下罚款[《水污染防治法》第七十六条（六）]	县级以上环境保护行政主管部门

5．地下水污染防治管理

表 3-7 违反地下水污染防治管理要求规定应承担的法律责任

违法行为认定	法律依据	《水污染防治法》规定的法律责任		
		行政命令	行政处罚的种类、幅度	实施机关
利用渗井、渗坑、裂隙或者溶洞排放、倾倒含有毒污染物的废水，含病原体的污水或者其他废弃物的	《水污染防治法》第三十五条规定：禁止利用渗井、渗坑、裂隙或者溶洞排放、倾倒含有毒污染物的废水，含病原体的污水或者其他废弃物	责令停止违法行为，限期采取措施，消除污染；逾期不采取措施的，环保部门指定单位代治理，费用由违法者承担	处 5 万元以上 50 万元以下罚款[《水污染防治法》第七十六条（七）]	县级以上环境保护行政主管部门
利用无防渗漏措施的沟渠、坑塘等输送含有毒污染物的废水、含病原体的污水或者其他废弃物； 利用无防渗漏措施的沟渠、坑塘等存贮含有毒污染物的废水、含病原体的污水或者其他废弃物	第三十六条规定：禁止利用无防渗漏措施的沟渠、坑塘等输送或者存贮含有毒污染物的废水、含病原体的污水或者其他废弃物	责令停止违法行为，限期采取措施，消除污染；逾期不采取措施的，环保部门指定单位代治理，费用由违法者承担	处 2 万元以上 20 万元以下罚款[《水污染防治法》第七十六条（八）]	县级以上环境保护行政主管部门

6．特殊保护区设置排污口的管理

表 3-8　在特殊保护区违法设置排污口应承担的法律责任

违法行为认定	法律依据	《水污染防治法》规定的法律责任		
		行政命令	行政处罚的种类、幅度	实施机关
未经水主管部门批准在江河、湖泊设置排污口	《水污染防治法》第二十二条规定：在江河设置排污口的还应遵守水主管部门的规定	责令停止违法行为，限期恢复原状	处 5 万元以上 10 万元以下罚款[《水污染防治法》第六十七条（二）]	县级以上水行政主管部门或流域管理机构
在饮用水水源保护区内设置排污口	《水污染防治法》第五十七条规定：在饮用水源保护区内，禁止设置排污口	责令拆除； 逾期不拆除的，强制拆除（费用由违法者承担	处 10 万元以上 50 万元以下罚款； 处 50 万元以上 100 万元以下罚款，并可以责令停产整顿（《水污染防治法》第七十五条）	县级以上环境保护行政主管部门
在饮用水水源一级保护区内新建、改建、扩建与供水设施和保护水源无关的建设项目； 已建成的与供水设施和保护水源无关的建设项目	《水污染防治法》第五十八条规定：禁止在饮用水水源一级保护区内新建、改建、扩建与供水设施和保护水源无关的建设项目	责令停止违法行为	处 10 万元以上 50 万元以下罚款[《水污染防治法》第八十一条（一）]； 责令拆除或者关闭	县级以上环境保护行政主管部门 报政府批准；县级以上人民政府
在饮用水水源二级保护区内新建、改建、扩建排放污染物的建设项目； 已建成的排放污染物的建设项目	《水污染防治法》第五十九条规定：禁止在饮用水水源二级保护区内新建、改建、扩建排放污染物的建设项目。	责令停止违法行为	处 10 万元以上 50 万元以下罚款[《水污染防治法》第八十一条（二）]； 责令拆除或者关闭	县级以上环境保护行政主管部门； 县级以上人民政府
在饮用水水源准保护区内新建、扩建对水体污染严重的建设项目 在饮用水水源准保护区进行增加排污量的改建	《水污染防治法》第六十条规定：禁止在饮用水水源准保护区内新建、扩建对水体污染严重的建设项目；改建建设项目，不得增加排污量	责令停止违法行为	处 10 万元以上 50 万元以下罚款[《水污染防治法》第八十一条（三）]	县级以上环境保护行政主管部门
在饮用水水源一级保护区内从事网箱养殖、旅游、游泳、垂钓等污染水体活动	《水污染防治法》第五十八条第二款禁止在饮用水水源一级保护区内从事网箱养殖、旅游、游泳、垂钓或者其他可能污染饮用水水体的活动	责令停止违法行为	处 2 万元以上 10 万元以下的罚款[《水污染防治法》第八十一条（二）]	县级以上环境保护行政主管部门
个人在饮用水水源一级保护区内从事网箱养殖、旅游、游泳、垂钓等污染水体活动	《水污染防治法》第五十八条第二款禁止在饮用水水源一级保护区内从事网箱养殖、旅游、游泳、垂钓或者其他可能污染饮用水水体的活动	责令停止违法行为	处 500 元以下罚款[《水污染防治法》第八十一条（二）]	县级以上环境保护行政主管部门

二、水污染的典型案例分析及执法要点解析

案例二十八（案一）：超标或超总量排放——超标排污案

【案情介绍】

2008 年 8 月 14 日 5 时，按照国家七部委整治违法排污行动的要求，榆树市环保局执法人员在例行现场检查中，发现吉林沱牌农产品开发有限公司榆树分公司生产厂区内，污水总排口有大量未经处理的高浓度废水排出，执法人员当即通知企业相关人员立即停止排污，并拍摄了排污总口现场照片，同时采取了水样。经监测，外排废水中污染物浓度 COD 为 40928.0 毫克/升、NH_3-N 为 1450.0 毫克/升（国家《污水综合排放标准》（GB8978—1996）规定 COD 为 100 毫克/升，NH_3-N 为 15 毫克/升），严重超过了国家排放标准，属于未正常使用水污染处理设施违法排污行为。企业直接排放废水达 1000 多吨。环保部门于 2008 年 8 月 14 日即刻下达了环境违法行为限期改正通知书，要求该公司立即停止违法排污行为，并在环保执法人员监督下关闭排污阀，堵住厂区排污总口；并于 2008 年 8 月 21 日对吉林沱牌农产品开发有限公司榆树分公司作出行政处罚决定书。后经审查发现此处罚决定主体错误，处罚主体应为吉林沱牌农产品开发有限公司。于是，依照《行政处罚法》第五十四条规定，榆树市环保局撤销了原行政处罚决定书，于 2009 年 5 月 6 日正式予以立案调查。经集体讨论，根据《水污染防治法》第七十三条，拟对吉林沱牌农产品开发有限公司处以排污费 3 倍罚款。5 月 6 日下达了排污核定通知书、行政处罚事先告知书、行政处罚听证告知书。该公司在法定期限内对排污核定未申请复核、未向该局提出陈述和申辩、未提出听证申请。经行政处罚审批后，榆树市环保局于 2009 年 5 月 15 日对吉林沱牌农产品开发有限公司正式下达了行政处罚决定书和排污费缴纳通知单。吉林沱牌农产品开发有限公司对环保局做出的行政处罚决定书和排污费缴纳通知单不服，于 2009 年 7 月 13 日向榆树市政府申请复议，榆树市人民政府下达了榆府复决字[2009]第 5 号行政复议决定书，维持了市环保局的行政裁决。吉林沱牌农产品开发有限公司对榆树市政府复议决定不服，于 2009 年 10 月 19 日向榆树市人民法院提起诉讼，经 12 月 1 日开庭审理，榆树市人民法院维持市环保局的行政裁决。吉林沱牌农产品开发有限公司对一审判决仍然不服，于 2009 年 12 月 29 日向长春市中级人民法院提出上诉，经长春市中级人民法院 2010 年 3 月 4 日开庭审理，3 月 11 日二审终审判决（[2010]长行终字第 6 号），认为“原审判决认定事实清楚，审判程序合法，适用法律正确，驳回上诉，维持原判，本判决为终审判决”。榆树市环保局终于以胜诉捍卫了环保法律的威严。目前，此案已由榆树市人民法院实施强制执行。

（摘自：环境监察工作通讯　作者单位：吉林省环境监察总队）

【案例分析】

该案是环境监察人员在例行现场检查中，发现吉林沱牌农产品开发有限公司榆树分公司生产厂区内，污水总排口有大量未经处理的高浓度废水排出，执法人员当即通知企业相关人员立即停止排污，并拍摄了排污总口现场照片，同时采取了水样。经监测，外排废水中 COD、NH_3-N 严重超过了国家排放标准。

对于超标排放污染物的行为，《水污染防治法》第七十四条规定：排放水污染物超过

国家或者地方规定的水污染物排放标准，或者超过重点水污染物排放总量控制指标的，由县级以上人民政府环境保护主管部门按照权限责令限期治理，处应缴纳排污费数额2倍以上5倍以下的罚款。但《限期治理办法（试行）》对限期治理的范围进行了限制，其第三条规定：排放水污染物超标或者超总量，法律法规相关条款另有特别规定的，适用特别规定，不适用限期治理。

《水污染防治法》第七十三条规定：违反本法规定，不正常使用水污染物处理设施，或者未经环境保护主管部门批准拆除、闲置水污染物处理设施的，由县级以上人民政府环境保护主管部门责令限期改正，处应缴纳排污费数额1倍以上3倍以下的罚款。

该企业有直接排放废水达1000多吨的行为。属于未正常使用水污染处理设施违法排污行为，环保部门根据《水污染防治法》第七十三条，对吉林沱牌农产品开发有限公司处以排污费3倍罚款是适当的。

该案涉及的相关法律规定包括：

《水污染防治法》第七十三条和第七十四条的规定。

《限期治理办法（试行）》第三条 [不适用情形]：“排放水污染物超标或者超总量，但有下列情形之一，法律法规相关条款另有特别规定的，适用特别规定，不适用限期治理：（一）建设项目的水污染防治设施未建成、未经验收或者验收不合格，主体工程即投入生产或者使用的，根据《水污染防治法》第七十一条处罚。（二）建设项目投入试生产，其配套建设的水污染防治设施未与主体工程同时投入试运行的，根据《建设项目环境保护管理条例》第二十六条处罚。（三）不正常使用水污染物处理设施，或者未经环境保护行政主管部门批准拆除、闲置水污染物处理设施的，根据《水污染防治法》第七十三条处罚。（四）违法采用国家强制淘汰的造成严重水污染的设备或者工艺，情节严重的，根据《水污染防治法》第七十七条处罚。”

【执法提示】

（1）超标排污即是环境违法行为。

2000年修订的《大气污染防治法》第十三条规定，向大气排放污染物的，其污染物排放浓度不得超过国家和地方规定的排放标准。《水污染防治法》第九条规定，排放水污染物，不得超过国家或者地方规定的水污染物排放标准和重点水污染物排放总量控制指标。从法律上规定了排污者必须达标排放污染物，超标排污即是环境违法行为。

（2）善用排放标准是执法的基本要求。

《污水综合排放标准》规定了污染物最高允许排放浓度（毫克/升）、最高允许排水量和最低允许水重复利用率。《大气污染物综合排放标准》规定了最高允许排放浓度（毫克/米^3）和最高允许排放速率（千克/时）。只有满足排放标准的两项规定时才能认定排污者是达标排放的，而只满足一项标准要求不能认为排污者符合标准要求。

（3）关于罚款数额的计算。

《水污染防治法》第七十三条或第七十四条对于违法行为的行政处罚均没有规定具体的罚款数额，而是以应缴排污费数额为裁定罚款数额的基数，在此基数上处应缴纳排污费数额1倍以上3倍以下或2倍以上5倍以下的罚款。如何计算“应缴排污费数额”是基层环保部门在执法时经常碰到的问题。就此，环保部经请示全国人大常委会法制工作委员会，环保部、财政部、国家发改委联合发布了环函[2011]32号文，规定：确定“应缴纳排污费数额”时，对水污染物的种类、浓度和污水排放量的认定，按照以下方法执行：①关于水污染物的种类、浓度，应当按照国家有关水污染源在线监测技术规范或者监督性监测方法，对违法行为发生时所排水污染物的种类、浓度进行认定。②关于污水排放量，排污者实施违法行为不超过 30 天的，应当按照 30 天的污水排放量进行认定；超过 30 天的，应当按照实际违法行为期间污水排放量进行认定。

资料

不正常适用水污染设施的事实证明和证据收集示例

（一）主要事实

指将部分或全部污水不经过处理设施而直接排入环境的事实。

（二）必要证据（证明主要事实）

1. 当事人的身份证明；
2. 调查询问笔录，或者现场检查（勘察）笔录。

（三）可收集的补充证据（证明裁量事实、印证主要事实）

1. 现场照片、录像；
2. 污染处理设施的操作规程要求，环保设施的设计使用要求、产品资料、设计图纸等；
3. 污染处理设施的运行记录；
4. 环境监察记录；
5. 环境监测报告，或者通过有效性审核的自动监控数据；
6. 环境影响评价文件、建设项目环保竣工验收监测或调查报告（表）；
7. 环保部门的环评批复、环保竣工验收批复；
8. 企业生产记录、排污记录、财务报表等材料；
9. 附近居（村）民或者受害人的证言；
10. 环保部门处理违法行为的行政决定；
11. 投诉、举报、信访材料。

摘自《环境行政处罚证据指南》

资料

关于《水污染防治法》第七十三条和第七十四条“应缴纳排污费数额”具体应用问题的通知

环境保护部、财政部、国家发展和改革委员会　环函[2011]32 号

各省、自治区、直辖市环境保护厅（局）、财政厅（局）、发展改革委、物价局：

2008 年修订的《水污染防治法》第七十三条规定：“违反本法规定，不正常使用水污染物处理设施，或者未经环境保护主管部门批准拆除、闲置水污染物处理设施的，由县级以上人民政府环境保护主管部门责令限期改正，处应缴纳排污费数额一倍以上三倍以下的罚款。”第七十四条规定：“违反本法规定，排放水污染物超过国家或者地方规定的水污染物排放标准，或者超过重点水污染物排放总量控制指标的，由县级以上人民政府环境保护主管部门按照权限责令限期治理，处应缴纳排污费数额二倍以上五倍以下的罚款。”

根据《全国人民代表大会常务委员会关于加强法律解释工作的决议》，经请示全国人民代表大会常务委员会法制工作委员会，现就《水污染防治法》第七十三条和第七十四条所指“应缴纳排污费数额”的具体应用问题，通知如下：

一、《水污染防治法》第七十三条和第七十四条所指“应缴纳排污费数额”，是法律授权环保部门参照排污费征收标准及计算方法确定并用以裁定罚款数额的基数。

二、确定“应缴纳排污费数额”时，对水污染物的种类、浓度和污水排放量的认定，按照以下方法执行：

1. 关于水污染物的种类、浓度，应当按照国家有关水污染源在线监测技术规范或者监督性监测方法，对违法行为发生时所排水污染物的种类、浓度进行认定。

2. 关于污水排放量，排污者实施违法行为不超过30天的，应当按照30天的污水排放量进行认定；超过30天的，应当按照实际违法行为期间污水排放量进行认定。

三、排污者具备法定减缴、免缴、不缴排污费情形的，不影响环保部门参照排污费征收标准及计算方法确定并用以裁定罚款数额的基数。

四、关于《水污染防治法》第七十三条和第七十四条“应缴纳排污费数额”具体应用问题，环境保护部此前所作的规定与本通知不一致的，按本通知执行。

二〇一一年二月二十二日

资料

关于地方法规对《水污染防治法》有关“应缴纳排污费数额”已有规定情况下法律适用问题的复函

环境保护部　环函[2011]76号

浙江省环境保护厅：

你厅《关于〈浙江省水污染防治条例〉第五十七条和第五十八条“应缴纳排污费按年计算”适用问题的请示》（浙环[2011]7号）收悉。经研究，现函复如下：

对《水污染防治法》第七十三条和第七十四条所指“应缴纳排污费数额”的具体应用问题，环境保护部、财政部、国家发展和改革委员会于2011年2月25日联合印发了《关于〈水污染防治法〉第七十三条和第七十四条“应缴纳排污费数额”具体应用问题的通知》（环函[2011]32号）。

地方性法规、地方政府规章对“应缴纳排污费数额”具体应用问题已有规定的，可从其规定。

二〇一一年三月二十九日

案例二十八（案二）：超标或超总量排放——超标排污案

【案情介绍】

吉林省某市白麓纸业有限公司在生产过程中违法排放废水、废气，近日被当地环保部门责令限期整改。

2010 年 2 月 27 日，环境保护部环境投诉受理中心接到群众来电，反映某市白麓纸业有限公司生产过程中排放废水、废气，并有臭味。某市环保局接到转办件后，立即对白麓纸业有限公司进行了调查。经查，白麓纸业股份有限公司产生的污染物主要是工业废水和废气。该公司 2004 年建设日处理能力为 2.5 万吨的污水处理厂，公司污水处理厂处理设施基本运行正常，满负荷运行时有 1 万吨造纸白水不经污水处理厂处理而直接排放。公司电站有 5 台锅炉，有除尘设施。燃料主要为低硫分煤，燃烧过程中产生的废气经静电除尘器和水膜除尘器处理后通过 120 米的烟囱排放。经检查，锅炉设施运行正常。

经调查，公司 2009 年二氧化硫年排放量低于年排放指标，燃料燃烧废气中二氧化硫排放浓度和工艺废气中二氧化硫排放浓度，均低于国家规定的排放标准。但遇到低气压等异常天气时，人们会感觉到刺激性气味的存在。

根据调查情况，某市环保局于 3 月 11 日对这家公司下达了《限期改正通知书》，要求今年开工建设多余造纸白水二级处理工程，将现有污水处理能力扩大至 4.5 万吨，生产中产生的污水必须经污水处理厂处理后方可排放；加强制浆车间环境管理，减轻废气污染。

【案例分析】

该案为环境保护部转办案件。接案后某市环保局对该市白麓纸业有限公司进行调查，发现该公司生产过程中排放废水、废气，并有臭味。一般造纸厂废气主要来源包括：锅炉、纸机引风机排出废气。经调查，该公司 2009 年二氧化硫年排放量低于年排放指标，燃料燃烧废气中二氧化硫排放浓度和工艺废气中二氧化硫排放浓度，均低于国家规定的排放标准。该公司主要问题为，公司污水处理厂处理设施基本运行正常，满负荷运行时有 1 万吨造纸白水不经污水处理厂进行处理而直接排放，属于染物处理设施与处理需求不匹配的状况。该市环保局对这家公司下达了《限期改正通知书》，要求当年开工建设多余造纸白水二级处理工程，将现有污水处理能力扩大至 4.5 万吨，生产中产生的污水必须经污水处理厂处理后方可排放；加强制浆车间环境管理，减轻废气污染。

其《限期改正通知书》的法律依据应为《水污染防治法》第七十四条：违反本法规定，排放水污染物超过国家或者地方规定的水污染物排放标准，或者超过重点水污染物排放总量控制指标的，由县级以上人民政府环境保护主管部门按照权限责令限期治理，处应缴纳排污费数额 2 倍以上 5 倍以下的罚款。

该案是群众投诉到环境保护部的案件，应该说其对当地环境有一定不利影响，对这样的企业在下达《限期整改通知书》时，是否应考虑给予其一定的处罚。

【执法提示】

造纸厂污水排放节点主要包括：① 备料车间破碎机冷却水排污；② 制浆车间有蒸煮废水、洗筛废水、漂白废水；③ 浆板车间工艺废水；④ 化学厂生产废水；⑤ 热电站废水；⑥ 公用设施废水。

对造纸企业的现场监察主要是针对生产工艺，包括备料、蒸煮、洗筛、氧脱木素、漂白工序，通过对这些关键工序的监察，以定性辨别企业的生产工艺先进程度，从而可以初步判断企业污染物的产生负荷情况，为进一步辨别企业现有污水处理设施是否能够将生产过程产生的污染物处理达标提供事实依据。

另外，造纸白水主要来源于造纸车间纸张抄造过程。白水主要含有细小纤维、填料、涂料和溶解的木材成分，以及添加的胶料、湿强剂、防腐剂等，以不溶性 COD 为主，可生化性较低，其加入的防腐剂有一定的毒性。白水水量较大，但其含的有机污染负荷远远低于蒸煮黑液和中段废水。现在几乎所有的造纸厂造纸车间都采用了部分或全封闭系统以降低造纸耗水量，节约动力消耗，提高白水回用率，减少多余白水排放。因此在本案例中，对白麓纸业有限公司责令限期将现有污水处理能力扩大至4.5万吨，生产中产生的污水必须经污水处理厂处理后方可排放的同时，是否可提高服务意识，引导企业提高白水回用率，减少多余白水排放。

案例二十八（案三）：超标或超总量排放——超标排污案

【案情介绍】

某河面出现了一条数公里长的污染带，漂浮有大量白沫。环保部门经调查发现，是某纸业公司将大量未经处理的造纸废水与处理后废水混合后排入江中。环保部门对采样过程及该公司两条排水沟排放大量未经处理的造纸废水的事实进行了公证。环保部门认为，该公司存在故意不正常使用污水处理设施和恶意偷排污水的事实，决定对其进行行政处罚10万元，责令其封死排水沟，保障污水处理设施正常运转。该纸业公司申请进行处罚听证。

由于环保局采用了公证取证的办法，该公司对排放未经处理的废水及《水质监测报告单》废水超标的事实没有异议，但提出当时连降大雨，造成污水处理池中水量增大而导致废水外排，应属不可抗力，并非故意不正常使用污水处理设施。

环境执法人员认为，气象部门对降雨早有预报，该公司知道污水处理设施的设计要求无法满足生产需要，应采取限产或停产措施。但该公司在明知后果的情况下，为节省运行成本，放任污染发生，因而构成“故意”违法。而且，在污染事故发生后，该公司既未进行通报，也未采取任何措施，而是任由污染产生，因此应当承担行政处罚的法律责任。

【案例分析】

在行政处罚中，对“故意”、“不正常使用”必须进行严格认定。关于“不正常使用污染物处理设施”的认定，国家环保总局曾专门针对环保设施的违法行为作过解释（环发[2003]177号），认为排污单位有“将部分或全部污水或者其他污染物不经过处理设施，直接排入环境”等任何一种行为，环保部门可以认定为“不正常使用”污染物处理设施。

排污单位明知上述行为可能导致污染物处理设施不能正常发挥处理作用的结果，并且希望或者放任该结果发生的，环保部门对该行为可以认定为“故意”不正常使用污染物处理设施。

在上述案件中，该纸业公司“明知”“将未经处理的污水从处理设施的中间工序引出直接排入环境”可能造成污染后果，为节省成本而“放任”结果发生，因而构成“间接故意”。因此，根据《水污染防治法》（1996年，2008年已修订）第四十八条及《水污染防治法实施细则》第四十一条的规定，应责令故意不正常使用水污染物处理设施并且排放污染物超过规定标准的排污单位限期恢复正常使用，并应同时处以10万元以下罚款。

本案中，由于该公司连续违法排污、排放的废水严重超标、行为后果严重，因此可以适用该条款的最高处罚，即处以10万元罚款。（转自中国环境法网）

【执法提示】

《水污染防治法》第七十三条规定：不正常使用水污染物处理设施，或者未经环境保护主管部门批准拆除、闲置水污染物处理设施的，由县级以上人民政府环境保护主管部门责令限期改正，处应缴纳排污费数额1倍以上3倍以下的罚款。该罚款数额如何确定，2011年2月环境保护部、财政部、国家发改委函（环函[2011]32号）做出了明确解释，执法适用时应予以关注。

资料

关于向公共污水处理系统排放废水执行标准问题的复函

环境保护部　环函[2011]195号

山东省环境保护厅：

你厅《关于向污水处理厂排放废水执行标准有关问题的请示》（鲁环函[2011]359号）收悉。经研究，现函复如下：

一、2008年修订的《中华人民共和国水污染防治法》（以下简称《水污染防治法》）规定，采用向城镇污水集中处理设施排污等间接方式排放水污染物的，应当执行国家或地方规定的水污染物排放标准。

在《水污染防治法》出台前，一些国家排放标准中曾规定，控制间接排放可采用由排污企业、排污项目建设单位与公共污水处理系统运营单位（城镇污水处理厂等）商定其间接排放一般污染物控制要求的方式。为落实《水污染防治法》的规定，2009年我部制定并发布了《国家排放标准中水污染物排放监控方案》（以下简称《方案》）。《方案》对国家排放标准制定规则进行了修改，取消了上述做法，并明确规定国家排放标准中要设置间接排放限值。

二、为在充分利用公共污水处理系统处理能力的同时，防范环境风险，《方案》要求根据公共污水处理系统的特点和各种污染物处理的难易程度，设置不同的间接排放限值。对于易降解污染物，其间接排放限值，幅度可以适当宽于相应的直接排放限值。

二〇一一年七月二十二日

案例二十九：私设暗管或者采取其他规避监管的方式排放水污染物

【案情介绍】

2004年7月6日零时55分，郑州市环境监察支队监察人员在一次对污染防治设施运行情况的例行检查中发现，某生物化工厂在正常生产之中，污水处理设施各部分正在运行，在污水处理站3#预沉池中有一条黑色的软胶管将池中未经设施处理的生产废水抽出直接注入污水处理站总排口处外排，外排水呈酱黑色，并伴有刺鼻性气味。检查人员在设施总排口处提取水样一壶，并摄像取证，作询问笔录和现场勘察笔录，并责令该单位立即停止偷排行为。经监测，该单位污水总排口外排废水主要污染因子化学需氧量（COD）严重超标。

某生物化工厂的行为违反了《水污染防治法》（1996年，2008年已修订）第十四条第二款的规定，依据《水污染防治法实施细则》第四十一条的规定，郑州市环保局对该单位作出了罚款10万元的决定；郑州市人民政府对该单位下达了停产治理的通知。该单位于

2004 年 8 月 27 日停产，于 2005 年 1 月 12 日全额缴纳了罚款。

【案例分析】

本案中郑州市环境监察支队在一次对污染防治设施运行情况的例行检查中发现，某生物化工厂正在正常生产，污水处理设施各部分正在运行，而在污水处理站 3#预沉池中却有一条黑色的软胶管将池中未经设施处理的生产废水抽出直接注入污水处理站总排口处外排。监察支队通过采样分析、摄像、作询问笔录和现场勘察笔录等收集了相关证据。从收集的证据看，该企业擅自从污染治理设施的 3#预沉池将未经完全处理的生产废水引入总排放口排放的行为违反了《水污染防治法》（1996 年，2008 年已修订）第十四条第二款“其水污染物处理设施必须保持正常的使用，拆除或者闲置水污染处理设施的，必须事先报经所在地的县级以上地方人民政府环境保护主管部门批准”的规定。《水污染防治法》第四十八条规定，违反本法第十四条第二款规定，排污单位故意不正常使用水污染处理设施，或者未经环保部门批准，擅自拆除、闲置水污染处理设施，排放污染物超过规定标准的，由县级以上地方人民政府环保部门责令恢复正常使用或者限期重新安装使用，并处罚款。依据《水污染防治法实施细则》第四十一条、《水污染防治法》第四十八条规定处以罚款的，可以处 10 万元以下的罚款。作为环保局的行政处罚，如果依据上述条款，应在处罚款的同时做出责令恢复正常使用或者限期重新安装使用的决定。从目前收集到的证据看政府下达的停产治理的证据及法律依据不足。

2008 年修订实施的《水污染防治法》第二十二条第二款明确规定了“禁止私设暗管或者采取其他规避监管的方式排放水污染物”，如果该案发生在 2008 年之后适用该条更为恰当。

【执法提示】

（1）水污染防治法修订后的执法要求。

2008 年修订的《水污染防治法》第二十二条第二款规定：禁止私设暗管或者采取其他规避监管的方式排放水污染物。处罚则依据第七十五条第二款：违反法律法规和国务院环境保护主管部门的规定设置排污口或者私设暗管的，由县级以上地方人民政府环境保护主管部门责令限期拆除，处 2 万元以上 10 万元以下的罚款；逾期不拆除的，强制拆除，所需费用由违法者承担，处 10 万元以上 50 万元以下的罚款；私设暗管或者有其他严重情节的，县级以上地方人民政府环境保护主管部门可以提请县级以上地方人民政府责令停产整顿。

第二十一条第二款规定：企业事业单位和个体工商户排放水污染物的种类、数量和浓度有重大改变的，应当及时申报登记；其水污染物处理设施应当保持正常使用；拆除或者闲置水污染物处理设施的，应当事先报县级以上地方人民政府环境保护主管部门批准。处罚则依据第七十三条，违反本法规定，不正常使用水污染物处理设施，或者未经环境保护主管部门批准拆除、闲置水污染物处理设施的，由县级以上人民政府环境保护主管部门责令限期改正，处应缴纳排污费数额 1 倍以上 3 倍以下的罚款。

私设暗管的行为是不正常使用污染治理设施的极端情况，主观恶意明显，对环境的影响和危害比较大。2008 年修订的《水污染防治法》用专门的条款做出规定，其目的在于加大对该种行为的惩处力度。因此，如本案中违法行为发生在 2008 年 6 月 1 日之后，依据《水污染防治法》第七十五条处罚更准确、有力。

(2)《水污染防治法》第二十二条第二款的其他监管方式包括:

①将废水进行稀释后排放(多发生在水量充沛的地区的化工厂、造纸厂、电镀厂废水产生量大，处理成本高的行业；在总排口处加入冷却水或清水以此降低处理成本)；

②将废水通过槽车、储水罐等运输工具或容器转移出厂、非法倾倒；

③在雨污管道分离后利用雨水管道排放废水；

④其他擅自改变污水处理方式、不经法定排放口排放废水等规避监管的行为。

资料

关于《水污染防治法》第二十二条有关“其他规避监管的方式排放水污染物”及相关法律责任适用问题的复函

环境保护部 环函[2008]308 号

上海市环境保护局:

你局《关于〈水污染防治法〉第二十二条有关“其他规避监管的方式排放水污染物”及相关法律责任适用的紧急请示》(沪环保法[2008]415 号)收悉。经研究，函复如下:

《水污染防治法》第二十二条第二款规定:“禁止私设暗管或者采取其他规避监管的方式排放水污染物。”在实际工作中，“采取其他规避监管的方式排放水污染物”有多种情形，我部认为，以下几种情形可以理解为属于“采取其他规避监管的方式排放水污染物”:

1. 将废水进行稀释后排放;
2. 将废水通过槽车、储水罐等运输工具或容器转移出厂、非法倾倒;
3. 在雨污管道分离后利用雨水管道排放废水;
4. 其他擅自改变污水处理方式、不经法定排放口排放废水等规避监管的行为。

依据《水污染防治法》第七十五条第二款，私设暗管或者有其他严重情节的，县级以上地方人民政府环境保护主管部门可以提请县级以上地方人民政府责令停产整顿。

二〇〇八年十一月二十日

资料

地方执法经验介绍

案例一：电镀厂暗管偷排

【案情介绍】

某制伞厂位于建德梅城镇，紧靠兰江，属于重点环境监管单位。监察人员在对其污水站检查时，标排口没有排水，且没有很明显的违法迹象，只是集水池水面有油污。随后监察人员发现集水池北边有两间平房，其中一个为厨房间，另一个房间紧锁着。监察人员要求打开门锁，企业人员神情有点疑虑，声称没有钥匙，于是监察人员要求其砸开门锁，此时企业人员十分不情愿地砸开了门锁。乍一看，该房间堆放着废弃设备和杂物，也没有什么可疑之处，但直觉告诉我们，这个房间必有蹊跷。果然，经过监察人员仔细查看后发现，房间的角落上有个橙色的空塑料桶下面垫着塑料片，塑料片下面还垫着木头格栅，空桶为什么要垫这么多东西呢？带着疑问，监察人员拿开了空桶，将塑料片和木格栅掀开，有“地道”！底下竟然有一个 1 米^2，2 米余深的深坑，里面有一梯子直通底部，底部有一阀门，边上有开阀门用的长转杆和榔头。监察人员打开了阀门，然后赶到江边寻找外排口，此时在距离江边约 5 米的江面上形成了一条油状的污染带，不容置疑这肯定就是集水池里的原水！面对此景，企业人员终于承认了私设暗管的违法事实，监察人员立即进行现场立案调查。

【执法提示】

1. 心理战术很重要

检查不是用蛮力检查，而是要巧用脑力，打心理战。很多人做贼心虚，知道做了亏心事，在回答执法人员的询问时，眼神飘忽，游移不定。在检查中询问时，一定要让对方看着你的眼睛回答，对人进行内心心理的分析和把握，会让你作出一个定性的判断。

2. 一些违背常理的地方就是问题所在

一把新锁却没有钥匙？水泥地上的一个空桶却要垫垫子？还有诸如印染废水养虾、污水设施边上装地漏等，这些都是异常的行为，把异常破解掉就能找出问题。

3. 执法人员个人业务水平很重要

通过对污水处理设施的检查和企业生产情况的检查，要能作出一个基本判断，水量与处理能力是否匹配？水量与污泥是否匹配？这些定性的判断是你是否要对该企业进行仔细检查的前提。

4. 一些小技巧能帮助我们

有些企业负责人在面对检查的时候，会很热情主动地带执法人员检查，很容易被他们牵着鼻子走，延误了检查的大好良机。一定要“请老板跟着我走”。很多时间，我们要企业工作人员跟着我们去现场，结果一转眼就发现人开溜了，多数情况都是去通风报信，要不就是偷偷地去关掉机关了。所以一定要企业人员不要离开我。

（杭州环境监察支队：来勇　提供）

资料

地方执法经验介绍

案例二：杭州钱塘江边某印染企业向钱塘江偷排污水

【案情介绍】

2010 年 8 月的一天晚上，杭州市环保局接到有奖举报：在钱塘江江东段，有企业趁深夜涨潮水位升高的机会向钱塘江中排放未处理的污水。接到举报后，监察人员快速反应，召集值班人员，迅速出击，并于当夜到达被举报公司所在地。经当面向举报人了解情况以后，队员们兵分两路：第一组直接扑向企业控制排放源头；第二组则奔赴江边采取实地水样，通过内外夹击和管道排查，一举查获被举报公司偷排废水，并对该企业处罚 20 余万元。

【执法技巧】

夜色深邃，涨潮时分，久候多时的执法人员如猛虎出柙：第一组根据了解的情况，翻过围墙，以迅雷不及掩耳的速度进入厂区，一举控制了值班室、泵房、配电房等要害部位及相关的值班人员；奔赴江边的第二组为取得第一手证据从潮起守到潮落，直到排放管道露出水面，通过将排放管道的阀门打开，采集到了江边排放废水的水样。经查发现：该企业用两台超大功率水泵将集水池中未处理的污水经过自称的应急管道（未经环保部门同意）将污水直接排放至钱塘江，而该企业的沉淀池等污水处理设施却一直停运。

由于排污管道长达数公里，厂区情况复杂，企业人员不配合调查，调查工作一直持续至次日 13 点。在此期间，队员们连续作战十几个小时，忍受着酷暑、恶臭、疲劳、饥饿，虽然汗水在制服上反复地湿了又干，结出了一层层盐渍，但是大家毫于怨言，决心将违法排污行为一查到底。

【执法提示】

1. 举报人员提供了准确的线索——排污的准确时间、泵房和配电房的准确位置、江边阀门的位置。

2. 精心组织，合理分组。在获得准确线索后，仔细研究，制定了详尽的行动方案，将任务分解到每个组、每个人，为行动的成功奠定了坚实的基础。

3. 监察人员的坚持不懈，克服恶臭、酷热、疲劳、饥饿，一直守候在江边排污口，直到潮水退去，污水出现，拿到了铁证。

4. 内外夹击、管道排查和心理击溃等经典的执法技巧为案件的查处提供了保障。

（杭州环境监察支队：来勇　提供）

案例三十：违反排污口规范化管理、在饮用水水源保护区内设置排污口、建设与水源保护无关的项目

【案情介绍】

某滨海化工厂建于 2008 年 12 月，东临海滩，厂外是还乡河，有水产养殖场的几千亩鱼塘，是渔业养殖密集区。滨海化工厂建厂时按环评报告的要求，投资安装了废水处理装置，废水经处理后排入东海。设计中只允许有一个排放口，往东海排污。但该厂在施工时却设置了 3 个排污口，1 个排向东海，2 个排向还乡河。农民张某承包了水产养殖场 200 亩鱼塘，养鱼用水除雨水外，全部从还乡河中抽取。2009 年 3 月，张某投入鱼苗 1 万多公斤，几天内发现鱼苗相继大量死亡，损失 10 万元。张某立即向环保部门报告，要求调查处理。环保部门在调查中发现，滨海化工厂在环保设施没有验收的情况下，于 2009 年 2 月开始试生产，致使硝基苯车间每小时排出的 100 吨冷却水中带有毒性物质硝基苯。经测定，还乡河及张某承包的鱼塘里，硝基苯含量超过渔业标准 5～7 倍。对此，环保部门作出决定，责令滨海化工厂限期拆除排入还乡河的排污口，处 5 万元罚款。

【案例分析】

该案中的滨海化工厂擅自改变设计，将废水直接排入内河，造成渔业水体污染，违反了在风景名胜区水体、重要渔业水体和其他具有特殊经济文化价值的水体的保护区内，不得新建排污口的法律规定。依据《水污染防治法》第七十五条第二款的规定，环保部门作出决定，责令滨海化工厂限期拆除排入还乡河的排污口，处 5 万元罚款。

此外，本案中的滨海化工厂在环保设施没有验收的情况下于 2009 年 2 月开始试生产，且硝基苯车间排出的冷却水中带有毒性物质硝基苯，说明该厂环保设施未经验收即投入试生产，且环保设施也未达到国家规定的要求。因此，该厂除私设排污口外，还违反了

环境影响评价制度和“三同时”制度。对该企业的这部分违法行为，环保部门应依据《环境影响评价法》第三十一条、《水污染防治法》第七十一条，同时分别对企业进行相应处罚。

【执法提示】

该案事实证明和证据收集示例：

（1）主要事实。排污口的设置要求及违反规定设置排污口的事实。

（2）必要证据（证明主要事实）：

①当事人的身份证明；

②调查询问笔录，或者现场检查（勘察）笔录。

（3）可收集的补充证据（证明裁量事实、印证主要事实）：

①现场照片、录像；②环境监察记录；③环境影响评价文件、建设项目环保竣工验收监测或调查报告（表）；④环保部门的环评批复、环保竣工验收批复；⑤企业生产记录、排污记录、财务报表等材料；⑥环境监测报告，或者通过有效性审核的自动监控数据；⑦环保部门处理违法行为的行政决定；⑧附近居（村）民或者受害人的证言；⑨投诉、举报、信访材料。

该案法律依据包括：

《水污染防治法》第七十一条：违反本法规定，建设项目的水污染防治设施未建成、未经验收或者验收不合格，主体工程即投入生产或者使用的，由县级以上人民政府环境保护主管部门责令停止生产或者使用，直至验收合格，处5万元以上50万元以下的罚款。

第七十五条第二款：违反法律、行政法规和国务院环境保护主管部门的规定设置排污口或者私设暗管的，由县级以上地方人民政府环境保护主管部门责令限期拆除，处2万元以上10万元以下的罚款；逾期不拆除的，强制拆除，所需费用由违法者承担，处10万元以上50万元以下的罚款；私设暗管或者有其他严重情节的，县级以上地方人民政府环境保护主管部门可以提请县级以上地方人民政府责令停产整顿。

《环境影响评价法》第二十四条：建设项目的环境影响评价文件经批准后，建设项目的性质、规模、地点、采用的生产工艺或者防治污染、防止生态破坏的措施发生重大变动的，建设单位应当重新报批建设项目的环境影响评价文件。

第三十一条：建设单位未依法报批建设项目环境影响评价文件，或者未依照本法第二十四条的规定重新报批或者报请重新审核环境影响评价文件，擅自开工建设的，由有权审批该项目环境影响评价文件的环境保护行政主管部门责令停止建设，限期补办手续；逾期不补办手续的，可以处5万元以上20万元以下的罚款，对建设单位直接负责的主管人员和其他直接责任人员，依法给予行政处分。

《环境行政处罚办法》第五十三条第二款：对同一当事人的两个或者两个以上环境违法行为，可以分别制作行政处罚决定书，也可以列入同一行政处罚决定书。

资料

关于执行《中华人民共和国水污染防治法》第七十五条有关问题的复函

环境保护部　环函[2009]142 号

北京市环境保护局:

你局《关于执行〈中华人民共和国水污染防治法〉第七十五条有关问题的请示》（京环文[2009]26 号）收悉。经研究，函复如下:

《中华人民共和国水污染防治法》第二十二条规定: “向水体排放污染物的企业事业单位和个体工商户，应当按照法律、行政法规和国务院环境保护主管部门的规定设置排污口”。据此可以理解，凡是向水体排放污染物，单位和个人都要依法设置排污口。

根据《中华人民共和国水污染防治法》第五十七条有关“在饮用水水源保护区内，禁止设置排污口”的规定，在饮用水水源保护区内设置任何排污口均属违法，应依据《中华人民共和国水污染防治法》第七十五条等有关法律规定进行处罚。

二○○九年六月十六日

案例三十一：违法排放禁排水污染物

【案情介绍】

2009 年 12 月上旬，某市环境监察总队接到热线举报，称位于 A 区某镇的富阳化工有限公司经常通过槽罐车在夜间附近河道倾倒高浓度废水，对环境造成恶劣影响。

富阳化工有限公司成立于 1983 年，最初为村办企业，1996 年转制为私营企业，从事维生素 B_6 生产，生产过程中产生的高浓度化工废水委托专业的废水处置单位处理，需外运处置。经分析，富阳化工有限公司具有作案的嫌疑。

12 月 17 日 18 时左右，办案人员驱车至富阳化工有限公司外的观察点，实施守候伏击。19 时 30 分左右，一辆额定载重 20 吨的槽罐车开出厂门，沿公路向南行驶。办案人员立即实施跟踪追击。槽罐车开至 A 区某镇 B30 桥下隐蔽处后停了下来，车内两名人员通过管道将车内液体排入河中。办案人员立即采取行动控制了两名实施偷排行为的人员。正在偷排的废水外观呈紫黑色，且散发出浓烈的刺激性气味。办案人员随即对废水采样，废水经检测分析，pH 值大于 12，色度达 5000 倍，化学需氧量达 82200 毫克/升，所有指标均已严重超出国家规定的排放标准数百倍。

翌日，办案人员到富阳化工有限公司进行进一步调查。通过核查台账和原始凭证，公司承认自 2009 年 6 月 10 日至 12 月 18 日，共以上述方式偷排高浓度废碱液 3600 余吨。检查中还发现，这家公司存在多项违法行为: ① 违反饮用水水源保护区内禁设排污口的规定，私设多根排污管道，将厂区内的生活污水直接排入外环境；② 将属于危险废物的 200 余吨废活性炭、1.5 吨油水混合物提供给无危险废物处置资质的单位从事经营活动。

对于这家公司的以上各项违法行为，环保部门已根据相关环保法律法规，对其分别进行了立案查处。

【案例分析】

该案是一起违反了多项环境法律规定的案件。

（1）违反了《水污染防治法》禁止性规定。

该法第二十九条规定：禁止向水体排放油类、酸液、碱液或者剧毒废液。而富阳化工有限公司自2009年6月10日至12月18日，共以上述方式偷排高浓度废碱液达3600余吨。《水污染防治法》第二十二条第二款规定，禁止私设暗管或者采取其他规避监管的方式排放水污染物。第五十七条规定：在饮用水水源保护区内，禁止设置排污口。该公司竟然私设多根排污管道向外环境直排厂区内的生活污水。

（2）违反《固体废物污染环境防治法》的有关规定。

《固体废物污染环境防治法》第五十七条第三款规定：禁止将危险废物提供或者委托给无经营许可证的单位从事收集、贮存、利用、处置的经营活动。而富阳化工有限公司竟将属于危险废物的200余吨废活性炭、1.5吨油水混合物提供给无危险废物处置资质的单位从事经营活动。

因此，环保部门对该企业的各项环境违法行为，分别立案进行了查处。

【执法提示】

目前由于我国环境立法中对企业的处罚力度不是很大，加之执法人员力量的不足，一些企业为了节约成本、降低开支，不惜铤而走险，偷排废液。像富阳化工有限公司这种间断的、无规律的、移动式的偷排，与固定地直接向环境偷排不同，此类案件的隐蔽性更强，查处的难度更大。对此类企业的执法，要通过贯彻精细化监察的理念，全面了解其整个生产过程以及各类污染物处置和排放情况，以便从源头控制和减少这类案件的发生。

另外，在运用《水污染防治法》第二十九条规定时要注意，该规定是“禁止向水体排放油类、酸液、碱液或者剧毒废液。”即法律规定禁止排放的不是酸性或碱性废液，而是酸液、碱液。在调查取证时应注意，从排污企业获取的证据应是排放酸液或碱液的事实，而不是pH值等于12或pH值等于2的碱性废水或酸性废水。如是后者，运用《水污染防治法》第二十九条处罚是不恰当的。

案例三十二（案一）：利用渗井、渗坑、裂隙或者溶洞排放、倾倒含有毒污染物的废水、含病原体的污水或者其他废弃物

【案情介绍】

2000年6月初，M县经贸公司向县环保局、工商局提出投资建设苦味酸（俗称黄色炸药）生产项目的申请。M县环保局和工商局分别于6月24日、6月27日批准了该经贸公司的申请。M县经贸公司于2000年8月正式投入生产。2000年11月24日，某市环保局接到M县群众举报称：M县经贸公司生产苦味酸，排放污水，造成对其周围环境严重污染。某市环保局经过调查，认为M县经贸公司未按《化学危险品安全管理条例》的规定程序报批，擅自投资生产苦味酸，利用渗坑排放污水，造成厂区附近土壤及饮用水井水质污染。据此，认定该经贸公司的行为违反了国务院《化学危险品安全管理条例》和《水污染防治法》的规定，决定对经贸公司处罚如下：①立即停止苦味酸生产，拆除苦味酸生产设施；②罚款人民币5万元；③在一个月内清除所排废液及已污染的土壤。M县经贸公司不服某市环保局的行政处罚决定，遂向某市政府申请行政复议，请求撤销某市环保局的行政处罚决定。

在审理过程中，复议机关围绕本案的焦点问题，即投资生产苦味酸是否具有合法的审

批手续，进行了全面调查、取证，并对经贸公司生产苦味酸现场进行了实地勘察，认为：M 县经贸公司投资建设苦味酸生产项目，虽然经过申请并得到 M 县环保局和工商局的审查批准，但根据《民用爆炸物品管理条例》的规定，建立民用爆炸器材工厂，必须符合法定的前置审批条件，M 县环保局和工商局审批同意投资建设苦味酸生产项目，属于越权许可行为。因此，M 县经贸公司实际上并未真正取得合法的苦味酸生产资格，且在生产过程中造成对周围环境的污染。上述行为违反了《民用爆炸物品管理条例》和《水污染防治法》，依法应予以处罚。

但某市环保局作出的行政处罚决定明显适用法律错误：责令拆除生产设施无法律依据；罚款人民币 5 万元不适当。为此，某市政府决定撤销某市环保局的行政处罚决定，责令其重新作出具体行政行为。

【案例分析】

2000 年 8 月，M 县经贸公司投产苦味酸项目，是经 M 县工商局、环保局审查批准的。根据《民用爆炸物品管理条例》第九条规定，“建立民用爆炸器材工厂，必须由其主管部门提请所在省、自治区、直辖市主管爆炸器材生产部门会同有关部门审查同意，由兵器工业部根据国家计划审查批准，持批准文件和设计图纸，向所在地县（市）公安局申请许可，经审查符合规定，发给《民用爆炸物品生产安全许可证》，并向所在地工商局办理登记手续，取得营业执照后方可生产”。M 县环保局、工商局显然违背了上述法定审批前置条件的规定，擅自审批同意县经贸公司投产苦味酸项目，属于越权许可，其行为无效。

该案中环保部门依据《化学危险品安全管理条例》和《水污染防治法》的规定，决定对经贸公司处罚如下：①立即停止苦味酸生产，拆除苦味酸生产设施；②罚款人民币 5 万元；③在一个月内清除所排废液及已污染的土壤。

环保部门的第一项处罚“立即停止苦味酸生产，拆除苦味酸生产设施”恰当吗？

《危险化学品安全管理条例》第二条规定：在中华人民共和国境内生产、经营、储存、运输、使用危险化学品和处置废弃危险化学品，必须遵守本条例和国家有关安全生产的法律、其他行政法规的规定。

第三条规定：本条例所称危险化学品，包括爆炸品、压缩气体和液化气体、易燃液体、易燃固体、自燃物品和遇湿易燃物品、氧化剂和有机过氧化物、有毒品和腐蚀品等。

显然，该条例不是针对违法排污行为的管理，环保局在此适用该条例进行处罚要 M 县经贸公司“立即停止苦味酸生产”，属于适用法律错误。而决定其“拆除苦味酸生产设施”亦是无法律依据，因此也是不恰当的。

M 县经贸公司在未真正取得生产苦味酸资格的情况下，污染防治设施未经验收就擅自投产，并在生产过程中采取“渗坑排放污水”的方法排污，造成了周围土壤和饮用水井水质污染。在这里可以看到，M 县经贸公司在生产过程中使用了渗坑排放污水，违反了《水污染防治法》禁止性规定，依据《水污染防治法》（1996，2008 年修订）第四十一条规定（禁止企业事业单位利用渗井、渗坑、裂隙和溶洞排放、倾倒含有毒污染物的废水、含病原体的污水和其他废弃物）、该法第四十六条规定和《水污染防治法实施细则》第三十九条第（六）款规定（……利用渗井、渗坑、裂隙排放有毒污染物废水的可以处 5 万元以下罚款），对该公司处 5 万元罚款是正确的。

如要求其停止生产，可以依据《建设项目环境保护条例》第二十八条进行处罚。《建设项目环境保护条例》第二十八条规定，违反本条例规定，建设项目需要配套建设的环境保护设施未建成、未经验收或者经验收不合格，主体工程正式投入生产或者使用的，由审批该建设项目环境影响报告书、环境影响报告表或者环境影响登记表的环境保护行政主管部门责令停止生产或者使用，可以处 10 万元以下的罚款。因此某市政府作出撤销某市环保局的行政处罚决定，责令其重新作出具体行政行为的决定，是正确的。

【执法提示】

（1）对利用渗井、渗坑、裂隙或者溶洞排放、倾倒含有毒污染物的废水的行为，2008 年修订后的《水污染防治法》有了新的规定。该法第三十五条规定，禁止利用渗井、渗坑、裂隙和溶洞排放、倾倒含有毒污染物的废水、含病原体的污水和其他废弃物。第七十六条第（七）款规定，利用渗井、渗坑、裂隙或者溶洞排放、倾倒含有毒污染物的废水、含病原体的污水或者其他废弃物的处 5 万元以上 50 万元以下的罚款。

显然，对这类违法行为管理更严格，处理力度更大。

（2）由本案例不难看出，在环境执法过程中一定要正确适用法律，严格依法行政。

案例三十二（案二）：利用渗井、渗坑、裂隙或者溶洞排放、倾倒含有毒污染物的废水、含病原体的污水或者其他废弃物

【案情介绍】

2009 年 4 月 17 日，某市环境保护局 12369 环境举报热线接群众举报，某食品有限公司通过暗道将生产废水排入厂西侧的自然坑内，污染地下水。某市环保局立即责成市环保监察支队会同某县环保局进行联合查处。在现场检查中，执法人员发现该厂留有一处隐蔽暗道，直接将生产废水排入厂西侧自然坑内，水质较差，执法人员提取了水样。监测结果是：COD 449 毫克/升。执法人员作了调查笔录，该厂负责人在笔录上签了字。市环境保护局以该厂行为违反了《水污染防治法》第二十一条第二款的有关规定，依据第七十三条对其作出了立即改正违法行为、罚款 10 万元的行政处罚。该企业立即进行了停产整改，建设了 7 公里长的排废水专用管道，实施污水处理再提高工程，经验收合格后方恢复生产，并按时足额缴纳了罚款。

【案例分析】

本案中的食品有限公司通过暗道将生产废水排入厂西侧的自然坑内，且污染了地下水。在现场检查中，环境执法人员也发现了将生产废水直接排入无防渗漏设施的自然坑内的隐蔽暗道，并当场提取了水样，监测结果是 COD：449 毫克/升，属超标排放。

该市环保局根据原国家环保总局 2003 年 177 号函中“通过埋设暗管或者其他隐蔽排放的方式，将污水或者其他污染物不经处理而排入环境”的解释认定本案中食品有限公司这样的行为为不正常使用污染治理设施，并依据《水污染防治法》第七十三条罚款 10 万元。

《水污染防治法》第七十三条规定：违反本法规定，不正常使用水污染物处理设施，……由县级以上人民政府环境保护主管部门责令限期改正，处应缴纳排污费数额 1 倍以上 3 倍以下的罚款。

市环境保护局作出罚款 10 万元的行政处罚，这 10 万元是否是应缴排污费 1 倍以上 3

倍以下罚款不得而知，因此 10 万元罚款数额的界定法律依据不足。而且，该食品有限公司偷排的生产废水是否如《水污染防治法》第三十五条所说“含有毒污染物的废水、含病原体的污水和其他废弃物”，没有明确鉴定。

该案若以违反《水污染防治法》第二十二条第二款规定，依据该法第七十五条处罚将更简单和直接。

【执法提示】

（1）在现场执法中如一个企业的同一环境违法行为违反了多个法条，以及出现法条竞合问题时，应依据《规范环境行政处罚自由裁量权若干意见》的规定“同一环境违法行为，同时违反具有包容关系的多个法条的，应当从一重处罚”进行处理。

（2）相关法律规定。

《水污染防治法》第二十二条第二款规定：禁止私设暗管或者采取其他规避监管的方式排放水污染物。

《水污染防治法》第七十五条第二款规定：……违反法律、行政法规和国务院环境保护主管部门的规定设置排污口或者私设暗管的，由县级以上地方人民政府环境保护主管部门责令限期拆除，处 2 万元以上 10 万元以下的罚款；逾期不拆除的，强制拆除，所需费用由违法者承担，处 10 万元以上 50 万元以下的罚款；私设暗管或者有其他严重情节的，县级以上地方人民政府环境保护主管部门可以提请县级以上地方人民政府责令停产整顿。

案例三十三：重大水污染事故的处罚

【案情介绍】

2010 年 7 月 12 日下午，福建省环保厅通报称，紫金矿业集团股份有限公司旗下紫金山铜矿湿法厂污水池发生渗漏，污染了汀江，部分江段出现死鱼。据了解，这起污染事件实际发生在 9 天前，即 7 月 3 日。7 月 3 日下午 15 时 50 分左右，铜矿湿法厂岗位人员发现储存待处理的污水池水位异常下降。调查发现，污水池中含铜、硫酸根离子的酸性废水外渗，通过排洪涵洞排入汀江。

紫金山铜矿湿法厂所在的上杭县是福建省的矿产基地，有着丰富的铜矿资源，正发力打造“海西铜都”。其中紫金山铜矿可开发储量达 205 万吨，是目前中国华东地区蓄量最丰富的铜矿。7 月 3 日和 7 月 16 日，紫金山铜矿湿法厂突发环保事故先后两次发生含铜酸性溶液渗漏，有 9100 立方米的含铜酸水外渗引发汀江流域污染，造成汀江重大水污染事故，直接经济损失达 3187.71 万元人民币。

经福建省环境监察总队现场调查，7 月 3 日和 7 月 16 日，紫金山铜矿湿法厂先后两次发生含铜酸性溶液渗漏，造成汀江重大水污染事故。紫金山铜矿湿法厂以上行为违反了《中华人民共和国水污染防治法》第二十九条第一款、第六十七条及第六十八条的规定，以及《中华人民共和国环境保护法》第三十一条第一款的规定。

鉴于此，根据国家相关法律，福建省环境保护厅决定对紫金山铜矿湿法厂做出如下行政处罚：① 责令采取治理措施，消除污染，直至治理完成；② 罚款 956.313 万元。

此外，紫金矿业曾在 9 月 13 日收到《福建省环保厅行政处罚事件告知书》、《福建省环境保护厅行政处罚听证告知书》中有关鱼类死亡的损失，公司随即在 9 月 16 日提交了

《陈述申辩书》对事故造成鱼类死亡损失提出了异议，但被省环保厅驳回。此后，紫金矿业集团股份有限公司决定放弃申请行政复议和提出行政诉讼，并履行了行政处罚决定书的处罚决定。

2010 年 12 月 27 日，福建省环境保护厅发出行政处罚决定书，对紫金矿业集团股份有限公司董事长、法定代表人陈景河，根据《水污染防治法》有关规定，处以人民币 705 997 元的罚款。对紫金矿业集团股份有限公司常务副总裁兼紫金山金铜矿矿长邹来昌罚款 449 768 元。

【案例分析】

到目前为止，该案是我国因水污染而引发事故的最大的一张罚单。

2008 年修订的《水污染防治法》第八十三条规定：企业事业单位违反本法规定，造成水污染事故的，由县级以上人民政府环境保护主管部门依照本条第二款的规定处以罚款，责令限期采取治理措施，消除污染；不按要求采取治理措施或者不具备治理能力的，由环境保护主管部门指定有治理能力的单位代为治理，所需费用由违法者承担；对造成重大或者特大水污染事故的，可以报经有批准权的人民政府批准，责令关闭；对直接负责的主管人员和其他直接责任人员可以处上一年度从本单位取得的收入百分之五十以下的罚款。……对造成重大或者特大水污染事故的，按照水污染事故造成的直接损失的百分之三十计算罚款。

2008 年修订后的《水污染防治法》取消了罚款 100 万元的上限，因此，紫金矿业对此次重大水污染事故的直接经济损失（3 187.71 万元）承担 30%的罚款，刚好是 956.313 万元。虽然对于目前市值超过 264 亿元的紫金矿业来说，近千万元的罚款对公司影响不大，但毕竟也是我国立法上的一大进步。与此同时，根据该条规定，对公司董事长、法定代表人陈景河及公司常务副总裁兼紫金山铜矿矿长邹来昌分别处罚款人民币 705 997 元、449 768 元。

此外，紫金矿业并不是接受 900 多万元的罚单就安然无事，不用承担其他责任。在环保立法中法律责任是成体系化的，紫金矿业除应承担的行政责任外，还应承担民事侵权赔偿责任和刑事责任处罚。《环境保护法》第四十一条“造成环境污染危害的，有责任排除危害，并对直接受到损害的单位或者个人赔偿损失。”《水污染防治法》第八十五条“因水污染受到损害的当事人，有权要求排污方排除危害和赔偿损失。”《侵权责任法》第六十五条“因污染环境造成损害的，污染者应当承担侵权责任。”因此，紫金矿业后续还需治理被污染的河流和承担赔偿渔民等损失的责任。

除行政处罚、对直接受到损害的单位或者个人赔偿损失外，本案还涉及了刑事责任。

根据《环境保护法》第四十三条规定，“违反本法规定，造成重大环境污染事故，导致公私财产重大损失或者人身伤亡的严重后果的，对直接责任人员依法追究刑事责任。”《水污染防治法》第九十条规定，“违反本法规定，构成违反治安管理行为的，依法给予治安管理处罚；构成犯罪的，依法追究刑事责任。”《刑法修正案八》（2011 年 5 月 1 日）第四十六条对刑法第三百三十八条进行了修改，将“造成重大环境污染事故，致使公私财产遭受重大损失或者人身伤亡的严重后果”修改为“严重污染环境”，将“危险废物”改为“有害物质”，扩大了污染物质的范围和犯罪行为发生的空间，降低了环境犯罪的入罪门槛。修改后的该条规定：“违反国家规定，排放、倾倒或者处置有放射性的废物、含传染病病原体的废物、有毒物质或者其他有害物质，严重污染环境的，处三年以下有期徒刑或者拘役，并处或者单处罚金；后果特别严重的，处三年以上七年以下有期徒刑，并处罚金。”《最高人民法院关于审理环境污染刑事案件具体应用法律若干问题的解释》第一条规定，具有下列情形之一的，属于刑法第三百三十八条、第三百三十九条和第四百零八条规定的“公私财产遭受重大损失”：（一）致使公私财产损失30万元以上的。

根据上述规定，福建省龙岩市新罗区人民法院对紫金矿业集团股份有限公司紫金山铜矿重大环境污染事故案进行了一审宣判。该院分别以重大环境污染事故罪判处紫金矿业集团股份有限公司紫金山铜矿罚金人民币3000万元；紫金矿业集团股份有限公司原副总裁陈家洪等5名责任人被判处3年至4年6个月有期徒刑，并处20万元至30万元不等的罚金。

《环境保护法》第四十五条规定：环境保护监督管理人员滥用职权、玩忽职守、徇私舞弊的，由其所在单位或者上级主管机关给予行政处分；构成犯罪的，依法追究刑事责任。《刑法》第四百零八条规定：负有环境保护监督管理职责的国家机关工作人员严重不负责任，导致发生重大环境污染事故，致使公私财产遭受重大损失或者造成人身伤亡的严重后果的，处3年以下有期徒刑或者拘役。2011年1月28日，上杭县环保局紫金山环境监理站原站长包卫东犯环境监管失职罪，被上杭县人民法院判处有期徒刑2年3个月，判决已生效。上杭县环保局紫金山环境监理站原副站长吴胜隆犯环境监管失职罪，被上杭县人民法院判处有期徒刑1年9个月，判决已生效。加上近日宣判的上杭县环保局原正副局长，已有4名环保官员因环境监管失职被刑事问责。

因紫金矿业污染案，引发环保部门官员被追究刑事责任，环境监察人员应引以为戒。

【执法提示】

《水污染防治法》第八十三条第一、二款规定：企业事业单位违反本法规定，造成水污染事故的，由县级以上人民政府环境保护主管部门依照本条第二款的规定处以罚款，责令限期采取治理措施，消除污染；不按要求采取治理措施或者不具备治理能力的，由环境保护主管部门指定有治理能力的单位代为治理，所需费用由违法者承担；对造成重大或者特大水污染事故的，可以报经有批准权的人民政府批准，责令关闭；对直接负责的主管人员和其他直接责任人员可以处上一年度从本单位取得的收入百分之五十以下的罚款。

对造成一般或者较大水污染事故的，按照水污染事故造成的直接损失的百分之二十计算罚款；对造成重大或者特大水污染事故的，按照水污染事故造成的直接损失的百分之三十计算罚款。

对重大水污染事故的处罚包括三个方面：其一，责令其采取措施、消除污染。如不按规定采取措施的，环保部门有权指定有治理能力的单位代执行。其二，可以报经人民政府批准，责令关闭。其三，处罚款。罚款包括对造成环境污染事故的单位的处罚，也包括对直接负责的主管人员和其他责任人的处罚，采取双罚制。对个人的处罚标准是上一年度从本单位取得收入的百分之五十以下的罚款。对单位罚款的标准是水污染事故造成的直接损失的百分之二十或百分之三十。这就要求执法人员在处理水污染事故时注意证据的收集。

《环境行政处罚证据指南》附二《常见环境违法行为的事实证明和证据收集示例》第

九条列明了“违反环境法律规定造成环境污染事故”的证据应包括：

（一）主要事实

1．违反法律规定的事实；

2．排放污染物的事实；

3．造成环境污染事故的事实；

4．直接经济损失的数额大小。

（二）必要证据（证明主要事实）

1．当事人的身份证明；

2．调查询问笔录，或者现场检查（勘察）笔录；

3．环境监测报告，或者通过有效性审核的自动监控数据；

4．环境污染损害评估鉴定、渔业损失鉴定、农产品损失鉴定、合同、发票等损失统计材料。

（三）可收集的补充证据（证明裁量事实、印证主要事实）

1．现场照片、录像；

2．环境监察记录；

3．环境影响评价文件、建设项目环保竣工验收监测或调查报告（表）；

4．环保部门的环评批复、环保竣工验收批复；

5．附近居（村）民或者受害人的证言；

6．环保部门处理违法行为的行政决定；

7．投诉、举报、信访材料。

案例三十四：发生渔业污染事故，环保主管部门怎么办

【案情介绍-1】

河南省某县农民张某 2010 年承包水库水面，用网箱养鱼，并租了一条水泥船和雇用两个工作人员在水库中日夜看护，张某本人也经常住船看护。一天早晨，张某起床后，看到许多死鱼漂浮在水面并散发出难闻的气味。张某意识到可能是水体受到某化工厂污染致鱼死亡，于是马上到县环保局要求察看死鱼现场。县环保局的工作人员说：根据《水污染防治法》的规定，渔业水污染事故应由渔政管理机构调查处理。

【案情介绍-2】

2004 年 5 月，广西壮族自治区右江发生了一起污染事故，造成河道鱼类死亡。环保部门于当年把这一污染事故处理完毕。事隔一年，南宁市渔政站又准备对这起污染事故再行处罚。由此引发了对渔业水体的认定和非渔业水体污染事故的处理应归属哪个部门的疑问。

环保专家认为，未发生在国家规划确定用于养殖业的水域中的污染事故，不应认定为渔业污染事故。

2004 年 5 月，百色市平果县凯特生物化工有限公司和南宁市隆安浪湾华侨农场淀粉厂酒精车间排放超标酒精废液，致使右江发生严重水污染事故，造成隆安县、南宁市城北区的网箱鱼大量死亡，经济损失近百万元。此即为“5·31”事故。事故发生后，经过环保部门现场调查取证，并根据被污染河段监测数据、水文资料进行科学分析，最终认定凯特

生物化工有限公司为事故的主要责任人，隆安浪湾华侨农场淀粉厂酒精车间对该起事故也负有一定责任。事故发生后，两企业所在地政府和环保部门对事故责任人进行了依法处理。同年 8 月，经过环保部门协调，受害人和责任人就污染事故损害赔偿达成协议：右江平果至隆安那桐桥段的损失，全部由凯特生物化工有限公司负责赔偿，那桐桥以下污染损失由凯特生物化工有限公司和隆安浪湾华侨农场淀粉厂酒精车间按 7∶3 的比例负责赔偿。然而，事过近一年后，南宁市渔政站准备跨行政区对这起污染事故再次进行处罚。2005 年 3 月 30 日，南宁渔政站向凯特生物化工有限公司发出渔业污染处理通知书，拟对该公司罚款 60 万元，并责令赔偿天然渔业资源损失 224.5 万元。凯特生物化工有限公司认为，事故发生后，百色市有关行政部门已进行过处罚。那么，“5·31”事故是否属于渔业污染事故？对同一违法事实能否进行多次处罚呢？

（来源：国家环保总局网站　2005 年 5 月 23 日）

【案例分析】

（1）环保人士认为，“5·31”事故并非渔业污染事故。根据国家有关法律规定，渔业污染事故是指在国家统一规划确定可以用于养殖业的大江大河等水域内，渔业生产者获得本级人民政府根据国务院规定的具体办法核发的养殖证，合法从事渔业生产的过程中，受到环境污染损害的突发性事件。据了解，“5·31”事故发生的河段不属于国家规划确定用于养殖业的水域，受害人也没有取得养殖证。

（2）广西律师协会环境与资源法专业委员会副主任委员黄健律师认为，法律明确了各部门处理水污染事故的类型，水环境污染事故一般由环保部门处理，当属于法律有明确规定的类型时，才由其他部门处理。比如，渔业污染事故应由渔政监督管理机构调查处理，船舶造成污染事故的由航政机关调查处理。“5·31”事故并非渔业污染事故，“其他部门”的调查处理就没有法律依据。另外，根据《行政处罚法》规定，对同一违法事实不能进行多次处理、处罚。2004 年，百色市有关行政部门已对“5·31”事故责任人进行过处罚，渔政部门不应对这起不是渔业污染事故的水污染事故再次进行处理、处罚，而南宁市渔政站更不应该跨行政区进行处罚。

（3）案情介绍-1 所述水污染事故是发生在渔业养殖区域，应由渔政管理机构调查处理。

【执法提示】

《水污染防治法》第九十一条第（四）项规定：渔业水体，是指划定的鱼虾类的产卵场、索饵场、越冬场、洄游通道和鱼虾贝藻类的养殖场的水体。

渔业污染事故：因各种环境污染引起的渔业水域环境质量变坏，导致渔业生物死亡或水域使用功能下降的事件。

《水污染防治法》已于 2008 年修订，因此今后对于此类案件的处理应依据《水污染防治法》第八十三条第一、三款规定处理，即“企业事业单位违反本法规定，造成水污染事故的，由县级以上人民政府环境保护主管部门依照本条第二款的规定处以罚款，责令限期采取治理措施，消除污染；不按要求采取治理措施或者不具备治理能力的，由环境保护主管部门指定有治理能力的单位代为治理，所需费用由违法者承担；对造成重大或者特大水污染事故的，可以报经有批准权的人民政府批准，责令关闭；对直接负责的主管人员和其他直接责任人员可以处上一年度从本单位取得的收入百分之五十以下的罚款。

……

造成渔业污染事故或者渔业船舶造成水污染事故的，由渔业主管部门进行处罚；其他船舶造成水污染事故的，由海事管理机构进行处罚。”

对此类案件的处理既不能越权执法，也不能行政不作为。

资料

关于未纳入污染物排放标准的污染物排放控制与监管问题的通知

环境保护部　环发[2011]85号

各省、自治区、直辖市环境保护厅（局），新疆生产建设兵团环境保护局，辽河保护区管理局：

排放标准是对向环境排放污染物行为作出的限制性规定，国家和地方排放标准是依法制定、强制实施的环境保护技术法规。因此，排放标准是对污染源进行排放控制的基本要求。排放标准中规定的污染物排放控制要求，都是在现实条件下可量化、可测量、可核查的内容。由于污染源的实际排污行为具有多样性、不稳定性和隐蔽性等特点，以及受到排放监控技术适用性、实施和监管成本等因素的制约，一些实际存在的排污行为和污染源排放的污染物尚难采用制定和实施排放标准的方式加以控制。而排污行为是影响环境质量状况的重要因素，对排污行为进行监督、限制和规范，是保障环境安全的必要措施。为切实防范环境和健康风险，进一步落实环境保护责任，现就完善污染物排放监控体系等问题提出如下意见。请各地环境保护行政主管部门在工作中参照实行。

一、进一步明确排污者的环境保护责任

向环境排放污染物的企事业单位，是环境污染责任的第一责任主体。无论排污行为是否达到国家或地方规定的排放标准，无论排放的污染物在国家或地方排放标准中是否规定了排放控制要求，排污者都应对其排污造成的环境污染承担相应的责任。排污企业应及时向社会发布排污信息。

二、严格执行现行的环境管理制度

要加强对建设项目和现有排污单位的环境监管，严格执行法律规定的防范排污风险的各项管理制度，包括环境影响评价、“三同时”监管、竣工环保验收、排污申报登记、排污许可证等制度，做到防患于未然。

要充分发挥排污申报登记制度的作用，并要求企业严格遵守《中华人民共和国水污染防治法》和《中华人民共和国大气污染防治法》规定，向环保部门申报登记在正常作业条件下排放污染物的种类、数量和浓度，排放污染物的种类、数量和浓度有重大改变的，应当及时申报登记。企业依法建立自行监测能力，对所排污染物的种类、数量和浓度开展日常自行监测。

三、以保障饮用水和农产品质量安全为重点，加强环境质量监控工作

在排放和泄漏有毒有害物质造成的环境污染事件中，受威胁最大的往往是饮用水水源和排污单位周围的居民区、食用农产品种植地和水产养殖区。保障环境安全和人体健康是环境保护工作的出发点和落脚点，要采取有效措施，切实加强污染源周围和纳污河流下游的水、空气、土壤等环境质量的监控工作，优先安排饮用水源上游等敏感区域环境质量自动在线监测，及时发现和消除环境隐患。鼓励群众举报，接受媒体和社会监督，形成公众广泛参与环境保护的良好氛围。

四、严格执行排放标准，进一步完善标准体系

根据经济、技术发展状况和社会发展要求，逐步完善环境质量标准和污染物排放控制指标体系。各级环境保护行政主管部门要加大环境执法监管工作力度，督促相关排污单位全面、严格地执行国家和地方排放标准，杜绝“选择性”执行标准的现象。省级环境保护行政主管部门要根据当地的产业结构和污染源排污的特点，积极协助省级人民政府，用好用足法律赋予的地方环境质量标准和排放标准制定权，切实履行保护当地环境质量的责任。

发生过污染事件省份的环保部门，要认真总结经验教训，举一反三，及时采取制定或修订地方排放标准等措施，完善当地的污染物排放监控体系，防止再次发生类似事件。加强企业所在地环保部门监测机构能力建设，确保其可对企业所排所有污染物进行监督性监测。

五、无排放限值的污染物排放控制要求

保护人体健康和生态安全是环境保护的根本目的和依据。对于国家和地方排放标准中没有规定排放限值的污染物，排污行为不得造成环境质量超标，不得损害人体健康和生态环境。

二〇一一年七月二十一日

第二节 大气污染的典型案例及其执法要点解析

一、概述

（一）大气污染防治的法律规定

表 3-9 我国大气污染防治的法律规定

法律	中华人民共和国大气污染防治法	2000 年 9 月 1 日修订后实施
行政法规和规范性文件	国务院关于酸雨控制区和二氧化硫污染控制区有关问题的批复	国务院国函[1998]5 号 1998 年 1 月 12 日实施
	消耗臭氧层物质管理条例	中华人民共和国国务院令第 573 号 2010 年 6 月 1 日实施
部门规章及规范性文件	国家发改委、国家环保总局关于印发《燃煤发电机组脱硫电价及脱硫设施运行管理办法》（试行）的通知	发改价格[2007]1176 号
	燃煤发电机组脱硫电价及脱硫设施运行管理办法（试行）	2007 年 7 月 1 日实施
	关于印发《关于划分高污染燃料的规定》的通知	环发[2001]37 号 2001 年 4 月 2 日实施
	关于发布《秸秆焚烧和综合利用管理办法》的通知	环发[1999]98 号 1999 年 4 月 12 日
	汽车排气污染监督管理办法	1990 年 8 月 15 日发布、实施；2010 年 12 月修改
	关于推进大气污染联控联防工作改善区域环境质量的指导意见	2010 年 5 月 11 日发布、实施
地方性法规、规章	略	

表 3-10 部分大气污染物排放标准

序号	标准编号	标准名称	实施日期
1	GB 27632—2011	橡胶制品工业污染物排放标准	2012-01-01
2	GB 13223—2011	火电厂大气污染物排放标准	2012-01-01
3	GB 26453—2011	平板玻璃工业大气污染物排放标准	2011-10-01
4	GB 26452—2011	钒工业污染物排放标准	2011-10-01
5	GB 26451—2011	稀土工业污染物排放标准	2011-10-01
6	GB 26132—2010	硫酸工业污染物排放标准	2011-03-01
7	GB 26131—2010	硝酸工业污染物排放标准	2011-03-01
8	GB 25468—2010	镁、钛工业污染物排放标准	2010-10-01
9	GB 25467—2010	铜、镍、钴工业污染物排放标准	2010-10-01
10	GB 25466—2010	铅、锌工业污染物排放标准	2010-10-01
11	GB 25465—2010	铝工业污染物排放标准	2010-10-01
12	GB 25464—2010	陶瓷工业污染物排放标准	2010-10-01
13	GB 21902—2008	合成革与人造革工业污染物排放标准	2008-08-01
14	GB 21900—2008	电镀污染物排放标准	2008-08-01
15	GB 21522—2008	煤层气（煤矿瓦斯）排放标准（暂行）	2008-07-01
16	GB 20952－2007	加油站大气污染物排放标准	2007-08-01
17	GB 20950－2007	储油库大气污染物排放标准	2007-08-01
18	GB 20426—2006	煤炭工业污染物排放标准	2006-10-01
19	GB 4915—2004	水泥工业大气污染物排放标准	2005-01-01
20	GB 13271—2001	锅炉大气污染物排放标准	2002-01-01
21	GB 18483—2001	饮食业油烟排放标准（试行）	2002-01-01
22	GB 9078—1996	工业炉窑大气污染物排放标准	1997-01-01
23	GB 16171—1996	炼焦炉大气污染物排放标准	1997-01-01
24	GB 16297—1996	大气污染物综合排放标准	1997-01-01
25	GB 14554—93	恶臭污染物排放标准	1994-01-15

（二）违法大气污染防治法律规定应承担的责任

1. 对向大气排放污染物单位的管理

表 3-11 未采取有效防治措施向大气排放污染物应承担的法律责任

违法行为认定	法律依据	《大气污染防治法》规定的法律责任		
		行政命令	行政处罚的种类、幅度	实施机关
超标排放大气污染物	《大气污染防治法》第十三条规定：向大气排放污染物的，其污染物排放浓度不得超过国家和地方规定的排放标准	向大气超标排放污染物的，限期治理	并处1万元以上10万元以下罚款（《大气污染防治法》第四十八条）	县级以上环境保护行政主管部门
未采取有效污染防治措施，向大气排气粉尘	《大气污染防治法》第三十六条规定：向大气排放粉尘的排污单位，必须采取除尘措施	责令停止违法行为，限期改正	可以处5万元以下罚款［《大气污染防治法》第五十六条（一）］	县级以上环境保护行政主管部门或其他行使监督管理权的部门

违法行为认定	法律依据	《大气污染防治法》规定的法律责任		
		行政命令	行政处罚的种类、幅度	实施机关
未采取有效污染防治措施，向大气排放含有有毒物质气体	《大气污染防治法》第三十六条第二款规定：严格限制向大气排放含有毒物质的废气和粉尘；确需排放的，必须经过净化处理，不超过规定的排放标准。向大气排放粉尘的排污单位，必须采取除尘措施	责令停止违法行为，限期改正	可以处5万元以下罚款［《大气污染防治法》第五十六条（一）］	县级以上环境保护行政主管部门或其他行使监督管理权的部门
未经当地环保部门批准，向大气排放转炉气、电石气、电炉法黄磷尾气、有机烃类尾气	《大气污染防治法》第三十七条第二款规定：向大气排放转炉气、电石气、电炉法黄磷尾气、有机烃类尾气的，须报经当地环境保护行政主管部门批准	责令停止违法行为，限期改正	可以处5万元以下罚款［《大气污染防治法》第五十六条（二）］	县级以上环境保护行政主管部门或其他行使监督管理权的部门
不按国家有关规定建设配套脱硫装置或者采取其他脱硫措施排放含有硫化物的气体	《大气污染防治法》第三十八条规定：炼制石油、生产合成氨、煤气和燃煤焦化、有色金属冶炼过程中排放含有硫化物气体的，应当配备脱硫装置或者采取其他脱硫措施	责令限期建成配套设施	可以处2万元以上20万元以下罚款［《大气污染防治法》第六十条（二）］	县级以上环境保护行政主管部门或其他行使监督管理权的部门
未采取有效污染防治措施，向大气排放恶臭气体	《大气污染防治法》第四十条规定：向大气排放恶臭气体的单位，必须采取措施防止周围居民区受到污染	责令停止违法行为，限期改正	可以处5万元以下罚款［《大气污染防治法》第五十六条（一）］	县级以上环境保护行政主管部门或其他行使监督管理权的部门

2．对露天焚烧有毒有害物质的管理

表3-12　露天焚烧产生有毒有害物质单位应承担的法律责任

违法行为认定	法律依据	《大气污染防治法》规定的法律责任		
		行政命令	行政处罚的种类、幅度	实施机关
在政府划定的禁止焚烧废物的区域焚烧沥青、油毡、橡胶、皮革、垃圾以及其他产生有毒有害烟尘、恶臭气体物质	《大气污染防治法》第四十一条第一款规定：禁止在人口集中地区和特殊保护区域内焚烧沥青、油毡、橡胶、皮革、垃圾以及其他产生有毒有害烟尘、恶臭气体物质	责令停止违法行为	处2万元以下罚款［《大气污染防治法》第五十七条（一）］	县级以上环境保护行政主管部门
在禁止性区域内止焚烧露天焚烧秸秆、落叶等产生烟尘物质的	《大气污染防治法》第四十一条第二款规定：禁止在人口集中地区、机场周围、交通干线附近露天焚烧秸秆、落叶等产生烟尘物质	责令停止违法行为	情节严重的，可以处200元以下罚款［《大气污染防治法》第五十七条（二）］	所在地县级以上环境保护行政主管部门
在城市人口集中地区违章占道、露天经营烧烤、大排档，产生烟尘污染	《大气污染防治法》第四十一条第二款规定：禁止在人口集中地区、机场周围、交通干线附近露天焚烧秸秆、落叶等产生烟尘物质	责令停止违法行为	情节严重的，可以处200元以下罚款［《大气污染防治法》第五十七条（二）］	所在地县级以上环境保护行政主管部门

3. 对向大气无组织排放扬尘、粉尘等有害物质单位的管理

表 3-13 未采取防护措施向大气无组织排放粉尘（扬尘）及有害物质单位应承担的法律责任

<table>
<tr><th rowspan="2">违法行为认定</th><th rowspan="2">法律依据</th><th colspan="3">《大气污染防治法》规定的法律责任</th></tr>
<tr><th>行政命令</th><th>行政处罚的种类、幅度</th><th>实施机关</th></tr>
<tr><td>未采取措施，在人口集中地区存放煤炭、煤矸石、煤渣、煤灰、沙石、灰土等物料</td><td>《大气污染防治法》第三十一条规定：在人口集中地区存放煤炭、煤矸石、煤渣、煤灰、沙石、灰土等物料，必须采取防燃、防尘措施，防止污染大气</td><td>责令停止违法行为，限期改正</td><td>给予警告，或者处 5 万元以下罚款[《大气污染防治法》第四十六条（四）]</td><td>县级以上环境保护行政主管部门</td></tr>
<tr><td>未采取防护措施，运输、装卸或储存能够散发有毒有害气体或粉尘物质</td><td>《大气污染防治法》第四十二条规定：运输、装卸或储存能够散发有毒有害气体或粉尘物质的，必须采取密封措施或者其他防护措施</td><td>责令停止违法行为，限期改正</td><td>可以处 5 万元以下罚款[《大气污染防治法》第五十六条（三）]</td><td></td></tr>
<tr><td>在城市区域进行建筑施工产生扬尘污染的活动，造成大气环境污染</td><td rowspan="2">《大气污染防治法》第四十三条第二款规定：在城市区域进行建筑施工或从事产生扬尘污染的活动的单位，必须按照当地环境保护部门的规定，采取防治扬尘的措施</td><td rowspan="2">限期改正；经限期改正，仍未达到环保要求的，可以责令停工整顿</td><td rowspan="2">可以处 2 万元以下罚款（《大气污染防治法》第五十八条）</td><td>建设行政主管部门处罚</td></tr>
<tr><td>从事产生扬尘污染的活动，造成大气环境污染</td><td>政府指定有关主管部门负责</td></tr>
</table>

4. 对燃用高污染燃料的单位的管理

表 3-14 违法燃用高污染燃料单位应承担的法律责任

<table>
<tr><th rowspan="2">违法行为认定</th><th rowspan="2">法律依据</th><th colspan="3">《大气污染防治法》规定的法律责任</th></tr>
<tr><th>行政命令</th><th>行政处罚的种类、幅度</th><th>实施机关</th></tr>
<tr><td>违法燃用高污染燃料</td><td>《大气污染防治法》第二十五条第二款规定：大气污染防治重点城市人民政府可以在本辖区内划定禁止销售、使用国务院环境保护行政主管部门规定的高污染燃料的区域。该区域内的单位和个人应当在当地人民政府规定的期限内停止燃用高污染燃料，改用天然气、液化石油气、电或者其他清洁能源</td><td>责令拆除</td><td>或没收燃用高污染燃料的设备（《大气污染防治法》第五十一条）</td><td>县级以上环境保护行政主管部门</td></tr>
<tr><td>在当地政府规定的期限届满后继续燃用高污染燃料</td><td>《大气污染防治法》第二十九条规定：大、中城市人民政府应当制定规划，对饮食服务企业限期使用天然气、液化石油气、电或者其他清洁能源</td><td>责令拆除</td><td>或没收燃用高污染燃料的设备（《大气污染防治法》第五十一条）</td><td>县级以上人民政府环境保护行政主管部门</td></tr>
<tr><td>在城市集中供热管网覆盖地区新建燃煤供热锅炉</td><td>《大气污染防治法》第二十八条规定：城市建设应当统筹规划，在燃煤供热地区，统一解决热源，发展集中供热。在集中供热管网覆盖的地区，不得新建燃煤供热锅炉</td><td>责令停止违法行为，或限期改正</td><td>可以处 5 万元以下罚款（《大气污染防治法》第五十二条）</td><td>县级以上人民政府环境保护行政主管部门</td></tr>
</table>

5. 对城市饮食服务业的经营者排放油烟造成环境污染的管理

表 3-15 城市饮食服务业的经营者排放油烟造成环境污染应承担的法律责任

违法行为认定	法律依据	《大气污染防治法》规定的法律责任		
		行政命令	行政处罚的种类、幅度	实施机关
城市饮食服务业的经营者，排放油烟对附近居民居住环境造成污染	《大气污染防治法》第四十四条规定：城市饮食服务业的经营者，必须采取措施，防治油烟对附近居民的居住环境造成污染	责令停止违法行为，限期改正	可以处 5 万元以下罚款[《大气污染防治法》第五十六条（四）]	县级以上环境保护行政主管部门或者其他依法行使监督管理权部门

6. 对煤炭开采过程中大气污染防治的管理

表 3-16 煤炭开采过程中违反大气污染防治管理规定应承担的法律责任

违法行为认定	法律依据	《大气污染防治法》规定的法律责任		
		行政命令	行政处罚的种类、幅度	实施机关
新建开采高硫分、高灰分煤炭的煤矿，未建配套煤炭洗选设施	《大气污染防治法》第二十四条第一款规定：新建的所采煤炭属于高硫分、高灰分的煤矿，必须建设配套的煤炭选洗设施，使煤炭中所含硫分、灰分达到规定的标准	责令限期建成配套设施	可以处 2 万元以上 20 万元以下罚款[《大气污染防治法》第六十条（一）]	县级以上环境保护行政主管部门
开采含放射性和砷等有毒有害物质超标的煤炭	《大气污染防治法》第二十四条第三款规定：禁止开采含放射性和砷等有毒有害物质超过规定标准的煤炭	责令关闭	县级以上人民政府(《大气污染防治法》第五十条)	

7. 对机动车污染防治的监管

表 3-17 在用机动车拒绝环保部门监管应承担的责任

违法行为认定	法律依据	《大气污染防治法》规定的法律责任		
		行政命令	行政处罚的种类、幅度	实施机关
机动车在停放地拒绝接受环保部门监督抽测的	《大气污染防治法》第三十五条规定：县级以上环境保护部门可以在机动车停放地对在用机动车的污染物排放状况科学监督抽测；省级人民政府环境保护部门可以委托已取得公安机关资质认定的承担机动车年检的单位，按照规范对机动车船排气污染进行年度检测	责令停止违法行为，限期改正	给予警告，或处 5 万元以下罚款（《大气污染防治法》第五十五条）	环境保护主管部门或交通、渔政等监督管理部门
未接受年度检测				
检测时弄虚作假情节严重的				

二、大气污染的典型案例分析及执法要点解析

案例三十五（案一）：未采取有效措施向大气排放有毒有害物质

【案情介绍】

2001年某水泥厂建成，在未采取任何污染防治措施的情况下，每天排放大量废气。周围的果园受其排放废气的污染，大量减产，造成直接经济损失23万元。果农纷纷向当地环保局投诉，要求环保局进行处理。2002年10月13日，环保局监测发现某水泥厂排放的废气严重超标。10月23日，环保局对该水泥厂作出了《行政处罚决定书》：① 须缴纳排污费21890元，并处以罚款25000元；② 限期治理；③ 赔偿果农经济损失10万元。果农认为赔偿额过低，不服，以水泥厂为被告提起民事赔偿诉讼。

【案例分析】

（1）该案中的水泥厂超标排放大气污染物，根据《大气污染防治法》第十三条、十四条、四十八条的规定，向大气排放污染物的，其污染物排放浓度不得超过国家和地方规定的排放标准；国家按照向大气排放污染物的种类和数量征收排污费；向大气排放污染物超过国家和地方规定排放标准的，应当限期治理，并由所在地县级以上地方人民政府环境保护行政主管部门处1万元以上10万元以下罚款。限期治理的决定权限和违反限期治理要求的行政处罚由国务院规定。

据此，环保局下达《行政处罚决定书》，要求水泥厂缴纳排污费21890元，并处以罚款25000元，是符合法律规定的。

（2）环保局《行政处罚决定书》中又要求企业限期治理，《大气污染防治法》第四十八条规定：限期治理的决定权限和违反限期治理要求的行政处罚由国务院规定。如果当地地方法规对限期治理的决定权限有相应规定，则在进行此行政处罚时法律依据为《大气污染防治法》第四十八条、地方法规；否则该项处罚决定环保部门属于越权执法。

《环境保护法》第二十九条规定：对造成环境严重污染的企业事业单位，限期治理。中央或者省、自治区、直辖市人民政府直接管辖的企业事业单位的限期治理，由省、自治区、直辖市人民政府决定。市、县或者市、县以下人民政府管辖的企业事业单位的限期治理，由市、县人民政府决定。被限期治理的企业事业单位必须如期完成治理任务。

可见，作出限期治理行政处罚决定的，应当是当地政府，而不是环保局。

（3）《大气污染防治法》第六十二条规定：造成大气污染危害的单位，有责任排除危害，并对直接遭受损失的单位或者个人赔偿损失。

赔偿责任和赔偿金额的纠纷，可以根据当事人的请求，由环境保护行政主管部门调解处理；调解不成的，当事人可以向人民法院起诉。当事人也可以直接向人民法院起诉。该案中环保局下达的《行政处罚决定书》中赔偿果农经济损失10万元一项内容是不符合法律规定的，环保局只能以第三方身份对环境民事赔偿纠纷所作出的调解，不应作为行政处罚决定。

【执法提示】

该案涉及的法律规定包括：

《大气污染防治法》第十三条：向大气排放污染物的，其污染物排放浓度不得超过国家和地方规定的排放标准。

第十四条第一款：国家实行按照向大气排放污染物的种类和数量征收排污费的制度，根据加强大气污染防治的要求和国家的经济、技术条件合理制定排污费的征收标准。

第四十八条：向大气排放污染物超过国家和地方规定排放标准的，应当限期治理，并由所在地县级以上地方人民政府环境保护行政主管部门处 1 万元以上 10 万元以下罚款。限期治理的决定权限和违反限期治理要求的行政处罚由国务院规定。

第六十二条：造成大气污染危害的单位，有责任排除危害，并对直接遭受损失的单位或者个人赔偿损失。

赔偿责任和赔偿金额的纠纷，可以根据当事人的请求，由环境保护行政主管部门调解处理；调解不成的，当事人可以向人民法院起诉。当事人也可以直接向人民法院起诉。

《环境保护法》第二十九条：对造成环境严重污染的企业事业单位，限期治理。中央或者省、自治区、直辖市人民政府直接管辖的企业事业单位的限期治理，由省、自治区、直辖市人民政府决定。市、县或者市、县以下人民政府管辖的企业事业单位的限期治理，由市、县人民政府决定。被限期治理的企业事业单位必须如期完成治理任务。

在处理类似案件时必须注意环保部门管辖权的问题，不同的法律对处罚的权限做了不同的规定，一定要依法行政。

资料

环境行政处罚的管辖

《环境行政处罚办法》第十四条【处罚主体】 县级以上环境保护主管部门在法定职权范围内实施环境行政处罚。

经法律、行政法规、地方性法规授权的环境监察机构在授权范围内实施环境行政处罚，适用本办法关于环境保护主管部门的规定。

第十五条【委托处罚】 环境保护主管部门可以在其法定职权范围内委托环境监察机构实施行政处罚。受委托的环境监察机构在委托范围内，以委托其处罚的环境保护主管部门名义实施行政处罚。

委托处罚的环境保护主管部门，负责监督受委托的环境监察机构实施行政处罚的行为，并对该行为的后果承担法律责任。

第十六条【外部移送】 发现不属于环境保护主管部门管辖的案件，应当按照有关要求和时限移送有管辖权的机关处理。

涉嫌违法依法应当由人民政府实施责令停产整顿、责令停业、关闭的案件，环境保护主管部门应当立案调查，并提出处理建议报本级人民政府。

涉嫌违法依法应当实施行政拘留的案件，移送公安机关。

涉嫌违反党纪、政纪的案件，移送纪检、监察部门。

涉嫌犯罪的案件，按照《行政执法机关移送涉嫌犯罪案件的规定》等有关规定移送司法机关，不得以行政处罚代替刑事处罚。

第十七条【案件管辖】 县级以上环境保护主管部门管辖本行政区域的环境行政处罚案件。

造成跨行政区域污染的行政处罚案件，由污染行为发生地环境保护主管部门管辖。

第十八条【优先管辖】 两个以上环境保护主管部门都有管辖权的环境行政处罚案件，由最先发现或者最先接到举报的环境保护主管部门管辖。

第十九条【管辖争议解决】 对行政处罚案件的管辖权发生争议时，争议双方应报请共同的上一级环境保护主管部门指定管辖。

第二十条【指定管辖】 下级环境保护主管部门认为其管辖的案件重大、疑难或者实施处罚有困难的，可以报请上一级环境保护主管部门指定管辖。

上一级环境保护主管部门认为下级环境保护主管部门实施处罚确有困难或者不能独立行使处罚权的，经通知下级环境保护主管部门和当事人，可以对下级环境保护主管部门管辖的案件指定管辖。

上级环境保护主管部门可以将其管辖的案件交由有管辖权的下级环境保护主管部门实施行政处罚。

第二十一条【内部移送】 不属于本机关管辖的案件，应当移送有管辖权的环境保护主管部门处理。

受移送的环境保护主管部门对管辖权有异议的，应当报请共同的上一级环境保护主管部门指定管辖，不得再自行移送。

案例三十五（案二）：未采取有效措施向大气排放有毒有害物质

【案情介绍】

2007年5月，群众举报某精细化工厂在生产过程中产生臭气环境污染。某市环保局环境监察分局接举报后遂对某精细化工厂进行现场检查，检查时发现其确有排放臭气的情况，遂委托市环境监测站对其排放的臭气浓度进行监测。在该厂正常生产情况下，市环境监测站对其进行了厂界臭气浓度的监测，并出具测试报告。经监测，除第一个监测点有一次未超标，其余监测点位的厂界臭气浓度均超过了《恶臭污染物排放标准》（GB 14554—93）规定的臭气浓度20的二级限值。

据此，某市环保局于2007年12月对该精细化工厂作出行政处罚决定。该处罚决定认定：某精细化工厂的上述行为违反了《大气污染防治法》第十三条的规定，依据《大气污染防治法》第四十八条的规定，对其作出罚款人民币5万元的行政处罚决定。

某精细化工厂则认为，厂界周围存在大量与恶臭有关的高污染源，市环境监测站进行监测时，未排除这些干扰因素；且监测点为该厂界外，不能证明恶臭来自该厂。该监测报告不具有科学性，不能作为处罚决定认定该厂排放恶臭超标的证据。故某精细化工厂认为某市环保局所作行政处罚决定，事实不清，证据不足，遂向某市人民法院提起行政诉讼，请求法院撤销某市环保局所作出的行政处罚决定。

某市人民法院经审理认为：根据《环境保护法》第七条第二款，《大气污染防治法》第四条第一款的规定，某市环保局依法具有环境保护行政管理职权，有权对造成大气污染的行为作出行政处罚。某市环境监测站依法具有监测资质，在规范的监测点内作出监测，该站作出的测试报告是真实有效的，对处罚决定认定的事实具有证明效力。某市环保局对某精细化工厂作出的行政处罚，认定事实清楚，证据确凿，适用法律正确，执法程序合法，判决维持某市环保局对该厂作出的行政处罚决定。一审判决后，该厂不服，向某市中级人民法院提起上诉。

某市中级人民法院认为，某市环保局所作行政处罚，认定事实清楚，适用法律正确，程序合法。某精细化工厂的上诉请求，本法院不予支持。据此，依据《行政诉讼法》第六十一条第（一）项规定，判决驳回上诉，维持原判。

（案件来源：珠江商报）

【案例分析】

该案是一起经群众举报、环保局进行现场检查后进行处罚的案例。案中的精细化工厂在正常生产情况下排放恶臭类物质产生臭气影响周边环境，环保局依据《大气污染防治法》第十三条、第四十八条对该厂处5万元罚款。处罚的主要依据是其超标排放臭气（超过《恶臭污染物排放标准》（GB 14554—93）规定的臭气浓度 20 的二级限值）。恶臭污染物厂界标准值是对无组织排放源的限值，因此，环保部门在其厂界进行监测是符合标准要求的。

环境行政处罚的目的是使排污单位排放污染物的状态能回归到守法。该案处罚后对企业缺乏进一步的要求，如依据《大气污染防治法》第四十八条处罚，还应申请人民政府要求其限期治理。笔者认为，在进行现场检查时，可进一步了解其污染治理设施使用情况，是否有不正常使用现象，如属于无组织排放是否采取措施防止对周围居民区受到污染。在充分收集证据的基础上，依据《大气污染防治法》第四十条和第五十六条规定，要求企业停止违法行为，限期改正；并对企业进行罚款的处罚。源头控制和全过程控制才是环境管理的最基本要求，是执法者应追求的目标。

该案涉及的法律规定包括：

《大气污染防治法》第十三条：向大气排放污染物的，其污染物排放浓度不得超过国家和地方规定的排放标准。

第四十条：向大气排放恶臭气体的排污单位，必须采取措施防止周围居民区受到污染。

第四十八条：违反本法规定，向大气排放污染物超过国家和地方规定排放标准的，应当限期治理，并由所在地县级以上地方人民政府环境保护行政主管部门处 1 万元以上 10 万元以下罚款。限期治理的决定权限和违反限期治理要求的行政处罚由国务院规定。

第五十六条：违反本法规定，有下列行为之一的，由县级以上地方人民政府环境保护行政主管部门或者其他依法行使监督管理权的部门责令停止违法行为，限期改正，可以处5万元以下罚款：（一）未采取有效污染防治措施，向大气排放粉尘、恶臭气体或者其他含有有毒物质气体的。

《环境保护法》第二十九条：对造成环境严重污染的企业事业单位，限期治理。……市、县或者市、县以下人民政府管辖的企业事业单位的限期治理，由市、县人民政府决定。被限期治理的企业事业单位必须如期完成治理任务。

【执法提示】

执行污染物排放标准时，应关注企业所在区域及企业设立时间。

如，GB 14554—93 规定，排入 GB 3095 中二类区即城镇规划中确定的居住区、商业交通居民混合区、文化区、一般工业区的执行二级标准；排入 GB 3095 中三类区即特定工业区的执行三级标准。对于企业设立时间，GB 14554—93 规定，1994 年 6 月 1 日起立项的新、扩、改建设项目及其建成后投产的企业执行二、三级标准中的相应标准值。本案中中如企业设立为 1994 年 6 月 1 日之后，地处 GB 3095 二类区，应执行的标准值为 20；如在此之前设立，应执行的标准值为 30；如地处三类区，依据设立时间，执行的标准值为 60、70。

目前我国制定的大多数大气污染物排放标准都是高类别区域高保护、低类别区域低保护，因此在执行大气污染物排放标准时应充分考虑企业所在功能区。根据 GB 3095 规定，环境质量功能区的划分由地级市以上环境保护行政主管部门划分，报同级人民政府批准实施。

资料

恶臭污染物排放标准（GB 14554—93）

5. 标准的实施

5.1 排污单位排放（包括泄漏和无组织排放）的恶臭污染物。在排污单位边界上规定监测点（无其他干扰因素）的一次最大监测值（包括臭气浓度）都必须低于或等于恶臭污染物厂界标准值。

5.2 排污单位经烟、气排气筒（高度在 15 米以上）排放的恶臭污染物的排放量和臭气浓度都必须低于或等于恶臭污染物排放标准。

5.3 排污单位经排水排出并散发的恶臭污染物和臭气浓度必须低于或等于恶臭污染物厂界标准值。

案例三十六：在城市人口集中地区违章占道、露天经营烧烤、大排档，产生烟尘污染

【案情介绍-1】

2009 年 8 月 13 日，有居民打电话向于洪区城管所投诉，沈大路 12-7 号楼下饭店，在居民楼下摆大排档，露天烧烤到深夜，严重扰民，楼上居民不敢开窗子；并说，去年这家饭店还做了一个简易露天烧烤排烟设备，从一楼立了一个大烟囱贴着居民楼一直到 7 楼顶，这个设备一开，噪声非常得大，楼上居民晚上根本睡不了觉。接到投诉电话后，于洪区纠风办立即责成于洪区行政执法局进行调查处理，勤务大队于 2009 年 8 月 20 日，对占道经营露天烧烤的业户下达了《行政执法责令改正通知书》，责令露天烧烤业户停止露天经营行为。业户接到通知书之后都已经自行清理了有关烧烤的物品。该勤务大队又于 2009 年 8 月 24 日对此路段进行回查，发现又有烧烤现象后，立即对占道烧烤业户的经营物品进行了暂扣处罚，同时每天派专人定期巡查。

【案情介绍-2】城管部门对一封群众来信的答复

来信内容：

您好！保利大厦东边东中街南边路口天天晚上（21 点左右）有很多卖烤肉的，严重污染空气，空气中弥漫着浓烟，为了北京空气能清新点，请辛苦点，取缔他们！

回复单位：

东城区城管

回复内容：

您好！接到您的举报，东城区城管部门高度重视，立即进行了调查核实。经查，保利大厦东边东中街南边路口每天晚上（21 点左右）确实有无照烧烤问题。城管部门采取与东直门派出所联合执法的方式对该地点进行专项治理，取缔无照经营一起，没收烧烤炉、烧烤炭等经营工具，对执法相对人员进行了法规宣传和教育。同时，城管部门每天加强对该地区的巡查力度，加大对违法经营行为的打击力度，以维护该地区正常的环境秩序。谢谢！

【案例分析】

为贯彻《国务院关于进一步推进相对集中行政处罚权工作的决定》，原国家环境保护总局印发了《关于相对集中部分环境保护行政处罚权工作有关问题的通知》（环发[2003]5号），各级环保部门要按照国务院的要求，结合城市环境保护管理的实际情况，认真贯彻执行国务院《决定》，支持和配合相对集中行政处罚权工作。根据城市环境保护管理实际和试点城市开展相对集中行政处罚权工作的经验，在城市人口集中地区违章占道、露天经营烧烤、大排档，产生烟尘污染问题可以集中行政执法权。因此，有些地区此类案件由城管执法局统一执法。

【执法提示】

环保部门应当根据本地方人民政府相对集中行政处罚权的具体规定，判断此类案件是否由城管执法局统一执法。

如未纳入相对集中行政处罚权范围，环保部门应依据《大气污染防治法》第五十七条第二款给予行政处罚。《大气污染防治法》第五十七条第二款规定，违反本法第四十一条第二款规定，在人口集中地区、机场周围、交通干线附近以及当地人民政府划定的区域内露天焚烧秸秆、落叶等产生烟尘污染的物质的，由所在地县级以上地方人民政府环境保护行政主管部门责令停止违法行为；情节严重的，可以处二百元以下罚款。

资料

关于相对集中部分环境保护行政处罚权工作有关问题的通知

国家环境保护总局　环发[2003]5 号

各省、自治区、直辖市环境保护局（厅）:

为贯彻《国务院关于进一步推进相对集中行政处罚权工作的决定》（国发[2002]17 号，以下简称《决定》）精神，结合环境保护工作的实际情况，经商国务院法制办同意，现就做好城市管理中相对集中部分环境保护行政处罚权工作的有关问题通知如下:

一、认真贯彻执行《行政处罚法》和国务院《决定》，支持和配合相对集中行政处罚权工作相对集中行政处罚权制度，是《行政处罚法》确立的一项重要法律制度。国务院《决定》规定环境保护相对集中行政处罚权的范围为城市管理领域中 “环境保护管理方面法律、法规、规章规定的部分行政处罚权”，并要求“各地区、各部门要按照本决定的规定，结合本地区、本部门的实际情况，认真研究、落实。” 因此，各级环境保护部门要按照国务院的要求，结合城市环境保护管理的实际情况，认真贯彻执行国务院《决定》，支持和配合相对集中行政处罚权工作。

二、贯彻国务院《决定》应当注意的几个问题在城市管理领域开展相对集中部分环境行政处罚权工作，应当注意以下几个问题:

（一）要根据有利于解决城市环境保护管理中多头执法、职责交叉、重复处罚、执法扰民和管理空白等问题的原则，开展环境保护相对集中行政处罚权的工作。

（二）组织实施城市环境保护管理方面相对集中部分环境行政处罚权，既要有利于发挥综合执法队伍的快速反应能力，也要注意充分发挥环境保护部门专业执法队伍的技术优势。

（三）相对集中环境保护方面的部分行政处罚权，要有利于集中行使行政处罚权的行政机关及时有效地查处有关的违法行为。对环境污染危害较小，通过直观判断即可认定的环境违法行为，或者实施一次行政处罚即可纠正的环境违法行为，或者依法可以适用简易程序实施处罚的环境违法行为，通过相对集中行政处罚权，可以做到及时查处，及时纠正。

（四）根据城市环境保护管理实际和试点城市开展相对集中行政处罚权工作的经验，主要集中下列城市环境保护管理方面的部分行政处罚权:

1. 违反《大气污染防治法》的部分行政处罚

（1）第四十六条第（四）项：未采取防燃、防尘措施，在城市人口集中地区存放煤炭、煤矸石、煤渣、煤灰、砂石、灰土等物料的行政处罚。

（2）第五十六条第（三）项：未采取密闭措施或者其他防护措施，运输、装卸或者储存能够散发有毒有害气体或者粉尘物质，造成城市大气污染的行政处罚。

（3）第五十七条第一款：在城市人口集中地区焚烧沥青、油毡、橡胶、塑料、皮革、垃圾以及其他产生有毒有害烟尘和恶臭气体的物质的行政处罚。

（4）第五十七条第二款：在城市人口集中地区内露天焚烧秸秆、落叶等产生烟尘污染的物质的行政处罚。

（5）在城市人口集中地区违章占道、露天经营烧烤、大排档，产生烟尘污染，依据《大气污染防治法》第五十七条第二款应当给予行政处罚的。

2. 违反《水污染防治法》的部分行政处罚第三十二条：向城市水体排放、倾倒工业废渣、城市垃圾和其他废弃物的行政处罚。

3. 违反《固体废物污染环境防治法》的部分行政处罚第六十三条：贮存、运输、处置城市生活垃圾违反国家有关环境保护和城市环境卫生的行政处罚。

（五）各省、自治区、直辖市环境保护局（厅）可以根据本地环境保护地方立法和执法的具体情况，研究提出本地城市环境管理领域中相对集中部分环境行政处罚权的意见，并指导实施。

三、建立和完善协调配合机制，共同推进城市环境管理方面相对集中行政处罚权工作

进一步推进相对集中行政处罚权，是国务院为深化行政管理体制改革，探索建立与社会主义市场经济体制相适应的行政管理体制和行政执法体制采取的重要措施。各地环境保护部门要与政府法制工作机构加强联系，进一步明确集中行使行政处罚权的行政机关与环境保护部门的职责权限，完善相互之间的执法协调和配合机制，并实现城市环境管理行政处罚信息的互通与分享，共同推进城市环境管理领域相对集中环境行政处罚权的工作，从而增强城市环境违法行为的查处力度，促进城市环境质量的不断改善。

二〇〇三年一月十三日

案例三十七：未采取措施，在人口集中地区存放煤炭、煤矸石、煤渣、煤灰、沙石、灰土等物料

【案情介绍】

2010 年 2 月 23 日，环境保护部环境投诉受理中心接到群众来电，反映安徽滁州中盐东兴盐化股份有限公司新建的电厂使用劣质煤，燃煤露天堆放，脱硫设备未正常运行，仅在环保部门检查时开启。居民区位于盐矿中心，粉尘污染严重。接到转办件后，安徽省环境监察局立即对企业进行了调查。经查，中盐东兴盐化股份有限公司现有 3 台链条炉、3 台循环流化床锅炉。3 台链条炉已关停 1 台，另两台仍在使用；3 台循环流化床锅炉为新建项目，分两期建设。目前污染治理设施尚未调试完毕，自动监控设施尚未安装。

2010 年 3 月 30 日，检查组对企业脱硫设施运行进行了现场检查，3 台循环流化床锅炉均处于生产状态。130 吨锅炉烟气分析仪出口二氧化硫量程及浓度与工控机电脑出口不一致；污染源自动监控室内标气瓶过期。3 台锅炉共用一套脱硫控制系统，目前已投入运行，但尚未按相关文件要求记录出口二氧化硫浓度、脱硫剂输送风机电流等参数，且无历史记录。企业燃煤主要为淮南煤，因此，群众举报企业燃烧劣质燃煤情况不属实。但企业燃煤临时露天堆放，粉尘污染的情况属实。对此，检查组提出调查处理意见：一是要求企业对临时露天堆放燃煤及时采取“三防”措施。二是要求企业立即整改，保证烟气自动监控数据的准确性和有效性。三是要求企业完善脱硫控制系统，记录重要参数，并将历史数据保存一年以上。

（来源：中国环境报 2010-05-24）

【案例分析】

该案是根据群众投诉而进一步调查处理的案件。群众反映该企业新建的电厂使用劣质煤，脱硫设备未正常运行，仅在环保部门检查时开启。居民区位于盐矿中心，粉尘污染严重。调查后发现企业新建电厂露天堆放燃煤确造成粉尘污染。安徽省环境监察局检查组提出一系列整改意见，并未对该厂进行处罚。

目前我国很多企业由于各种原因露天存放原材物料、燃料的现象比比皆是，无组织排放粉尘，造成污染的问题较多，特别是北方地区。

《大气污染防治法》第三十一条规定，在人口集中地区存放煤炭、煤矸石、煤渣、煤灰、砂石、灰土等物料，必须采取防燃、防尘措施，防止污染大气。

第四十六条规定，违反本法规定，有下列行为之一的，环境保护行政主管部门或者本法第四条第二款规定的监督管理部门可以根据不同情节，责令停止违法行为，限期改正，给予警告或者处以五万元以下罚款。（四）未采取防燃、防尘措施，在人口集中地区存放煤炭、煤矸石、煤渣、煤灰、砂石、灰土等物料的。

【执法提示】

运用《大气污染防治法》第三十一条规定的前提条件是“人口集中地区”。在执法中注意该条款运用的前提条件。

“人口集中地区”的概念在《大气污染防治法》中没有做出规定，此概念应是借用人口普查中的概念。不同地区、不同国家该定义有所不同。如日本将“人口集中地区”定义为在一个地区内人口密度达到 4000 人/（千米）^{2}，或人口密度在 5000 人/（千米）^{2} 的连续

地区。我国一般情况下认为 50 户以上居民居住区可以认定为人口集中地区，少于该数一般认为为散户。

资料

《污染源自动监控管理办法》(2005 年 11 月 1 日实行)

……

第十七条　违反本办法规定，新建、改建、扩建和技术改造的项目未安装自动监控设备及其配套设施，或者未经验收或者验收不合格的，主体工程即正式投入生产或者使用的，由审批该建设项目环境影响评价文件的环境保护部门依据《建设项目环境保护管理条例》责令停止主体工程生产或者使用，可以处 10 万元以下的罚款。

第十八条　违反本办法规定，有下列行为之一的，由县级以上地方环境保护部门按以下规定处理:

(二)不正常使用大气污染物排放自动监控系统，或者未经环境保护部门批准，擅自拆除、闲置、破坏大气污染物排放自动监控系统的。

有前款第(二)项行为的，依据《大气污染防治法》第四十六条的规定，责令停止违法行为，限期改正，给予警告或者处 5 万元以下罚款。

案例三十八：在城市区域进行建筑施工或从事产生扬尘污染的活动，造成大气环境污染

【案情介绍】

2011 年 5 月 27 日，乌鲁木齐市沙依巴克区辖区内 6 家建筑施工单位施工现场因存在扬尘污染，乌市沙区环境保护局分别依法对其处罚 5 万元，并要求其 7 日内完成整改。

27 日上午，乌市沙区环保局对辖区内建筑工地进行扬尘污染检查。该局环境监察人员先来到仓房沟路的天山雅南小区进行检查。检查中监察人员发现，该处建设工地道路没有硬化，建筑材料没有覆盖，且建筑垃圾随意堆放，工地内过往道路上满是尘土和小石子，部分路段泥泞不堪，成了“水泥路”，施工现场没有完全用围栏隔挡。沙区环保局监察大队大队长张进介绍，该处施工现场有 6 家施工单位，分别是新疆建工集团建设工程有限责任公司、新疆天宇建设工程有限责任公司、新疆冶金建设公司、新疆建化实业有限责任公司、新疆建工集团第二建筑工程有限责任公司、新疆盛世工程建设有限责任公司。根据要求，施工单位在施工时，工地周边要 100%围挡，物料堆放 100%覆盖，出入车辆 100%冲洗，现场地面 100%硬化，拆迁工地 100%湿法作业。早在一个月前，沙区环保局就要求这 6 家施工单位在施工时严格按照《乌鲁木齐市防治扬尘污染实施方案》要求进行施工，并与其签订了扬尘污染治理责任书。但一个多月过去了，该处施工现场的扬尘污染状况并未得到很大的改善。依据《中华人民共和国大气污染防治法》规定，沙区环保局分别对上述 6 家施工单位处以 5 万元罚款，并要求其在 7 日内完成整改。

(来源：新疆日报)

【案例分析】

对于建筑施工现场堆放、砂石、灰土、搬迁渣土造成扬尘污染的，大气污染防治法做了一系列的规定：

（1）《大气污染防治法》第三十一条规定：在人口集中地区存放煤炭、煤矸石、煤渣、煤灰、砂石、灰土等物料，必须采取防燃、防尘措施，防止污染大气。违反规定的，环境保护行政主管部门可以根据第四十六条第（四）项给予处罚（第四十六条规定，违反本法规定，有下列行为之一的，环境保护行政主管部门或者本法第四条第二款规定的监督管理部门可以根据不同情节，责令停止违法行为，限期改正，给予警告或者处以5万元以下罚款：（四）未采取防燃、防尘措施，在人口集中地区存放煤炭、煤矸石、煤渣、煤灰、砂石、灰土等物料的）。

（2）《大气污染防治法》第四十二条规定：运输、装卸、贮存能够散发有毒有害气体或者粉尘物质的，必须采取密闭措施或者其他防护措施。违反规定的，环境保护行政主管部门可按照第五十六条第（三）项给予处罚（第五十六条规定，违反本法规定，有下列行为之一的，由县级以上地方人民政府环境保护行政主管部门或者其他依法行使监督管理权的部门责令停止违法行为，限期改正，可以处5万元以下罚款：（三）未采取密闭措施或者其他防护措施，运输、装卸或者贮存能够散发有毒有害气体或者粉尘物质的；环境保护行政主管部门或者其他依法行使监督管理权的部门责令停止违法行为，限期改正，可以处5万元以下罚款）。

（3）《大气污染防治法》第五十八条规定：违反本法第四十三条第二款规定，在城市市区进行建设施工或者从事其他产生扬尘污染的活动，未采取有效扬尘防治措施，致使大气环境受到污染的，限期改正，处2万元以下罚款；对逾期仍未达到当地环境保护规定要求的，可以责令其停工整顿（第四十三条第二款规定：在城市市区进行建设施工或者从事其他产生扬尘污染活动的单位，必须按照当地环境保护的规定，采取防治扬尘污染的措施）。

前款规定对因建设施工造成扬尘污染的处罚，由县级以上地方人民政府建设行政主管部门决定；对其他造成扬尘污染的处罚，由县级以上地方人民政府指定的有关主管部门决定。

【执法提示】

在对城市区域进行建筑施工或从事产生扬尘污染的活动，造成大气环境污染的活动进行管理时应注意：

（1）在城市市区进行建筑施工或从事其他产生扬尘污染的活动。

根据《大气污染防治法》第五十八条的规定，对因建设施工造成扬尘污染的处罚，由县级以上地方人民政府建设行政主管部门决定；对其他造成扬尘污染的处罚，由县级以上地方人民政府指定的有关主管部门决定。在后一种情况下环保部门可依据第五十六条进行处罚。

（2）建筑施工或从事其他产生扬尘污染的活动的地点不在城市市区，不能适用第五十八条进行处罚。

总之：对建筑施工现场的管理，《大气污染防治法》的规定均有一定的适用范围，环保部门在法律适用和证据收集时一定给予适度的关注。

（3）实施行政处罚需收集的证据：① 违法行为人的基本情况；② 对环境的污染程度；③ 存放物料的时间、地点、数量、体积；④ 物料是否存放在人口集中地（如没有存放在人口集中地，不能适用第四十六条（四）进行处罚）；⑤ 建设施工或者从事其他产生扬尘污染的地点。

资料

关于有效控制城市扬尘污染的通知

国家环境保护总局　环发[2001]56号

各省、自治区、直辖市环境保护局（厅）、建委（建设厅）：

为改善城市环境空气质量，加强扬尘污染控制，根据新修订《中华人民共和国大气污染防治法》的有关规定，特作如下通知：

一、城市环境保护行政主管部门对城市扬尘污染防治实施统一监督管理，并会同城市建设行政主管部门制定防治城市扬尘污染的规定，报同级人民政府批准实施。

二、城市建设、建管、市政、环卫、园林、房屋等行政主管部门按照当地政府批准的防治城市扬尘污染的规定和职能分工，在各自的职责范围内对施工扬尘和其他扬尘污染防治进行监督管理。

三、防治建筑、拆迁和市政等施工现场的扬尘污染。

（一）建设单位在工程概算中应包括用于施工过程扬尘污染控制的专项资金，施工单位要保证此项资金专款专用。

（二）市区施工应严格控制并逐步实行禁止在施工现场搅拌混凝土。施工现场周边应设置符合要求的围挡。施工车辆出入施工现场必须采取措施防止泥土带出现场。施工过程堆放的渣土必须有防尘措施并及时清运；竣工后要及时清理和平整场地。市区道路施工应推行合理工期并采取逐段施工方式。

（三）市区拆迁后工地应采取绿化等防尘措施，对超过规定期限的闲置土地，当地城市人民政府可依法收回土地，并由城市园林绿化行政主管部门组织进行园林绿化或铺装。

四、加强对市区道路和运输扬尘污染的控制。

运送易产生扬尘物质的车辆应实行密闭运输，避免在运输过程中发生遗撒或泄漏。积极推行城市道路机械化清扫，提高机械化清扫率。

五、采取措施防治堆放物的扬尘污染。

在市区堆放渣土、煤炭、煤灰、煤渣、灰土、煤矸石、砂石等易产生扬尘的物质，必须采取防止扬尘措施；生活垃圾要逐步做到分类收集，密闭贮存，无害化处理。

六、采取综合防治措施，积极实施“黄土不露天”工程。

（一）加强城市大环境绿化和绿化隔离带建设，大力推进城郊绿化，减少自然沙尘对市区大气环境质量的影响。

（二）扩大市区绿化和铺装地面面积，减少裸露地面面积。居住区、单位以及各类建设项目应按照《城市绿化规划建设指标的规定》落实绿化要求，并与主体工程同步规划、建设和验收。在3~5年内，城市道路绿化普及率达到95%，消灭市区道路两侧的裸露地面。市区的违章建筑拆除后的土地，应优先用于绿化建设。

（三）要加强城市现有河塘、水池等水面保护和管理，不断增加水面面积，美化市区环境。

国家环境保护总局

中华人民共和国建设部

二〇〇一年四月二十七日

资料

关于建设工地砂石、灰土等物料未覆盖行为处罚问题的复函

国家环境保护总局　环函[2002]271号

北京市环境保护局：

你局《关于建设工地砂石、灰土等物料未覆盖行为进行处罚的法律依据问题的请示》收悉。经研究，现复函如下：

《大气污染防治法》第四十三条第二款规定："在城市市区进行建设施工或者从事其他产生扬尘污染活动的单位，必须按照当地环境保护的规定，采取防治扬尘污染的措施。"第四十六条第（四）项规定，未采取防尘措施，在人口集中地区存放煤炭、煤矸石、煤渣、煤灰、砂石、灰土等物料，环境保护行政主管部门根据不同情节，责令停止违法行为，限期改正，给予警告或者处以5万元以下罚款。

你局请示中所指建设施工单位对建设工地砂石、灰土等物料未覆盖，没有采取措施防治扬尘污染，环境保护部门可以根据《大气污染防治法》第四十六条第（四）项规定，对其进行处罚。

二〇〇二年十月十一日

案例三十九：新建燃煤供热锅炉的处罚

【案情介绍】

二连市环保局"十一五"期间不断加大对新建小型燃煤锅炉的管控力度，取缔已进入集中供热管网内的10吨以上锅炉8台，2吨以下小锅炉100余台，二连市全市集中供热面积达406.7万平方米。推动了全市主要污染物二氧化硫排放量的减排工作，完成"十一五"主要污染减排项目考核指标。

2011年二连市环保局不断加大环境巡查和监管力度，改进巡查方式，将继续取缔分散的小型燃煤锅炉，有效节约能源，改善空气质量，达到节能减排目的。在2011年5月份的一次巡查中发现一家企业擅自在小区院内新建燃煤锅炉，并位于城市集中供热管网覆盖地区，按照《大气污染防治法》第二十八条规定，属违法行为。监察人员随即下达责令立即停止违法行为的通知，并多次做工作劝阻，企业已于5月8日自行将锅炉拆除

（来源：生意社2011年6月24日讯）

【案例分析】

该案中的企业擅自新建燃煤锅炉，环保部门依据《大气污染防治法》第二十八条规定"城市建设应当统筹规划，在燃煤供热地区，统一解决热源，发展集中供热。在集中供热

管网覆盖的地区，不得新建燃煤供热锅炉”和第五十二条规定“违反本法第二十八条规定，在城市集中供热管网覆盖地区新建燃煤供热锅炉的，由县级以上地方人民政府环境保护行政主管部门责令停止违法行为或者限期改正，可以处 5 万元以下罚款。”对企业下达“责令改正违法行为的通知”。《大气污染防治法》第二十八条的适用前提是“在集中供热管网覆盖的地区”，如果不是这样的地区就不能适用该条款。该环保局的管理行为基本符合法律规定。

【执法提示】

根据环境保护法律、行政法规和部门规章对责令改正形式设定，《环境行政处罚办法》第十二条对其进行归纳，具体形式有：（一）责令停止建设；（二）责令停止试生产；（三）责令停止生产或者使用；（四）责令限期建设配套设施；（五）责令重新安装使用；（六）责令限期拆除；（七）责令停止违法行为；（八）责令限期治理；（九）法律、法规或者规章设定的责令改正或者限期改正违法行为的行政命令的其他具体形式。

该条还规定，根据最高人民法院关于行政行为种类和规范行政案件案由的规定，行政命令不属行政处罚。行政命令不适用行政处罚程序的规定。

因此，环保部门在执法过程中，适用责令改正时应当掌握三点：①改正必须有时间或者期限的要求，立即改正也要有期限；②责令改正违法行为不属于行政处罚，不适用行政处罚程序；③改正环境违法行为的要求，应当避免以处罚的种类或形式出现。

资料

关于不同容量锅炉共用烟囱排放大气污染物适用排放标准问题的复函

国家环境保护总局　环函[2007]351 号

安徽省环境保护局：

你局《关于奇瑞汽车有限公司自备热电站项目锅炉烟气排放执行标准的请示》（环评[2007]102 号）收悉。经研究，现函复如下：

该公司自备热电站项目 2 台 35 吨/时和 2 台 75 吨/时循环流化床锅炉，其大气污染物排放应分别适用《锅炉大气污染物排放标准》（GB 13271—2001）和《火电厂大气污染物排放标准》（GB 13223—2003）；若上述锅炉共用一根烟囱，且监控位置在烟囱处，则应适用《火电厂大气污染物排放标准》（GB 13223—2003）。

二〇〇七年九月二十日

案例四十（案一）：对城市饮食服务业对居民的居住环境造成污染的处罚

【案情介绍】

顺意湘菜馆经环保审批在深圳市宝安区顺风路福华大厦首层开办，主要经营中餐项目，该项目油烟治理设施经环保部门验收合格后投入经营。2007 年 8 月 17 日，环保部门收到群众投诉，反映该餐馆油烟排放严重影响附近居民生活。当日，环保部门到现场检查监测，发现顺意湘菜馆排放油烟浓度为 5.6 毫克/米^3，超过《中华人民共和国饮食业油烟排放标准》（GB 18483—2001）规定的排放限值（油烟浓度≤2.0 毫克/米^3），造成了环境污染。

环保部门在执法现场对顺意湘菜馆下发了限期治理决定，责令其对油烟污染进行限期治理，并要求其于2007年9月20日前完成治理任务，治理后油烟排放须达到《饮食业油烟排放标准》（GB 18483—2001）要求。2007年9月25日，环保部门检查监测发现，顺意湘菜馆油烟排放浓度为4.6毫克/米^3，仍超过《饮食业油烟排放标准》（GB 18483—2001）规定的排放限值（油烟浓度≤2.0毫克/米^3），污染了环境。

环保部门经审查，认为顺意湘菜馆油烟超标排放的行为违反了《大气污染防治法》第十三条的规定，依据该法第四十八条的规定，环保部门作出决定，对顺意湘菜馆处以罚款人民币3万元。行政处罚决定送达后，顺意湘菜馆积极对其油烟净化设备进行维护与整改，并及时缴纳了罚款。2007年11月15日，环保部门收到群众重复投诉，反映顺意湘菜馆油烟扰民，环保部门现场监测，顺意湘菜馆排放油烟浓度为1.6毫克/米^3，在《饮食业油烟排放标准》（GB 18483—2001）规定的排放限值之内。环保部门遂组织当地居委会、受影响居民、顺意湘菜馆三方就油烟排放问题进行了调解。

（摘自东营环境保护网 2009-10-05）

【案例分析】

本案按照当事人环境违法行为的不同性质，依据不同的法律进行了分别处理：

（1）顺意湘菜馆油烟超标排放，环保局依据《深圳市经济特区环境保护条例》第二十七条规定，“排污者的环境保护设施因工艺设计缺陷或设备老化等原因不能达到污染物处理要求，导致排放污染物超过国家或者地方污染物排放标准或者污染物总量控制指标，且不能立即改正的，环保部门应当责令排污者限期治理”和《大气污染防治法》第四十四条规定，“城市饮食服务业的经营者，必须采取措施，防治油烟对附近居民的居住环境造成污染”以及第四十八条规定，“违反本法规定，向大气排放污染物超过国家和地方规定的标准的，应当限期治理”，责令顺意湘菜馆限期治理，这是在法定职权范围内作出的决定，是正确的。

（2）2007年9月25日环境部门再次现场监测，顺意湘菜馆仍达不到排放标准要求。环境部门依据《大气污染防治法》第四十八条对顺意湘菜馆作出罚款3万元的行政处罚。

《大气污染防治法》第四十八条规定：违反本法规定，向大气排放污染物超过国家和地方规定的标准的，应当限期治理。并由所在地县级以上地方人民政府环境保护行政主管部门处1万元以上10万元以下的罚款。该条规定的罚款应在作出限期治理同时并处罚款，而不是针对限期治理逾期没有完成治理任务的处罚。因此，环境部门对顺意湘菜馆作出罚款3万元的行政处罚的法律依据不足。若依据《环境保护法》第三十九条，“对经限期治理逾期未完成治理任务的企业事业单位，除依照国家规定加收超标排污费外，可以根据所造成的危害后果处以罚款，或者责令停业、关闭”的规定进行处理，则更恰当。

（3）2007年11月15日，环保部门收到群众重复投诉，反映顺意湘菜馆油烟扰民，经监测油烟排放是符合排放标准的，因此对顺意湘菜馆没有再进行处罚，而是根据无过错责任原则进行调解。这样处理是符合法律规定的，是正确而恰当的。

【执法提示】

（1）随着生活水平的不断提高，人们对居住环境质量的要求也越来越高，油烟扰民日渐成为城市居民关心的环境热点问题。在环境管理实践中，油烟扰民问题涉及的环境法律关系复杂，也成为城市环境管理的难点问题。餐饮项目应充分听取居民意见，要严格环保审批，严把环保准入关。在项目选址方面，住宅楼、住宅区、文教区等敏感区域应禁止设立产生油烟的餐饮项目；上述区域的相邻区域应限制设立产生油烟的餐饮项目；在商用、综合楼宇设立产生油烟污染的餐饮项目，必须配备专用烟道。在审批程序中，要保障公众参与权利，充分听取可能受影响的居民的意见。对于有油烟排放的餐饮业项目，要求设置配套油烟净化设备，油烟治理设施经环保部门验收合格后，方可投入经营。

（2）要严格环境监管，严格执行环保标准。对于油烟排放超过国家和地方污染物排放标准的餐饮项目，环保部门应及时查处，通过责令限期治理、罚款、停业整治等方式，督促企业进行整改，经整改仍达不到环保管理要求的，要依法清理。在日常监管中，环保部门应及时督促餐饮项目进行油烟净化设施的维护与保养，提倡餐饮项目使用管道燃气、液化气、电能等清洁能源，减少污染物的排放。

（3）在行政执法中应正确处理不同的法律关系，正确理解和运用法律予以环保部门的权力。

案例四十（案二）：对城市饮食服务业对居民的居住环境造成污染的处罚

【案情简介】

2010 年 11 月 19 日，执法队员在巡查时发现市区黄运路上一家快餐店在没有采取任何防治措施的情况下对外排放油烟，导致墙体污渍斑斑，严重影响到市容市貌及市民的居住环境。经调查了解，该店是在 11 月 16 日开业的，店主认为安装油烟净化器费用太高，而且效果不是特别好，所以没有安装。执法人员依据《大气污染防治法》第五十六条第（四）项规定对其下发停止违法行为（整改）通知书一份，并对其作出罚款 800 元的行政处罚。

（来源：宿迁城管网）

【案例分析】

《大气污染防治法》第四十四条规定：城市饮食服务业的经营者，必须采取措施，防治油烟对附近居民的居住环境造成污染。《大气污染防治法》第五十六条第（四）项规定违反本法规定：城市饮食服务业的经营者未采取有效污染防治措施，致使排放的油烟对附近居民的居住环境造成污染的，由县级以上地方人民政府环境保护行政主管部门或者其他依法行使监督管理权的部门责令停止违法行为，限期改正，可以处 5 万元以下罚款。

本案执法人员根据其污染环境的严重性对其作出了罚款 800 元的行政处罚。

按照原环境保护总局环函[2005]225 号规定，饮食业排放油烟应按照国家排放标准《饮食业油烟排放标准（试行）》的规定进行控制，控制的基本措施是按照要求安装油烟净化设施。该标准规定安装并运行符合要求的油烟净化设施的饮食业单位视同排放达标，可不进行现场浓度监测；同时规定县级以上环保部门可根据情况需要对饮食业单位的油烟排放浓度进行监督监测。未按要求安装油烟净化设施的，视同超标排放，不需进行排放浓度监测。

【执法提示】

对该类案件进行调查时，应注意了解饮食服务项目开办的时间、地点、规模、性质；

是否安装并运行符合要求的油烟净化设施；是否对周围居民居住环境造成污染，污染程度如何。

资料

关于饮食业单位排气适用标准问题的复函

国家环境保护总局　环函[2005]225号

吉林省环境保护局：

你局《关于火锅店外排气体是否界定为饮食业油烟问题请示的函》（吉环函[2005]40号）收悉。经研究，函复如下：

一、饮食业排放油烟应按照国家排放标准《饮食业油烟排放标准（试行）》（以下简称排放标准）的规定进行控制。排放标准规定的油烟排放浓度限值及采样分析方法，适用于对已按要求安装油烟净化设施的饮食业单位排放含油烟气体的控制；未按要求安装油烟净化设施的，视同超标排放，不需进行排放浓度监测。

二、饮食业油烟是多种成分的混合物，排放标准规定的采样分析方法是一种非特异性监测方法，该方法不宜作为判断气体成分中是否含有油烟的定性分析方法。

三、火锅使用时排出的气体成分与其使用的汤料成分和加工食物的种类有直接关系。火锅汤料的主要成分是水和调味料，火锅汤料沸腾时的温度接近水的沸点，低于采用烹炒等方法加工食物时的温度。鉴此，火锅使用时排出的气体以水蒸气为主，并可能含有调味料和食物中的挥发性成分，与食物高温烹炒过程中产生的含油烟气体成分有较大差别。

因此，若火锅店未采用烹炒、烧烤和油炸等方法加工食品，则不宜将其排气定性为含油烟气体。

二○○五年六月十日

案例四十一：对供热锅炉使用高污染燃料的处罚

【案情介绍】

2006年6月14日下午3时许，南京市玄武区环保局环境监察人员，在检查南通建工集团南京分公司所承建的某大学教学实习中心工地时，发现该公司正在使用以木材为燃料的手烧炉，并拍照为证："炉膛内火光熊熊，炉外的压力表偏离零位，炉旁堆着大量废木料。"监察人员认为该公司"使用高污染材料违法排污"的证据确凿，当即发出环境违法行为告知书，要求对方立即整改。但该工地负责人并不配合调查，拒绝签收。两天后，玄武区环保局审议后决定，对该公司从重处罚：责令立即整改，处以罚款5万元。并注明，如逾期缴纳罚款，按每日3%的比例计算"加处罚金"。南通建工南京分公司不服，于今年（2006年）9月将玄武区环保局告上法庭。

庭审中，南通建工集团南京分公司对"木柴属高污染燃料"的说法提出质疑，认为玄武区环保局的这一结论缺乏依据。对此，玄武区环保局举出原国家环保总局2001年颁布的《关于划分高污染燃料的规定》予以证明，《规定》中明确"高污染燃料"包括各种可燃废物和直接燃用的生物质燃料（树木、秸秆、锯末、稻壳、蔗渣）等。

环保部门对应诉做了充分准备，现场照片、录像证据一应俱全。因为南通建工集团对环保部门提供的现场照片提出异议，认为照片上只有一个手烧炉、一堆木材，并不能证明自己“使用了用木材做燃料的手烧炉”这一事实。为此，环保部门当庭播放录像，不仅证明炉子正在燃烧，还证明了对方多次在环保部门送达处罚文书时拒绝签收。法院审理后认为，南通建工集团南京分公司的违法事实确实存在，环保部门处罚并无不妥，一审驳回了诉讼请求。

庭后，据玄武区环保局介绍，由于该公司拒不履行缴纳5万元罚款的义务，目前罚款数额已累计接近18万元。

（来源：南京报业网-金陵晚报 2006年10月21日）

【案例分析】

本案涉及的法律规定包括：

《大气污染防治法》第二十五条第二款：大气污染防治重点城市人民政府可以在本辖区内划定禁止销售、使用国务院环境保护行政主管部门规定的高污染燃料的区域。该区域内的单位和个人应当在当地人民政府规定的期限内停止燃用高污染燃料，改用天然气、液化石油气、电或者其他清洁能源。

第五十一条 违反本法第二十五条第二款或者第二十九条第一款的规定，在当地人民政府规定的期限届满后继续燃用高污染燃料的，由所在地县级以上地方人民政府环境保护行政主管部门责令拆除或者没收燃用高污染燃料的设施。

该案中的发案地点位于玄武区，根据南京市《全市禁燃区内严格控制高污染燃料设备的通告》的规定，南京禁燃区包括鼓楼、玄武、白下、秦淮、建邺、下关行政区全部。显然南通建工集团南京分公司所承建的某大学教学实习中心工地是位于市政府划定的禁燃高污染燃料的区域之内。该企业的手烧炉又是以木材为燃料，在南京市发布的《全市禁燃区内严格控制高污染燃料设备的通告》和环发[2001]37号（关于划分高污染燃料的通知）中都规定，直接燃用的生物质燃料（树木、秸秆、锯末、稻壳、蔗渣等）为高污染燃料。因此，该案的处罚是合理和恰当的。

【执法提示】

依据《大气污染防治法》第五十一条进行处罚的前提条件是：

（1）被处罚单位使用的燃料是高污染燃料。

（2）被处罚单位位于政府划定禁止销售、使用禁燃高污染燃料的区域。

资料

关于限期禁用高污染燃料和限期改用清洁能能源的法律规定适用对象的复函

国家环境保护总局 环函[2001]148号

哈尔滨市环境保护局：

你局《关于对〈大气污染防治法〉第二十九条第一款中饮食服务企业概念给予司法解释的函》（哈环函[2001]20号）收悉。经研究，函复如下：

《大气污染防治法》对限期禁止使用高污染燃料和限期改用清洁能源作了专门规定。该法第二十五条规定：“大气污染防治重点城市人民政府可以在本辖区内划定禁止销售、使用国务院环境保护行政主管部门规定的高污染燃料的区域。该区域内的单位和个人应当在当地人民政府规定的期限内停止燃用高污染燃料，改用天燃气、液化石油气、电或者其他清洁能源。”该法第二十九条规定：“大、中城市人民政府应当制定规划，对饮食服务企业限期使用天燃气、液化石油气、电或者其他清洁能源。对未划定为禁止使用高污染燃料区域的大、中城市市区内的其他民用炉灶，限期改用固硫型煤或者使用其他清洁能源。”

根据以上规定，哈尔滨市作为国家环境保护重点城市和大型城市，如果已经划定禁止使用高污染燃料的区域，则该区域内的任何单位，包括饮食服务企业以及洗浴、宾馆等服务性企业单位，均应在规定的期限内停止燃用高污染燃料，改用清洁能源。如果你市尚未划定禁止使用高污染燃料区域，应适用《大气污染防治法》第二十九条的规定，对处于市区范围内的民用炉灶，包括洗浴业、宾馆饭店的炉灶，要限期改用固硫型煤或者使用其他清洁能源。

二〇〇一年七月二十日

资料

国家环境保护总局文件

环发[2001]37号

附件：关于划分高污染燃料的规定

一、根据《中华人民共和国大气污染防治法》第二十五条的规定，制定本规定。

二、国务院划定的大气污染防治重点城市人民政府按照《中华人民共和国大气污染防治法》的有关要求，划定禁止销售、使用高污染燃料区域（以下简称“禁燃区”），适用本规定。本规定不适用于车用燃料。

三、下列燃料或物质为高污染燃料：

（一）原（散）煤、煤矸石、粉煤、煤泥、燃料油（重油和渣油）、各种可燃废物和直接燃用的生物质燃料（树木、秸秆、锯末、稻壳、蔗渣等）。

（二）燃料中污染物含量超过下表限值的固硫蜂窝型煤、轻柴油、煤油和人工煤气。

燃料种类	基准热值	硫含量	灰分含量
固硫蜂窝型煤	5000卡/千克	0.3%	—
轻柴油、煤油	10000卡/千克	0.5%	0.01%
人工煤气	4000卡/千克	30毫克/米^3	20毫克/米^3

注：①固硫蜂窝型煤仅限于居民采暖小煤炉使用。固硫蜂窝型煤硫含量限值0.3%是指可排放硫含量。有条件的城市可以在“禁燃区”内规定禁止燃用固硫蜂窝型煤。

②燃料的实际热值不等于基准热值时，表中的硫含量和灰分含量限值需乘以热值调整系数。热值调整系数=实际热值/基准热值。实际热值指燃料的低位发热量。

③燃料中其他污染物含量还应符合有关法规、标准的规定。

四、国务院划定的大气污染防治重点城市人民政府应制定高污染燃料销售、使用、转运、存放的管制办法和鼓励使用清洁能源的经济政策，并可以制定严于本规定第三条确定的高污染燃料控制要求，报国家环境保护总局备案。

二〇〇一年四月二日

资料

关于生物质成型燃料有关问题的复函

环境保护部办公厅　环办函[2009]797号

广东省环境保护厅：

你厅《关于明确生物质成型燃料（BMF）是否属于高污染燃料的请示》（粤环报[2009]29号）收悉。经研究，函复如下：

一、采用农林废弃物（秸秆、稻壳、木屑、树枝等）为原料，通过专门设备在特定工艺条件下加工制成的棒状、块状或颗粒状等生物质成型燃料，可有效改善农林废弃物的燃烧性能，其硫、氮和灰分含量较低，在配套的专用燃烧设备上应用，可实现清洁、高效燃烧，产生的二氧化硫、氮氧化物和烟尘较少，不属于高污染燃料。

……

二〇〇九年八月七日

第三节　固体废物污染的典型案例及其执法要点解析

一、概述

（一）固体废物污染防治的法律规定

固体废物，是指在生产、生活和其他活动中产生的丧失原有利用价值或者虽未丧失利用价值但被抛弃或者放弃的固态、半固态和置于容器中的气态物品、物质以及法律、行政法规规定纳入固体废物管理的物品、物质。（《固体废物污染环境防治法》第八十八条）

《固体废物污染环境防治法》所指控制和防治产生污染的固体废物，主要包括：工业固体废物、生活垃圾以及有关的危险废物。其中危险废物是指列入国家危险废物名录或者根据国家规定的危险废物鉴别标准和鉴别方法认定的具有危险特性的固体废物。

表3-18　固体废物污染防治法律、法规

法律	固体废物污染环境防治法	2005年4月1日起施行
行政法规及规范性文件	医疗废物管理条例	2003年6月16日起施行
	海洋倾废管理条例	1985年4月1日起施行
部门规章及规范性文件	危险废物出口核准管理办法	2008年3月1日起施行
	电子废物污染环境防治管理办法	2008年2月1日起施行
	医疗废物管理行政处罚办法	2004年6月1日，2010年12月修改
	危险废物转移联单管理办法	1999年10月1日起施行
	防治尾矿污染环境管理规定	1992年10月1日，2010年12月修改

部门规章及规范性文件	关于发布《禁止进口固体废物目录》、《限制进口类可用作原料的固体废物目录》和《自动许可进口类可用作原料的固体废物目录》的公告（国家环保总局、商务部、国家发改委、海关总署、国家质量监督检验检疫总局公告　2008 年第 11 号）	2008 年 1 月 9 日起施行
	危险废物经营许可证管理办法	2004 年 7 月 1 日起实施
	国家危险废物名录	2008 年 8 月 1 日起施行
	医疗废物分类目录	2003 年 10 月 10 日起施行
	固体废物进口管理办法	2011 年 8 月 1 日起施行
	进口废 PET 饮料瓶砖环境保护控制要求（试行）	2011 年 1 月 31 日起施行
	进口废钢铁环境保护管理规定（试行）	2010 年 1 月 1 日起施行
	废弃电器电子产品处理目录（第一批）	2011 年 1 月 1 日起施行
	废弃电器电子产品处理资格许可管理办法	2011 年 1 月 1 日起实施
	进口可用作原料的固体废物环境保护管理规定	2011 年 6 月 1 日起实施
	进口硅废碎料环境保护管理规定	2011 年 6 月 1 日起实施
	关于进一步加强危险废物和医疗废物监管工作的意见	2011 年 2 月 16 日发布
	最高人民法院关于审理非法进口废物刑事案件适用法律若干问题的解释	1996 年 7 月 31 日起实施
地方性法规和规章	略	

表 3-19　固体废物污染控制标准（部分）

序号	标准编号	标准名称	实施时间
1	GB 18596—2001	畜禽养殖业污染物排放标准	2003-01-01
2	GB 16933—1997	放射性废物近地表处置的废物接收准则	1998-09-01
3	GB 5085—85	有色金属工业固体废弃物污染控制标准	1985-10-01
4	GB 16889—2008	生活垃圾填埋场污染控制标准	2008-07-01
5	GB 16487.12—2005	进口可用作原料的固体废物环境保护控制标准—废塑料	2006-02-01
6	GB 16487.11—2005	进口可用作原料的固体废物环境保护控制标准—供拆卸的船舶及其他浮动结构体	2006-02-01
7	GB 16487.10—2005	进口可用作原料的固体废物环境保护控制标准—废五金电器	2006-02-01
8	GB 16487.9—2005	进口可用作原料的固体废物环境保护控制标准—废电线电缆	2006-02-01
9	GB 16487.8—2005	进口可用作原料的固体废物环境保护控制标准—废电机	2006-02-01
10	GB 16487.7—2005	进口可用作原料的固体废物环境保护控制标准—废有色金属	2006-02-01
11	GB 16487.6—2005	进口可用作原料的固体废物环境保护控制标准—废钢铁	2006-02-01
12	GB 16487.5—2005	进口可用作原料的固体废物环境保护控制标准—废纤维	2006-02-01
13	GB 16487.4—2005	进口可用作原料的固体废物环境保护控制标准—废纸或纸板	2006-02-01
14	GB 16487.3—2005	进口可用作原料的固体废物环境保护控制标准—木、木制品废料	2006-02-01
15	GB 16487.2—2005	进口可用作原料的固体废物环境保护控制标准—冶炼渣	2006-02-01
16	GB 16487.13—2005	进口可用作原料的固体废物环境保护控制标准—废汽车压件	2006-02-01
17	GB 16487.1—2005	进口可用作原料的固体废物环境保护控制标准—骨废料	2006-02-01
18	环发[2003]206 号	医疗废物集中处置技术规范（试行）	2003-12-26
19	国标委工交函[2003]89 号	关于批准《医疗废物转运车技术要求》（GB 19217—2003）国家标准第 1 号修改单的函	2004-02-01

序号	标准编号	标准名称	实施时间
20	GB 19218—2003	医疗废物焚烧炉技术要求（试行）	2003-06-30
21	GB 19217—2003	医疗废物转运车技术要求（试行）	2003-06-30
22	GB 18597—2001	危险废物贮存污染控制标准	2002-07-01
23	GB 18599—2001	一般工业固体废物贮存、处置场污染控制标准	2002-07-01
24	GB 18598—2001	危险废物填埋污染控制标准	2002-07-01
25	GB 18485—2001	生活垃圾焚烧污染控制标准	2002-01-01
26	GB 18484—2001	危险废物焚烧污染控制标准	2002-01-01
27	GB 12502—90	含氰废物污染控制标准	1991-07-01
28	GB 13015—91	含多氯联苯废物污染控制标准	1992-03-01
29	GB 8173—87	农用粉煤灰中污染物控制标准	1988-02-01
30	GB 8172—87	城镇垃圾农用控制标准	1988-02-01
31	GB 4284—84	农用污泥中污染物控制标准	1985-03-01

（二）违法固体废物污染法律规定应承担的责任

1．一般固体废物管理规定

表 3-20　违反一般固体管理规定应承担的法律责任

违法行为认定	法律依据	《固体废物污染环境防治法》规定的法律责任		
		行政命令	行政处罚的种类、幅度	行政处罚机关
未建工业固体废物贮存的设施、场所；未进行无害化处置	《固体废物污染环境防治法》第三十三条规定：企业事业单位应当根据经济、技术条件对其产生的工业固体废物加以利用；对暂不能利用或者不能利用的，必须按照国务院环境保护部门的规定建设贮存设施、场所，安全分类存放，或者采取无害化处置措施	责令停止违法为，限期改正	处 1 万元以上 10 万元以下罚款［《固体废物污染环境防治法》第六十八条（二）］	县级以上环境保护行政主管部门
将工业固体废物集中贮存、处置的设施、场所、生活垃圾填埋场建在需要特殊保护的区域内	《固体废物污染环境防治法》第二十二条规定：在国务院和有关主管部门及省级政府划定的自然保护区、风景名胜区、饮用水水源保护区、基本农田保护区和其他需要特殊保护的区域内，禁止建设工业固体废物集中贮存、处置的设施、场所和生活垃圾填埋场	责令停止违法行为，限期改正	处 1 万元以上 10 万元以下罚款［《固体废物污染环境防治法》第六十八条（五）］	县级以上环境保护行政主管部门
造成工业固体废物扬散、流失、渗漏；工业固体造成环境污染	《固体废物污染环境防治法》第三十条规定：产生工业固体废物的单位应当建立、健全污染环境防治责任制度，采取防治工业固体废物污染环境的措施； 第十七条规定：收集、贮存、运输、利用、处置固体废物的单位和个人，必须采取防扬散、防流失、防渗漏或者其他防止污染环境的措施；不得擅自倾倒、堆放、丢弃、遗撒固体废物	责令停止违法行为，限期改正	处 1 万元以上 10 万元以下罚款（《固体废物污染环境防治法》第六十八条（七））	县级以上环境保护行政主管部门
在运输途过程中沿途丢弃、遗撒工业固体废物		责令停止违法行为，限期改正	处 5 000 元以上 5 万元以下罚款［《固体废物污染环境防治法》第六十八条（八）］	县级以上环境保护行政主管部门

2. 矿山固体废物管理规定

表 3-21　违反矿山固废管理规定应承担的法律责任

违法行为认定	法律依据	《固体废物污染环境防治法》规定的法律责任		
		行政命令	行政处罚的种类、幅度	行政处罚机关
矿业固体废物贮存设施停止使用后，未进行封场造成环境污染和生态破坏	《固体废物污染环境防治法》第三十六条规定：矿山企业应当采取科学的开采方法和选矿工艺，减少尾矿、矸石、废石等矿业固体废物的产生量和贮存量；尾矿、矸石、废石等矿业固体废物贮存设施停止使用后，矿山企业应当按照国家有关环保的规定进行封场，防止造成环境污染和生态破坏	责令限期改正	可以处5万元以上20万元以下罚款（《固体废物污染环境防治法》第七十三条）	县级以上环境保护行政主管部门

3. 固体废物转移许可的管理

表 3-22　违反一般固体废物的转移许可应承担的法律责任

违法行为认定	法律依据	《固体废物污染环境防治法》规定的法律责任		
		行政命令	行政处罚的种类、幅度	行政处罚机关
擅自转移固体废物出省、自治区、直辖市行政区域贮存、处置	《固体废物污染环境防治法》第二十三条规定：转移固体废物出省、自治区、直辖市行政区域贮存、处置的，应当向固体废物移出地的省级政府环境保护部门提出申请。移出地的省级政府环境保护部门批准同意后，方可转移该固体废物出省。未经批准的，不得转移	责令停止违法行为，限期改正	处1万元以上10万元以下罚款[《固体废物污染环境防治法》第六十八条（六）]	县级以上境保护行政主管部门

表 3-23　违反危险废物转移许可管理制度应承担的法律责任

违法行为认定	法律依据	《固体废物污染环境防治法》规定的法律责任		
		行政命令	行政处罚的种类、幅度	行政处罚机关
未按规定填写危险废物转移联单； 未经批准擅自转移危险废物的	《固体废物污染环境防治法》第五十九条规定：转移危险废物的，必须按照国家有关规定填写危险废物转移联单，并向移出地设区的市级以上环境保护部门提出申请。未经批准的，不得转移。 《危险废物转移联单管理办法》	责令停止违法行为，限期改正	处 1 万元以上 10 万元以下罚款[《固体废物污染环境防治法》第七十五条（六）]	县级以上环境保护行政主管部门

4. 危险废物经营许可管理

表 3-24 违反危险废物经营许可证制度应承担的法律责任

违法行为认定	法律依据	《固体废物污染环境防治法》规定的法律责任		
		行政命令	行政处罚的种类、幅度	行政处罚机关
无经营危险废物经营或者利用许可证从事收集、贮存、利用、处置危险废物经营活动（利用自身产生的危险废物不需要许可）	《固体废物污染环境防治法》第五十七条规定：从事收集、贮存、处置危险废物经营活动的单位，必须向县级以上环境保护部门申请领取经营许可证；从事利用危险废物经营活动的单位，必须向国务院环境保护主管部门或者省级环保主管部门申请领取经营许可证。 禁止无经营许可证或者不按照经营许可证规定从事危险废物的收集、贮存、利用、处置的经营活动； 禁止将危险废物提供或者委托给无经营许可证的单位从事收集、贮存、利用、处置的经营活动	责令停止违法行为	没收违法所得，可以并处违法所得3倍以下的罚款（《固体废物污染环境防治法》第七十七条）	县级以上环境保护行政主管部门
不按照经营许可证规定从事收集、贮存、利用、处置危险废物经营活动（处置一般废物也需相应资质）			吊销经营许可证（《固体废物污染环境防治法》第七十七条）	县级以上环境保护行政主管部门
将危险废物提供或者委托给无经营许可证的单位从事经营活动的		责令停止违法行为，限期改正	处以1万元以上10万元以下罚款［《固体废物污染环境防治法》第七十五条（五）］	县级以上环境保护行政主管部门

5. 危险废物安全管理制度

表 3-25 违反危险废物安全性管理制度应承担的法律责任

违法行为认定	法律依据	《固体废物污染环境防治法》规定的法律责任		
		行政命令	行政处罚的种类、幅度	行政处罚机关
不设置危险废物识别标志，包括：①装贮危险废物的容器； ②装贮危险废物的包装物； ③收集、贮存场所； ④运输设施； ⑤处置设施、场所	《固体废物污染环境防治法》第五十二条规定：对危险废物的容器和包装物以及收集、贮存、运输、处置危险废物的设施、场所，必须设置危险废物识别标志	责令停止违法行为，限期改正	处1万元以上10万元以下罚款［《固体废物污染环境防治法》第七十五条（一）］	县级以上环境保护行政主管部门
未消除污染即将收集、贮存、运输、处置危险废物的场所、设施、设备和容器、包装物及其他物品转作他用	《固体废物污染环境防治法》第六十一条规定：收集、贮存、运输、处置危险废物的场所、设施、设备和容器、包装物及其他物品转做他用时，必须经过消除污染的处理，方可使用	责令停止违法行为，限期改正	处以1万元以上10万元以下罚款［《固体废物污染环境防治法》第七十五条（十）］	县级以上环境保护行政主管部门

违法行为认定	法律依据	《固体废物污染环境防治法》规定的法律责任		
		行政命令	行政处罚的种类、幅度	行政处罚机关
危废禁混管理规定和要求				
将危险废物混入非危险废物中贮存	《固体废物污染环境防治法》第五十八条第三款规定：禁止将危险废物混入非危险废物中贮存	责令停止违法行为，限期改正	处以 1 万元以上 10 万元以下罚款 [第七十五条（七）]	县级以上环境保护行政主管部门
将性质不相容的危险废物未经安全性处置，混合收集、贮存、运输、处置	《固体废物污染环境防治法》第五十八条第一款规定：收集、贮存危险废物，必须按照危险废物特性分类进行。禁止混合收集、贮存、运输、处置性质不相容而未经安全性处置的危险废物	责令停止违法行为，限期改正	处以 1 万元以上 10 万元以下罚款 [《固体废物污染环境防治法》第七十五条（八）]	县级以上环境保护行政主管部门
将危险废物与旅客在同一运输工具上载运	《固体废物污染环境防治法》第六十条第二款规定：禁止将危险废物与旅客在同一运输工具上载运	责令停止违法行为，限期改正	处以 1 万元以上 10 万元以下罚款 [《固体废物污染环境防治法》第七十五条（九）]	县级以上环境保护行政主管部门

6. 行政代执行制度

表 3-26　违反法律规定应处置而不处置危险废物应承担的法律责任

违法行为认定	法律依据	《固体废物污染环境防治法》规定的法律责任		
		行政命令	行政处罚的种类、幅度	行政处罚机关
危险废物的产生者不处置其产生的危险废物，又不承担处置费用	《固体废物污染环境防治法》第五十五条规定：产生危险废物的单位必须按照国家有关规定处置危险废物，不得擅自倾倒、堆放；不处置的，由所在地县级以上环境保护部门责令限期改正；逾期不处置或者处置不符合国家有关规定的，由所在地环境保护部门指定单位代为处置，处置费用由产生危险废物的单位承担； 第五十八条第二款规定：贮存危险废物必须采取符合国家环境保护标准的防护措施，并不得超过一年；确需延长期限的，必须报经原批准经营许可证的环境保护行政主管部门批准；法律、行政法规另有规定的除外	责令限期改正	处代为处置费用 1～3 倍的罚款（《固体废物污染环境防治法》第七十六条）	县级以上环境保护行政主管部门

7．危险废物污染防治管理

表 3-27 违反危险废物管理规定造成环境污染事故应承担的法律责任

违法行为认定	法律依据	《固体废物污染环境防治法》规定的法律责任		
		行政命令	行政处罚的种类、幅度	行政处罚机关
在运输过程中未采取防范措施，沿途丢弃、遗撒危险废物造成环境污染	第六十条第一款规定：运输危险废物，必须采取防止污染环境的措施，并遵守国家有关危险货物运输管理的规定	责令停止违法行为，限期改正	处以1万元以上10万元以下罚款[《固体废物污染环境防治法》第七十五条（十二）]	县级以上环境保护行政主管部门
未采取相应的防范措施，擅自倾倒、堆放危险废物，造成环境污染	《固体废物污染环境防治法》第五十五条规定：产生危险废物的单位，必须按照国家有关规定处置危险废物，不得擅自倾倒、堆放	责令停止违法行为，限期改正	处以1万元以上10万元以下罚款[《固体废物污染环境防治法》第七十五条（十一）]	县级以上环境保护行政主管部门
未制定危险废物意外事故防范措施和应急预案	《固体废物污染环境防治法》第六十二条规定：产生、收集、贮存、运输、利用、处置危险废物的单位，应当制定意外事故的防范措施和应急预案，并向所在地环境保护部门备案；环境保护部门应当进行检查	责令停止违法行为，限期改正	处以1万元以上10万元以下罚款[《固体废物污染环境防治法》第七十五条（十三）]	县级以上环境保护行政主管部门
造成危险废物严重污染环境的； 造成固体废物污染环境事故的； 造成重大损失的； 造成固体废物污染环境重大事故的	《固体废物污染环境防治法》第六十三条规定：因发生事故或者其他突发性事件，造成危险废物严重污染环境的单位，必须立即采取措施消除或者减轻对环境的污染危害，及时通报可能受到污染危害的单位和居民，并向所在地县级以上环境保护部门和有关部门报告，接受调查处理	限期治理；	逾期未完成治理任务： 停业或者关闭； 处2万～20万元罚款； 按照直接经济损失的30%罚款，最高不超过100万元； 停业、关闭（《固体废物污染环境防治法》第八十二条）	县级以上环境保护行政主管部门

8．危险废物出口核准管理

表 3-28 违反危险废物出口核准制度应承担的法律责任

违法行为认定	法律依据	《危险废物出口核准管理办法》规定的法律责任		
		行政命令	行政处罚的种类、幅度	行政处罚机关
无或者不按危险废物出口核准通知单出口危险废物	《危险废物出口核准管理办法》第三条规定：产生、收集、贮存、处置、利用危险废物的单位，向中华人民共和国境外《巴塞尔公约》缔约方出口危险废物，必须取得危险废物出口核准	责令改正	并处3万元以下的罚款（《危险废物出口核准管理办法》第二十一条）	县级以上环境保护行政主管部门
不按照危险废物出口核准通知单出口危险废物		责令改正	并处3万元以下罚款； 情节严重的，还可以撤销危险废物出口核准通知单（《危险废物出口核准管理办法》第二十一条）	国务院环境保护行政主管部门

<table>
<tr><th rowspan="2">违法行为认定</th><th rowspan="2">法律依据</th><th colspan="3">《危险废物出口核准管理办法》规定的法律责任</th></tr>
<tr><th>行政命令</th><th>行政处罚的种类、幅度</th><th>行政处罚机关</th></tr>
<tr><td>申请危险废物出口核准的单位隐瞒有关情况或者提供虚假材料的</td><td>《危险废物出口核准管理办法》第五条规定：申请出口危险废物，应当向国务院环境保护行政主管部门提交下列材料：（略）</td><td></td><td>不予受理其申请或者不予核准其申请，给予警告，并记载其不良记录（《危险废物出口核准管理办法》第二十二条）</td><td>国务院环境保护行政主管部门</td></tr>
<tr><td>未按规定填写转移单据的</td><td rowspan="2">《危险废物出口核准管理办法》第十二条规定：危险废物出口者应当对每一批出口的危险废物，填写《危险废物越境转移—转移单据》，一式二份；危险废物出口者应当将信息填写完整的转移单据，一份报国务院环境保护行政主管部门，一份自留存档</td><td rowspan="2">责令改正</td><td rowspan="2">并处以 3 万元以下罚款；
情节严重的，撤销危险废物出口核准通知单（《危险废物出口核准管理办法》第二十三条）</td><td rowspan="2">县级以上环境保护行政主管部门
国务院环境保护行政主管部门</td></tr>
<tr><td>未按规定运行转移单据的</td></tr>
<tr><td>未按规定的存档期限保管转移单据的</td><td>《危险废物出口核准管理办法》第十二条规定：危险废物出口者应当妥善保存自留存档的转移单据，不得擅自损毁。转移单据的保存期应不少于 5 年</td><td>责令改正</td><td>并处以 3 万元以下罚款（《危险废物出口核准管理办法》第二十三条）</td><td>县级以上环境保护行政主管部门</td></tr>
<tr><td>拒绝接受环境保护行政主管部门对转移单据执行情况进行检查的</td><td>《危险废物出口核准管理办法》第十三条规定，国务院环境保护行政主管部门有权检查转移单据的运行情况，也可以委托县级以上地方人民政府环境保护行政主管部门检查转移单据的运行情况。被检查单位应当接受检查，如实汇报情况</td><td>责令改正</td><td>并处以 3 万元以下罚款；
情节严重的，撤销危险废物出口核准通知单（《危险废物出口核准管理办法》第二十三条）</td><td>县级以上环境保护行政主管部门
国务院环境保护行政主管部门</td></tr>
</table>

二、固体废物污染的典型案例分析及执法要点解析

案例四十二（案一）：从事规模畜禽养殖未按照国家规定收集、贮存、处置畜禽粪便，造成环境污染

【案情介绍】

2003 年 2 月 27 日，某市夏家镇下塘村村民向市农业执法大队投诉称，与下塘村相毗邻的铁岭村一山坡上有一规模较大的养猪场，每天清洗的猪屎等污水直接排放至下塘村后山的山坡地上，污染了下塘村 800 多村民的饮用水和 500 多亩农田的灌溉用水。为此，下塘村的村民曾多次向政府有关部门反映，但一直没有得到妥善处理。

执法大队受理投诉后，联合市农业环保能源站于 3 月 12 日前往铁岭村的养猪场进行调查，查明该养猪场建于 2000 年，共有存栏猪 1 500 头。整个养猪场共建有三道粪池进行排污，其中，第三道粪池建于养猪场外的干渠旁边，粪池底部连着直径 8 厘米的 PVC 管道，该管道沿着干渠旁一直延伸到下塘村境内，长约 1 500 米。执法人员顺着 PVC 管道，在下塘村后山山坡地的草丛中找到了非常隐蔽的排污口。从排污口流出的污水，一部分流

入该山坡地周围的农田，一部分顺势而下流入山坡下的小溪。下塘村村民的生活用水都取自小溪周围的水井。该养猪场的猪粪便和污水通过粪池管道直接排到场外，没有建设沼气池之类的无害化处理设施。另外，执法人员在对养猪场内的饲料、添加剂预混合饲料和兽药进行全面检查时，当场查获禁用兽药氯霉素、无批准文号的仔猪腹泻四价灭活疫苗和无中文标识的进口兽药“德米先”。

市农业局认为，王某养猪场内的猪粪便和污水未经过无害化处理直接排入下塘村的农田，不符合《畜禽养殖业污染物排放标准》（GB 18596—2001）的要求，造成了农业生态环境污染，违反了《某省农业生态环境保护条例》第十六条的规定，下塘村村民投诉属实。据此，市农业局依据《某省农业生态环境保护条例》第三十三条规定，责令王某的养猪场在30日内设置污染物无害化处理设施，做到达标排放；在达标前停止排放污染物。此外，对该养猪场存在的使用禁用兽药问题，市农业局根据《兽药管理条例》第四十六条的规定，对该养猪场作出停止使用，没收药物并处以10000元罚款的行政处罚。

（来源：江门农业信息网　2011-06-14）

【案例分析】

本案首先涉及农业行政机关是否有权对污染农业生态环境的相对人实施行政处罚的问题。《行政处罚法》第十五条规定：行政处罚由具有行政处罚权的行政机关在法定职权范围内实施。因此，农业行政机关能否对污染农业生态环境的行为实施处罚，关键看法律、法规是否授予了其该项权力。目前，全国人大及其常委会、国务院尚未就农业生态环境保护问题专门制定法律或行政法规。在这种情况下，某省人大常委会按照《立法法》的规定，结合本省的具体情况和实际需要，制定了《某省农业生态环境保护条例》这部地方性法规，除对污染农业生态环境的行为设定行政处罚外，还授权县级以上地方人民政府农业行政主管部门行使处罚权，据此，某省的农业行政机关有权行使污染农业生态环境案件的处罚权。

本案中，王某经营的养猪场将猪的粪便和污水未经无害化处理直接排入下塘村的农田和河流，不符合《畜禽养殖业污染物排放标准》（GB 18596—2001）的要求，造成了农业生态环境的污染。《某省农业生态环境保护条例》第十六条规定：用作农田灌溉和养殖的水体，其水质必须符合国家或者地方规定的水质标准。向农田、农业灌溉渠道和养殖区域排放工业、生活污废水的，必须做到达标排放。对直接向农田排放不符合农田灌溉水质标准污废水的，由县级以上地方人民政府农业行政主管部门责令停止排放，没收违法所得；拒不改正的，可处以1万元以下的罚款。据此，某市农业局对王某经营的养猪场给予了行政处罚。

同时，某市农业局在检查中还发现了养猪场违法使用兽药的问题，并根据原《兽药管理条例》第四十六条关于“使用假兽药、劣兽药和其他禁止使用的兽药的，责令其停止使用，没收其药物，可以并处1万元以上5万元以下的罚款”的规定，作出了相应处罚。这种认真执法、严格执法的精神是值得肯定的。

【执法提示】

该案是某市农业行政主管部门依据《某省农业生态环境保护条例》对猪场污染进行的处罚。但目前大多数省市对畜禽养殖造成的环境污染的处罚还是由环保部门实施。如《固体废物污染环境防治法》第二十条规定：从事畜禽规模养殖应当按照国家有关规定收集、贮存、利用或者处置养殖过程中产生的畜禽粪便，防止污染环境。第七十一条规定，从事畜禽规模养殖未按照国家有关规定收集、贮存、处置畜禽粪便，造成环境污染的，由县级以上地方人民政府环境保护行政主管部门责令限期改正，可以处5万元以下的罚款。

违反建设项目环境保护管理规定的，可依据《环境影响评价法》及《建设项目环境保护条例》进行处罚；造成水体或大气污染的还可依据相关污染防治法律、法规和标准等进行处罚。

此外，环境保护部2011年7月12日发布了《畜禽养殖场（小区）环境守法导则》（环办[2011]89号）引导和规范畜禽养殖场（小区）自主环境管理，提升其环境守法能力与水平，持续改进环境表现，降低环境违法风险，提高畜禽养殖行业的污染防治水平和环境管理能力。

资料

畜禽养殖场（小区）执法管理依据

法律:

《中华人民共和国环境保护法》

《中华人民共和国水污染防治法》

《中华人民共和国大气污染防治法》

《中华人民共和国固体废物污染环境防治法》

《中华人民共和国环境影响评价法》

《中华人民共和国畜牧法》

《中华人民共和国动物防疫法》

行政法规:

《建设项目环境保护管理条例》（国务院令第253号）

《排污费征收使用管理条例》（国务院令第369号）

规章:

《畜禽养殖污染防治管理办法》（国家环境保护总局令第9号）

《建设项目竣工环境保护验收管理办法》（国家环境保护总局令第13号）

《污染源自动监控管理办法》（国家环境保护总局令第23号）

《限期治理管理办法（试行）》（环境保护部令第6号）

《环境行政处罚办法》（环境保护部令第8号）

《排污费征收标准管理办法》（国家计委、财政部、国家环保总局、国家经贸委第31号令）

环境标准:

《污水综合排放标准》（GB 8978—1996）

《大气污染物综合排放标准》（GB 16297—1996）

《工业企业厂界噪声标准》（GB 12348—2008）

《畜禽养殖污染物排放标准》（GB 18596—2001）

《畜禽养殖业污染防治技术规范》（HJ/T 81—2001）

《畜禽养殖业污染治理工程技术规范》（HJ 497—2009）

《畜禽粪便无害化处理技术规范》（NY/T 1168—2006）

案例四十二（案二）：从事规模畜禽养殖未按照国家规定收集、贮存、处置畜禽粪便，造成环境污染

【案情介绍】

某市环保局于 1994 年同意清溪三阳实业公司在东莞市清溪镇浮岗村柏朗老围投资兴建生猪养殖场，但规定清溪三阳实业公司的整个环保工程竣工后，必须报某市环保局派员检查核准才能试生产。清溪三阳实业公司根据东莞环保局的批复及市有关部门的批准，于 1995 年下半年开始兴建养猪场，第一期投资 1 000 多万元。1998 年 8 月 13 日，清溪三阳实业公司在污染防治设施未建成投入使用、污染防治设施未经某市环保局验收合格的情况下开始购入种猪进行繁殖，并逐渐扩大养猪规模，至 2000 年 8 月已拥有大小猪 2000 多头。在此期间，清溪三阳实业公司一直未完成防污工程，未申请验收防污设施，造成污染环境，影响东深水质。2000 年 8 月 28 日，某环保局执法人员到清溪三阳实业公司的养猪场进行现场检查，发现了清溪三阳实业公司的上述行为。某环保局在对清溪三阳实业公司依法履行了处罚告知程序后，按清溪三阳实业公司的申请，于 2000 年 9 月 26 日举行了听证会。某环保局作出对清溪三阳实业公司作出了处以 5 万元罚款和责令清溪三阳实业公司停止养猪、停止引进新猪苗、两个月内将现在存栏猪处理完毕的处罚决定。东莞市清溪三阳实业公司不服该处罚决定于 9 月 28 日起诉至某市中级人民法院。

某市中级人民法院一审认为原告某市清溪三阳实业公司在养猪场的防治污染设施未建成投入使用、未经被告某市环保局验收合格的情况下，进行大规模的养猪，违反了《中华人民共和国环境保护法》第二十六条第一款“建设项目中防治污染的设施必须与主体工程同时设计、同时施工、同时投产使用”，即“三同时”制度的规定。这有被告的检查笔录为证，原告也一直承认，法院予以确认。根据被告的行政处罚决定书及答辩意见，被告处罚原告的事实与理由是原告违反了“三同时”制度，故被告处罚原告的事实清楚，证据确凿。原告养猪场的防治污染的设施尚未建成，主体工程即投产使用，根据《中华人民共和国环境保护法》第三十六条规定，对建设项目的防治污染设施没有建成就投入生产或者使用的，处罚的形式是且只能是责令停止生产或使用，另外还可以并处罚款。至于罚款的数额，由于该条没有作具体规定，被告选择适用《中华人民共和国水污染防治法实施细则》第四十条、《建设项目环境保护管理条例》第二十八条、《广东省建设项目环境保护管理条例》第二十八条来确定罚款 5 万元并无不当。因为上述条款都是关于对违反“三同时”制度的罚款规定，5 万元罚款是在上述条款处罚幅度内的。因此，被告作出的实体处理正确，适用法律也基本正确。被告实际上选择适用了上述法律、法规，却在行政处罚决定书中未予引用，是适用法律不全。虽然这未对实体处理的正确性造成影响，但法院应予以补正。被告在作出处罚之前经过了检查、告知、听证的程序。因此，被告东莞市环保局作出的东环罚字（2000）073 号行政处罚决定事实清楚，证据确实、充分，适用法律基本正确，程序合法，处理结果正确，应予维持。原告称被告在听证会上未将 No.001891 水质检验报告出示质证，不能作为证据使用，而被告未有足够的证据证实该报告已向原告出示，因此对原告这一辩论意见可予采纳，法院据此认为被告在行政处罚决定书中认定原告“超标排放，污染环境，影响东深水质”没有依据。但这对被告作出行政处罚的正确性没有影响。原告称其违反“三同时”制度是客观上受资金的影响而不是其故意的，被告没有及时批复原告

的有关污水处理的报告，被告明知原告违反“三同时”却不帮原告整改，因而被告对原告违反“三同时”制度负有不可推卸的责任。其养猪场没有排污口，没有废水排出场外，被告在检查笔录和处罚决定中认定其“废水未经有效处理排放”和“母猪600头，商品猪存栏约3000头”失实等，因这些不是原告违反“三同时”制度的法定构成要素，也不是被告处罚原告的事实与理由，对被告作出的行政处罚的正确性没有影响，故没有必要予以查证和考虑。原告称被告适用了《某省建设项目环境保护管理条例》第二十八条，却在处罚决定中只字未提，是适用法律不当，法院予以采纳，但这未影响到被告作出的行政处罚的正确性。另原告请求法院确认其行政违法情节显著轻微，判决不予行政处罚。经查，原告在防污设施未完工的情况下擅自开始养猪，时间长达两年之久，其间一直未完成防污设施，且所养猪达2000多头，污水超标。因此，法院认为原告此请求理据不足，予以驳回。依照《中华人民共和国行政诉讼法》第五十四条第一项、《中华人民共和国环境保护法》第三十六条、《中华人民共和国水污染防治法》第四十七条、《中华人民共和国水污染防治法实施细则》第四十条、《建设项目环境保护管理条例》第二十八条、《某省建设项目环境保护管理条例》第二十七条、第二十八条的规定，判决：一、维持被告某市环保局作出的东环罚（2000）073号环境保护行政处罚决定。二、驳回原告某市清溪三阳实业公司的诉讼请求。

【案例分析】

该案中的畜禽养殖场于1995年下半年开始建设，1998年8月投入使用，2000年时所养猪达2000多头。在此期间该养殖场一直没有污染治理设施处置养殖过程中产生的畜禽粪便，某市环保局以该公司违反“三同时”制度并依据《环境保护法》第二十六条、第三十六条、《水污染防治法》（1996年，2008年修订）第四十六条、《水污染防治法实施细则》第四十条、《建设项目环境保护条例》第二十八条、《某省建设项目环境保护管理条例》（1997年修订）第二十八条对清溪三阳实业公司作出了处以5万元罚款；责令清溪三阳实业公司停止养猪、停止引进新猪苗、两个月内将现在存栏猪处理完毕的处罚决定。该公司不服某市环保局的行政处罚决定，遂向某市人民法院提起诉讼。审理中法院认为清溪三阳实业公司诉某市环保局适用了《某省建设项目环境保护管理条例》第二十八条，却在处罚决定中只字未提，是适用法律不当，法院予以采纳；清溪三阳实业公司认为其“废水未经有效处理排放”和“母猪600头，商品猪存栏约3000头”失实等。法院审理认为这些不是清溪三阳实业公司违反“三同时”制度的法定构成要素，也不是被告处罚原告的事实与理由，对被告作出的行政处罚的正确性没有影响，故没有必要予以查证和考虑。法院最终维持了环保局的行政处罚决定。

“三同时”制度是贯彻环保三大政策中“预防为主”的一项环境法律制度，其目的要求企业在建设初期主体工程要与环保设施同时建设，避免正式生产后因没有污染治理设施而导致环境污染。对违反“三同时”制度的处罚是行为罚，而不是后果罚。所以尽管环保局在调查取证和法律适用上存在一定的瑕疵，但都不影响环境行政处罚决定的正确性，因此法院维持了环保局的行政处罚决定。

【执法提示】

目前法律法规对畜禽养殖管理方面的规定，都是针对规模养殖。如《畜禽养殖污染防治管理办法》第十九条规定，本办法中的畜禽养殖场，是指常年存栏量为500头以上的猪、

3 万羽以上的鸡和 100 头以上的牛的畜禽养殖场，以及达到规定规模标准的其他类型的畜禽养殖场。其他类型的畜禽养殖场的规模标准，由省级环境保护行政主管部门根据本地区实际，参照上述标准作出规定。第八条规定，畜禽养殖场污染防治设施必须与主体工程同时设计、同时施工、同时使用；畜禽废渣综合利用措施必须在畜禽养殖场投入运营的同时予以落实。

环境保护行政主管部门在对畜禽养殖场污染防治设施进行竣工验收时，其验收内容中应包括畜禽废渣综合利用措施的落实情况。

《固体废物污染环境防治法》第二十条规定：从事畜禽规模养殖应当按照国家有关规定收集、贮存、利用或者处置养殖过程中产生的畜禽粪便，防止污染环境。

针对非规模养殖目前尚没有对其执行环境影响评价制度和“三同时”制度的要求，行政执法管理中也不能以违反该两项制度进行处罚。

案例四十三：关于委托他人运输固体废物过程中丢弃废物行为的法律适用

【案情介绍】

2006 年 11 月 3 日上午，10 岁的小翟放学回家时，行至离校 200 米的本村土壕处的坡路上，不慎绊倒，滑入路边的“麦糠”火坑里，导致脚腕以上至臀部皮肤大面积深度烧伤，双手变形，惨不忍睹。经医院抢救治疗三个月后，孩子才脱离了生命危险，但是双腿无法弯曲，双手不能握笔拿筷子，生活不能自理，而且两腿皮肤奇痒无比，痛苦不堪。近 9 万元的医疗费用使这个农民家庭早已借遍了亲戚朋友的钱，实在无法再维持治疗了，只好带孩子回家休养。绝望又气愤的家长找到了倾倒并焚烧“麦糠”的当地一家大型造纸企业。但该企业称其已经将这些“麦糠”卖给了村民张某，发生这样的事情与自己没有关系。而张某却称其将所购的麦糠堆放在土壕里准备出售，不知道被谁点燃的，自己也是受害者，因此自己不应承担赔偿责任。陕西金镝律师事务所了解情况后非常重视这起案件，主动为受害人提供法律援助，并于 2007 年 3 月 6 日代理小翟将该造纸企业和“麦糠”拉运人张某告上法庭。

原、被告双方在法庭上展开了激烈的辩论，原告的代理人认为，焚烧的“造纸废渣”属工业固体废物，按照《固体废物污染环境防治法》的规定，其污染防治责任应由该造纸企业承担。根据《固体废物污染环境防治法》第五条“国家对固体废物污染环境防治实行污染者依法负责的原则。产品的生产者、销售者、进口者、使用者对其产生的固体废物依法承担污染防治责任”的规定，承担这些固体废物的污染环境防治责任是该造纸企业的法定义务。《固体废物污染环境防治法》第三十条规定：产生工业固体废物的单位应当建立、健全污染环境防治责任制度，采取防治工业固体废物污染环境的措施。第三十三条规定：企业事业单位应当根据经济、技术条件对其产生的工业固体废物加以利用；对暂时不利用或者不能利用的，必须按照国务院环境保护行政主管部门的规定建设贮存设施、场所，安全分类存放，或者采取无害化处置措施。建设工业固体废物贮存、处置的设施、场所，必须符合国家环境保护标准。根据上述法律规定，该造纸企业应该对这些“麦糠”进行综合利用，或者建设符合标准的贮存、处置场所，采取无害化处置措施。根据《固体废物污染环境防治法》第三十二条“国家实行工业固体废物申报登记制度。产生工业固体废物的单位必须按照国务院环境保护行政主管部门的规定，向所在地县级以上地方人民政府环境保护行政主管部门提供工业固体废物的种类、产生量、流向、贮存、处置等有关资料”的规定，该造纸企业应该及时向环保局申报这些“麦糠”的产生量、流向、贮存、处置等有关资料。根据《固体废物污染环境防治法》第十七条“收集、贮存、运输、利用、处置固体废物的单位和个人，必须采取防扬散、防流失、防渗漏或者其他防止污染环境的措施；不得擅自倾倒、堆放、丢弃、遗撒固体废物”的规定，两被告擅自倾倒焚烧垃圾本来就是违法的，在群众经常行走的道路旁擅自倾倒焚烧垃圾且无任何防护警示措施，其严重过错更是不容置疑的。本案属一起擅自倾倒和焚烧垃圾导致他人人身伤害的案件，属环境污染危害事故的一种。该造纸企业作为工业固体废物的产生单位，未尽到环境污染防治责任，隐瞒真相，虚假申报，既未建设专门的贮存场所，也未对拉运人进行无害化处理的培训和监督，对违法处置垃圾的行为持故意和放任态度，导致了损害后果的发生。根据《环境保护法》第四十一条规定，“造成环境污染危害的，有责任排除危害，并对直接受到损害的单位或者个人赔偿损失”，该造纸企业应该依法承担相应的民事赔偿责任。张某作为直接责任人，应与该造纸企业承担连带责任。根据《固体废物污染环境防治法》第八十六条的规定“因固体废物污染环境引起的损害赔偿诉讼，由加害人就法律规定的免责事由及其行为与损害结果之间不存在因果关系承担举证责任。”该造纸企业提出的免责事由必须有相应的法律依据（如《环境保护法》第四十一条第二款的规定：完全由于不可抗拒的自然灾害，并经及时采取合理措施，仍然不能避免造成环境污染损害的，免予承担责任）。没有任何一条法律规定，对工业固体废物“出售”后，可不再对该工业固体废物承担环境污染防治责任。因为“出售”行为并不必然意味着“利用”或“无害化处置”，“出售”行为本身也不是环境污染防治措施的一种。假设“出售”了就能免责，“赠与”自然也可以，那么产生工业固体废物的任何单位均可以以有偿或无偿转让的方式将自己环境污染防治的义务转嫁到任何一个自然人身上，那么《固体废物污染环境防治法》的原则和相关规定岂不形同虚设！这种与国家法律公然抵触的规则当然是不成立的。

该企业常务副总经理告诉记者，此事与他们公司没有任何关系，因为他们把企业垃圾（即麦糠）已经“卖”给社会上拉麦糠的人了，至于这些人把垃圾倒哪儿，这与他们公司没有任何关系。该公司董事会的秘书也告诉记者，他们把这些企业垃圾包给别人了，即他们花钱让人把垃圾拉走，一般是一车给其 21 元的运输费，至于发生这样的事，承担责任的只能是倒垃圾的人，他们公司不负责。当记者称要看该公司与垃圾运输人签订的运输费协议时，对方说没有。而当记者称要见该运输人时，对方让记者等待，称自己去找，可是最后得到的结果是该人没有找到。（见《三秦都市报》2007 年 1 月 25 日报道）

最终因调解不成，法院下达判决书：法院判令造纸企业和拉运人各承担 35%的赔偿责任，其监护人承担损害后果 30%的赔偿责任。按此责任承担比例，经法院认定的初次治疗费等 89 198.74 元，被告张某和造纸企业分别赔偿 31 219.56 元。而以后小翟的继续治疗费等可另行起诉索赔。

（摘自：“易思乐”移动学习平台；作者陈玮）

【案例分析】

该案是一起环境民事赔偿诉讼案件，因企业委托社会上人员拉运其生产过程中产生的造纸废渣稻壳，该案中承运人对该废物管理不力，发生人身伤害事件。法院判令造纸企业和拉运人各承担 35%的赔偿责任，其监护人承担损害后果 30%的赔偿责任。对于该案涉及环境民事赔偿问题因后续有专章进行讨论，为避免重复在此不再赘述。但该案还涉及环保部门对一般工业固体废物的如何监督管理的问题，企业委托他人运输工业固体废物出现环境污染等问题应由谁来承担行政责任的问题。根据《关于委托他人运输固体废物过程中丢弃废物行为法律适用的复函》（环函[2003]149号）规定，产生固体废物的单位，应当依法负责废物的运输以及运输过程中的污染防治；委托运输过程中发生的废物丢弃行为，依法应由废物产生单位承担法律责任。环保部门应当以废物产生单位作为环境行政管理对象，对通过运输以异地处置方式处理固体废物的废物产生单位，环保部门发现运输过程中存在丢弃废物的事实后，可以要求其如实提供废物的产生量、实际流向和处置等有关资料；对于不按规定申报或者申报时弄虚作假的，环保部门应当依据《固体废物污染环境防治法》第五十九条第（一）款的规定实施行政处罚，并应按照《行政处罚法》第二十三条的规定，责令废物产生单位改正违法行为，包括责令如实申报和清除运输过程中丢弃的固体废物。

如果环保部门的监管到位，应不会发生本案的人身损害问题。

【执法提示】

我国对固体废物的管理是从产生到最终处置实行全方位管理。《固体废物污染环境防治法》第三十二条规定：国家实行工业固体废物申报登记制度。产生工业固体废物的单位必须按照国务院环境保护行政主管部门的规定，向所在地县级以上地方人民政府环境保护行政主管部门提供工业固体废物的种类、产生量、流向、贮存、处置等有关资料。第十七条规定：收集、贮存、运输、利用、处置固体废物的单位和个人，必须采取防扬散、防流失、防渗漏或者其他防止污染环境的措施。根据以上规定，如发生固体废物在委托运输途中发生遗撒、丢失或非法处理处置的问题，其处罚对象应是产生固体废物的企业或单位。

资料

关于委托他人运输固体废物过程中丢弃废物行为法律适用的复函

国家环境保护总局　环函[2003]149号

青岛市环境保护局：

你局《关于运输过程中丢弃、遗撒固体废物如何处罚的请示》（青环发[2003]50号）收悉。经研究，现函复如下：

一、产生固体废物的单位，应当依法负责废物的运输以及运输过程中的污染防治

《固体废物污染环境防治法》第十五条规定，产生固体废物的单位，应当采取措施，防止或者减少固体废物对环境的污染。该法第三十一条还规定，国家实行工业固体废物申报登记制度，产生工业固体废物的单位，必须向所在地环保部门提供废物的产生量、流向、贮存、处置等有关资料；第五十九条第（一）款还规定了相应的行政处罚。

根据前述法律规定，产生固体废物的单位，如果以异地处置方式处理其产生的固体废物，则应负责废物从产生地至合法处置场之间的运输以及运输过程中的污染防治，并应按照规定向所在地环保部门提供废物的产生量、实际流向和处置等有关资料。

二、委托运输过程中发生的废物丢弃行为，依法应由废物产生单位承担法律责任

从产生地至合法处置场之间具体的运输行为，废物产生单位可以自行实施，也可以委托

他人实施。根据委托关系，废物产生单位与承运单位之间形成民事合同关系后，并不改变废物产生单位所处的行政相对人地位。对运输过程中出现的环境行政违法行为，废物产生单位应当依法承担行政责任，依法对承运人的运输行为包括运输过程承担法律后果。

作为委托运输方的废物产生单位，可以依据合同要求承运单位对运输过程中的违约行为承担违约责任，但这是托运人与承运人之间的民事责任关系。

三、关于你局请示问题的法律适用

对于你局请示的情况，环保部门应当以废物产生单位作为环境行政管理对象。对通过运输以异地处置方式处理固体废物的废物产生单位，环保部门发现运输过程中存在丢弃废物的事实后，可以要求其如实提供废物的产生量、实际流向和处置等有关资料；对于不按规定申报或者申报时弄虚作假的，环保部门应当依据《固体废物污染环境防治法》第五十九条第（一）款的规定实施行政处罚，并应按照《行政处罚法》第二十三条的规定，责令废物产生单位改正违法行为，包括责令如实申报和清除运输过程中丢弃的固体废物。

二〇〇三年五月二十三日

案例四十四（案一）：违反危废管理（非法进口、转移、处理、处置）制度的处罚

【案情介绍】

2010 年 10 月，某市环境监察总队对连锁型汽车销售、维修 A 企业进行现场检查，调取该企业危险废物产生台账、危险废物处置合同及转移联单时发现，A 企业的生产现场管理混乱，存在着如下问题：

（1）将生产过程中产生的装有废机油的油桶和空机油桶与生活垃圾一起贮存；

（2）收集、贮存废机油、废油桶等危险废物的场所未设置识别标志；

（3）装有废机油的油桶桶露天存放，未采取防雨、防渗等措施，致使废机油进入下水管网（检查时在厂区内的下水管网入口发现了油污）；

（4）将汽车维修过程中产生的废机油自行焚烧，废棉纱交由无危险废物经营许可证的个体废品回收人员回收。

该市环保局依据《固体废物污染环境防治法》的相关规定对现场发现的违法行为拟进行行政处罚，并送达了行政处罚听证告知书。

A 企业在接到市环保局的行政处罚听证告知书后，申请了听证，A 企业在听证中阐述了下列观点：

（1）现场检查时，该企业接待人员不代表公司意见，属个人行为；

（2）认为现场检查时，其危险废物废机油置于桶内与生活垃圾共同存放，此情况不属于“将危险废物混入非危险废物进行贮存”；

（3）认为该市环保局认定的违法行为未造成污染，且在取证上有虚假成分；

（4）存在“执法陷阱”，未向企业宣贯相关的环保法律。

针对该单位提出的上述意见，参加听证会的执法人员逐项给予了答复：

（1）提供了该单位开具的《授权委托书》（盖有该单位公章）；

（2）提供了环境保护部对“危险废物混入非危险废物中贮存”的情形的司法解释”（环

函[2011]87 号)；

（3）提供了《现场检查记录》（该单位已签字确认）及影像资料，证明 A 企业对危废的管理不规范；

（4）该局认为企业应严格按照投产前制定的环境影响评价文件规定的内容运营；

此外，《固体废物污染环境防治法》的规定在企业投产前已经进行宣贯；

（5）A 企业自身不具备危险废物处置资质，自行焚烧废机油触犯《固体废物污染环境防治法》规定的内容，且含油废棉纱同属危险废物，交由废品回收人员的行为属“将危险废物提供或委托给无经营许可证的单位从事经营活动”。

听证组在听取双方质证后，提出以下意见：

撤销依《固体废物污染环境防治法》第七十五条第一款第五项及第十一项进行的两项处罚（第七十五条第一款第五项内容为：将危险废物提供或者委托给无经营许可证的单位从事经营活动的；第十一项内容为：未采取相应防范措施，造成危险废物扬散、流失、渗漏或者造成其他环境污染的）。

究其原因：

（1）执法人员未能提供明确的影像资料证明该单位的危险废物废机油渗入下水管道；

（2）《现场检查记录》所提到的“废棉纱”未明确认定为危险废物，自行焚烧废机油的行为与《固体废物污染环境防治法》中提到的“将危险废物提供或委托给无经营许可证的单位从事经营活动”不符。

该市环保局最终采纳了听证组的意见，撤销以上两项处罚。

【案例分析】

（1）本案中连锁型汽车销售、维修 A 企业在废机油等危险废物的管理中存在多项环境违法问题，但市环保局在调查取证过程中不够细致，没能形成证据链：

①执法人员未能提供明确的影像资料证明该单位的危险废物废机油渗入下水管道；②《现场检查记录》所提到的“废棉纱”未明确认定为危险废物。

（2）适用法律不准确：自行焚烧废机油的行为与《固体废物污染环境防治法》中提到的“将危险废物提供或委托给无经营许可证的单位从事经营活动”不符。该违法行为应适用《大气污染防治法》的相关规定。

【执法提示】

（1）在查处危险废物的执法活动中，要先确定该废物是否是列入《国家危险废物目录》中的危险废物。如本案在汽车维修过程中产生的主要危险废物包括：废润滑油、沾染性废物（废抹布、废棉纱）、机油滤清器（HW08）、废铅酸蓄电池（HW49）、废石棉（HW36）、防冻液（HW42）等。

（2）执法人员在制作现场检查笔录时，应当检查下水管网出口外排废水是否含废机油。

（3）间接证据证实违法行为必须要形成完整的证据链，要环环相扣，不得出现第二种可能性。

（4）对一个单位的多个环境违法行为，虽然彼此存在一定联系，但各自构成独立违法行为的，应当对每个违法行为同时、分别依法给予相应处罚。

（5）对一个单位同时有两个或者两个以上的环境违法行为，环保部门可以分别制作行政处罚决定书，也可列入同一行政处罚决定书。

资料

关于机动车维修企业产生的废弃机油桶
是否属于危险废物以及相关法律适用问题的复函

环境保护部 环函[2011]87号

一、机动车维修企业产生的废机油（包括未使用完毕残留附着在机油桶中的废机油），属于《国家危险废物名录》（环境保护部令第1号）所列“900-249-08 其他生产、销售、使用过程中产生的废矿物油”。

二、机动车维修企业使用过但仍含有或直接沾染废机油的废弃机油桶属于《国家危险废物名录》（环境保护部令第1号）所列“900-041-49 含有或直接沾染危险废物的废弃包装物、容器、清洗杂物”。

三、机动车维修企业将含有或直接沾染废机油的废弃机油桶与非危险废物毗邻并列存放，属于《中华人民共和国固体废物污染环境防治法》第五十八条第三款规定的“将危险废物混入非危险废物中贮存”的情形。

二〇一一年四月七日

案例四十四（案二）：违反危险废物管理（非法进口、转移、处理、处置）制度的处罚

【案情介绍】

2009年12月3日、7日，浙江省东阳市普洛得邦制药有限公司将危险废物委托给无经营许可证的邢丙华处置，邢丙华等5人将危险废物装入铁桶倾倒在安徽亳州市涡阳、利辛两县境内。两县共发现危险废物1 047桶，其中涡阳县发现291桶，利辛县发现756桶。经监测，其中均含有三乙基胺、硼酸三甲基酯、磷酸三乙基胺、三甲基苯胺、苯并噻唑、甲苯、苯酚、对二氯苯、二甲基苯胺等成分复杂的大量有毒有害污染物，多属《国家危险废物名录》中所列的危险废物。事件发生后，安徽省环保部门对危险废物进行了无害化处理，对受污染土壤进行了深度清理。经安徽、浙江两省环保部门协商，由浙江普洛得邦制药有限公司一次性赔偿涡阳县、利辛县造成的污染损失及处置费用总计220万元。浙江金华市、东阳市环保局对普洛得邦制药有限公司的环境违法行为共罚款25万元。安徽省涡阳县和利辛县人民法院认定邢丙华等犯重大环境污染事故罪，分别判处有期徒刑五年半、二年或一年，处罚金1万～2万元。利辛县公安局对王可山等6人处行政拘留10日。

（来源：法制日报 2010年12月24日）

【案例分析】

污染物异地违法排放是近年来出现的规避环境监管的新型违法排污形式，其性质恶劣、危害极大、隐蔽性强，具有“发现难、取证难、追究难”的特点。

本案就是一起重大的异地跨省转移处置危险废物案件，两地环保部门联手进行了处理。

【执法提示】

（1）依法处理。

《固体废物环境污染物防治法》第五十九条规定：转移危险废物的，必须按照国家有关规定填写危险废物转移联单，并向危险废物移出地设区的市级以上地方人民政府环境保护行政主管部门提出申请。移出地设区的市级以上地方人民政府环境保护行政主管部门应当商经接受地设区的市级以上地方人民政府环境保护行政主管部门同意后，方可批准转移该危险废物。未经批准的，不得转移。

转移危险废物途经移出地、接受地以外行政区域的，危险废物移出地设区的市级以上地方人民政府环境保护行政主管部门应当及时通知沿途经过的设区的市级以上地方人民政府环境保护行政主管部门。

《固体废物环境污染物防治法》第七十五条（六）规定：不按照国家规定填写危险废物转移联单或者未经批准擅自转移危险废物的，由县级以上人民政府环境保护行政主管部门责令停止违法行为，限期改正，处2万元以上20万元以下的罚款。

（2）处罚违法行为主体应是行为发生地的环保部门。

《环境行政处罚办法》第十七条规定：县级以上环境保护主管部门管辖本行政区域的环境行政处罚案件。

造成跨行政区域污染的行政处罚案件，由污染行为发生地环境保护主管部门管辖。

案例四十四（案三）：违反危险废物管理（非法进口、转移、处理、处置）制度的处罚

【案情介绍】

某市精细化工有限公司在生产过程中积聚了一大批含有苯、甲苯等多种有毒成分的化工废料，苦于无法处理，于是委托其总经理助理×××全权处理此事。2005年6月13日×××找到与其有业务往来的个体废品回收站，以600元/车的价钱将这批化工废料卖给该个体收购站。个体废品收购站遂将这些化工废料倾倒至某市市区附近的垃圾坑内，将桶作为废旧物资予以回收。6月18日，某市环保局环境监察人员现场检查时发现，该市精细化工有限公司将大批化工废料擅自卖给无危险废物处理资质的废品收购站。该单位的行为违反了《固体废物污染环境防治法》第五十七条第三款的规定。该市环保局依照该法第七十五条第五项的规定，对市精细化工有限公司处以5万元罚款。

【案例分析】

本案中某市精细化工有限公司将生产过程中产生的危险废物卖给当地一家没有危废回收资质的废品回收站，违反了《固体废物污染环境防治法》第五十七条“禁止将危险废物提供或者委托给无经营许可证的单位从事收集、贮存、利用、处置的经营活动”的规定，该市环保局依据该法第七十五条第五项“将危险废物提供或者委托给无经营许可证的单位从事经营活动的；由县级以上人民政府环境保护行政主管部门责令停止违法行为，限期改正，处以2万元以上20万元以下罚款”的规定，对该公司处5万元罚款。

对该案的处理，笔者认为还有可商榷之处：

（1）除以上处罚外，还可以对废品回收站依据《固体废物污染环境防治法》第七十七条“无经营许可证或者不按照经营许可证规定从事收集、贮存、利用、处置危险废物经营

活动的，由县级以上人民政府环境保护行政主管部门责令停止违法行为，没收违法所得，可以并处违法所得3倍以下的罚款”的规定予以处罚。如该回收站属于无照经营，环保部门可以依据《无照经营查处取缔办法》第四条第（一）项“应当取得而未依法取得许可证或者其他批准文件和营业执照，擅自从事经营活动的无照经营行为”的规定，或者第四条第（五）项“超出核准登记的经营范围、擅自从事应当取得许可证或者其他批准文件方可从事的经营活动的违法经营行为”的规定，依照法律、法规赋予的职责对其环境违法行为予以查处。处罚后，将案件转工商管理部门，对其营业执照进行处理。

（2）《固体废物污染环境防治法》第五十三条规定：产生危险废物的单位，必须按照国家有关规定制定危险废物管理计划，并向所在地县级以上地方人民政府环境保护行政主管部门申报危险废物的种类、产生量、流向、贮存、处置等有关资料。某市精细化工有限公司违反了以上规定，该市环保局还可依据《固体废物污染环境防治法》第五十九条第（一）款的规定实施行政处罚，并应按照《行政处罚法》第二十三条的规定，责令废物产生单位改正违法行为，包括责令如实申报和清除运输过程中丢弃的固体废物。

（3）原国家环保总局《关于委托他人运输固体废物过程中丢弃废物行为法律适用的复函》（环函[2003]149 号）明确规定，“产生固体废物的单位，应当依法负责废物的运输以及运输过程中的污染防治；委托运输过程中发生的废物丢弃行为，依法应由废物产生单位承担法律责任。”因此，个体废品收购站将含有苯、甲苯等多种有毒成分的化工废料倾倒至某市市区附近的垃圾坑内，由此引起的环境污染责任也应由废物产生单位承担。

【执法提示】

（1）环保部门在查处违法处理危险废物案件时，首先应确定该污染物是否为危险废物。

（2）正确适用法律，处罚到位。

（3）我国对危险废物的管理是全过程控制，应依据《固体废物污染环境防治法》的规定做好源头的管理工作，掌握每个危险废物产生单位危险废物的产生量、流向、处理、处置的情况，最大可能地避免该类案件的发生。

案例四十五：企业回收利用自身产生的危险废物的法律适用

【案情介绍】

某铅酸蓄电池生产厂增设一条电解生产线处理本厂产生的废铅酸蓄电池。该厂考虑到处理能力有富余，因此拟从外部收集一些废铅酸蓄电池进行处理，这样一方面降低生产成本，另一方面可以为企业创收。

【案例分析】

该案是企业对该做法不知可否而咨询的生产实例。对类似的问题，企业有一定困惑，一些环境执法人员也有一定困惑。因此，尽管这是一个较单纯的问题，也想在此将涉及的法律问题做一介绍。

《固体废物污染环境防治法》第五十五条规定：产生危险废物的单位，必须按照国家有关规定处置危险废物，不得擅自倾倒、堆放。

第五十七条规定：从事收集、贮存、处置危险废物经营活动的单位，必须向县级以上人民政府环境保护行政主管部门申请领取经营许可证；从事利用危险废物经营活动的单位，必须向国务院环境保护行政主管部门或者省、自治区、直辖市人民政府环境保护行政主管部门申请领取经营许可证。具体管理办法由国务院规定。

禁止无经营许可证或者不按照经营许可证规定从事危险废物收集、贮存、利用、处置的经营活动。

第七十七条规定：无经营许可证或者不按照经营许可证规定从事收集、贮存、利用、处置危险废物经营活动的，由县级以上人民政府环境保护行政主管部门责令停止违法行为，没收违法所得，可以并处违法所得3倍以下的罚款。

根据《危险废物经营许可证管理办法》的规定，危险废物经营许可证分为两类：第一类是危险废物收集、贮存、处置综合经营许可证，领取此类许可证的单位可以从事各类危险废物的收集、贮存、处置经营活动；第二类是危险废物收集经营许可证，领取此类许可证的单位只能从事机动车维修活动中产生的废矿物油和居民日常生活中产生的废镍镉电池的危险废物收集经营活动。

以上无论哪一类许可证均强调了经营。本案中，企业如只处理自身产生的废铅酸蓄电池，不属于经营活动，不要求领取许可证，但必须遵照危险废物申报登记、转移联单制度，将危险废物的产生、转移、利用及处置情况向环保主管部门进行申报和登记，并保证危险废物回收利用符合相应的环保标准，得到妥善无害化处置。就该问题环境保护部环函[2005]203号作了详细解释。该企业若从外部收集废铅酸蓄电池进行处理，就属于危险废物经营活动，应依法定程序申领许可证；如没有领取危废经营许可证就从外部收集废铅酸蓄电池进行处理，应依据《固体废物污染环境防治法》的相关规定进行处罚。同样，领取了危险废物经营许可证的单位若从事一般工业固体废物、工业废水处理活动，依据环函[2009]128号的解释，也应依法取得相应的环境污染治理设施运营资质。危险废物经营单位未取得相应环境污染治理设施运营资质擅自处理处置一般工业固体废物、工业废水的，应依据《环境污染治理设施运营资质许可管理办法》等有关规定予以处罚。

【执法提示】

环境执法人员在处理类似问题时，一定要搞清楚涉案企业是否在从事经营活动；是否具有经营许可证；具有何种经营许可证。然后再按具体情况根据相应法律法规进行处理。

第四节　环境噪声污染的典型案例及其执法要点解析

一、概述

（一）环境噪声污染防治的法律规定

从法律上讲，环境噪声污染是指所产生的环境噪声超过国家规定的环境噪声排放标准，并干扰他人正常生活、工作和学习的现象。我国现行法律对环境噪声污染的界定为“超标+扰民”。目前环保部门重点是对企业排放超过环境噪声排放标准的行为实施监督管理。但实践中对未超过排放标准但又对他人正常的生活、工作和学习造成影响的，环保部门也会出面进行调解，并按照“相邻关系”的原则要求企业排除妨害。

目前我国环境噪声污染防治的主要法律规定见表 3-29。

表 3-29 我国环境噪声污染防治的法律法规

法律	中华人民共和国环境噪声污染防治法	1996 年 10 月 29 日通过，1997 年 3 月 1 日起施行
部门规章及规范性文件	环境保护部、铁道部关于加强铁路噪声污染防治的通知	环发[2001]108 号
地方性法规和规章	略	

表 3-30 环境噪声污染控制标准（部分）

序号	标准编号	标准名称	实施时间
1	GB 22337—2008	社会生活环境噪声排放标准	2008-10-01
2	GB 12348—2008	工业企业厂界环境噪声排放标准	2008-10-01
3	GB 12523—90	建筑施工场界噪声限值	1991-03-01
4	环境保护部公告 2008 年第 38 号	《铁路边界噪声限值及其测量方法》（GB 12525—90）修改方案	2008-10-01
5	GB 12525—90	铁路边界噪声限值及其测量方法	1991-03-01

（二）环境噪声污染防治法规定的环保部门的职责

（1）对在夜间进行禁止从事的产生环境噪声污染的施工作业的监管和处罚。

表 3-31 施工作业单位违反环境噪声污染防治的法律规定应承担的法律责任

违法行为认定	法律依据	《环境噪声污染防治法》规定的法律责任		
		行政命令	行政处罚的种类、幅度	行政处罚机关
在城市市区噪声敏感建筑物集中区域内，夜间进行禁止进行的产生环境噪声污染的建筑施工作业	《环境噪声污染防治法》第三十条第一款规定：在城市市区噪声敏感建筑物集中区域内，禁止夜间进行产生环境噪声污染的建筑施工作业，但抢修、抢险作业和因生产工艺上要求或者特殊需要必须连续作业的除外	责令改正	可以并处罚款（《环境噪声污染防治法》第五十六条）	由工程所在地县级以上环境保护行政主管部门

（2）对文化娱乐场所的经营管理者未按规定采取措施而造成环境噪声污染的监管。

表 3-32 文化娱乐场所经营者违反环境噪声污染防治法律规定应承担的法律责任

违法行为认定	法律依据	《环境噪声污染防治法》规定的法律责任		
		行政命令	行政处罚的种类、幅度	行政处罚机关
经营中的文化娱乐场所超标排放噪声，造成环境噪声污染的	《环境噪声污染防治法》第四十三条第二款规定：新建营业性文化娱乐场所的边界噪声必须符合国家规定的环境噪声排放标准； 经营中的文化娱乐场所，其经营管理者必须采取有效措施，使其边界噪声不超过国家规定的环境噪声排放标准	责令改正	可以并处罚款（《环境噪声污染防治法》第五十九条）	县级以上环境保护行政主管部门

（3）对商业经营活动中使用空调器、冷却塔等设备或设施的经营管理者未按规定采取措施而造成环境噪声污染的监管。

表 3-33　商业经营活动中违反环境噪声污染的法律规定应承担的法律责任

违法行为认定	法律依据	《环境噪声污染防治法》规定的法律责任		
		行政命令	行政处罚的种类、幅度	行政处罚机关
商业经营活动中使用空调器、冷却塔等设备、设施边界噪声超标的	《环境噪声污染防治法》第四十四条第二款规定：在商业经营活动中使用空调器、冷却塔等可能产生环境噪声污染的设备、设施的，其经营管理者应当采取措施，使其边界噪声不超过国家规定的环境噪声排放标准	责令改正	可以并处罚款（《环境噪声污染防治法》第五十九条）	县级以上环境保护行政主管部门
商业经营活动中，利用高音广播喇叭等发出高噪声方法招揽顾客，造成环境噪声污染	《环境噪声污染防治法》第四十四条第一款规定：禁止在商业经营活动中使用高音广播喇叭或者采用其他发出高噪声的方法招揽顾客	责令改正	可以并处罚款（《环境噪声污染防治法》第六十条）	公安机关（或县级以上环境保护行政主管部门）

表 3-34　违反环境噪声污染防治法律规定的其他行为应承担的法律责任

违法行为认定	法律依据	《环境噪声污染防治法》规定的法律责任		
		行政命令	行政处罚的种类、幅度	行政处罚机关
在噪声敏感建筑物集中区域内造成严重环境噪声污染的	《环境噪声污染防治法》第十七条规定：对于在噪声敏感建筑物集中区域内造成严重环境噪声污染的企业事业单位，限期治理	限期治理（17条） 限期治理逾期未完成理任务（加收超标准排污费）	（《环境噪声污染防治法》第十七条） 处以罚款（根据危害后果） 责令停业、搬迁、关闭（《环境噪声污染防治法》第五十二条）	县级以上环境保护行政主管部门 县级以上人民政府

资料

关于居民楼内生活服务设备产生噪声适用环境保护标准问题的复函

环境保护部　环函[2011]88 号

……

一、《中华人民共和国环境噪声污染防治法》（以下简称《噪声法》）未规定由环境保护行政主管部门监督管理居民楼内的电梯、水泵和变压器等设备产生的环境噪声。处理因这类噪声问题引发的投诉，国家法律、行政法规没有明确规定的，适用地方性法规、地方政府规章；地方没有明确作出规定的，环境保护行政主管部门可根据当事人的请求，依据《民法通则》的规定予以调解。调解不成的，环境保护行政主管部门应告知投诉人依法提起民事诉讼。

二、《工业企业厂界环境噪声排放标准》(GB 12348—2008)和《社会生活环境噪声排放标准》(GB 22337—2008)都是根据《噪声法》制定和实施的国家环境噪声排放标准。这两项标准都不适用于居民楼内为本楼居民日常生活提供服务而设置的设备(如电梯、水泵、变压器等设备)产生噪声的评价,《噪声法》也未规定这类噪声适用的环保标准。

二〇一一年四月七日

二、环境噪声污染的典型案例分析及执法要点解析

案例四十六:经营中的文化娱乐场所、商业经营活动场所超标排放噪声,造成环境噪声污染

刊登在中国环境报(2011-05-13)上的“商住楼娱乐场所该如何管?”的案例及其分析,为环境监察人员对类似问题进行监管和正确适用法律做了详细的讨论。

【案情介绍】

2009 年 11 月中旬,王某将自己开办在某县城“紫荆花园”某栋楼二层的营业性文化娱乐场所转让给李某。2010 年 2 月 28 日,李某将这家娱乐场所重新装修后对外营业。

2010 年 5 月 15 日,李某向县环保部门补报了这家娱乐场所的建设项目环境影响登记表。同年 6 月 2 日,县环保部门做出同意此项目建设的环评批复。随后,李某凭借县环保部门做出的环评批复,于同年 6 月中旬在文化部门和工商部门相继重新办理了文化经营许可证和个体工商户营业执照。

2010 年 10 月 16 日,同住在“紫荆花园”同一栋楼二层的旅馆经营者张某和三层的住户向某向县环保部门投诉,举报这家娱乐场所在夜间营业时噪声扰民。当日下午,在这家娱乐场所楼下一层经营旅馆的赵某也反映,这家娱乐场所重低音炮产生的振动对人的正常休息造成严重影响。

同年 10 月 19 日晚 22:26,县环保部门对此娱乐场所的边界噪声进行了现场监测,其噪声值为 73.8 分贝,超标 18.8 分贝。随即,县环保部门向李某送达了《违法行为限期改正通知书》,责令李某在 2010 年 11 月 10 日之前改正其违法行为。

在限期内,李某虽然采取了一些必要的隔声措施,但是张某和赵某认为,这家娱乐场所产生的噪声和振动依然严重扰民。

随后,环境监察执法人员多次到这家娱乐场所执法,要求其不得使用重低音炮,并进一步做好隔声降噪工作。这家娱乐场所认为已经整改到位,张某和赵某依然不断投诉。

2010 年 11 月 27 日,县环保部门再次对这家娱乐场所在夜间营业时的边界噪声进行了现场监测,其噪声值为 66.4 分贝,超标 11.4 分贝。

就此问题,县环保行政处罚审议小组召开专门会议,针对这家娱乐场所整改后其隔声设施(环保设施)未经环保部门验收继续营业做出责令停止使用、罚款 8000 元的行政处罚决定。

【案例分析】

（1）分歧：适用不同法律，结果大不同。

在此案的审议过程中，环境执法人员对法律适用问题产生了较大争议。

第一种意见认为，这家娱乐场所已经正式投入使用（营业），根据《环境噪声污染防治法》第四十三条第二款规定，经营中的文化娱乐场所，其经营管理者必须采取有效措施，使其边界噪声不超过国家规定的环境噪声排放标准。如果周围居民受到这家娱乐场所噪声污染，那么环保部门就可直接根据这部法律第五十九条的规定责令改正，可以并处罚款。

原国家环境保护局《关于娱乐场所振动和噪声污染防治问题的复函》（环发[1997]747号）也对此做出了行政解释，即对在商住楼内已投入营业的娱乐场所，如果其边界噪声不超过国家标准，依法可准予开办。如果其边界噪声超过国家标准，环保部门则应依据《环境噪声污染防治法》第五十九条的规定，责令改正，可以并处罚款。

第二种意见认为，根据《环境噪声污染防治法》第十七条规定，对于在噪声敏感建筑物集中区域内造成严重环境噪声污染的企业事业单位，限期治理。虽然李某在经营这家娱乐场所时，工商部门为其办理的是个体工商户营业执照，但是营业执照上也对这家娱乐场所设立了字号名称，根据《民法通则》的相关规定，环保部门可以根据所设立的字号名称将这家娱乐场所作为“单位”来处理，即对这家娱乐场所进行限期治理。如果这家娱乐场所逾期未完成治理任务，环保部门则根据《环境噪声污染防治法》第五十二条的规定报请县人民政府责令停业、搬迁、关闭。

第三种意见认为，根据国务院《娱乐场所管理条例》的规定，娱乐场所不能设在居民楼和居民住宅区，加之娱乐场所的主管部门是县文化主管部门，环保部门应该撤销原环评批复，并将这一情况通报县文化主管部门和县工商主管部门，由县文化主管部门对这家娱乐场所依法予以取缔。

第四种意见认为，这家娱乐场所所处的位置属于商住楼，而不属于居民楼，《娱乐场所管理条例》第七条并没有禁止在商住楼开设娱乐场所，因此，可准予开办，其环评批复不应该撤销。根据建设项目环境管理的相关规定，这家娱乐场所的隔声设施（环保设施）未经环保部门验收擅自投入使用，环保部门应根据《建设项目环境保护管理条例》第二十八条的规定直接责令这家娱乐场所停止使用，并处罚款。

（2）解析：界定娱乐场所所在建筑物的性质是公正处罚的关键。

对此问题，从严格依法行政的角度来看，笔者同意第三种意见。

据了解，在此案中，这家娱乐场所位于县城“紫荆花园”某栋楼的二层，此楼从第三层开始一直到第十层全部为居民住宅用房。《娱乐场所管理条例》中的“居民楼”究竟是指纯居民住宅楼，还是主要功能为居住的楼房都统称居民楼？这些问题在《娱乐场所管理条例》中都没有做出明确解释。那么，对“居民楼”和“商住楼”又到底如何界定？

所谓“居民住宅楼”是指楼盘在开发建设初期即将整栋楼房按照居民住宅进行设计施工而建成的楼房，即“单纯的居民住宅楼”。这样的楼房在使用过程中，不得设立娱乐场所。也就是说，《娱乐场所管理条例》中的“居民楼”是指纯居民住宅楼。

所谓“商住楼”是为国家消防设计规范《高层民用建筑设计防火规范》中采用的专用名词，仅适用于高层民用建筑的消防设计。经城市建设规划部门批准的临街的高层或者多层建筑，上部为住宅，下部一层或者几层为商业经营或其他公共设施用途的，在日常管理工作中通称为商住楼。

近年来，各地娱乐场所噪声扰民一直是社会焦点问题，在《娱乐场所管理条例》（国务院第458号令）第七条第（一）项和第（二）项虽然分别规定了在居民楼、居民住宅区不得设娱乐场所，但是各地在后来的执行过程中发现，许多娱乐场所设立在商住楼内，噪声严重扰民，群众反映强烈。

对此，文化部于2006年11月20日下发了《关于〈娱乐场所管理条例〉贯彻执行中若干问题的意见》（文市发[2006]31号），再次对娱乐场所设立地点做出了新的规定，即新批准的娱乐场所不得设立在居民住宅楼内（含商住楼）。因此，将居民住宅楼与商住楼共同纳入新批娱乐场所限制范围内。也就是说，在商住楼同样不得设立娱乐场所。

由此可见，这一娱乐场所位于商住楼内，问题的焦点不在于这家娱乐场所排放的噪声是否超标处罚的问题，而是不应当在商住楼内兴建的问题。

尽管原国家环境保护局《关于娱乐场所振动和噪声污染防治问题的复函》（环发[1997]747 号）做出了行政解释，但从新法优于旧法的原则看，应当以新的规定为准。因此，第一种意见是错误的。

关于环境保护行政主管部门能否建议政府对超标排放文化娱乐噪声的单位限期治理的问题。由于《环境噪声污染防治法》对社会生活噪声的管理采取的是禁止或者要求排污者采取措施达标排放的管理措施，加之按照在商住楼同样不得设立娱乐场所的规定，笔者认为，对此案中文化娱乐噪声污染不存在第二种意见所提的限期治理问题。

按照国务院《娱乐场所管理条例》第九条规定，设立娱乐场所，应当向所在地县级人民政府文化主管部门提出申请，即如果要新办娱乐场所，首先应当向文化主管部门提出申请，作为主管部门的文化部门对这一项目先做出预审后，如果属于限制性规定（如居民住宅楼与商住楼），环保部门也不得做出同意环评批复文件。在本案中，笔者认为，也不存在第四种意见提出的环保部门应根据《建设项目环境保护管理条例》第二十八条的规定，直接责令这家娱乐场所停止使用，并处罚款。

在本案中，李某凭借县环保部门做出同意此项目建设的环评批复文件在县文化部门和县工商部门相继重新办了文化经营许可证和个体工商户营业执照。但是，按照《环境噪声污染防治法》第四十三条规定：如果不属于限制性规定，要新建营业性文化娱乐场所，文化部门和工商部门应当根据环保部门出具的这家娱乐场所边界噪声符合国家规定的环境噪声排放标准的报告后，方可核发文化经营许可证和营业执照，而并非环评批复文件。

对于本案，环保部门应当撤销原环评批复，并将这一情况立即通报县文化主管部门和县工商主管部门，建议县文化主管部门和县工商主管部门分别撤销原核发给李某的文化经营许可证和营业执照，同时建议县文化主管部门对设立在商住楼内的这家娱乐场所依法予以取缔。

（作者：刘永涛　金鸿飞　来源：中国环境报）

资料

文化部关于《娱乐场所管理条例》贯彻执行中若干问题的意见（摘录）

文市发[2006]31号

一、《条例》适用范围

娱乐场所是指以营利为目的，并向公众开放、消费者自娱自乐的歌舞、游艺等场所，主要包括歌舞厅、卡拉OK场所等各类歌舞娱乐场所和以操作游戏、游艺设备进行娱乐的各类游艺娱乐场所。兼营娱乐项目的场所，其兼营部分适用《条例》规定。只对本单位内部员工开放的福利性娱乐场所和非营利性舞会、卡拉OK演唱等文化娱乐活动，不属于《条例》调整的范围。营利性保龄球馆、台球室、溜（旱）冰场等场所和大众健身娱乐场所的管理体制和制度由各地人民政府确定，可以参照《条例》制定管理办法。

二、娱乐场所设立地点

新批准的娱乐场所不得设立在居民住宅楼内（含商住两用楼），不得设立在博物馆、图书馆内和被核定为文物保护单位的建筑物内，不得设立在居民住宅区内，不得设立在车站、机场等人群密集的场所内，不得设立在建筑物地下一层以下（不含地下一层），不得设立在学校、医院、机关内部及其周围。娱乐场所和学校、医院、机关不得相互毗连，相互最小距离及其测量方法由各省、自治区、直辖市人民政府文化主管部门制定。娱乐场所与危险化学品仓库的距离必须符合《危险化学品安全管理条例》的有关规定和危险化学品管理有关标准。对申请在有争议的化学品仓库毗连位置设立娱乐场所的，申请人应当提供《危险化学品安全管理条例》规定的当地行业主管部门的书面同意文书。

……

案例四十七：夜间进行禁止进行的产生环境噪声污染的建筑施工作业，造成环境噪声污染

【案情介绍】

2009年4月5日23:30，某区环保局接到群众举报，反映小区附近一家建筑工地昼夜施工，居民无法休息。当天，区环境监察支队赶赴施工现场监察。执法人员从工地现场项目简介告示牌上初步确认，进行夜间施工的单位为某省××建设集团有限公司，主要施工内容为混凝土楼层浇注。执法人员表明了身份，随即用照相机和摄像机取证，并在施工场界进行了噪声测量。经执法人员现场勘察：施工噪声源主要是商品混凝土运输车、混凝土输送泵和施工电梯等设备的作业，施工场界噪声经测试为72.4分贝，其夜间作业行为对周围群众生活环境产生了严重的影响。执法人员遂向当事人下达了《接受调查通知书》，并立即呈报立案。

通过对当事人夜间作业行为的全面调查，执法人员核实了此次夜间作业既不属于抢修、抢险，也没有相关主管部门出具的因生产工艺需要必须连续作业的证明。依据《噪声污染防治法》有关规定，拟责令停止夜间施工，并罚款7万元。听证会上，该工地施工单位辩称，公安部门规定白天不得在市区内运输、装卸建筑材料，施工单位只有在晚上施工，而且每天在24点前就装卸结束。在装卸时为了防止影响周边居民，特别在地上铺了草垫，

要求工人在装卸时不要大声喧哗。鉴于上述理由，请求环保局减轻罚款。调查人员对当事人的陈述没有发表意见。事后，某区环保局对该单位作出责令停止夜间施工，罚款7万元的行政处罚决定。

当事人不服某区环保局作出的行政处罚，认为罚款过重，向市环保局申请行政复议，要求撤销该行政处罚决定。

【案例分析】

本案中，该施工单位未取得证明进行夜间连续施工产生环境噪声扰民的行为违反了《环境噪声污染法执法》第二十九条“在城市市区范围内，建筑施工过程中使用机械设备，可能产生环境噪声污染的，施工单位必须在工程开工十五日以前向工程所在地县级以上地方人民政府环境保护行政主管部门申报该工程的项目名称、施工场所和期限、可能产生的环境噪声值以及所采取的环境噪声污染防治措施的情况”的规定和第三十条“在城市市区噪声敏感建筑物集中区域内，禁止夜间进行产生环境噪声污染的建筑施工作业，但抢修、抢险作业和因生产工艺上要求或者特殊需要必须连续作业的除外”的规定。

若因特殊需要必须连续作业，则必须有县级以上人民政府或者其有关主管部门的证明。

前款规定的夜间作业，必须公告附近居民。如因浇灌混凝土不宜留施工缝的作业和为保证工程质量需要的冲孔、钻孔桩成型等生产工艺上要求，或者因特殊需要必须连续作业的，施工单位应当在施工日期前向工程所在地人民政府或者其有关主管部门的证明提出申请，在接到申请后行政主管部门应当严格核查作出认定并出具证明，并公告附近居民。

该案中的处罚虽然听取了施工单位的意见，但对其从轻情节没有充分考虑。

【执法提示】

环境噪声污染防治执法中应注意地域条件的限制。

《环境噪声污染防治法》第二十九条规定，“在城市市区范围内”的建筑施工必须进行申报登记，但法律没有规定在整个城市市区内均禁止夜间施工。

禁止夜间施工的地区为第三十条规定的“在城市市区噪声敏感建筑物集中区域内”。在“城市市区噪声敏感建筑物集中区域”之外，并未禁止夜间进行产生环境噪声污染的建筑施工作业。

《环境噪声污染防治法》第六十三条第（三）项规定，“噪声敏感建筑物集中区域”是指医疗区、文教科研区和机关或者居民住宅为主的区域。

案例四十八（案一）：企业排放噪声监管问题

【案情介绍】

2003年3月1日，西南镇文锋东路21巷3座的住户，向某区环保局投诉在其居住地附近的一家个体经营户兴明冷冻食品购销部，认为该购销部储存冻肉的制冷设备发出噪声，开关卷闸声、装卸货声以及机动车发出的噪声严重干扰了他们的正常生活，影响身体健康，要求区环保局制止该购销部的噪声污染。2003年12月5日，经区环保局检测，该购销部的冷却塔在运作期间发出的环境噪声超标，造成环境污染。2003年12月17日，区环保局对该购销部作出罚款500元的行政处罚，并要求其在15天内完善冷却塔整治，确保噪声达标排放。对于由开关卷闸声、装卸货声以及机动车等活动所引发的社会生活噪声，根据《环境噪声污染防治法》第六条、第四十一条的规定，属其他主管部门的职责，应由其他部门处理。该地住户以区环保局不作为为由，提起行政诉讼。

【案例分析】

本案中，某区环保局接群众投诉后对兴明冷冻食品购销部因制冷设备发出的噪声进行了检测，确定其属于超标排放，违反了《环境噪声污染防治法》第四十四条第二款“在商业经营活动中使用空调器、冷却塔等可能产生环境噪声的设备、设施的，其经营管理者应当采取措施，使其边界噪声不超过国家规定的环境噪声排放标准”的规定；依据《环境噪声污染防治法》第五十九条“违反本法第四十三条第二款、第四十四条第二款的规定，造成环境噪声污染的，由县级以上地方人民政府环境保护行政主管部门责令改正，可以并处罚款”的规定对该购销部处500元罚款。对于由开关卷闸声、装卸货声以及机动车等活动所引发的社会生活噪声，根据《环境噪声污染防治法》第六条、第四十一条的规定，认为属其他主管部门的职责，应由其他部门处理而没有处理。

《环境噪声污染防治法》第六条规定：国务院环境保护行政主管部门对全国环境噪声污染防治实施统一监督管理。县级以上地方人民政府环境保护行政主管部门对本行政区域内的环境噪声污染防治实施统一监督管理。各级公安、交通、铁路、民航等主管部门和港务监督机构，根据各自的职责，对交通运输和社会生活噪声污染防治实施监督管理。第四十一条规定：本法所称社会生活噪声，是指人为活动所产生的除工业噪声、建筑施工噪声和交通运输噪声之外的干扰周围生活环境的声音。对于没有管辖权的案件，应按《环境行政处罚办法》第十六条[外部移送]“发现不属于环境保护主管部门管辖的案件，应当按照有关要求和时限移送有管辖权的机关处理”的规定进行移送，而不能仅仅告知当事人。在这方面某区环保局没有尽到应尽的职责。

【执法提示】

（1）案件的移送。

环境噪声污染的管理涉及多个部门，但群众往往找环保部门，认为只要涉及污染方面的案件就应该归环保部门管辖，甚至其他应行使环境噪声管理权的部门对其本部门职责也不甚了解。这就要求环保部门工作人员在做好自身工作的同时，应该移送的案件应及时按程序移送，并告知当事人处理结果。

（2）环保部门职责。

根据《环境噪声污染防治法》的规定，环保部门有以下职责：①负责建设项目的环境影响评价审批和“三同时”的监管；②负责环境噪声排放申报登记事项及污染治理设施的停用核准；③征收造成环境污染的超标环境噪声排污费；④决定小型的环境噪声严重污染企业的限期治理；⑤对在夜间进行禁止从事的产生环境噪声污染施工作业的进行监管和处罚；⑥对文化娱乐场所的经营管理者未按规定采取措施而造成环境噪声污染进行监管，属于经营性质的活动可以由环保部门管理；无一定的边界、非经营性质的露天卡拉 OK 活动，应当由公安机关管理（按《环境噪声污染防治法》第四十三条第二款、第五十九条进行监管）；⑦对商业经营活动中使用的空调器和冷却塔等设备或设施的经营管理者未按规定采取措施而造成环境噪声污染进行监管；⑧对产生环境噪声的企业进行现场检查和监督管理。

案例四十八（案二）：企业排放噪声监管问题

【案情介绍】

重庆市华孚工业股份有限公司在生产过程中噪声超标，并有粉尘污染。近日当地环保部门责令其限期整改，并对其立案查处。

2010年2月24日，环境保护部环境投诉受理中心接到群众来电，反映重庆市华孚工业股份有限公司全天24小时生产，压缩机产生巨大噪声，影响周围居民生活。公司距离周围最近居民点仅5米左右，沙坪坝区环保局曾进行监测，发现噪声严重超标。另外由于企业的设备老旧，除尘效果不佳，导致附近黑色粉尘污染严重。

接到转办件后，重庆市沙坪坝区环保局立即对企业进行了调查。经查，重庆华孚工业股份有限公司成立于1994年，于1997年搬迁，由于属于老企业，所以未办理环境影响评价手续。企业车床和空压机产生的噪声通过封闭门窗和建隔声墙降噪；有淬火废气，通过水雾喷淋吸收后外排。

2010年3月9日，沙坪坝区环保局现场调查时发现，企业与周边居民邻近。经监测，噪声扰民属实。投诉人所称的"黑灰"是企业淬火废气，通过水雾喷淋吸收后外排。

针对企业的违规行为，沙坪坝区环保局做出如下处理：向公司依法下达了《处罚告知书》，对公司进行立案查处。向公司下达了《环境违法行为责令改正通知书》，要求于2010年4月30日前完成噪声污染限期治理。

4月12日，重庆市环境监察总队会同沙坪坝区环境监察支队进行复查，企业正在按计划整改中。

（来源：中国环境报　2010年6月4日）

【案例分析】

《环境噪声污染防治法》第二十五条规定：产生环境噪声污染的工业企业，应当采取有效措施，减轻噪声对周围生活环境的影响。第十七条规定：对于在噪声敏感建筑物集中区域内造成严重环境噪声污染的企业事业单位，限期治理。被限期治理的单位必须按期完成治理任务。限期治理由县级以上人民政府按照国务院规定的权限决定。对小型企业事业单位的限期治理，可以由县级以上人民政府在国务院规定的权限内授权其环境保护行政主管部门决定。

《重庆市环境保护条例》第三十九条规定：排放污染物超过规定的浓度和总量，环境保护行政主管部门应责令限期治理。第四十条规定：市环境保护行政主管部门负责市重点控制排污者的排污申报、排污许可（临时许可）和限期治理管理，区县（自治县）环境保护行政主管部门负责其他排污者的排污申报、排污许可（临时许可）和限期治理管理。

依据上述法律规定，重庆市沙坪坝区环保局对噪声严重超标的华孚工业股份有限公司下达了《处罚告知书》和《环境违法行为责令改正通知书》，要求于2010年4月30日前完成噪声污染限期治理。沙坪坝区环保局对华孚工业股份有限公司提出限期治理要求是符合地方法规规定的。

但从案情介绍看，沙坪坝区环保局是2010年3月9日进行的现场调查，何时下达的《环境违法行为责任改正通知书》没说，但可以推断应在3月9日之后；其下达的《环境违法行为责令改正通知书》明确要求该公司"于2010年4月30日前完成噪声污染限期治理"，时间上有一点过短。《重庆市环境保护条例》第三十九条第二款规定：限期治理期限一般不超过六个月。确需延长的，应于期满前二十日提出申请，环境保护行政主管部门批准延长不得超过两次，每次不得超过三个月。法律、法规另有规定的除外。可见，沙坪坝区环保局要求华孚工业股份有限公司限期治理的时间还有商榷的余地，限期治理的期限应合法、合理、符合企业的实际能力。

【执法提示】

在处理类似的案件中应注意两个问题：

第一，把握《环境噪声污染防治法》第二条第二款关于“环境噪声污染”定义规定的“超标”和“扰民”两个条件。

随着城市化进程的加快，老企业周围被开发成为住宅小区的现象越来越普遍，这样就产生了一个问题，以前并不扰民的企业噪声因为居民区的迁入而形成了环境噪声污染，入住居民会因此而要求企业停止污染、赔偿损失，要求环保部门进行监管。但是，如果这种污染损害是由于受害者自己主动迁入噪声区域而造成的，这种现象在法律上被称为“进入妨扰”(Coming to the Nuisance)。“进入妨扰”是英国、美国侵权法上的概念，在我国尚没有相关的法律、法规或司法解释加以规定。在国外的司法实践中，“进入妨扰”通常都规定由污染者承担责任，不因为污染源是先存在的就可以理所当然地排污；居民即使是后主动进入污染的区域也有权要求污染者停止污染、赔偿损失；不能因为污染源的先行存在就禁止在其周围建设其他的项目。而我国《环境噪声污染防治法》规定，同时具备“超标”和“扰民”两个条件，污染者就应承担治理污染、缴纳排污费的义务。因此，对这类问题的监管，一般情况下执法者只要把握住企业目前已构成环境噪声污染的法定条件，就应对其依据《环境噪声污染防治法》的规定进行处罚。

第二，在执法过程中应注意管辖权的问题。

《环境噪声污染防治法》第十七条规定：对于在噪声敏感建筑物集中区域内造成严重环境噪声污染的企业事业单位，限期治理。

被限期治理的单位必须按期完成治理任务。限期治理由县级以上人民政府按照国务院规定的权限决定。

对小型企业事业单位的限期治理，可以由县级以上人民政府在国务院规定的权限内授权其环境保护行政主管部门决定。

如没有类似《重庆市环境保护条例》的地方法规或规章的授权，环保部门只对小型环境噪声污染企业事业单位有限期治理的决定权。

案例四十八（案三）：企业排放噪声监管问题

【案情介绍】

某建筑公司承建了某工程。该建筑公司在开工前，未向该市环境保护行政主管部门进行申报。环保部门到工地监察时，发现工地正在夜间施工。对此，该建筑公司负责人申辩：他们并未在夜间大规模施工，只是混凝土浇注因工艺的特殊需要，开始之后就无法中止，即便是夜间也不能停工。但是该建筑公司并没有办理相关的夜间开工手续。经环保部门监测，该工地昼间噪声为 70 分贝，夜间噪声为 54 分贝，未超过国家规定的建筑施工噪声源的噪声排放标准。于是环保部门进行了调解，并对该建筑公司未依法进行申报和办理夜间开工手续作出处罚。但是，建筑工地的噪声污染并没有得到改善，广大居民依然处于噪声污染之中。在向律师事务所咨询以后，天通花园小区 27 户居民以相邻权受到侵害为由向人民法院提起诉讼，要求法院判令被告停止噪声污染，赔偿损失。人民法院受理后，经过法庭调查认定，某建筑公司排放的噪声尽管符合国家规定的建筑施工噪声源的噪声排放标准，但超过《城市区域环境噪声标准》中规定的区域标准限值，在事实上构成环境噪声污染，侵害了原告的相邻权。根据《民法通则》第八十三条的规定，判决被告采取措施，消除噪声污染，赔偿原告精神损失 200 元。

【案例分析】

建筑施工环境噪声污染是指在建筑施工过程中产生的干扰周围生活环境的声音。本案中建筑公司并未超标向环境排放噪声，按照法律规定，该建筑公司并未造成环境噪声污染。最后，环保部门以建设公司违反了《环境噪声污染防治法》要求建筑施工单位开工前 15 日向环保部门进行排污申报，除特殊情况外禁止夜间施工的规定进行了处罚。

本案中法院依据《民法通则》中关于“不动产的相邻各方，应当按照有利生产、方便生活、团结互助、公平合理的精神，正确处理截水、排水、通行、通风、采光等方面的相邻关系。给相邻方造成妨碍或者损失的，应当停止侵害、排除妨碍、赔偿损失”的规定来处理该纠纷基本上是正确的，但将建筑施工单位作为不动产的相邻各方适用《民法通则》并不是十分准确。如用于与居民与生产企业之间的关系更准确些。

【执法提示】

对于未超标排放环境噪声的建筑施工单位的监管应依据《环境噪声污染防治法》第二十九条规定，要求其提前 15 天进行排污申报登记；如在城市市区噪声敏感建筑物集中区域内需夜间施工，应依据《环境噪声污染防治法》第三十条规定，必须有县级以上人民政府或者其有关主管部门的证明，且将夜间作业活动时间公告附近居民。如违反上述规定可依据《环境噪声污染防治法》第五十六条“由工程所在地县级以上地方人民政府环境保护行政主管部门责令改正，可以并处罚款”的规定进行处罚。

对不超标不违法的环境噪声扰民环保部门只能应当事人的要求进行民事调解。

案例四十九：低频噪声扰民问题

【案情介绍】

低频噪声扰民难认定　一审以实际受损为据

2002 年初，川大花园的建成使不少川大教职工的住房条件得到改善。其所在科华街上的咖啡馆、茶坊、酒吧等餐饮娱乐业也从无到有、渐成气候。2003 年，成都市民张敏与川大公司就川大花园 13 栋底层建筑面积为 620 平方米的营业用房达成租赁意向，签订了《房屋租赁合同》及《补充协议》，张敏将承租房屋用于经营酒吧、茶坊、咖啡厅，租期 5 年，至 2008 年 8 月。

川大花园 13 栋下面一、二层为商业用房，而上面是居民住宅。这样的建筑模式在成都随处可见。考虑到这类房屋的特殊性，川大公司与张敏通过合同约定：乙方在使用上述房屋时，不得违反国家有关法律法规、政策和四川大学有关规定，不得造成环境污染，不得发生较大噪声影响学校正常的教学工作和生活。双方还在《补充协议》中约定：“乙方经营不能造成噪声扰民。其噪声是否扰民，以国家规定标准为准”。

张敏经营的飞霖俱乐部以夜间经营为主，开设有卡拉OK包间、歌舞表演等娱乐活动。尽管其内部四周墙壁安装有墙纸或厚厚的泡沫吸声材料，但由DJ低音炮等大功率音乐播放器产生的高、低频率噪声，仍然严重影响了三楼以上住户的生活，多次引发从楼上往下扔酒瓶的过激事件。

家住该楼12层的华荣告诉记者，每天大约从晚上10：30开始直到第二天凌晨7：00左右，节奏快速、震撼强烈的低频噪声便“咚、咚”作响，不绝于耳。他说：“我们就像被围在一面大鼓里，无处可逃，任人敲打。患高血压、心脏病、失眠症的老人更是苦不堪言。”由于问题长期得不到解决，一些住户被迫外出借宿，或者干脆到学校办公室、实验室休息。提及此事，一些老年教师忍不住潸然泪下，痛苦和无奈之情溢于言表。

张敏也有一肚子委屈。她告诉记者，飞霖俱乐部有《排污许可证》，而且自从住户提出意见后，飞霖俱乐部也主动进行了整改，除调低音量外，还在一些墙壁或者屋顶加装了吸声材料。他说：我们请区环保部门监测后，结果没有超标。何况我有200万元的投资在里面，肯定不是说停就停，说关就关得了的。

记者在走访环保部门和某医学中心后得知，低频噪声污染是近年来出现的新问题，一般情况下，高频噪声随着距离的延长或遭遇障碍物而迅速衰减，控制也相对容易。但低频噪声不仅治理难度大，在传导过程中衰减的也很慢，而且能够长距离奔袭和穿墙破壁，直抵人的耳骨。长期受其影响，容易造成神经衰弱、失眠、头痛等各种神经官能症。

2004年6月9日，武侯区法院作出一审判决，解除川大公司与张敏双方签订的《房屋租赁合同》及《补充协议》，张敏在判决生效之日起5日内将所租赁房屋腾退给川大公司。

主审法官刘丽认为，虽然双方在《补充协议》中载明“乙方经营不能造成噪声扰民（是否扰民以国家规定标准为准）”的内容，但飞霖俱乐部在经营过程中发出的噪声主要是低频噪声，国家目前没有关于低频噪声的单独标准，因此低频噪声是否构成扰民应以相邻住户是否实际受损为标准。而根据有关证据可以认定，飞霖俱乐部在夜间经营过程中所产生的低频噪声确已造成噪声污染，构成了严重的扰民事实。而且，该俱乐部违反了双方合同及协议中关于不得造成环境污染、不能造成噪声扰民的约定，属于违约行为。

被告张敏对此判决明确表示不服，已向成都市中级人民法院提出了上诉。这也使一审判决无法执行，该楼居民目前仍生活在低频噪声的侵扰中。

成都市武侯区环境保护局有关人士表示，成都市酒吧、迪吧、卡拉OK厅日趋增多，但噪声污染扰民严重，特别是开设在住宅楼下的娱乐服务场所在经营过程中产生的振动和噪声，对楼上住户造成了极大的影响和伤害，有的即使采取多种措施整改也难以消除影响。该局于2005年4月曾起草报告，建议在以后的住宅楼建设规划中将住宅楼和营业用房彻底分开，把“禁止在住宅楼下开设娱乐场所”纳入法律程序，从源头上杜绝娱乐服务场所产生的噪声、振动污染。

（来源：广东环境保护公众网　2005-10-11）

【案例分析】

该案是一起低频噪声扰民的案件。一审判决，解除川大公司与张敏双方签订的《房屋租赁合同》及《补充协议》，张敏在判决生效之日起5日内将所租赁房屋腾退给川大公司。

这一判决符合群众利益的。低频噪声是否构成扰民现有的法律和标准并没有明确的规定。一审法官以相邻住户是否实际受损为标准。而根据有关证据认定，飞霖俱乐部在夜间经营过程中所产生的低频噪声确已构成了严重的扰民事实。而且，该俱乐部违反了双方合同及协议中关于不得造成环境污染、不能造成噪声扰民的约定，属于违约行为。应当说这一判决给解决类似案例提供一种解决方式。也为环保部门解决类似纠纷提供一种思路。

【执法提示】

低频噪声对人体的损害是非常大的，而最容易被人们忽视的是对听力的损害，尤其是对心脑血管系统和神经系统损害极大，对胎儿的影响也是很大的。但对低频噪声的监管难度也比较大。在 2008 年 10 月之前，无论是声环境质量标准还是排放标准中都没有相关标准值的规定。2008 年 10 月，声环境质量标准做了修订，增加了相关方面规定。此外，我国还制定了《社会生活环境噪声排放标准》（GB 22337—2008，2008 年 10 月 1 日实施），该标准规定了经营性文化娱乐场所和商业经营活动中可能产生环境噪声污染的设备、设施边界噪声排放限值和测量方法。首次规定了结构传播固定设备室内噪声排放限值（倍频带声压级限值），为类似案件的执法提供了标准依据。

对于新设立的经营性文化娱乐场所设立地点，《文化部关于〈娱乐场所管理条例〉贯彻执行中若干问题的意见》（文市发[2006]31 号）规定：新批准的娱乐场所不得设立在居民住宅楼内（含商住两用楼），不得设立在博物馆、图书馆内和被核定为文物保护单位的建筑物内，不得设立在居民住宅区内，不得设立在车站、机场等人群密集的场所内。这就从根本上解决了类似案件的再发生。

第五节 其他污染的典型案例及其执法要点解析

一、概述

目前我国在危险化学品、电磁辐射、放射性污染环境的防治方面的立法总体来讲尚不够完善，除放射性污染防治我国制定了《放射性污染防治法》外，对危险化学品及电磁辐射污染环境的防治只有行政法规或部门规章可作为行政执法依据。对在城市现代化过程中出现的新的污染类型如：热、光等污染形式，我国尚无相关的环境立法，使得对这些新污染形式的管理缺乏明确的法律依据，这给环保部门依法进行监督管理带来了极大的困难。

这类环境污染问题，现实中多依据《民法通则》中的公平原则和相邻关系方面的法律规定进行处理，环保部门发挥的作用有限。

表 3-35 防治危险化学物质、电磁辐射、放射性污染的法律规定

法律法规	危险化学物质污染防治	电磁辐射污染防治	放射性污染防治
法律	《环境保护法》第二十四、三十三条 《海洋环境保护法》第六十四、六十八、七十条 《大气污染防治法》第四十五条 《固体废物污染环境防治法》 《食品卫生法》 《药品管理法》	《环境保护法》第二十四条	《放射性污染防治法》（2003 年 6 月）

法律法规	危险化学物质污染防治	电磁辐射污染防治	放射性污染防治
行政法规及规范性文件	《危险化学品安全管理条例》（2011 年修订） 《监控化学品管理条例》（1995） 《兽药管理暂行条例》 《化妆品卫生监督条例》	《核事故与辐射事故应急响应方案》（2001）	《民用核设施安全监督管理条例》（1986 年 10 月） 《核材料管制条例》（1987 年 6 月）
部门规章及规范性文件	《化学工业毒物登记管理办法》（1993 年 4 月） 《化学品首次进口及有毒化学品进出口环境管理规定》（1994 年 3 月） 《新化学物质环境管理办法》（2003 年 9 月） 《危险化学品经营许可证管理办法》（2002 年） 《危险化学品登记管理办法》（2002 年 10 月 8 日） 《废弃危险化学品污染环境防治办法》（2005 年） 《含多氯联本电力装置及其废物污染环境的规定》（1991） 《关于防治铬化合物生产建设中环境污染的若干规定》（1992）	《电磁辐射环境保护管理办法》（1997）	《放射性药品管理法》（1989） 《核电厂核事故应急管理条例》（1993 年 8 月） 《放射性同位素与射线装置放射防护条例》（2005 年 9 月修订） 《城市放射性废物管理办法》（1987 年 7 月） 《放射环境管理办法》（1990 年 5 月）
我国签署的国际公约、条约	《关于持久有机污染物（POPs）的斯德哥尔摩公约》 《关于化学品国际贸易资料交换的伦敦准则》 《作业场所安全使用化学品公约》 《化学制品在工作中使用安全公约》 《化学制品在工作中的使用安全建议书》 《关于控制危险废物越境转移及其处置的巴塞尔公约》 《关于保护臭氧维也纳公约》 《国际海上危险货物运输规定》等	《核事故或辐射紧急援助公约》	
环境保护国家标准	《多氯联苯废物污染控制标准》（GB 13015—91） 《化学品安全技术说明书编写规定范围》（GB 16483—2000） 《化学品安全标签编写规定》（GB 15258—1999） 《常用危险化学品的分类及标志》（GB 13690—1992） 《常用危险化学品储存通则》（GB 15603—1995） 《剧毒物品品名表》（GB 58—1993） 《剧毒物品分级、分类与品名编号》（GB 57—1993） 《易燃易爆性商品储藏养护技术条件》（GB 17914—1999） 《腐蚀性商品储藏养护技术条件》（GB 17915—1999） 《毒害性商品储藏养护技术条件》（BG 17916—1999）	《核电厂环境辐射防护规定》（GB 6249—86） 《辐射防护规定》（GB 8703—88）	《放射性废物管理规定》（GB 14500—93） 《铀、钍矿冶放射性废物安全管理技术规定》（GB 14585—93） 《铀矿冶设施退役环境管理技术规定》（GB 14586—93） 《轻水堆核电厂放射性废水排放系统技术规定》（GB 14587—93） 《辐射防护规定》（GB 8703—88）） 《核电厂环境辐射防护规定》（GB 6249—86） 《建筑材料用工业废渣放射性物质限制标准》（GB 6763—86）

二、其他污染的典型案例分析及执法要点解析

案例五十（案一）：高压线电磁污染

【案情介绍】

陆某居住的小区内有两条高压线路。2008年年底，太仓市电力公司承接该两条线路的改造工程，改造完成后经验收合格。该线路跨越陆某房屋，电线距屋顶距离为10.6米。陆某看到电线离自已家这么近，心里犯起了嘀咕，打听到自己屋顶上方的电线是高压线后，他更加担心，于是上网查询资料，了解到了关于“电磁辐射”的相关知识。

他认为改造后的线路侵害其合法权益，与电力公司进行交涉，但是得到的回答是线路改造施工符合标准，对陆某和家人不会产生危害人身的电磁辐射。

陆某听不进电力公司的解释，遂诉至法院，要求电力公司拆除线路、消除安全隐患、排除线路的辐射影响并赔偿损失。

太仓法院经审理查明，线路改造工程设计施工过程严格按照相关法律法规规定的标准执行，并经竣工验收合格。原、被告双方还找到了比较权威的江苏省辐射环境保护咨询中心，对改造工程涉及的相关居民住宅周围工频电场、工频磁场现状进行检测，结果是：检测数据均符合相关技术规范中推荐限值的要求。

法院认为该线路的正常使用对原告的人身及财产安全并无现实的损害和安全隐患，因此驳回了陆某的诉讼请求。

后来陆某不服一审判决，上诉至苏州市中级人民法院。二审法院认为，对高压输电线路的辐射污染，陆某未能证明已经造成或可能造成生命健康方面的危害。依据现有事实和现行法律法规，尚不足以支持陆某主张其所居住环境遭受电磁辐射污染或存在安全隐患，因此判决驳回上诉、维持原判。

（来源：扬子晚报 2010年4月8日）

【案例分析】

除了水污染、空气污染外，目前在城市中电器产生的电磁污染也进入了人们的视线。相应地，各种防电磁污染的孕妇装、防辐射卡等产品在我们生活中也屡见不鲜。既然电器会产生电磁辐射，那输电量更大的高压电线造成的电磁辐射是不是更强大？对人体的危害究竟如何？尤其是随着城市范围的扩大、用电量的增大，很多高压电线是从小区旁边，甚至就从居民窗外经过，高压输电线是否会造成电磁污染威胁人体健康？这不仅成为很多居民关心的问题，也导致了很多小区居民跟电力公司产生矛盾。目前在城市里，在很多情况下，输电线路实际的影响是生态、视觉的影响，是对景观协调性以及人文环境的影响。输电线路的架设在符合设计要求的情况下，对人的健康影响不大；但看着从家门口输电线路多数人会对输电线路电磁辐射污染心存疑虑。本案就是这样一种情况。陆某一家认为改造后的线路侵害其合法权益，与电力公司进行交涉，但是得到的回答是线路改造施工符合标准，对陆某和家人不会产生危害人身的电磁辐射。而陆某和家人又拿不出实际受到损害的事实，因此其诉讼请求没有获得支持。法院的判决是正确的。

【执法提示】

高压线架设过程中产生的影响目前的法律规定尚不完善，但是高压线所经之地的群众往往反映比较强烈，疑虑也较多。对于此类投诉环保部门应按照相关的民事法律规定进行调解。如双方对调解结果不满，像本案一样通过司法途径解决问题。

案例五十（案二）：高压线电磁污染

【案情介绍】

杨家资、王馨荷（杨家资之妻）、杨之辉（杨家资之子）、杨之雄（杨家资之女）住在长沙市雨花区雨花亭乡自然村。1989 年，长沙电业局经政府有关部门批准向杨家所在村委会征用土地，村委会和电业局达成征用土地协议。电业局按照协议履行乙方义务。杨家住宅外部分庭院土地被划入征地范围。电业局在杨家已被征用的庭院内施工建设高压输电工程 482 号铁塔时，遭到杨家阻挠，杨家要求电业局另选地建塔或将住宅土地全部征用，另行安置宅基地建房。电业局要求原长沙市郊区国土局解决。郊区国土局于 1990 年发出“限期腾地通知书”，并对杨家的损失作出一定补偿。在杨家未履行的情况下，由原长沙市郊区法院强制执行。1996 年 7 月 17 日，杨之辉以电业局侵占土地使用权为由向长沙市天心区法院起诉，被驳回诉讼请求。原告不服，向长沙市中级人民法院提起上诉。在上诉审理中，上诉人就 482 号铁塔附近及高压输电线路电磁辐射引发疾病向被上诉人索赔，经长沙中级人民法院司法技术鉴定中心鉴定：杨家资患脑梗死症、王馨荷患老年痴呆症、杨之雄患心肌炎。杨之辉被某医院诊断为心肌炎。为证明上诉人所患疾病是否因被上诉人架设的高压线电磁辐射造成，电业局委托湖南省环境科学研究所测试，测试结果为电场强度、磁场强度、功率强度均远低于国家《电磁辐射防护规定》（GB 8702—88）和《环境卫生电磁波卫生标准》（GB 8175—88）允许的限值或强度。1998 年 4 月，国家环保总局办公厅在《关于高压送变电电磁辐射污染问题的复函》中建议：采用工频电磁辐射仪，比照本地水平和国际有关标准进行测试鉴定。电业局委托国家电力公司电力科学研究院进行工频电磁场模拟测试，测试结果低于美国、德国等的限值。1999 年 6 月 23 日，长沙中级人民法院将该案发回重审，天心区法院在重审期间追加杨家资、王馨荷、杨之雄为原告，追加村委会为第三人，后因王馨荷死亡，由其女杨之雄参加诉讼。天心区法院认为，电业局征地架设高压线手续完备合法，原告称被告侵犯其土地使用权于法无据。针对原告所称电业局架设高压线跨越其房屋，水平距离为零，违反了《电力设施保护条例》的规定，法院认为被告架设高压线虽然跨越被告房屋，但属于有关规定和技术规程规定的可以跨越房屋的“特殊情况”，并不违法。根据法院的观点，原告住宅周围的电磁场强度和辐射小于国内和国际限值标准，因此，原告所患疾病与被告架设高压线的行为间因果关系不成立，原告要求的人身伤害损失和精神损失的诉讼请求也不予支持。于是，天心区法院于 2000 年 8 月 24 日，判决驳回原告要求被告长沙电业局为其重新安置补偿、赔偿人身伤害和精神损失的诉讼请求。原告不服，又提起上诉，长沙中级人民法院认为原判认定事实清楚，适用法律正确，于 2000 年 12 月 14 日判决驳回上诉，维持原判。

【案例分析】

污染物的排放或控制标准对企业来说，虽能能证明其是合法排污还是违法排污，但污染损害赔偿民事责任所适用的却是无过错责任原则。污染损害赔偿民事责任较之一般的民事责任在构成上有两个十分显著的特点：一是不要求引起损害事实发生的行为必须具有违法性；二是不要求行为人主观上须有过错。即便行为人主观上没有过错，但只要他实施了污染或破坏环境的行为，且有该行为所引起的损害事实的存在，环境民事责任即可构成。

此外，在举证责任方面环境污染损害赔偿民事责任实施的是举证责任倒置原则。最高人民法院《关于适用〈民事诉讼法〉若干问题的意见》第七十四条规定：因环境污染引起的损害赔偿诉讼，对原告提出的侵权事实，被告否认的，由被告负责举证。根据这一规定，原告只要法院提供充分的证据证明：被告实施或者可能实施了污染环境损害行为；原告本身遭受了污染损害，既可表现为人身伤害，又可表现为直接的财产损失。被告应就其所实施的行为与损害结果之间不存在因果关系或存在着法律规定的免责事由。如果被告不能证明其行为与原告的损害之间不存在因果关系，就应承担举证不力的后果。关于举证责任的规定在此后《最高人民法院关于民事诉讼证据的若干规定》第四条（三）和《侵权责任法》第六十六条做了更加明确的规定。

该案法院在审理中以原告住宅周围的电磁场强度和辐射小于国内和国际限值标准作为否定疾病和高压线电磁辐射间因果关系的理由，进而认定原告所患疾病与被告架设高压线的行为间因果关系不成立，原告要求的人身伤害损失和精神损失的诉讼请求也不予支持。是不够恰当的。

【执法提示】

处理环境污染损害民事责任时应注意其与一般民事责任的不同，这些不同主要包括三方面：一是实行无过错责任原则；二是举证责任倒置；三是因果关系推定。

案例五十一：发射塔电磁污染

【案情介绍】

北京东四环边上的东润枫景小区，是许多人千挑万选后锁定的目标。选中它是因“绿色”的诱惑：这个小区旁有一大片小树林，不远处就是有着广阔绿地、树林、湖水的朝阳公园，再加上四环旁边非常便利的交通，众人的选择似乎都非常理智。看房时，许多人注意到住宅旁有两座高塔，便问销售人员这是什么，销售人员回答：“那是废弃的航空指挥塔。”对所有关于塔的回答，开发商销售人员的口径都是一致的。既然如此，就没什么可担心的了，业主们纷纷放心地购了房。有的人家为了两代人在一起互相照顾，还一下子买了两三套房。东润枫景的房子较贵，每套几十万元甚至100多万元，许多人为买房倾尽自己的全部积蓄。一期房的业主，2001 年 6 月高高兴兴地进了东润枫景小区，不久后，二期房也交付使用。

与周围小区的老住户接触后，听到这个地区东风农场宿舍的老居民说：“你们不知道呀，这里有电磁波污染，农场上班的职工月月都有30块钱的电磁辐射补贴呢！”人们这才知道，小区附近的塔原来是北京人民广播电台的发射塔。这两座塔每天运转近20个小时。东塔距东润260米，发射功率50千瓦，南塔距东润枫景300米，发射功率100千瓦，相当于7.5万部手机同时发射信号时的强度（每部手机以2瓦发射功率计）。

在不知情状态下买房的业主们愤怒了，他们找到开发商，询问关于电磁波污染的事儿，开发商一口否认。业主们自费集资了 8000 元，请北京市环境保护监测中心的专家来对小区住房进行测试，其42个测量点中竟然有30个的电磁辐射超过国家标准。又请来中国室内环境监测中心的专家测试，24个测试点中，也有20个超标。按照我国卫生部起草制定的《环境电磁波卫生标准》（GB 9175—88），适合人长期居住的安全区环境电磁辐射值必须小于10伏/米，而检测报告中，小区住宅窗口外侧检测点有的高出限值几倍，有的阳台高出限值十几倍，人们常去的一个大阳台，竟然高出限值30多倍！开发商迫于压力也找来了检测人员，在1214个检测点中，也有32%超标，最高污染值达333伏/米！

据调查，一般小区的电磁辐射污染值都在0.05伏/米以下，室内即使有各种电器，也在0.1伏/米以下。到2003年8月止，已经有700多户居民在毫不知情的情况下住进这个小区。东润枫景小区只是2001年才落成并有居民入住的，但这两个发射塔已经存在了半个世纪，发射塔附近也早就有居民居住，就连部分北京人民广播电台的职工宿舍也在这里。一些宿舍虽然紧邻发射塔，但都盖得较低，楼层最高只有四层，基本在电磁辐射的盲区内，专家认为这样受电磁辐射伤害的机会较小。相对而言，电磁辐射对与发射塔有一定距离的高层住宅居民危害最大。

发现电磁辐射后，东润枫景小区业主自发成立了维权委员会，并且自费请来了专家讲授电磁辐射危害的知识，礼堂中坐满了人。明白自己生存在不安全环境中的业主，纷纷要求开发商为隐瞒电磁波污染真相而赔偿。开发商的第一反应是书面答复业主："这个小区不存在电磁波污染。"而业主向中国消费者协会投诉，被列为重案。业主代表要求开发商提供本小区立项时的环境影响评价报告，但开发商拒绝出示，并再次声明小区没有电磁波污染。

稍后，开发商迫于压力也找来与业主同样的检测机构进行了检测，即使按照40伏/米的限值，也同样有许多检测点超过标准。但开发商不承认隐瞒，而说"如果有辐射，我们也是受害者。"污染事件发生后，开发商不得不为一些经检测辐射超标的业主家装防护网。装了防护网后屋内的辐射都不同程度地下降了不少，不少达到了10伏/米以下，可居民们说："难道我们永远要在金属和玻璃的笼子里生活？"

（来源：《绿色家园》2003年第十一期）

【案例分析】

目前，电磁污染已经成为继大气污染、水质污染、噪声污染后的人类第四大公害。早在2000年，国家环保总局就完成了我国首次全国电磁辐射污染源的调查。调查结果显示，无线电通信和广播电视发射系统发出的电磁辐射已经成为一种新的隐形公害，其对环境的影响与日俱增，对人体健康带来的危害不断增加。

东润枫景小区居民的身体变化，与电磁辐射关系很大。目前，大型发射塔已成为城市最大的电磁辐射污染源。

卫生部制定的《环境电磁波卫生标准》对电磁波辐射的安全标准规定如下：

一级标准（小于10伏/米）为安全区。是在该环境电磁波强度下长期居住、工作、生活的一切人群（包括婴儿、孕妇和老弱病残者），不会受到任何有害影响的区域；

二级标准（小于25伏/米）为中间区。是在该环境电磁波强度下长期居住、工作和生活的一切人群（包括婴儿、孕妇和老弱病残者）可能引起潜在性不良反应的区域；

超过二级标准的地区，对人体可能带来有害影响；在此区域内可作绿化或种植农作物，但禁止建造居民住宅及人群经常活动的一切公共设施。

国务院令第295号《广播电视设施保护条例》规定，严禁在中波天线周围250米范围内建筑施工，或者以天线外250米为计算起点兴建仰角超过3度的高大建筑。

为什么要严令禁止在发射塔附近建设设施？因为中波发射是通过地表的，建筑物会遮挡信号传输，发射台为达到同样的设计效果，需要提高发射功率，其结果是附近居民会受到更严重的辐射伤害。

由于电磁辐射污染危及健康和生命，《国家电磁辐射保护管理办法》第二十条规定，在集中使用大型电磁辐射发射设备或者高频设备的周围，按环境保护和城市规划要求规定的限制区域内不得修建居民住房和幼儿园等敏感建筑。

该案反映出的问题是快速发展中城市所面临的新问题。对于这样的问题最根本解决应是预防为主，在进行城市开发建设时应按照既定的规划进行，少一些盲目性。

【执法提示】

目前我国有关电磁辐射的安全标准共有两个，即：《环境电磁波卫生标准》、《电磁辐射防护规定》。《环境电磁波卫生标准》规定的电磁波辐射的最高限值为10伏/米，《电磁辐射防护规定》规定的电磁波辐射的最高限值为45伏/米，两个标准对电磁波辐射的最高限值相差30伏/米。

环保部门在处理有关电磁污染的环境问题时，行政执法依据仍然应是《电磁辐射防护规定》。

资料

关于电磁辐射建设项目环境管理有关问题的复函

国家环境保护总局　环函[2003]75号

各省、自治区、直辖市环境保护局（厅）:

《福建省环保局关于电磁辐射建设项目环境管理有关问题的请示》（闽环保监[2003]14号）收悉。现函复如下:

一、豁免水平以下的电磁辐射建设项目，不需要进行环境影响评价。电磁辐射设备的豁免水平，按照《电磁辐射防护规定》（GB 8702—88）的要求，由省级环境保护主管部门确认。

国务院《建设项目环境保护管理条例》中，要求执行环境影响评价的电磁辐射建设项目，也是指豁免水平以上的电磁辐射建设项目。

二、由于移动通信基站数量较多，在环保竣工验收监测时，可以采用抽测的方法。抽测的基站，应主要考虑环境敏感区域的基站、可能在公众活动区域造成较大电磁辐射水平的基站以及某优势地点架设多部基站等具有代表性的基站。抽测数量由省级环境保护主管部门根据具体情况决定。

三、移动通信基站的豁免水平，按照GB 8702—88中第3.1.2条进行确认。

二○○三年三月二十日

案例五十二（案一）：热污染

【案情介绍】

居住在北京市海淀区的王先生家楼下有家面馆，该面馆的操作间只要工作，热气就通过楼板侵入家中，机器的轰鸣也让一家人心烦意乱。经多次协商未果，王先生以热污染和噪声污染为由，将面馆告上法院。

因不堪忍受噪声和热污染，王先生诉诸法院称：我家的楼下是面馆的操作间。该面馆自2000年4月21日开始经营，操作间没有有效的通风设备。操作间的热气、热能通过楼板侵入我家中。同时，操作间产生的振动，压面机、洗碗机断续噪声比风机的连续噪声更令人心烦意乱，尤其对我九旬母亲危害更大。而且面馆的沥青屋顶在夏季晴天时，屋顶热量通过辐射和对流传递到我们家中。由于面馆存在噪声、热污染问题，我们一家人长期生活在恶劣环境之中，全家人经常感到疲劳、耳鸣、头疼和失眠。为此，我们多次与面馆协商解决，均未果。我们要求面馆拆除居民楼外墙和楼顶上的烟囱、风机，恢复原状，并要求面馆支付电费、空调折旧费、医药费、地板损失费、公证费、测试费、精神损失费等费用。

面馆则辩称：我们的工作环境符合国家环保标准，原告对我的指责不符合事实。其提供的温度检测数据不符合法定程序，测量数据不科学。

法院受理后发现，王先生所提出的热污染问题，国家尚没有相关法律规定；噪声污染问题，也无证据表明面馆噪声超过国家规定的标准。

受案后法院查明，王先生1998年购买该房屋并开始居住时，与其相邻的楼下房屋即开办餐馆，2000年面馆取得营业执照后使用该房屋进行经营。双方因行使所有权或使用权而发生的权利义务关系，即构成相邻关系。相邻各方在行使权利时，既要实现自己的合法权益，又要尊重他人的合法权益。

对经营中存在的噪声污染问题，面馆积极改造并取得了一定效果。目前尚不能证明面馆噪声超过国家有关标准，故王先生认为面馆因此而构成侵权的主张不能成立。

面馆操作间内的火眼由7个增加到11个，其中6个在王先生家楼下，可能对王先生家的室内温度有所影响，但周围大环境的影响等均可造成王先生家室内温度增高，而室温的高度又与人的主观感受有密切关系。并且目前国家就此未有相关规定。因此，无法确认面馆对王先生构成热污染而导致侵权。对王先生要求面馆赔偿空调费、电费、地板损失费、精神损失费、公证费、测试费的诉讼请求不予支持。

面馆的烟囱、风机等设施系减噪排污设备，且未安装在王先生家外墙，因此王先生要求拆除烟囱、风机的请求没有道理，也不予支持。

王先生与面馆系毗邻关系，虽然现临江仙面馆已停止营业，但其作为经营主体在正常经营期间，为保证其享有最大的经济利益，如增加火眼个数等行为，对其相邻的不动产所有权人王先生有一定影响。而民法中的公平原则要求民事主体应依据社会公认的公平观念从事民事活动，以维持当事人之间的利益均衡。基于上述事实，为避免利益失衡，在确保面馆正当行使权利的同时，王先生的合法权益也不受到限制，面馆应给予王先生一定的经济补偿。

据此，依照《民法通则》第八十三条，北京市海淀区法院作出（2001）海民初字第

13637号民事判决，判令面馆给付王先生经济补偿费5000元；驳回王先生要求面馆拆除外墙和楼顶上的烟囱、风机，恢复原状，并要求面馆支付电费、空调折旧费、医药费、护理费、地板损失费、公证费、测试费、精神损失费的诉讼请求。

【案例分析】

《中国大百科全书·环境科学》将热污染解释为："由于人类某些活动，使局部环境或全球环境发生增温，并可能形成对人类和生态系统产生直接或间接、即时或潜在的危害的现象"。这一解释相对于本案未免过于宏观了。

我国环境立法中尚无针对"热污染"的法律规范。现行法律中唯一与热污染有一丝联系的是《环境保护法》第二十四条："产生环境污染和其他公害的单位，……采取有效措施，防治在生产建设或者其他活动中产生的废气、废水、废渣、粉尘、恶臭气体、放射性物质以及噪声、振动、电磁波辐射等对环境的污染和危害。"其中的"等"字正是立法者的智慧所在。立法者考虑到，囿于《环境保护法》的制定年代，在可预见的将来就可能会有未能考虑到或者现在根本不成其为污染的新的污染形式出现，因此用"等"字做不完全列举。时间已经证实了立法者的远见，当时未列出的热、光、恶臭、振动等新的污染形式已经出现，并有逐步蔓延的趋势。根据本条，热污染等新形式污染的排污者一样负有采取措施防治污染的义务。

各国环境立法的发展状况与其文化传统、法律传统、环境意识和法律意识水平、环境问题所处的发展阶段、环境问题的受重视程度、突出环境问题的类型等诸多因素有关。目前，我国的热污染问题尚不普遍和突出，有限的立法资源还顾不上这一领域，因此尚无明确的法律条款对热污染予以规范，更谈不上专门的单行法规了。正是因为现行法律尚无对"热污染"概念和标准的规定，立法上的空白导致了行政执法和司法实践中对"热污染"法律认定的困难。什么是热污染？热到什么程度才纳入法律的规制范围？这都有待于立法的明确。因此，本案中法院认为，王先生所主张的热污染问题，目前国家就此未有相关规定，无法确认面馆构成热污染侵权。

民法上的相邻关系，是指不动产相邻各方在行使不动产所有权或使用权时，相互间依法给予方便或接受限制而发生的权利义务关系。相邻权，是相邻不动产所有人之间因一方所有人对其不动产的自由支配力与他方所有人的对其不动产的自由排他力相互冲突时，为谋求共同利益、调和冲突而依法确认的权利，主要包括相邻截水、排水、通行、通风、采光等方面的关系。《民法通则》第八十三条规定："不动产的相邻各方，应当按照有利生产、方便生活、团结互助、公平合理的精神，正确处理截水、排水、通行、通风、采光等方面的相邻关系。给相邻方造成妨碍或者损失的，应当停止侵害，排除妨碍，赔偿损失。"由此可见，处理相邻关系的原则是兼顾各方利益，力求有利生产、方便生活、公平合理。相邻一方在行使权利时影响他方利益造成妨碍或者损失的，他方有权要求停止侵害、排除妨碍、赔偿损失。

本案中，面馆与王先生即为楼上楼下相邻关系，面馆在经营期间增加火眼个数、压面机、洗碗机、风机的噪声排放等行为，均对其相邻的不动产所有权人王先生有一定影响，干扰了王先生一家人的正常生活。王先生有权要求面馆采取有效措施甚至停业，以消除噪声、热污染，并有权要求面馆赔偿损失。法院基于审判权按有利生产、方便生活、公平合理的精神予以审理，兼顾双方的合法权益作出判决。

《民法通则》第四条规定：“民事活动应当遵循自愿、公平、等价有偿、诚实信用的原则。”公平原则作为我国民法基本原则的地位由此确立。它是指在民事活动中以利益均衡作为价值判断标准，用来衡量民事主体之间的物质利益关系，确定民事主体的民事权利义务及其承担的民事责任等。公平原则具体体现在：民事主体有同等机会参与民事活动，行使和实现自己的合法民事权益；民事主体享有的权利与承担的义务具有对应性；民事主体在承担民事责任时，责任与过错程度相适应等。

本案中，面馆实施了一系列积极的、主动的行为，保证自己在经营活动中获得最大的经济利益；王先生一家则因为噪声、热污染问题，生活在恶劣环境之中心烦意乱，经常感到疲劳、耳鸣、头疼和失眠，并多支出了电费、空调折旧费等费用。由此可见，面馆的经营活动已经导致了利益的失衡：面馆获利而王先生受损。如果面馆不补偿王先生，王先生将不得不自己负担损失。这样得利者不补偿，反倒让没有取得任何利益的纯粹受损者负担损失，显然不公平。

相反，如果责令面馆停业，也是不公平的。一则噪声、热污染是经营过程中的附带产生的，面馆并非以此形式故意侵犯王先生；二则面馆积极进行改造并有一定效果；三则如果责令其停业，面馆将面临重大损失而王先生获利有限。

因此法院认为，民法中的公平原则要求民事主体应依据社会公认的公平观念从事民事活动，以维持当事人之间的利益均衡。为避免利益失衡，在基于裁量权权衡了几种不同解决方案中面馆和王先生的利益得失情况后，法院判令面馆给予王先生5000元经济补偿费。这一判决对热污染纠纷案件的解决无疑做了有益的尝试。

法院通过环境民事案件的审判，责令排污者承担相应的民事责任，有利于环保部门的统一监督管理职能的行使。

《民法通则》第一百三十四条规定：承担民事责任的方式主要有：（一）停止侵害；（二）排除妨碍；（三）消除危险；（四）返还财产；（五）恢复原状；（六）修理、重作、更换；（七）赔偿损失；（八）支付违约金；（九）消除影响、恢复名誉；（十）赔礼道歉。以上承担民事责任的方式，可以单独适用，也可以合并适用。《环境保护法》第四十一条第一款规定：造成环境污染危害的，有责任排除危害，并对直接受到损害的单位或者个人赔偿损失。《大气污染防治法》、《水污染防治法》、《环境噪声污染防治法》、《固体废物污染环境防治法》、《海洋环境保护法》等单行法律均做了类似的规定。由此可见，环境侵权民事救济的基本方式有5种：停止侵害、排除妨碍、消除危险、恢复原状、赔偿损失，这5种方式可以单独适用，也可以合并适用（环境保护法律则将停止侵害、排除妨碍、消除危险这3种形式合并为一种——排除危害）。其中，停止侵害、排除妨碍、消除危险这3种方式的采用无疑能限制排污者的排污行为，使其排污强度大大降低乃至消除。恢复原状显然有利于良好环境的恢复。赔偿损失则加大了排污者的排污成本，使其排污行为变得更加不经济，从而促使排污者降低排污强度。

环保部门通过行使统一监督管理职能，预防、规范、约束排污者的排污行为，从而实现保护和改善环境的目的。法院通过对环境民事案件的审理和判决，责令排污者承担相应的民事责任，同样可以达到这一目的。

可见，借助法院的审判权，能够弥补目前环保部门对热、光、恶臭、振动等新的污染形式难以有力监督管理的不足。

随着城市化的发展，热、光、恶臭、振动等新的污染形式出现了，而目前我国尚无针对热、光、恶臭、振动等污染的环境立法，使得对这些新污染形式的管理缺乏明确的法律依据，这给环保部门依法进行监督管理造成了极大的障碍。本案中法院从相邻权保护和公平原则入手，较好地解决了这一问题。

【执法提示】

在环保行政执法实践中，执法人员常常有心有余而力不足的感叹，如明明发现了污染环境的行为却搜遍法律文本找不到对应的管理条款；对不理睬环保部门处理结果的排污者缺乏后续强制手段等。环境问题纷繁复杂，牵涉到社会生活的方方面面，而法律赋予环保部门的行政权力相对有限。寄希望于环保行政权力在短期内扩张是不现实的，借助于其他机关的权力（如国家审判权）为环境监督管理服务，才是可行的思路。

环保部门因其环境专业知识和精良的检测仪器而具有权威。法院在审理此类案件时也倾向于听信环保部门提出的专业意见、采信环保部门提供的监测数据。环保部门应抓住这一机遇，充分利用自己的专业优势，积极提出专业意见，在案件的审理中发挥更积极的作用，引导法院判决趋于有利于环境保护的方向。同时还应加强与法院的配合，以主动提供监测数据等形式，为此类案件的审理提供便利。

案例五十二（案二）：热污染

【案情介绍】

徐女士夫妇二人用尽毕生积蓄购买了一套自认为比较“理想”的住房。然而不曾想入住数日之后，发现屋内奇热还不时听到轰鸣声。经察看才得知，小区的锅炉设备就在自己所在房屋之下。因问题迟迟得不到解决，入住仅两个月的徐女士，不得不举家在外租房住至今。2004 年 8 月 10 日，无奈的徐女士只好把物业公司和开发商诉至法院，要求拆除地下锅炉设备。

2004 年 9 月 2 日上午 9 点，朝阳区法院公开审理此案。据悉，这是北京市首例因“热污染”问题引发的商品房纠纷。

庭审现场：

2004 年 9 月 2 日上午 9 时，徐女士夫妇二人一同出现在法庭上，她的代理律师陈述说，因开发商在售房前有意隐瞒地下安装有锅炉设备事实，致使徐女士购买房屋时受到误导，购买这样的房屋并不是她的本意，因此形成了合同欺诈。

对于徐女士的起诉，北京裕发房地产开发集团的代理人当庭辩称，“裕瑞轩”小区经过市政府批准，设计施工图纸也已经过相关审查，小区竣工后已经过有关部门的验收合格，包括锅炉设备，故不同意徐女士的诉讼请求。

而裕发宏瑞物业管理公司代理人称，该公司仅对小区现有设施进行管理，公司本身无权决定是否拆除锅炉设备，也不同意拆除。

8 月 30 日下午，记者来到位于朝阳区洼里地区的“裕瑞轩”小区，徐女士先是带着记者来到地下设备层。推门进去一瞧，满屋子尽是锅炉设备。

徐女士指着屋顶说，楼板上面就是她家的客厅，每次锅炉设备启动，她的房间里就又热又吵，根本没法儿住。而另一间相邻的屋子里则安装了不少水泵设备，同样会发出噪声。

记者随后来到徐女士家中。屋内装修精细，各式家具齐全，只见几处墙体和装修层上出现裂纹和脱皮现象，徐女士说，这是因室内温度过高造成的。

据徐女士讲，2002 年 11 月 9 日，她几乎花掉了家中全部积蓄，以近 50 万元的价格购买了这套 102.82 平方米的房子，销售人员承诺 24 小时热水供应，但并未说明锅炉设备就在她家下面。

2003 年 6 月入住新居后，仅过数日，她就发现屋内奇热还不时听到轰鸣声，因不堪忍受她两次昏倒在家，经察看才知道小区的锅炉设备层就在自己所在房屋之下。因反映后物业方和开发商迟迟未予解决，仅入住两个月的徐女士不得不举家在外租房至今。

徐女士的两处外窗上均贴有“此套楼房出售”的告示，但她告诉记者：“起初还有许多人来打听，但了解到实情后便纷纷走了，如今已少有人问津，这房真是卖也卖不了，租也没人住，真是花钱买来受气房呀！”

8 月 30 日下午，裕发宏瑞物业公司的业务主管康先生接受记者采访时说，他来这家公司工作时间不长。据他的了解，对于徐女士反映噪声污染和热污染问题，物业方曾对自来水加压设备和锅炉设备进行了改造，后来经过有关部门的检测，噪声并没有超标。而对于“热污染”问题如何解决，康先生说详细的情况他并不知晓，他说物业公司只能对小区提供维修和养护的职责，作为物业方已经尽力了。

【案件分析】

北京市中顺律师事务所谢主律师认为，就本案目前所了解的情况而言，徐女士家所遭受的“热污染”可能主要来自于锅炉设备，其合法权益无疑受到了伤害。而作为开发商，至少有两种违法行为，一是开发商在售房时没有尽到告知义务，有意隐瞒房屋的缺陷，侵犯了业主徐女士的知情权；二是在房屋设计上可能存在明显的缺陷。对徐女士来说，有权要求退房和置换其他房屋，并可对身体和精神上蒙受的损失进行索赔。

【执法提示】

如今，这种被称为“热污染”的扰民事件越来越多，逐渐成为大家共同关注的热点问题。但由于目前有关的法律法规中还没有专门涉及“热污染”，因此对这类纠纷的处理尚难以找到准确的法律依据。因此，环境执法人员在遇到这类案件时，可考虑以下两种做法：

（1）在接到受害者申请解决“热污染”损害的投诉时，可依据《民法通则》中有关“相邻关系”的规定，予以调处。

《民法通则》第八十三条规定：不动产的相邻各方，应当按照有利生产、方便生活、团结互助、公平合理的精神，正确处理截水、排水、通行、通风、采光等方面的相邻关系。给相邻方造成妨碍或者损失的，应当停止侵害，排除妨碍，赔偿损失。

（2）对“热污染”损害的环境民事诉讼案件，环保部门要充分利用其环境专业知识熟悉和检测仪器精良的优势，在法院审理此类案件时，积极提出专业意见，主动提供监测数据，发挥更积极的作用，引导法院判决趋于有利于环境保护的方向。

案例五十三：光污染

【案情介绍】

陆某一家人居住在某城市市区一居民楼二楼。2002 年的一天，他家对面约 20 米处竖起一巨型太阳灯，从此每天晚上太阳灯的灯光总是透过他家的窗户，直射到卧室内，强烈的光线照得他们难以入睡，以致陆某白天烦躁不安，工作效率也很低。

后来陆某得知，太阳灯是对面的汽车销售公司设置的。随后，陆某先后 3 次与该公司交涉，要求该公司拆除太阳灯，但该公司只答应将 250 瓦的灯泡更换成 125 瓦。更换灯泡后，陆某认为太阳灯对自己的生活仍然有较大影响。

2005 年 9 月 1 日，陆某以该公司的太阳灯造成“光污染”为由，将该公司告上法庭，要求该公司拆下太阳灯，并公开道歉，另赔偿 1 000 元。法院当日受理了此案。后来陆某又把索赔金额改为象征性的 1 元钱。

庭审中被告辩称：涉案路灯系用于其经营场所展厅及车间外的正常环境照明，每盏功率仅为 120 瓦，并不构成光污染，也未对原告造成侵害，路灯事实上方便了隔壁小区居民夜间行走的方便与安全。而且，被告重视企业与邻近居民的关系，自原告起诉后，被告已切断了涉案路灯的电源，并保证今后也不再使用。

法院审理后认为：“光污染”作为由一定数量和特定方向的障碍光产生的不利影响，破坏了污染源周围人群的正常生活环境，属于一种新型的环境污染形式，理应加以防止。被告在其经营场所设置照明灯光，本无过错，但因涉案路灯与周边居民小区距离甚近，光照强度较高，且灯光彻夜开启，超出了一般公众普遍可忍受的限度，对小区内居民晚上的正常生活环境造成了不合理的不利影响，已构成由强光引起的环境污染。对原告正常的居住环境和健康生活造成了侵害，被告未能举证证明该侵害行为具有合理的免责事由，所以被告应排除涉案灯光对原告造成的光污染侵害。原告主张被告公开赔礼道歉，因被告的侵害行为并未对原告造成不良的社会影响，所以法院不予支持。原告主张被告赔偿损失人民币 1 元，因原告未能举证证明光污染对其造成的实际经济损失数额，法院也不予支持。遂判决：① 被告拆除太阳灯（被告已履行）；② 原告的其余诉讼请求，法院不予支持。

【案例分析】

随着我国社会经济的发展，人们对生活环境的要求越来越高，法律意识也有所增强。近年来，因光照过于强烈而产生的纠纷日益增多，这就是老百姓通常所说的“光污染”纠纷。在处理这类案件过程中，法院往往以法律没有明确规定、无法确定是否构成光污染或者当事人无证据等为由判决原告败诉。而本案则是少数几例判决原告胜诉的案例之一，下面就结合对本案的评析，谈谈与光污染有关的几个问题。

（1）光污染损害赔偿案件的构成要件。

由于光污染在性质上属于环境污染的一种，因此原则上应适用环境污染损害赔偿的认定方法对光污染进行认定。首先光污染损害民事责任实行无过错责任原则。其次，认定光污染环境损害民事责任时，实行因果关系推定原则。最后，光污染损害民事责任的认定，并不绝对要求行为具有违法性，有时即使是行为完全合法，也可能产生民事赔偿责任。因此，在损害事实这一要件方面，构成光污染损害的民事责任，并不要求一般民事责任中通常意义上的损害事实，只要有危害或妨碍的状态即可。

光污染侵害的民事责任是一种无过错责任，只需存在污染行为和污染的损害后果，以及行为和后果之间一定的因果关系即可构成。

①光污染的行为认定。由于我国在《环境保护法》及相关法律中缺少对光污染直接明文的规定，因此，法院在认定光污染时通常按照经验法则，即首先要有因光的侵入而污染环境的行为，如本案例中原告房屋的环境质量明显降低，生活环境因光的侵入而改变，影响了原告正常的生活规律，降低了原告的生活舒适度；其次光的侵入系因人为造成，本案

中的汽车销售公司通过设置太阳灯，人为改变了夜晚陆某所在房屋的光照强度；再次，光的侵入已超过一定限度。本案中汽车销售公司设置的太阳灯的光照强度已经超过了常人能够忍受的限度，从而给陆某的生活造成了极大的不便。

②光污染的损害后果认定。光污染损害的后果是指对光污染行为所致损害程度的客观评估。光污染损害的认定，应当从光污染损害的特殊性入手。由于光污染对人体的损害通常是一个极为漫长的过程，有的要过几年甚至几十年才能体现出来，且一般隐性损害大于显性损害，当事人很难确定损害赔偿的具体数额。因此，在确定光污染的损害后果时应结合以下因素综合考虑：a．光源或者光载体与受侵害人的居住房屋的距离；b．光照强度；c．光源的作用时间；d．受侵害人的受损害程度；e．损害方的主观心理；f．当地的生活水平情况等。

（2）光污染损害赔偿案件的法律适用。

前面提到我国法律体系中缺少对光污染直接明文的规定，这并不是说在处理光污染纠纷中无法可依。实际上，人们在面对光污染造成的损害时，可以依据不同的法律规定选择不同的方式寻求救济。

①依据环境保护方面的法律，提起环境污染侵权之诉。《环境保护法》第二十四条规定：采取有效措施，防治在生产建设或者其他活动中产生的废气、废水、废渣、粉尘、恶臭气体、放射性物质以及噪声、振动、电磁波辐射等对环境的污染和危害。其中“等”字应理解为包括该法制定时没有预见到的可能对环境造成污染的一切污染形态，所以光污染作为一种新型污染形态也应属于国家污染防治的范围。《民法通则》第一百二十四条规定：违反国家保护环境防治污染的规定，污染环境造成他人损害的，应当依法承担民事责任。这些都是提起环境污染侵权之诉的法律依据。

②依据民法通则中的相邻关系，提起相邻侵权之诉。《民法通则》第八十三条规定：不动产的相邻各方，应当按照有利生产、方便生活、团结互助、公平合理的精神，正确处理截水、排水、通行、通风、采光等方面的相邻关系。给相邻方造成妨碍或者损失的，应当停止侵害，排除妨碍，赔偿损失。这是提起相邻光污染侵权之诉的法律依据。当然，由于我国相邻权制度只有在相邻不动产之间才能发生相邻关系，不相邻不动产之间或者不动产与动产之间不发生相邻关系。因而运用相邻权理论解决光污染侵害的局限性在于其只能适用于相邻不动产的光污染侵害。而因车灯、探照灯等流动光线产生的光污染纠纷就无法提起相邻侵权之诉。

（3）光污染损害赔偿案件中的举证责任。

《最高人民法院关于民事诉讼证据的若干规定》第四条规定：下列侵权诉讼，按照以下规定承担举证责任。……（三）因环境污染引起的损害赔偿诉讼，由加害人就法律规定的免责事由及其行为与损害结果之间不存在因果关系承担举证责任；受害人只需在诉讼中证明自己因环境污染所遭受的损害后果的存在，而由加害人就因果关系承担举证责任。而光污染属于环境污染的一种形态，故应按照这一规定决定光污染诉讼中的举证责任分配，具体地说：

①受侵害方要举证证明因光污染而受到的损害事实，实际损失数额，并初步证明加害人的光污染行为与损害事实之间存在因果关系。

②加害人应举证证明存在法律规定的免责事由：一是不可抗力因素，指不能预见、不

能避免并不能克服的客观情况，如战争行为、自然灾害等；二是第三人的过错责任，包括第三人的故意或过失行为所导致的光污染损害；三是环境污染损害是由受害人过错引起的。

③加害人也可举证证明受害人的损害结果与加害人的行为不存在因果关系。

综上所述，不管现行法律是否对光污染作出明确具体的规定，司法实践中都应当根据有关法律、法规及立法精神对此种侵权形式予以认定，以维护当事人的合法权益，改善人们的生活环境。

在处理本案的过程中，法院就是充分运用了经验法则、立法精神、举证责任分配等因素，合理地对光污染进行了认定，从而有效地维护了当事人的合法权利。

【执法提示】

随着我国国民经济的发展和时间的变迁，《环境保护法》颁布时尚不突出的“热污染”、“光污染”、“恶臭污染”等污染形式逐渐显现了出来，而目前我国环境立法中还没有专门的有关“热污染”、“光污染”、“恶臭污染”等的法律规范，因此，环境执法人员在遇到这类案件时，可考虑以下做法：

（1）依据《环境保护法》第二十四条：“产生环境污染和其他公害的单位，……采取有效措施，防治在生产建设或者其他活动中产生的废气、废水、废渣、粉尘、恶臭气体、放射性物质以及噪声、振动、电磁波辐射等对环境的污染和危害”，对“热污染”、“光污染”、“恶臭污染”等进行判定。

（2）依据《民法通则》中有关规定，予以调处。

《民法通则》第八十三条规定：不动产的相邻各方，应当按照有利生产、方便生活、团结互助、公平合理的精神，正确处理截水、排水、通行、通风、采光等方面的相邻关系。给相邻方造成妨碍或者损失的，应当停止侵害，排除妨碍，赔偿损失。

《民法通则》第一百二十四条规定：违反国家保护环境防治污染的规定，污染环境造成他人损害的，应当依法承担民事责任。

（3）对“热污染”损害的环境民事诉讼案件，环保部门可以在法院审理此类案件时，积极提出专业意见，主动提供监测数据，引导法院判决趋于有利于环境保护的方向。

案例五十四：化学品污染

【案情介绍】

2011 年 6 月 4 日晚上 22 时 55 分左右，一辆车牌号为浙 AM8993 的装载有 31 吨苯酚化学品的槽罐车（车辆所属单位：萧山伟宇运输有限公司），在由上海高桥化工厂开往龙游红云化工厂的途中，经杭新景高速公路新安江高速出口互通主路段内（S31 龙游方向 48 公里+200 米处，距离新安江约 1.5 公里）时发生抛锚，当车辆正在进行抢修作业时，一辆车牌号为浙 HD8399 的重型货车与其发生碰撞事故，导致槽罐破裂，苯酚泄漏，并造成 1 名抢修人员当场死亡。事发时，因时逢黑夜和暴雨影响，估计约有 20 吨泄漏苯酚随地表水流入新安江中，造成部分水体受到污染。

这是一起因危险化学品运输交通事故引发的严重环境污染事件。由于事发地新安江为杭州市重要饮用水源地上游，对下游居民正常生产、生活用水造成重大影响。根据专家意见，确定沿线各自来水厂进水挥发酚最高允许浓度为 0.005 毫克/升。根据现场水质监测情况，桐庐县政府决定桐庐境内富春江沿线桐庐自来水厂、桐庐七里陇水厂于6月5日晚上21:10 开始暂停取水；富阳市政府决定，富阳境内富春江沿线江北水厂、江南水厂、东梓自来水于6月6日凌晨1:00开始停止取水。以上5个水厂总计供水能力约为30.9万吨/日，共计涉及55.22万居民用水。

（来源：中国新闻网　2011年6月15日）

【案例分析】

本案起因是一辆运输危险化学品的车辆在生活饮用水水源地上游发生交通事故而导致危险化学品泄漏到饮用水源内对下游居民生活饮用水造成重大影响的案件。该案发生后当地政府及相关部门采取了一系列的措施，保证了当地群众的生活基本稳定，社会没有发生大的动荡，处理得比较及时到位。

【执法提示】

随着我国现代化进程的加快，这类由安全事故而引发的次生环境污染事故越来越多。如何防范因安全事故而引发的重大环境污染问题需要环保部门予以切实重视和关注。

第一，在事故发生前应制定相应的应急预案，该预案除提出对安全事故进行防范的措施之外，还应对可能引发的次生环境污染问题制定相应的对策。应急预案应报环保部门备案。环保部门应对预案的制定、演练进行监督检查。

第二，事故发生后应及时发布信息使群众了解事情的真相。2011年5月1日环境保护部发布实施了《突发环境事件信息报告办法》，该办法对环境部门在处理应急环境事件中的职责作了明确规定。

《突发环境事件信息报告办法》规定：

1．突发环境事件分级

突发环境事件分为特别重大（Ⅰ级）、重大（Ⅱ级）、较大（Ⅲ级）和一般（Ⅳ级）四级。

2．突发环境事件发生地设区的市级或者县级人民政府环境保护主管部门在获知突发环境事件信息后：

（1）确认。①立即进行核实；②对事件性质进行初步认定。

（2）报告时限要求。①对初步认定为一般（Ⅳ级）或者较大（Ⅲ级）突发环境事件的应当在四小时内向本级人民政府和上一级环境保护主管部门报告。②对初步认定为重大（Ⅱ级）或者特别重大（Ⅰ级）突发环境事件的应当在两小时内向本级人民政府和省级环境保护主管部门报告，同时上报环境保护部。③省级环境保护主管部门接到报告后，应当进行核实并在一小时内报告环境保护部。④突发环境事件已经或者可能涉及相邻行政区域的，事件发生地环境保护主管部门应当及时通报相邻区域同级人民政府环境保护主管部门，并向本级人民政府提出向相邻区域人民政府通报的建议。

（3）报告内容要求。突发环境事件的报告分为初报、续报和处理结果报告。

①初报：在发现或者得知突发环境事件后首次上报。

报告突发环境事件的发生时间、地点、信息来源、事件起因和性质、基本过程、主要污染物和数量、监测数据、人员受害情况、饮用水水源地等环境敏感点受影响情况、事件发展趋势、处置情况、拟采取的措施以及下一步工作建议等初步情况，并提供可能受到突发环境事件影响的环境敏感点的分布示意图。

②续报：在查清有关基本情况、事件发展情况后随时上报，续报应当在初报的基础上，报告有关处置进展情况。

③处理结果报告：在突发环境事件处理完毕后上报，处理结果报告应当在初报和续报的基础上，报告处理突发环境事件的措施、过程和结果，突发环境事件潜在或者间接危害以及损失、社会影响、处理后的遗留问题、责任追究等详细情况。

（4）报告方式。

采用传真、网络、邮寄和面呈等方式书面报告；情况紧急时，初报可通过电话报告，但应当及时补充书面报告。

书面报告中应当载明突发环境事件报告单位、报告签发人、联系人及联系方式等内容，并尽可能提供地图、图片以及相关的多媒体资料。

（5）法律后果。

在突发环境事件信息报告工作中迟报、谎报、瞒报、漏报有关突发环境事件信息的，给予通报批评；造成后果的，对直接负责的主管人员和其他直接责任人员依法依纪给予处分；构成犯罪的，移送司法机关依法追究刑事责任。

第四章　环境行政责任

第一节　环境行政处分典型案例及其分析

一、概述

（一）环境行政处分的定义

环境行政处分指国家机关、企业事业单位按照行政隶属关系，依法对在保护和改善生活环境和生态环境，防治污染和其他公害中违法失职，但又不够刑事惩罚的所属人员的一种行政惩罚措施。

（二）环境行政处分的对象

环境保护领域中，环境行政处分的对象有二：一是单位实施了破坏或者污染环境的行为，情节较重但又不够刑事惩罚的有关责任人员；二是环境保护监督管理部门在执法活动中滥用职权、玩忽职守、徇私舞弊但又不够刑事惩罚的有关责任人员。

1．破坏或者污染环境的有关责任人员的违法行为表现

（1）采伐林木的单位没有按照规定完成更新造林任务，情节严重的直接责任人员；

（2）未经批准或者采取欺骗手段骗取批准，非法占用土地的单位直接负责的主管人员和其他责任人员；

（3）擅自修建水工程或整治河道、航道的单位的有关责任人员或者擅自向下游增大排泄洪涝流量或者阻碍上游洪涝下泄的单位的有关责任人员；

（4）企业事业单位在建设和生产过程中造成水土流失而不治理的有关责任人员；

（5）发现土地发生沙化或者沙化程度加剧不及时报告或者在报告后不责成有关行政主管部门采取措施的单位的直接主管人员和其他责任人员；

（6）沙化土地所在地区批准采伐防风网沙林网、林带的直接负责的主管人员和其他责任人员；

（7）沙化土地所在地区批准在沙漠边缘地带和林地、草原开垦耕地的直接负责的土地管理人员和其他责任人员；

（8）在沙化土地封禁保护区范围内安置移民的直接负责的主管人员和其他责任人员；

（9）未经批准在沙化封禁保护区范闱内进行修建铁路、公路等建设活动的单位的直接负责的主管人员和其他责任人员；

（10）截留，挪用防沙治沙资金未构成犯罪的单位直接负责的主管人员和其他责任人员；

（11）造成环境污染事故的企业事业单位，情节较严重的责任人员；

（12）铁路机车不按照规定使用声响装置的有关责任人员。

2．环境保护监督管理人员滥用职权、玩忽职守、徇私舞弊的有关责任人员的违法行为表现

（1）没有法定依据给予行政处罚的；

（2）擅自改变行政处罚种类、幅度的；

（3）违反法定程序给予行政处罚的；

（4）违反委托处罚规定给予行政处罚的；

（5）对当事人进行罚、没使用非法单据的；

（6）将罚没财物截留、私分或者变相私分尚未构成犯罪的；

（7）使用或者损毁扣押财物对当事人造成损害的；

（8）违法实行检查、执行措施使当事人人身、财产造成损害（失）的；

（9）利用职务上的便利索取或者收受他人财物、收缴罚款据为已有尚未构成犯罪的；

（10）为牟取单位私利以行政处罚代替刑罚又拒不纠正的；

（11）对应当制止和处罚的违法行为不予制止、处罚，致使当事人合法权益、公共利益和社会秩序遭受损失尚未构成犯罪的；

（12）法律、法规或者规章规定给予环境行政处分的其他违法行为。

（三）环境行政处分的种类

《中华人民共和国公务员法》规定对国家公务员的行政处分形式包括：警告、记过、记大过、降级、撤职、开除六种。同时规定：公务员在受处分期间不得晋升职务和级别，其中受记过、记大过、降级、撤职处分的，不得晋升工资档次。受处分的期间为警告，六个月；记过，十二个月；记大过，十八个月；降级、撤职，二十四个月。受撤职处分的，按照规定降低级别。

企业人员行政处分形式有降级处分；情节较重的，给予撤职或者留用察看处分；情节严重的，给予开除处分。

（四）环境行政处分的程序

《中华人民共和国公务员法》对行政处分的程序未作具体的规定，但根据过去施行的《国家行政机关工作人员奖惩暂行规定》和实践中的做法，可将行政处分程序概括为：立案、调查、申辩、报批、决定、备案六个阶段。

二、《环境保护违法违纪行为处分暂行规定》释义

中华人民共和国监察部、中华人民共和国国家环境保护总局于2006年2月20日公布了《环境保护违法违纪行为处分暂行规定》并自公布之日起施行。

适用范围：国家行政机关及其工作人员、企业中由国家行政机关任命的人员有环境保护违法违纪行为，应当给予处分的。法律、行政法规对环境保护违法违纪行为的处分作出规定的，依照其规定。

（一）违反有关环保许可或者审批的违法违纪行为

（1）在组织环境影响评价时弄虚作假或者有失职行为，造成环境影响评价严重失实，或者对未依法编写环境影响篇章、说明或者未依法附送环境影响报告书的规划草案予以批准的；

（2）不按照法定条件或者违反法定程序审核、审批建设项目环境影响评价文件，或者在审批、审核建设项目环境影响评价文件时收取费用，情节严重的；

（3）对依法应当进行环境影响评价而未评价，或者环境影响评价文件未经批准，擅自批准该项目建设或者擅自为其办理征地、施工、注册登记、营业执照、生产（使用）许可证的；

（4）不按照规定核发排污许可证、危险废物经营许可证、医疗废物集中处置单位经营许可证、核与辐射安全许可证以及其他环境保护许可证，或者不按照规定办理环境保护审批文件的；

（5）违法批准减缴、免缴、缓缴排污费的；

（6）有其他违反环境保护的规定进行许可或者审批行为的。

有以上行为之一的，对直接责任人员，给予警告、记过或者记大过处分；情节较重的，给予降级处分；情节严重的，给予撤职处分。

（二）违反环境保护监督管理职责的违法违纪行为

（1）不按照法定条件或者违反法定程序，对环境保护违法行为实施行政处罚的；

（2）擅自委托环境保护违法行为行政处罚权的；

（3）违法实施查封、扣押等行政强制措施，给公民人身或者财产造成损害或者给法人、其他组织造成损失的；

（4）有其他违反环境保护的规定进行行政处罚或者实施行政强制措施行为的；

（5）发现环境保护违法行为或者接到对环境保护违法行为的举报后不及时予以查处的；

（6）对依法取得排污许可证、危险废物经营许可证、核与辐射安全许可证等环境保护许可证件或者批准文件的单位不履行监督管理职责，造成严重后果的；

（7）发生重大环境污染事故或者生态破坏事故，不按照规定报告或者在报告中弄虚作假，或者不依法采取必要措施或者拖延、推诿采取措施，致使事故扩大或者延误事故处理的；

（8）对依法应当移送有关机关处理的环境保护违法违纪案件不移送，致使违法违纪人员逃脱处分、行政处罚或者刑事处罚的；

（9）有其他不履行环境保护监督管理职责行为的。

有以上行为之一的，对直接责任人员，给予警告、记过或者记大过处分；情节较重的，给予降级或者撤职处分；情节严重的，给予开除处分。

（三）企业的环保违法违纪行为

（1）未依法履行环境影响评价文件审批程序，擅自开工建设，或者经责令停止建设、限期补办环境影响评价审批手续而逾期不办的；

（2）与建设项目配套建设的环境保护设施未与主体工程同时设计、同时施工、同时投产使用的；

（3）擅自拆除、闲置或者不正常使用环境污染治理设施，或者不正常排污的；

（4）违反环境保护法律、法规，造成环境污染事故，情节较重的；

（5）不按照国家有关规定制定突发事件应急预案，或者在突发事件发生时，不及时采取有效控制措施导致严重后果的；

（6）被依法责令停业、关闭后仍继续生产的；

（7）阻止、妨碍环境执法人员依法执行公务的；

（8）有其他违反环境保护法律、法规进行建设、生产或者经营行为的。

有以上行为之一的，对其直接负责的主管人员和其他直接责任人员中由国家行政机关任命的人员给予降级处分；情节较重的，给予撤职或者留用察看处分；情节严重的，给予开除处分。

三、环境行政处分典型案例分析及执法要点解析

案例五十五：企业人员违法受处分

【案情介绍】

2006年11月13日9时许，泸州市环境监察支队接到群众举报，反映泸州电厂有油污外排。执法人员调查发现，电厂排污口下游有少量油污，但未继续排放。经查，这些油污是电厂抽取废油池底部清水时将部分池中废油带出所致。油污未进入长江。执法人员当即向企业下达《环境监察通知书》，要求查明废油来源，停止排放，清理小溪沟油污，并将处理情况书面报市环境监察支队。

2006年11月15日15时30分，泸州市环境监察支队又接到举报，长江泸州市江阳区方山镇段发现油污，疑为泸州电厂所排。当日16时40分，环境执法人员在现场发现长江江面有条长约几公里的柴油污染带，立即通知泸州电厂环保人员查找原因，检查发现这些柴油是经1号供油泵冷却水管泄漏，随雨水排放沟直接外排，执法人员立即组织封堵，切断泄漏源。此次柴油泄漏从2006年11月15日上午10时供油泵运行时开始至下午6时切断，历时8小时，核定泄漏油量为16.9吨。

事发后政府组成联合调查组查明：发生柴油泄漏事件的泸州电厂2×60万千瓦发电机组建设项目，总投资47亿元，其中环保投资6.86亿元，由四川投资集团下属的巴蜀电力公司、华电国际公司和西部能源公司共同投资，属国有（控股）企业。此次柴油泄漏系泸州电厂及施工单位擅自修改冷却水排放管道，将冷却水管直接与雨水排放沟连通，致使本应在污油池及集油管沟收集的废油直接外排引发的重大环境污染事件；事件造成泸州市水务集团两个取水点取水中断，但未对泸州市生活用水造成大的影响，未造成人员伤亡和较

大经济损失；污染物流入重庆市江津县境内，属跨省域污染事件。同时查明，污染事故发生时泸州电厂事故应急池未建成、污油池未连通污水处理厂，也没有制定环境污染应急预案，在不具备带油调试条件的情况下，未报告当地环保部门擅自调试分系统，废油池的抽油泵无严格操作管理规程等事实。

根据国家环保总局《关于严肃查处四川川南发电有限责任公司泸州电厂“11·15”燃油泄漏事件责任人的监察通知》和国家环保总局西南环保督查中心有关通知要求，四川省依法从严、从快追究肇事责任。

对四川泸州川南发电有限责任公司，责成其立即停工整改，全面排查环保隐患，并向省环保局做出书面检查；同时处以20万元的经济处罚。

对应负监督管理领导责任的四川泸州川南发电有限责任公司总经理史勋扣减半年绩效考核奖金，并提请董事会给予警告处分；对应负监督管理直接领导责任的常务副总经理梁帮平扣减一年绩效考核奖金，并提请董事会给予警告处分；对应负现场监督管理领导责任的副总工程师苟发全扣减3个月绩效考核奖金，并撤销副总工程师职务；对应负监督管理责任的环保专业工程师白志盛扣减3个月绩效考核奖金，并撤销环保专业负责人职务；对应负现场监督管理直接责任的锅炉专业组副组长程忠飞扣减3个月绩效考核奖金，并撤销锅炉专业组副组长职务、解聘其锅炉专业工程师岗位；对应负监督管理责任的锅炉专业组组长朱武松扣减3个月绩效考核奖金。

【案例分析】

现行《中华人民共和国环境保护法》第三十八条规定，对违反本法规定，造成环境污染事故的企业事业单位，由环境保护行政主管部门或者其他依照法律规定行使环境监督管理权的部门根据所造成的危害后果处以罚款；情节较重的，对有关责任人员由其所在单位或者政府主管机关给予行政处分。这是作为环境保护的基本法规定了因环境污染事故，情节较重的，企业事业单位的有关责任人员要给予行政处分。其他单行法如《中华人民共和国固体废物污染环境防治法》第八十二条、《中华人民共和国大气污染防治法》第六十一条等也有相应规定。2006年2月中华人民共和国监察部、中华人民共和国国家环境保护总局发布的《环境保护违法违纪行为处分暂行规定》进行了细化并具有了更强的可操作性。但随着市场经济主体的变化，在2008年2月修订的《中华人民共和国水污染防治法》第八十三条并未明确行政处分，而是规定了对直接负责的主管人员和其他直接责任人员可以处上一年度从本单位取得的收入百分之五十以下的罚款。那么在水污染事故中是否可以追究企业有关责任人的行政处分责任？依据《中华人民共和国环境保护法》第三十八条的规定，完全可以追究。

本案例发生2006年11月，依据《环境保护违法违纪行为处分暂行规定》（2006年2月）对四川泸州川南发电有限责任公司相关责任人给予行政处分是正确的。但对四川泸州川南发电有限责任公司总经理史勋等人扣减一定绩效考核奖金不应是行政处分，而应是企业的奖惩措施。

【执法提示】

本案例的启示是污染事故发生后，环境保护主管部门除了启动应急预案，认真调查收集证据、查明事实、对企业进行处罚等工作外，还应运用法律规定追究企业有关责任人的责任，包括行政处分责任，这样有利于警示责任人，减少人为污染事故。但需要注意的是，给予企业有关责任人行政处分的是其所在单位或者政府主管机关，不是环境保护主管部门。而依据现行《中华人民共和国水污染防治法》第八十三条规定，对企业事业单位直接负责的主管人员和其他直接责任人员则可以处上一年度从本单位取得的收入百分之五十以下的罚款，这是由环境保护主管部门进行处罚。如：因 2010 年 7 月紫金山金铜矿酸性溶液渗漏造成汀江重大水污染事故，2010 年 12 月福建省环保厅因对紫金矿业集团股份有限公司董事长陈景河、常务副总裁兼紫金山金铜矿矿长邹来昌分别处以人民币 705 997 元、449 768 元的罚款。

案例五十六：执法人员渎职受处分

【案情介绍】

2006年9月8日湖南岳阳市环境监测中心站在水质例行监测时发现岳阳县城饮用水源新墙河水质遭污染。9 月 13 日，湖南省监察厅、省环保局和岳阳市人民政府组成联合调查组，调查认定桃林铅锌矿化工厂、岳阳浩源化工有限公司超标排放含砷废水，严重违反环保法律法规是导致此次重大污染事件发生的直接原因。同时调查认定临湘市环保局越权审批、违规发放排污许可证、监管不到位；临湘市政府将违规取得有关证照的浩源化工公司纳入重点保护企业，对检查中发现的企业违法排污问题督促整改不力，是造成此次事件的间接原因。事后 2006 年 10 月，岳阳市委、市政府根据《中国共产党纪律处分条例》和《环境保护违法违纪行为处分暂行规定》，对新墙河水污染事件相关责任人进行了严肃处理：给予临湘市政府原市长（现任临湘市委书记）胡知荣党内警告处分；给予临湘市副市长陆述华行政记大过处分；责令临湘市政府代市长毛知兵作出书面检讨；给予临湘市环保局局长陈琳行政记大过处分，免去其环保局局长、党组书记职务；给予临湘市环保局副局长柳玉书撤销副局长、党组成员的处分；给予临湘市环保局副局长冯海波行政记大过处分；给予临湘市环保局总工程师曾江波行政记过处分。

【案例分析】

本案对桃林铅锌矿化工厂、岳阳浩源化工有限公司的环境违法行为，可以依据《水污染防治法》（1996 年，2008 年已经修订）第二十四条、第五十三条、第五十五条，《环境保护违法违纪行为处分暂行规定》（2006）第十一条等规定处理。在此不再赘述。下面仅就环境保护监督管理人员和其他有关国家工作人员的职责进行分析。

《环境保护法》第七条规定：……县级以上地方人民政府环境保护行政主管部门，对本辖区的环境保护工作实施统一监督管理。

第十六条规定：地方各级人民政府，应当对本辖区的环境质量负责，采取措施改善环境质量。

第四十五条规定：环境保护监督管理人员滥用职权、玩忽职守、徇私舞弊的，由其所在单位或者上级主管机关给予行政处分；构成犯罪的，依法追究刑事责任。

中华人民共和国监察部、中华人民共和国国家环境保护总局 2006 年 2 月 20 日公布的《环境保护违法违纪行为处分暂行规定》第三条规定，有环境保护违法违纪行为的国家行政机关，对其直接负责的主管人员和其他直接责任人员，以及对有环境保护违法违纪行为的国家行政机关工作人员（以下统称直接责任人员），由任免机关或者监察机关按照管理权限，依法给予行政处分。

第四条规定：国家行政机关及其工作人员有下列行为之一的，对直接责任人员，给予警告、记过或者记大过处分；情节较重的，给予降级处分；情节严重的，给予撤职处分：（二）制定或者采取与环境保护法律、法规、规章以及国家环境保护政策相抵触的规定或者措施，经指出仍不改正的。

第五条规定：国家行政机关及其工作人员有下列行为之一的，对直接责任人员，给予警告、记过或者记大过处分；情节较重的，给予降级处分；情节严重的，给予撤职处分：（四）不按照规定核发排污许可证、危险废物经营许可证、医疗废物集中处置单位经营许可证、核与辐射安全许可证以及其他环境保护许可证，或者不按照规定办理环境保护审批文件的。

第八条规定：依法具有环境保护监督管理职责的国家行政机关及其工作人员有下列行为之一的，对直接责任人员，给予警告、记过或者记大过处分；情节较重的，给予降级或者撤职处分；情节严重的，给予开除处分：（二）对依法取得排污许可证、危险废物经营许可证、核与辐射安全许可证等环境保护许可证件或者批准文件的单位不履行监督管理职责，造成严重后果的。

本案中，根据湖南省监察厅、省环保局和岳阳市人民政府组成的联合调查组的调查结果，临湘市环保局越权审批、违规发放排污许可证、监管不到位；临湘市政府将违规取得有关证照的浩源化工公司纳入重点保护企业，对检查中发现的企业违法排污问题督促整改不力，是造成此次重大污染事件的间接原因。显然，临湘市环保局和临湘市政府有关领导人对此重大污染事件应负相应责任。因此，岳阳市委、市政府根据《中国共产党纪律处分条例》和《环境保护违法违纪行为处分暂行规定》，对新墙河水污染事件相关责任人进行严肃处理完全符合有关法律法规的规定。

【执法提示】

本案例的启示是环境执法人员应当依法行政，越权、滥用职权、怠于行使职责都是违法的，都会承担相应的法律责任。警告、记过或者记大过处分，情节较重的给予降级处分，情节严重的给予撤职处分，这些仅仅是行政处分；如果是严重不负责任，导致发生重大环境污染事故，致使公私财产遭受重大损失或者造成人身伤亡严重后果的，将构成环境监管失职罪，依法追究刑事责任。紫金矿业福建污染案中，上杭县环保局原局长陈军安等人就因未认真履行监管职责而获刑。

资料

最高人民检察院关于渎职侵权犯罪案件立案标准的规定

高检发释字[2006]2号

（2006年7月26日实施）

……

环境监管失职涉嫌下列情形之一的，应予立案：

（1）造成死亡1人以上，或者重伤3人以上，或者重伤2人、轻伤4人以上，或者重伤1人、轻伤7人以上，或者轻伤10人以上的；

（2）导致30人以上严重中毒的；

（3）造成个人财产直接经济损失15万元以上，或者直接经济损失不满15万元，但间接经济损失75万元以上的；

（4）造成公共财产、法人或者其他组织财产直接经济损失30万元以上，或者直接经济损失不满30万元，但间接经济损失150万元以上的；

（5）虽未达到（3）、（4）两项数额标准，但（3）、（4）两项合计直接经济损失30万元以上，或者合计直接经济损失不满30万元，但合计间接经济损失150万元以上的；

（6）造成基本农田或者防护林地、特种用途林地10亩以上，或者基本农田以外的耕地50亩以上，或者其他土地70亩以上被严重毁坏的；

（7）造成生活饮用水地表水源和地下水源严重污染的；

（8）其他致使公私财产遭受重大损失或者造成人身伤亡严重后果的情形。

第二节　环境行政处罚典型案例分析及其执法要点解析

一、概述

1．法律法规及规范性文件

《行政处罚法》、《行政许可法》、《行政强制法》、《治安管理处罚法》、《环境保护法》及各单行的污染防治法中关于行政处罚的规定，《最高人民法院关于执行〈中华人民共和国行政诉讼法〉若干问题的解释》（法释[2000]8号）、《最高人民法院关于行政诉讼证据若干问题的规定》（[2002]21号）。

2．规章及规范性文件

《环境行政处罚办法》（2010年3月1日修订）、《环境行政处罚听证程序规定》（2011年2月1日）、《罚款决定与罚款收缴分离实施办法》、《环境保护违法违纪行为处分暂行规定》、《关于环境保护行政主管部门移送涉嫌环境犯罪案件的若干规定》、《法律、行政法规和部门规章设定的环境保护部门行政处罚目录》（环办[2009]107号）、《主要环境违法行为行政处罚自由裁量细化参考指南》（环办[2009]107号）、《环境行政处罚主要文书制作指南》（环办[2010]51号）。

表4-1　各部单行污染防治法对环境行政责任的规定

环境保护法	第五章：第三十五、三十六、三十七、三十八、三十九条
大气污染防治法	第六章：第四十六～六十一条
水污染防治法	第七章
海洋环境保护法	第九章：第七十三～八十九条
固体废物污染环境防治法	第五章：第六十八～八十二条
环境噪声污染防治法	第七章：第四十八～六十条
放射性污染防治法	第七章：第四十九～五十八条
清洁生产促进法	第五章：第三十七～四十一条
环境影响评价法	第四章：第三十一、三十三条
建设项目环境保护管理条例	第四章：第二十四～二十九条

在行政处罚过程中，法律的正确适用是至关重要的。首先，适用的法律本身要是合法有效的，既不能是发布但尚未实施的，也不能是已失效的；其次，适用法律要符合《立法法》所规定的适用规则，即上位法优于下位法，特殊法优于一般法、新法优于旧法；再次，当出现法律条款竞合时，要按照相关的原则（从重）适用。

二、《环境行政处罚办法》释义

2010年3月1日发布实施的《环境行政处罚办法》（以下简称《办法》）是在国家环保总局1999年发布的《环境保护行政处罚办法》的基础上修订的。与此同时，为进一步规范环境行政处罚，环境保护部还配套出台了《法律、行政法规和部门规章设定的环境保护部门行政处罚目录》、《主要环境违法行为行政处罚自由裁量权细化参考指南》、《环境行政处罚案件办理程序暂行规定》、《环境行政处罚听证程序规定》、《环境行政处罚主要文书制作指南》、《环境行政处罚证据指南》等一系列规范性文件。

修订后的《环境行政处罚办法》（以下简称《办法》）共计八章八十二条：第一章是总则，第二章是实施主体与管辖，第三章和第四章是行政处罚的程序，第五章是执行，第六章是结案和归档，第七章是监督，第八章是附则。为了更好地理解和将其运用到案例分析中，在此对《办法》做一简要的介绍。

（一）在执法形式上，明确要求兼顾处罚违法与纠正违法

《办法》第十条对环境行政处罚种类做了进一步明确，同时还归纳和总结了责令改正的形式。

《办法》第十条根据法律、行政法规和部门规章，明确环境行政处罚的种类有：警告；罚款；责令停产整顿；责令停产、停业、关闭；暂扣、吊销许可证或者其他具有许可性质的证件；没收违法所得、没收非法财物；行政拘留；法律、行政法规设定的其他行政处罚种类。

在列举的7种环境行政处罚种类中，环保部门有权实施的有4种：① 警告；② 罚款；③ 暂扣、吊销许可证或者其他具有许可性质的证件；④ 没收违法所得、没收非法财物。人民政府有权实施的有两种：① 责令停业、关闭；② 责令停产整顿。公安机关有权实施的有1种：行政拘留。责令停业关闭、责令停产整顿、行政拘留这3项属于环境保护法律设定的行政处罚。

《办法》第十一条第一款规定，环境保护主管部门实施行政处罚时，应当及时作出责令当事人改正或者限期改正违法行为的行政命令。

第十二条规定，根据环境保护法律、行政法规和部门规章，责令改正或者限期改正违法行为的行政命令的具体形式有：责令停止建设；责令停止试生产；责令停止生产或者使用；责令限期建设配套设施；责令重新安装使用；责令限期拆除；责令停止违法行为；责令限期治理；法律、法规或者规章设定的责令改正或者限期改正违法行为的行政命令的其他具体形式。

根据最高人民法院关于行政行为种类和规范行政案件案由的规定，行政命令不属行政处罚。行政命令不适用行政处罚程序的规定。

这就要求基层执法人员不能单纯地对违法行为进行处罚，而要考虑既要惩罚违法行为

人，以儆效尤；又要求纠正违法行为，使其回归合法状态。

另外，在具体案件办理时，环保部门实施行政处罚必须严格遵守告知、听证等法定程序；“责令改正违法行为”则尚无有关告知、听证的法律要求，环保部门可以自行决定是否进行告知、听证。

（二）对调查取证过程中常遇到问题做了明确规定

1. 明确了案件调查人员的职权、责任与调查取证过程中应履行的程序

《办法》第二十六条规定：环境保护主管部门对登记立案的环境违法行为，应当指定专人负责，及时组织调查取证。

第二十七条规定：需要委托其他环境保护主管部门协助调查取证的，应当出具书面委托调查函。

受委托的环境保护主管部门应当予以协助。无法协助的，应当及时将无法协助的情况和原因函告委托机关。

第二十八条规定：调查取证时，调查人员不得少于两人，并应当出示中国环境监察证或者其他行政执法证件。

第二十九条规定：调查人员有权采取下列措施：（一）进入有关场所进行检查、勘察、取样、录音、拍照、录像；（二）询问当事人及有关人员，要求其说明相关事项和提供有关材料；（三）查阅、复制生产记录、排污记录和其他有关材料。

环境保护主管部门组织的环境监测等技术人员随同调查人员进行调查时，有权采取上述措施和进行监测、试验。

第三十条规定，调查人员负有下列责任：（一）对当事人的基本情况、违法事实、危害后果、违法情节等情况进行全面、客观、及时、公正的调查；（二）依法收集与案件有关的证据，不得以暴力、威胁、引诱、欺骗以及其他违法手段获取证据；（三）询问当事人、证人或者其他有关人员，应当告知其依法享有的权利；（四）对当事人、证人或者其他有关人员的陈述如实记录。

2. 明确了证据形式和取证的程序

《办法》第三十二条规定：环境行政处罚证据，主要有书证、物证、证人证言、视听资料和计算机数据、当事人陈述、监测报告和其他鉴定结论、现场检查（勘察）笔录等形式。

证据应当符合法律、法规、规章和最高人民法院有关行政执法和行政诉讼证据的规定，并经查证属实才能作为认定事实的依据。

第三十三条规定：对有关物品或者场所进行检查时，应当制作现场检查（勘察）笔录，可以采取拍照、录像或者其他方式记录现场情况。

第三十四条规定：需要取样的，应当制作取样记录或者将取样过程记入现场检查（勘察）笔录，可以采取拍照、录像或者其他方式记录取样情况。

第三十五条规定：环境保护主管部门组织监测的，应当提出明确具体的监测任务，并要求提交监测报告。

监测报告必须载明下列事项：（一）监测机构的全称；（二）监测机构的国家计量认证标志（CMA）和监测字号；（三）监测项目的名称、委托单位、监测时间、监测点位、监测方法、检测仪器、检测分析结果等内容；（四）监测报告的编制、审核、签发等人员的

签名和监测机构的盖章。

第三十六条规定：环境保护主管部门可以利用在线监控或者其他技术监控手段收集违法行为证据。经环境保护主管部门认定的有效性数据，可以作为认定违法事实的证据。

第三十七条规定：环境保护主管部门在对排污单位进行监督检查时，可以现场即时采样，监测结果可以作为判定污染物排放是否超标的证据。

3. 明确了调查取证时当事人拒不到场的处理

《办法》第四十三条规定，环境保护主管部门调查取证时，当事人应当到场。

下列情形不影响调查取证的进行：（一）当事人拒不到场的；（二）无法找到当事人的；（三）当事人拒绝签名、盖章或者以其他方式确认的；（四）暗查或者其他方式调查的；（五）当事人未到场的其他情形。

4. 明确了先行登记保存、查封扣押的程序和要求

（1）证据的登记保存

《办法》第三十八条规定，在证据可能灭失或者以后难以取得的情况下，经本机关负责人批准，调查人员可以采取先行登记保存措施。

情况紧急的，调查人员可以先采取登记保存措施，再报请机关负责人批准。

先行登记保存有关证据，应当当场清点，开具清单，由当事人和调查人员签名或者盖章。

先行登记保存期间，不得损毁、销毁或者转移证据。

（2）登记保存措施与解除

第三十九条规定，对于先行登记保存的证据，应当在 7 个工作日内采取以下措施：（一）根据情况及时采取记录、复制、拍照、录像等证据保全措施；（二）需要鉴定的，送交鉴定；（三）根据有关法律、法规规定可以查封、暂扣的，决定查封、暂扣；（四）违法事实不成立，或者违法事实成立但依法不应当查封、暂扣或者没收的，决定解除先行登记保存措施。

超过 7 个工作日未作出处理决定的，先行登记保存措施自动解除。

（3）查封暂扣的实施

依据《办法》第四十条、第四十一条规定，实施查封、暂扣等行政强制措施，应当有法律、法规的明确规定，并应当告知当事人有申请行政复议和提起行政诉讼的权利（第四十条）。查封、暂扣当事人的财物，应当当场清点，开具清单，由调查人员和当事人签名或者盖章（第四十一条）。

查封、暂扣的财物应当妥善保管，严禁动用、调换、损毁或者变卖。

（4）查封暂扣的解除

第四十二条规定：经查明与违法行为无关或者不再需要采取查封、暂扣措施的，应当解除查封、暂扣措施，将查封、暂扣的财物如数返还当事人，并由调查人员和当事人在财物清单上签名或者盖章。

（三）对基层执法中常见的问题提出了细化标准和规范性要求

《办法》对一系列问题的规范，使基层的执法更具规范性和可操作性。

1. 规范自由裁量权

《办法》第六条规定，行使行政处罚自由裁量权必须符合立法目的，并综合考虑以下情节：（一）违法行为所造成的环境污染、生态破坏程度及社会影响；（二）当事人的过错程度；（三）违法行为的具体方式或者手段；（四）违法行为危害的具体对象；（五）当事人是初犯还是再犯；（六）当事人改正违法行为的态度和所采取的改正措施及效果。

同类违法行为的情节相同或者相似、社会危害程度相当的，行政处罚种类和幅度应当相当。

2．规范了管辖权的判断及争议处理

（1）案件管辖、优先管辖和指定管辖。

《办法》第十七条规定，县级以上环境保护主管部门管辖本行政区域的环境行政处罚案件。

造成跨行政区域污染的行政处罚案件，由污染行为发生地环境保护主管部门管辖。

第十八条规定：两个以上环境保护主管部门都有管辖权的环境行政处罚案件，由最先发现或者最先接到举报的环境保护主管部门管辖。

第二十条规定：下级环境保护主管部门认为其管辖的案件重大、疑难或者实施处罚有困难的，可以报请上一级环境保护主管部门指定管辖。

上一级环境保护主管部门认为下级环境保护主管部门实施处罚确有困难或者不能独立行使处罚权的，经通知下级环境保护主管部门和当事人，可以对下级环境保护主管部门管辖的案件指定管辖。

上级环境保护主管部门可以将其管辖的案件交由有管辖权的下级环境保护主管部门实施行政处罚。

（2）管辖争议解决。

第十九条规定：对行政处罚案件的管辖权发生争议时，争议双方应报请共同的上一级环境保护主管部门指定管辖。

3．规范了立案与不予立案的处理条件

（1）立案条件。

《办法》第二十二条规定，环境保护主管部门对涉嫌违反环境保护法律、法规和规章的违法行为，应当进行初步审查，并在7个工作日内决定是否立案。

经审查，符合下列四项条件的，予以立案：（一）有涉嫌违反环境保护法律、法规和规章的行为；（二）依法应当或者可以给予行政处罚；（三）属于本机关管辖；（四）违法行为发生之日起到被发现之日止未超过2年，法律另有规定的除外。违法行为处于连续或继续状态的，从行为终了之日起计算。

（2）不予立案条件。

第二十三条规定：对已经立案的案件，根据新情况发现不符合第二十二条立案条件的，应当撤销立案。

4．规范了调查终结判断标准

第四十四条规定，有下列情形之一的，可以终结调查：（一）违法事实清楚、法律手续完备、证据充分的；（二）违法事实不成立的；（三）作为当事人的自然人死亡的；（四）作为当事人的法人或者其他组织终止，无法人或者其他组织承受其权利义务，又无其他关系人可以追查的；（五）发现不属于本机关管辖的；（六）其他依法应当终结调查的情形。

5. 规范了结案与否的判断标准

第六十七条规定，有下列情形之一的，应当结案：（一）行政处罚决定由当事人履行完毕的；（二）行政处罚决定依法强制执行完毕的；（三）不予行政处罚等无须执行的；（四）行政处罚决定被依法撤销的；（五）环境保护主管部门认为可以结案的其他情形。

另外，对一个违法行为同时违反两个以上条款如何适用法律、超标排污拒不改正等继续性和连续性违法行为能否再次处罚等问题，《办法》也做了明确规定。如第九条规定，当事人的一个违法行为同时违反两个以上环境法律、法规或者规章条款，应当适用效力等级较高的法律、法规或者规章；效力等级相同的，可以适用处罚较重的条款。第十一条第二款规定，责令改正期限届满，当事人未按要求改正，违法行为仍处于继续或者连续状态的，可以认定为新的环境违法行为。

（四）梳理了申请人民法院强制执行的期限

根据最高人民法院的有关规定，当事人拒不履行处罚决定的，环保部门应当向申请人所在地基层人民法院申请强制执行（执行对象为不动产的，由不动产所在地的基层人民法院受理）。为便于一线执法人员及时提出强制执行申请，《办法》根据环保法律和最高人民法院的相关规定，对环保部门向人民法院申请强制执行的期限做了梳理。

1. 强制执行的适用条件

第六十一条规定：当事人逾期不申请行政复议、不提起行政诉讼，又不履行处罚决定的，由作出处罚决定的环境保护主管部门申请人民法院强制执行。

2. 强制执行的期限

第六十二条规定：申请人民法院强制执行应当符合《最高人民法院关于执行〈中华人民共和国行政诉讼法〉若干问题的解释》的规定，并在下列期限内提起：（一）行政处罚决定书送达后当事人未申请行政复议且未提起行政诉讼的，在处罚决定书送达之日起 60 日后起算的 180 日内；（二）复议决定书送达后当事人未提起行政诉讼的，在复议决定书送达之日起 15 日后起算的 180 日内；（三）第一审行政判决后当事人未提出上诉的，在判决书送达之日起 15 日后起算的 180 日内；（四）第一审行政裁定后当事人未提出上诉的，在裁定书送达之日起 10 日后起算的 180 日内；（五）第二审行政判决书送达之日起 180 日内。

需要说明的是，自 2012 年 1 月 1 日起，有关申请人民法院强制执行的时限、程序等应当按照《中华人民共和国行政强制法》执行。一是增加了前置程序，先催告当事人履行义务，催告书送达 10 日后当事人仍未履行义务的，才能向人民法院提出申请；二是缩短了申请期限，由 180 日缩短为 3 个月。

三、环境行政处罚典型案例分析及其执法要点解析

案例五十七：环境行政处罚主体资格（主体错误、程序违法的处罚决定被撤销）

【案情介绍】

2005 年 4 月 8 日，中国人民银行安陆市支行与安陆市建筑总公司签订一份建筑工程合

同，由安陆市建筑总公司承包建设中国人民银行安陆市支行办公楼工程。合同签订后，安陆市建筑总公司委派熊尔从作为该工程的项目经理开始施工。2005 年 7 月 25 日，安陆市环境监理大队向该工地下达了排污费核定通知书，核定该工地 2005 年 7 月至 10 月应缴排污费 11200 元。同年 8 月 2 日，该大队下达了排污费缴纳通知书。8 月 12 日，该大队又下达了排污费限期缴纳通知书，责令该工地缴纳排污费 11200 元。该工地项目经理熊尔从没有在指定期限内缴纳上述费款，安陆市环境保护局遂先后于 2005 年 8 月 29 日和 9 月 6 日向该工地下达了行政处罚事先告知书和行政处罚决定书，以该工地拒缴排污费为由，依据排污费征收使用管理条例的有关规定，对其处以罚款 15000 元，缴纳 2005 年 7 至 10 月排污费 11200 元的行政处罚。

熊尔从认为，建筑总公司人行办公楼工地不能成为独立承担行政责任的主体，本案的处理对象应当是安陆市建筑总公司，具体行政行为的处罚对象错误；同时安陆市环保局认定的排污费数额没有事实依据，违反了《行政处罚法》必须事实清楚，证据充分的原则。因此，要求法院撤销安陆市环保局的行政处罚决定。

案件审理中除原告提出的处罚对象错误问题，法院还认为在处罚程序方面，安陆市环境保护局对被处罚人处以数额较大（15000 元）的罚款，没有按照《行政处罚法》的规定告知原告有听证的权利，也没有举行听证，属于程序违法。最后，2005 年 12 月湖北省安陆市人民法院因被告安陆市环境保护局处罚决定主体错误，证据不足，程序违法，撤销了该环境保护局对工程建筑商熊尔从的行政处罚决定，并及时向该市环境保护局提出司法建议。

【案例分析】

《行政处罚法》第三条规定：公民、法人或者其他组织违反行政管理秩序的行为，应当给予行政处罚的，依照本法由法律、法规或者规章规定，并由行政机关依照本法规定的程序实施。这里的“其他组织”是指能够独立承担民事权利、义务的组织，如合伙企业、私营企业等。法人下设的临时机构或分支机构不是“其他组织”。

《中华人民共和国公司法》明确规定公司可以设立分公司，分公司不具有企业法人资格，其民事责任由公司承担。

《排污费征收使用管理条例》第二条规定：直接向环境排放污染物的单位和个体工商户（以下简称排污者），应当依照本条例的规定缴纳排污费中的“单位”不包括分支机构。

本案例中的“工地”只是安陆市建筑公司下面的一个临时机构，不具有独立的法人地位，也不是《行政处罚法》中的“其他组织”。因此，安陆市环境保护局对“该工地”进行处罚，主体是错误的。

《行政处罚法》第四十二条规定：行政机关作出责令停产停业、吊销许可证或者执照、较大数额罚款等行政处罚决定之前，应当告知当事人有要求举行听证的权利；当事人要求听证的，行政机关应当组织听证。依据《行政诉讼法》第五十四条，行政行为违反法定程序的属判决撤销或者部分撤销，并可以判决被告重新作出具体行政行为。但是“较大数额罚款”如何界定？1999 年原国家环境保护总局发布的《环境保护行政处罚办法》规定，“较大数额罚款”是指对个人处以 5000 元以上罚款、对法人或者其他组织处以 50000 元以上罚款。2010 年环境保护部发布的现行《环境保护行政处罚办法》对“较大数额罚款”的界定没有变化，但明确地方性法规、地方政府规章对“较大数额”罚款和没收的限额另有规定的，从其规定。本案例15000元的处罚数额，如果对个人显然属"较大数额罚款"，如果是对法人或者其他组织就不是"较大数额罚款"。所以，安陆市人民法院对安陆市环境保护局关于程序违法的判决理由有误。

【执法提示】

本案例提示我们，实施环境行政处罚要找准处罚的对象，否则会因被处罚主体错误被撤销。现实中，一个法人下面可能有许多临时或分支机构，尤其是建筑企业，挂靠也是常见现象。作为环境执法人员还需要多研究民商法的一些规定，练就准确判断处罚对象的能力。同时也要熟练处罚的程序，尤其是一些特殊的程序，如听证等。

案例五十八：行政处罚管辖

【案情介绍】

2005年10月24日，奎屯市环保局环境监察大队将《限期申报污染排放情况通知书》送达至新疆伊力特糖业有限公司，要求申报污染物排放情况。因新疆伊力特糖业有限公司拒绝申报，奎屯市环保局于2005年12月26日作出奎环罚字（2005）058号行政处罚决定，决定对其罚款3 000元，并责令其补办申报手续。新疆伊力特糖业有限公司申请复议，奎屯市人民政府于2006年3月7日作出维持的复议决定。新疆伊力特糖业有限公司不服，于2006年3月23日向法院提起行政诉讼，请求依法撤销奎环罚字（2005）058号行政处罚决定。

新疆伊力特糖业有限公司认为其前身是奎屯糖厂（系农七师所属的工业企业），奎屯糖厂一直是向农七师环保局申报污染物的排放情况，为此，1998年5月4日，兵团分院作出的（1998）新高兵法行终字第01号行政判决认为奎屯糖厂属农七师所辖企业，其向农七师环保局申报污染物的排放情况并无过错。2004年6月16日，兵团环保局给农七师环境保护局出具书面函，明确指出新疆伊力特糖业有限公司属兵团企业，该企业的环境管理工作应由农七师环保局负责。2005年5月31日，农七师环保局向新疆伊力特糖业有限公司收取了35 396.77元排污费。奎屯市环保局以新疆伊力特糖业有限公司不申报污染物排放而作出的行政处罚决定属于越权行政，应予撤销。奎屯市环保局认为，新疆伊力特糖业有限公司是2002年奎屯糖厂破产后收购成立的，属有限责任公司无上级主管单位的企业法人。农四师占61.73%的股份，农七师占38.27%的股份。企业改制后，新疆伊力特糖业有限公司为农四师在奎屯市的驻市企业，厂址位于奎屯经济开发区内，按照地域管辖的原则，新疆伊力特糖业有限公司应接受当地人民政府的监督管理，所以要求其向奎屯市环保局进行排污申报是对的。

【案例分析】

《中华人民共和国环境保护法》第七条第二款规定：县级以上地方人民政府环境保护行政主管部门，对本辖区的环境保护工作实施统一监督管理。根据《中华人民共和国环境保护法》制定的地方环保法规如《新疆维吾尔自治区环境保护条例》同样规定，县级以上人民政府环境保护行政主管部门，对本行政区域内的环境保护工作实施统一监督管理。对于排放污染物申报，原国家环境保护局发布、1992年10月1日起施行的《排放污染物申报登记管理规定》第四条规定，排污单位必须按所在地环境保护行政主管部门指定的时间，填报《排污申报登记表》，并按要求提供必要的资料。新建、改建、扩建项目的排污申报登记，应在项目的污染防治设施竣工并经验收合格后一个月内办理。这些法律、法规、规章的规定表明我国环境保护工作包括排放污染物申报为属地管辖。

本案例中，新疆伊力特糖业有限公司位于奎屯市经济技术开发区内，其注册成立时系农四师控股61.73%，农七师参股38.27%的股份制企业，是具有独立的法人资格的有限责任公司，该企业性质不是农七师所属的工业企业，而是农四师控股的驻市企业。因此，按照属地管辖的原则，奎屯市环境保护局按照国家和自治区的相关规定向辖区的企业要求申报排放污染物情况属履行自己正常环境监察职责。且行政处罚案件过程中，被告奎屯市环境保护局先对原告下达了《限期申报排放情况通知书》，在原告不履行申报义务的情况下，又送达《行政处罚事先告知书》，并听取了原告的陈述和申辩，在原告仍不申请的情况下，对其实施了行政处罚，其适用的法规正确，符合法定程序。故法院判决维持被告奎屯市环境保护局2005年12月26日作出的奎环罚字（2005）058号行政处罚决定。

【执法提示】

本案例的启示是，环境行政执法要遵守管辖的规定，防止越权执法。行政执法管辖是指国家行政机关体系中不同种类、不同层级、不同区域的行政机关和政府内部不同部门之间的行政执法权限和职责范围的划分。行政执法管辖可划分为级别管辖、地域管辖和职能管辖三大类。级别管辖，是指对同一性质的管辖权的行政系统中不同层级的行政机构之间的划分。地域管辖，亦即区域管辖，是指同级人民政府之间以及拥有行政职权的有关组织之间横向划分受理行政案件的地域范围，行政区域是地方政府及所属部门行政管辖的地域限制，也是划分地域管辖的首要依据。职能管辖是指不同行政机关在行政执法中的职责范围，是不同种类的行政机关之间在“法定职权范围内”以所管辖的事项、执法对象和相对人为依据的分工。2010年3月1日起施行的，环境保护部颁布的《环境行政处罚办法》涉及环境行政处罚管辖的规定有：县级以上环境保护主管部门在法定职权范围内实施环境行政处罚。发现不属于环境保护主管部门管辖的案件，应当按照有关要求和时限移送有管辖权的机关处理。县级以上环境保护主管部门管辖本行政区域的环境行政处罚案件。造成跨行政区域污染的行政处罚案件，由污染行为发生地环境保护主管部门管辖。两个以上环境保护主管部门都有管辖权的环境行政处罚案件，由最先发现或者最先接到举报的环境保护主管部门管辖。对行政处罚案件的管辖权发生争议时，争议双方应报请共同的上一级环境保护主管部门指定管辖。下级环境保护主管部门认为其管辖的案件重大、疑难或者实施处罚有困难的，可以报请上一级环境保护主管部门指定管辖。上一级环境保护主管部门认为下级环境保护主管部门实施处罚确有困难或者不能独立行使处罚权的，经通知下级环境保护主管部门和当事人，可以对下级环境保护主管部门管辖的案件指定管辖。上级环境保护主管部门可以将其管辖的案件交由有管辖权的下级环境保护主管部门实施行政处罚。不属于本机关管辖的案件，应当移送有管辖权的环境保护主管部门处理。受移送的环境保护主管部门对管辖权有异议的，应当报请共同的上一级环境保护主管部门指定管辖，不得再自行移送。在环境行政执法中出现管辖争议是不可避免的，但要及时确定管辖权的归属，避免延误执法以及妨害执法的统一性和严肃性，从而损害环境行政机关的威信。

资料

关于《环境保护行政处罚办法》有关指定管辖问题的复函

国家环境保护总局 环函[2001]350号

山西省环境保护局:

你局《关于如何适用〈环境保护行政处罚办法〉第十五条第三款的请示》(晋环法字[2001]439号)收悉。经研究,函复如下:

《环境保护行政处罚办法》第十五条第三款:“上级环境保护行政主管部门可以将其管辖范围的案件交由下级环境保护行政主管部门直接实施行政处罚。”其中的指定管辖是指管辖权的转移,被指定管辖的环境保护部门应以其名义实施行政处罚。

另外,《行政诉讼法》第二十二条第一款规定:“有管辖权的人民法院由于特殊原因不能行使管辖权的,由上级人民法院指定管辖。”《民事诉讼法》、《刑事诉讼法》等其他程序性法律对“指定管辖”也有类似规定。

二〇〇一年十二月二十八日

案例五十九(案一):同一行为违反不同法规实施行政处罚时的法规适用

【案情介绍】

江苏省苏北地区某县化肥厂尿素车间在开车投料过程中,因吸收塔视镜被刺伤,紧急停车后致使大量液氨通过排污口未经处理直接外排水域,时间长达1小时,造成鱼、虾大面积死亡的水污染事故,直接经济损失20万元。事故发生后不久,环保部门、渔业部门即先后赶赴现场进行勘察,调查取证。从证据看,这起污染事故的责任主体是某县化肥厂。几天后,渔业部门率先作出了对该厂罚款2 000元的行政处罚决定。

该县环保部门的执法办案人员在研究此案时,发生了很大的争议。争议一,县环保部门就此突发性事故是否可以依法处罚。意见一,该厂客观上已形成了水污染事故,造成一定水域内鱼、虾死亡,可以直接依据《中华人民共和国水污染防治法》(1996年,2008年修订)第六章第五十三条第一款的规定予以处罚。意见二,当时该厂在十分危急的情况下,从人身安全角度出发,卸掉塔内压力系统,致使氨水直接外排,依据法学“紧急避险”的理论,不宜进行处罚。况且鱼、虾死亡并不可以完全认定是该厂污水造成,不排除有上游水域污染的可能性。争议二,在渔业部门作出处罚后,县环保部门是否可再依法作出行政处罚。意见一,渔业部门处罚后,本着“一事不再罚”的原则,环保部门已失去处罚权。意见二,环保部门仍可依法行使处罚权,并不违背“一事不再罚”的原则。

【案例分析】

1996年修正的《中华人民共和国水污染防治法》第五十三条规定:违反本法规定,造成水污染事故的排污单位,由事故发生地的县级以上地方人民政府环保部门根据所造成的危害和损失处以罚款。造成渔业污染事故或者船舶造成水污染事故的,分别由事故发生地的渔政监督管理机构或者交通部门的航政机关根据所造成的危害和损失处以罚款。造成水污染事故,情节较重的,对有关责任人员,由其所在单位或者上级主管机关给予行政处分。

2 008 年修订的《中华人民共和国水污染防治法》第八十三条规定：企业事业单位违反本法规定，造成水污染事故的，由县级以上人民政府环境保护主管部门依照本条第二款的规定处以罚款，责令限期采取治理措施，消除污染；不按要求采取治理措施或者不具备治理能力的，由环境保护主管部门指定有治理能力的单位代为治理，所需费用由违法者承担；对造成重大或者特大水污染事故的，可以报经有批准权的人民政府批准，责令关闭；对直接负责的主管人员和其他直接责任人员可以处上一年度从本单位取得的收入百分之五十以下的罚款。对造成一般或者较大水污染事故的，按照水污染事故造成的直接经济损失的百分之二十计算罚款；对造成重大或者特大水污染事故的，按照水污染事故造成的直接经济损失的百分之三十计算罚款。造成渔业污染事故或者渔业船舶造成水污染事故的，由渔业主管部门进行处罚；其他船舶造成水污染事故的，由海事管理机构进行处罚。

无论是 1996 年修正的《中华人民共和国水污染防治法》还是现行的《中华人民共和国水污染防治法》，都规定了造成渔业污染事故的由渔业主管部门进行处罚。既然法律有明确的规定，环境保护主管部门当然不能随意越权行使。

本案例中，如果因渔业污染事故渔业部门率先对污染者作出了罚款 2 000 元的行政处罚，环境保护主管部门对该事故再罚款显然违反《行政处罚法》“当事人的同一违法行为不得给予两次以上的罚款的行政处罚”的规定，即“一事不再罚”原则。但是，在渔业污染事故中不能因法律规定造成渔业污染事故由渔业主管部门进行处罚而认为渔业污染事故中环境保护主管部门就没有处罚权，其一，《中华人民共和国水污染防治法》规定处罚的是企业事业单位违反该法规定发生的渔业污染事故。那么，企业事业单位违反《中华人民共和国水污染防治法》的规定，如擅自闲置污水处理设施，环境保护主管部门应有处罚权；其二，许多情况下受污染的水体不是单一的渔业水体，且环境保护主管部门又有统一的监管职责，这种情况下，环境保护主管部门仍应有处罚权。

【执法提示】

本案例启示，环境行政处罚时既要遵守“一事不再罚”的原则，又不要放纵违法行为。在渔业污染事故中，环境保护主管部门同样要及时调查取证，并应与渔业主管部门沟通、协调，各自在职责范围内根据查明的事实正确作出处罚。

案例五十九（案二）：同一行为违反不同法规实施行政处罚时的法规适用（一个违法行为同时触犯多个法律条文的处罚）

【案情介绍】

2009 年，河北省某市应用化学总公司第五化工厂根据集体研究决定，由副厂长带该公司保卫科长等人，分别 5 次，连续 5 个晚上将该厂生产积累的 200 多桶“五硫化二磷”废料非法倾倒在河北省三河县、天津市武清县和西青区的子牙河等河道之中。经环保部门监测，河水中总磷超标 2 600 倍，硫化物分别超过渔业水质标准和农灌水质标准 469 倍和 935 倍，致使出现鱼、鸭死亡，当地 16 万居民的生活和工农业生产在 1 个多月的时间受到严重影响。

【案例分析】

本案例如果认定为污染环境的行为，则可按《中华人民共和国水污染防治法》第八十三条规定进行处罚：企业事业单位违反本法规定，造成水污染事故的，由县级以上人民政府环境保护主管部门依照本条第二款的规定处以罚款，责令限期采取治理措施，消除污染；不按要求采取治理措施或者不具备治理能力的，由环境保护主管部门指定有治理能力的单位代为治理，所需费用由违法者承担；对造成重大或者特大水污染事故的，可以报经有批准权的人民政府批准，责令关闭；对直接负责的主管人员和其他直接责任人员可以处上一年度从本单位取得的收入百分之五十以下的罚款。对造成一般或者较大水污染事故的，按照水污染事故造成的直接损失的百分之二十计算罚款；对造成重大或者特大水污染事故的，按照水污染事故造成的直接损失的百分之三十计算罚款。造成渔业污染事故或者渔业船舶造成水污染事故的，由渔业主管部门进行处罚；其他船舶造成水污染事故的，由海事管理机构进行处罚。

而《中华人民共和国固体废物污染环境防治法》第八十二条规定：违反本法规定，造成固体废物污染环境事故的，由县级以上人民政府环境保护行政主管部门处2万元以上20万元以下的罚款；造成重大损失的，按照直接损失的百分之三十计算罚款，但是最高不超过100万元，对负有责任的主管人员和其他直接责任人员，依法给予行政处分；造成固体废物污染环境重大事故的，并由县级以上人民政府按照国务院规定的权限决定停业或者关闭。

对本案例的处罚应在查清造成的直接损失的基础上，依据法律规定中处罚较重的规定处罚。

【执法提示】

在环境执法中，正确认定违法行为性质十分重要。违法单位或者个人的一个环境违法行为，可能同时触犯多部法律规定，处理时要慎重选择适用法律条文，原则是既不能给予多次处罚，也不能放纵违法行为。原国家环保总局2002年6月12日《关于对同一行为违反不同环保法规实施行政处罚时适用法规问题的复函》（环函[2002]166号）明确规定，对同一环境违法行为同时违反不同环保法规实施行政处罚时，“环保部门对违法行为人可依照两种法律规定中处罚较重的规定，定性处罚”。

资料

关于对同一行为违反不同环保法规实施行政处罚时适用法规问题的复函

国家环保总局　环函[2002]166号

江苏省环境保护厅：

你局《关于对违反不同法律规定的同一行为如何进行处罚等问题的请示》（苏环法[2002]15号）收悉。经研究，函复如下：

根据《固体废物污染环境防治法》第七十五条的规定，液态废物和置于容器中的气态废物的污染防治，适用于固体废物污染环境防治的法律规定。

另据《国家危险废物名录》的规定，从医用药品的生产制作过程中产生的医药废物，属于危险废物。

《固体废物污染环境防治法》第十六条规定，处置固体废物的单位和个人，必须采取防止污染环境的措施。处置危险废物还必须遵守该法第四章关于危险废物污染环境防治的特别规定。

又据《大气污染防治法》第四十一条的规定：在人口集中地区和其他依法需要特殊保护的区域内，禁止焚烧产生有毒有害烟尘和恶臭气体的物质。

根据以上规定，有关单位在人口集中地区和其他依法需要特殊保护的区域内，焚烧高浓度医药废液，该行为同时违反《固体废物污染环境防治法》和《大气污染防治法》的有关规定。按照《行政处罚法》第二十四条关于"对当事人的同一违法行为，不得给予两次以上罚款的行政处罚"的规定，环境保护部门对违法行为人可依照两种法律规定中处罚较重的规定，定性处罚。

二〇〇二年六月十四日

案例六十：确认无照经营行政处罚相对人主体的法律适用（超出核准登记经营范围，擅自从事热浸锌、电镀锌项目处罚案）

【案情介绍】

2001年12月13日，某五金标准件有限公司（以下简称"五金件公司"）经江苏省A工商局（以下简称"A"局）核准成立，法定代表人毛某，经营范围：生产销售五金标准件、金属配件、机械设备、电器电表、纸包装盒（不含印刷）；销售建材、金属材料。2002年9月25日起，某五金件公司从事热浸锌、电镀锌项目，并将生产的产品全部销售。2003年7月2日，某五金件公司向环保部门申报热浸镀锌项目的《建设项目环境影响申报表（登记）表》，但未获批准。工商部门接到举报后立案调查，拟以《无照经营查处取缔办法》第四条第（五）项对五金件有限公司予以查处。环保部门是否对某五金件公司从事热浸锌、电镀锌项目的行为也可以进行处罚？

【案例分析】

《无照经营查处取缔办法》第四条规定：下列违法行为，由工商行政管理部门依照本办法的规定予以查处：……（五）超出核准登记的经营范围、擅自从事应当取得许可证或者其他批准文件方可从事的经营活动的违法经营行为。前款第（一）项、第（五）项规定的行为，公安、国土资源、建设、文化、卫生、质检、环保、新闻出版、药监、安全生产监督管理等许可审批部门（以下简称"许可审批部门"）也应当依照法律、法规赋予的职责予以查处。

《无照经营查处取缔办法》第十四条第二款规定：对无照经营行为的处罚，法律、法规另有规定的，从其规定。

《建设项目环境保护管理条例》第二十五条规定：建设项目环境影响报告书、环境影响报告表或者环境影响登记表未经批准或者未经原审批机关重新审核同意，擅自开工建设的，由负责审批该建设环境影响报告书，环境影响报告表或者环境影响登记表的环境保护保护行政主管部门责令停止建设，限期恢复原状，可以处10万元以下罚款。第九条第二款规定：按照国家有关规定，不需要进行可行性研究的建设项目，建设单位应当在建设项目开工前报批建设项目环境影响报告书、环境影响报告表或者环境影响登记表；其中，需要办理营业执照的，建设单位应当在办理营业执照前报批建设项目环境影响报告书、环境影响报告表或者环境影响登记表。

根据国家环保总局《建设项目环境保护分类管理名录》的规定：电镀项目属于对环境

可能造成重大影响的建设项目，应当编制环境影响报告书，对建设项目产生的污染和影响进行全面、详细的评价。

因此，某五金件公司超出经营范围擅自从事涉及环评前置许可的电镀行业，环保行政主管部门不能以超出经营范围属无照经营由工商部门查处为由而拒绝查处。

【执法提示】

环境执法不能因其他部门如工商管理部门的执法而怠于行使行政处罚权。尤其是对无照从事危险化学品等经营活动的高危行为，若不进行查处，一旦出现人员伤亡的重大后果，无论是工商部门还是前置许可审批的环保部门都将承担一定的责任。执法实践中，工商部门在发现涉及前置许可的无照经营行为时，应当立即将案件线索及已经掌握并获得的证据材料以书面形式转前置许可审批部门，建议其立案查处，同时将上述情况抄送有关部门。前置许可的环保行政主管部门如果发现涉及无照经营行为也应及时与工商部门沟通。

案例六十一：连续违法和新违法行为的认定

【案情介绍】

某工厂是重点大型企业，在生产过程中排放粉尘和二氧化硫。某省环保局经过监测，以同一理由，即该厂排放污染物超过标准，分别于 2002 年 3 月 18 日、8 月 15 日、10 月 11 日、12 月 3 日和 12 月 26 日，对该厂连续 5 次查处。处罚内容基本相同："责令立即采取有效措施，达标排放，并处 10 万元罚款。"该厂对省环保局的处罚决定不服，向国家环境保护总局申请复议。

国家环境保护总局经审查发现，该厂所指前 3 次处罚决定均已超过复议申请期限，故依法只受理其在法定期限内申请复议的最后两份《行政处罚决定书》；又鉴于这两份环境行政处罚决定书依据的事实具有密切关联性，故予合并审理。

案情如下：2002 年 12 月 3 日，某省环保局执法人员于当日对该厂进行现场监测，测定其燃煤锅炉排污超过该省地方标准的限值。省环保局于 2002 年 12 月 16 日做出处罚决定：依据该省《大气污染防治法实施办法》第三十四条的规定，"责令立即采取有效措施，达标排放，并处罚款 10 万元整。"2002 年 12 月 26 日，时隔 13 天后，省环保局对该厂再次监测，发现其燃煤锅炉排污仍然超标。省环保局于 2003 年 1 月 20 日做出处罚决定，处罚内容与前次完全相同。

该厂对省环保局的处罚决定不服，向原国家环境保护总局申请复议。该厂提出复议的理由为：①省环保局以同一理由，即该厂粉尘排放超过标准，对其连续实施罚款的行政处罚。《行政处罚法》第二十四条和 1999 年国家环保总局《环境行政处罚办法》第六条均规定，"对同一当事人的同一违法行为，不得给予两次以上罚款的处罚"。②该厂燃煤锅炉在现有设备技术条件下，尚不能达标排放。这种超标排放行为在法律上属于《行政处罚法》第二十九条规定的"连续或继续状态"，且这种连续或继续状态是一个客观存在的事实，并不依工厂的作为或不作为而消失。因此，超标排放行为应被视为一个始终持续并未终了的行为。依据《行政处罚法》第二十四条的规定，省环保局有权对此实施一次罚款的处罚，但无权实施连续多次罚款的处罚。

省环保局答辩时称：①省环保局监测发现，该厂燃煤锅炉 2002 年 12 月 3 日排放粉尘超过地方标准规定的限值，同月 26 日，该厂不仅未改正超标排放的违法行为，其排放超标程度更加严重，违反了该省《大气污染防治法实施办法》的规定。②省环保局对该厂超排放行为作出处罚时，同时责令立即采取有效措施，达标排放。该厂有义务立即改正违法行为，但该厂并未改正，继续超标排放粉尘，构成了新的违法行为。因此，省环保局对该厂同月 26 日发生的超标排放行为继续处罚是合法的，没有违反“一事不再罚”原则，因此请求总局维持其两次处罚决定。

国家环保总局经反复研究：并咨询了国务院法制办有关机构，最后于 2003 年 4 月 17 日作出复议决定，维持了省环保局对该厂的两份处罚决定。该厂在法定期限内未提起诉讼。

【案例分析】

《行政处罚法》第二十四条规定：对当事人的同一个违法行为，不得给予两次以上罚款的行政处罚。第二十九条规定：违法行为在二年内未被发现的，不再给予行政处罚。法律另有规定的除外。前款规定的期限，从违法行为发生之日起计算；违法行为有连续或者继续状态的，从行为终了之日起计算。这里的“连续或者继续状态”应是指违法行为在被发现或处罚之前的连续或者继续状态。《行政处罚法》第二十三条规定：行政机关实施行政处罚时，应当责令当事人改正或者限期改正违法行为。第四十四条规定：行政处罚决定依法作出后，当事人应当在行政处罚决定的限期内，予以履行。因此，当违法行为被发现并被处罚后，其违法行为应当改正。如果不改正，应当视为同一性质的另一个违法行为。对于不是同一个违法行为，则不受“不得给予两次以上罚款”的约束。

本案例中省环保局对该厂 2002 年 12 月 3 日超标排放行为的处罚决定书中要求即“立即采取有效措施，达标排放”和“缴纳罚款”。该厂依法负有在规定限期内全面履行处罚决定要求的义务。2002 年 12 月 26 日省环保局在该厂被限期改正之后再发现其超标排放行为，应认定为新的违法行为，否则，企业会以“连续或者继续状态”拖延或拒绝改正违法行为。2010 年环保部修订的《环境行政处罚办法》已明确了责令改正与连续违法的认定，第十一条规定，环境保护主管部门实施行政处罚时，应当及时作出责令当事人改正或者限期改正违法行为的行政命令。责令改正期限届满，当事人未按要求改正，违法行为仍处于继续或者连续状态的，可以认定为新的环境违法行为。

【执法提示】

环境行政执法中只要严格遵守执法程序，加强后督察，对以连续或继续状态拒不改正的环境违法行为完全可以按新的环境违法行为查处。但是，具体案件中还应考虑违法的后果等情节，对于拒不改正的连续或继续状态的环境违法行为，如果还触犯其他法律条款，则应从执法的目、效果等角度正确选择法律条文的适用，不能机械地、不断地以新的环境违法行为处罚。

案例六十二：排污单位向城市下水道排放用水稀释的污泥的行为的违法认定和法律适用

【案情介绍】

A 厂是一家从事电镀生产的企业，生产过程中每月会产生 5 吨电镀污泥。某日，A 厂为了降低生产成本，将约半吨电镀污泥用水冲稀后直接排入城市下水道。经现场监测，该外排电镀污泥废水中总铜、总锌均超过规定的排放标准。

【案例分析】

本案例中，对 A 厂的行为该如何适用法律？现行《中华人民共和国水污染防治法》（1996 年，2008 年已经修订）第三十三条规定，“禁止向水体排放、倾倒工业废渣、城镇垃圾和其他废弃物。”对违反上述规定的行为，该法第七十六条规定，由县级以上地方人民政府环境保护主管部门责令停止违法行为，限期采取治理措施，消除污染，处以罚款；逾期不采取治理措施的，环境保护主管部门可以指定有治理能力的单位代为治理，所需费用由违法者承担。处以罚款的幅度为 2 万元以上 20 万元以下。《中华人民共和国固体废物污染环境防治法》第十七条第二款规定：禁止任何单位或者个人向江河、湖泊、运河、渠道、水库及其最高水位线以下的滩地和岸坡等法律、法规规定禁止倾倒、堆放废弃物的地点倾倒、堆放固体废物。A 厂将其生产过程中产生的电镀污泥用水冲稀后直接排入城市下水道的行为，同时违反了《中华人民共和国水污染防治法》和《中华人民共和国固体废物污染环境防治法》的有关规定。

但是，《中华人民共和国行政处罚法》第二十四条规定，“对当事人的同一违法行为，不得给予两次以上罚款的行政处罚”，因此环保部门可以依照《中华人民共和国水污染防治法》和《中华人民共和国固体废物污染环境防治法》两种法律规定中处罚较重的规定对 A 厂的违法行为予以处罚。《环境行政处罚办法》（2010 年修订）第九条明确规定，当事人的一个违法行为同时违反两个以上环境法律、法规或者规章条款，应当适用效力等级较高的法律、法规或者规章；效力等级相同的，可以适用处罚较重的条款。

【执法提示】

违法企业往往会采取各种手段、方法排放或倾倒污染物，有时难以区分和判断应属何种违法行为。污泥本应按照固体废物防治要求进行处理，但企业为了降低成本，不惜采用用水冲稀的方法排入城市下水道。如果不仔细分析可能难以判断适用的法律条文。环境执法中一定要认真仔细分析违法行为，找到可能涉及的所有条文，然后综合分析，准确适用法律条文。

资料

关于污泥排入城市下水道法律适用问题的复函

国家环保总局　环函[2005]259 号

湖北省环境保护局：

你局《关于排污单位向城市下水道排放用水冲稀的污泥的行为如何进行环境违法认定及法律适用问题的请示》（鄂环保文[2005]55 号）收悉。经研究，现函复如下：

《水污染防治法》第三十二条规定：“禁止向水体排放、倾倒工业废渣、城市垃圾和其他废弃物。”对违反上述规定的行为，《水污染防治法》第四十六条规定了相应的行政处罚。

《固体废物污染环境防治法》第十七条规定：“禁止任何单位或者个人向江河、湖泊、运河、渠道、水库及其最高水位线以下的滩地和岸坡等法律、法规规定禁止倾倒、堆放废弃物的地点倾倒、堆放固体废物。”第三十三条规定：“企业事业单位应当根据经济、技术条件对其产生的工业固体废物加以利用；对暂时不利用或者不能利用的，必须按照国务院环境保护行政主管部门的规定建设贮存设施、场所，安全分类存放，或者采取无害化处置措施。”对违反上述规定的行为，《固体废物污染环境防治法》第六十八条规定了相应的行政处罚。

根据上述规定，你局请示中反映的某企业将产生的污泥直接用水冲稀排入城市下水道的行为，同时违反了《固体废物污染环境防治法》和《水污染防治法》的有关规定。

另据《行政处罚法》第二十四条关于“对当事人的同一违法行为，不得给予两次以上罚款的行政处罚”的规定，环境保护部门可以依照《固体废物污染环境防治法》和《水污染防治法》两种法律规定中处罚较重的规定，对该企业的违法行为予以定性处罚。

二〇〇五年六月三十日

案例六十三：关于证据的问题（调查取证过程中先行登记保存案）

【案情介绍】

甘肃省敦煌市环保局接到群众投诉，在市中心广场一位个体户开办露天卡拉OK进行营业，每天营业时间很晚，产生较强的环境噪声，对群众生活造成很大影响。当时时间又临近中、高考，群众反映强烈。同时市长热线电话也接到同样投诉，转至敦煌市环保局办理。敦煌市环保局对此案进行现场调查，发现此个体户经营活动无任何环保审批手续，环境噪声污染事实存在，当即责令其停止违法行为，接受处理。此个体户置之不理，照常营业，继续产生噪声污染。敦煌市环保局数次警告后无效，为及时制止其噪声污染行为，敦煌市环保局对此个体户的音箱进行了暂扣，并进行进一步调查处理。

随即，此个体户以敦煌市环保局非法没收他人财产为由，向当地法院提起行政诉讼，法院立案受理。后法院审理期间，原告向法院申请撤诉，法院裁决准予撤诉。

【案例分析】

本案中，如果敦煌市环保局没收个体户的音箱，在《环境噪声污染防治法》《环境影响评价法》均没有这样的规定。但本案例中，敦煌市环保局对个体户的音箱是进行了暂扣，暂扣不同于没收。敦煌市环保局的暂扣与执法调查取证过程中证据先行登记保存措施有关。《行政处罚法》第三十七条第二款规定：行政机关在收集证据时，可以采取抽样取证的方法；在证据可能灭失或者以后难以取得的情况下，经行政机关负责人批准，可以先行登记保存，并应当在7日内及时作出处理决定，在此期间，当事人或者有关人员不得销毁或者转移证据。

此个体户未办环保审批手续进行经营活动，是一种环境违法行为。根据环境法律、法规规定，对未办理环评审批手续，进行建设和经营活动的，由环保部门责令停止建设或经营，限期补办手续。逾期不补办手续的，可以处5万元以上20万元以下的罚款。音箱易转移，如不先行登记保存可能会影响证据的取得。但是先行登记保存不是无期限的，应在7日内及时作出处理决定。同时，暂扣也要有法律依据。2010年修订的《环境保护行政处罚办法》第三十九条明确规定：对于先行登记保存的证据，应当在7个工作日内采取以下措施：（一）根据情况及时采取记录、复制、拍照、录像等证据保全措施；（二）需要鉴定的，送交鉴定；（三）根据有关法律、法规规定可以查封、暂扣的，决定查封、暂扣；（四）违法事实不成立，或者违法事实成立但依法不应当查封、暂扣或者没收的，决定解除先行登记保存措施。超过7个工作日未作出处理决定的，先行登记保存措施自动解除。

敦煌市环保局是以“对这一噪声污染案件进行调查，暂扣音箱是证据登记保存，不是没收财产”为由答辩。原告认识到自己的行为错误，向法院申请撤诉。

【执法提示】

环保部门的查封或扣押权限于医疗废物和消耗臭氧层物质管理领域。但一些案件，如环境噪声群众意见强烈，污染者对环保部门的命令又往往置之不理，在这种情况下，如果产生污染的设施易转移，采取证据保存的措施达到行政强制措施的效果是可以借鉴的。但是一定要严格遵守《行政处罚法》的有关规定，即前提是证据可能灭失或者以后难以取得的；程序经行政机关负责人批准，向当事人出具登记保存的执法文书；应当在 7 日内及时做出处理决定。

资料

关于环境保护部门在调查取证过程中先行登记保存适用问题的复函

国家环境保护总局　环函[2002]334 号

吉林省环境保护局：

你局《关于对环境保护部门在调查取证过程中能否适用“先行登记保存”的请示》(吉环文[2002]74 号）收悉。经研究，现函复如下：

《中华人民共和国行政处罚法》第三十七条第二款规定：“行政机关在收集证据时，可以采取抽样取证的方法；在证据可能灭失或者以后难以取得的情况下，经行政机关负责人批准，可以先行登记保存，并应当在 7 日内及时作出处理决定，在此期间，当事人或者有关人员不得销毁或者转移证据。”

《环境保护行政处罚办法》第五十一条规定：“关于环境行政处罚的其他事项，本办法未作规定的，适用《中华人民共和国行政处罚法》的有关规定。”

在处理环境污染、破坏案件过程中，遇到当事人破坏、销毁、转移证据的情况，《环境保护行政处罚办法》未作具体规定。环境保护部门在执法过程中可以按照《中华人民共和国行政处罚法》第三十七条的规定，采取“抽样取证，先行登记保存”等办法执行。

二〇〇二年十二月十二日

案例六十四（案一）：关于程序的问题（环境处罚听证案例）

【案情介绍】

安徽池州海螺水泥股份有限公司欲投资 4.5 亿元建设 4500 吨/日水泥熟料示范线工程建设项目（以下简称“项目”)。2002 年 6 月 7 日，国家环境保护总局批复了安徽池州海螺水泥股份有限公司 4 500 吨/日水泥熟料示范线工程建设项目的环境影响报告书。国家环境保护总局在批复文件中要求，该项目的厂界噪声必须达到《工业企业厂界噪声标准》(GB 12348—90）Ⅱ类的规定，该项目熟料皮带廊穿越升金湖国家级自然保护区实验区，其噪声必须达到《城市区域环境噪声标准》(GB 3096—93）Ⅰ类标准。2002 年 10 月，该项目水泥生产线投入生产。2003 年 6 月 11—17 日，中国环境监测总站对该项目进行了验收监测。监测结论表明，厂界噪声未达到规定要求，该项目环境保护设施经验收不合格。

2003年10月21日，国家环境保护总局发出《建设项目竣工环境保护验收限期改正通知书》（环验改字[2003]001号），责令该公司于2004年1月31日前完成该项目环境保护设施的整改；整改不合格或者逾期未改正，国家环保总局将依法予以处罚，但是该公司逾期没有完成整改。于是，国家环保总局根据《建设项目环境保护管理条例》第二十八条的规定，“建设项目需要配套建设的环境保护设施经验收不合格，主体工程正式投入生产或者使用的，由负责审批该建设项目环境影响报告书的环境保护行政主管部门责令停止生产或者使用，可以处10万元以下的罚款”，拟对该公司进行行政处罚，提出了如下环境行政处罚意见：① 责令海螺水泥股份有限公司4 500吨/日水泥熟料示范线工程停止生产；② 处以10万元罚款。根据《中华人民共和国行政处罚法》第四十二条的规定，“行政机关做出责令停产停业、吊销许可证或者执照、较大数额罚款等行政处罚决定之前，应当告知当事人有要求举行听证的权利；当事人要求听证的，行政机关应当组织听证。当事人不承担行政机关组织听证的费用。”

国家环保总局于2004年2月18日向该公司下达了《环境行政处罚听证告知书》，告知该公司有权提出书面听证申请。池州海螺水泥股份有限公司于2004年3月5日提交了《听证申请书》，国家环保总局于3月16日就该公司4 500吨/日水泥熟料示范线工程建设项目环境保护设施未经验收合格即投入生产一案，做出了《环境行政处罚听证通知书》，并决定于2004年3月24日上午9时举行环境行政处罚听证会。本案的听证中，国家环保总局需要通过听证认定、核实的主要事实问题包括：① 2002年10月，该项目水泥生产线是否投入生产？② 该项目水泥生产线在2002年10月投入生产时，环保设施有没有同时投入使用？③ 池州市海螺水泥股份有限公司与安徽海螺集团的法律关系是什么？是母公司与子公司还是总公司与分公司的关系？这涉及池州市海螺水泥股份有限公司是否独立承担法律责任。

听证会后，国家环保总局对池州海螺水泥股份有限公司的环境违法事实进行了认定，并于2004年3月24日将《国家环境保护总局行政处罚听证会记录》也作为认定违法事实的证据。根据《建设项目环境保护管理条例》第二十八条的规定，4月2日，国家环保总局对该案审查终结，做出了《环境行政处罚决定书》，内容为维持原行政处罚决定：① 责令池州海螺水泥股份有限公司4 500吨/日水泥熟料示范线工程停止生产；② 处以10万元罚款。

虽然池州海螺水泥股份有限公司在限期治理的期限内没有达到治理的目标和要求，但是该公司在规定的期限内开始了环境保护设施的施工建设，鉴于此，国家环保总局对于责令停止生产的履行方式和期限做出了如下调整：鉴于海螺公司噪声治理工程已于2004年1月20日开始施工建设，并且噪声治理工程从施工建设到完全发挥作用确需一段时间，故“责令停止生产”的处罚缓期至2004年4月30日执行。在此期间，该公司应采取切实有效的措施防止环境污染，并主动接受安徽省环境保护局和池州市环境保护局的监督管理。在2004年4月30日之前，如果噪声治理工程能够完成且噪声排放达到规定要求，该公司应及时向国家环保总局提出验收申请。如果验收合格，国家环保总局将解除“责令停止生产”的处罚，依法允许该公司4 500吨/日水泥熟料示范线工程投入生产。如果超过2004年4月30日验收仍不合格，国家环保总局将依法立即执行“责令停止生产”的处罚。

池州海螺水泥股份有限公司在国家环保总局规定的期限内，按要求建成了噪声治理设施，实现了噪声达标排放，并于 2004 年 5 月 24 日经验收合格。国家环保总局于 2004 年 6 月 14 日，以环函[2004]184 号依法解除了环法[2004]4 号《环境行政处罚决定书》中“责令停止生产”的处罚，允许池州海螺水泥股份有限公司 4 500 吨/日水泥熟料示范线工程正式投入生产。

【案例分析】

《中华人民共和国行政处罚法》第四十二条规定：行政机关做出责令停产停业、吊销许可证或者执照、较大数额罚款等行政处罚决定之前，应当告知当事人有要求举行听证的权利；当事人要求听证的，行政机关应当组织听证。当事人不承担行政机关组织听证的费用。1999 年，国家环境保护总局发布的《环境保护行政处罚办法》（2010 年修订）对处罚听证进行了细化，其中第三十五条规定，“当事人申请听证的，环境保护行政主管部门应当受理，并在收到当事人听证申请的 5 日内，确定主持人，决定听证的时间和地点。在听证举行的 7 日前，将听证通知书送达当事人，并由当事人在送达回执上签字。听证通知书应当载明下列事项：（一）当事人的姓名或者名称；（二）举行听证的时间、地点和方式；（三）听证主持人、案件调查人员的姓名；（四）告知当事人有权申请听证主持人回避；（五）告知当事人预先准备证据、通知证人等事项。”本案例中，池州海螺水泥股份有限公司于 2004 年 3 月 5 日提交了《听证申请书》，国家环保总局于 3 月 16 日就该公司 4 500 吨/日水泥熟料示范线工程建设项目环境保护设施未经验收合格即投入生产一案，做出了《环境行政处罚听证通知书》，并决定于 2004 年 3 月 24 日上午 9 时举行环境行政处罚听证会。国家环保总局组织的听证是符合程序规定的。

但本案例没有池州海螺水泥股份有限公司 2004 年 3 月 5 日提交的《听证申请书》的具体内容，国家环保总局按最高限 10 万元处罚通常应是听证申请需核实的主要事实问题之一。

【执法提示】

本案例提示环境执法人员，实施环境行政处罚要充分保障相对人的听证权利，严格遵守处罚听证的有关程序规定。处罚听证有利于环保行政主管部门正确做出处罚决定，减少相对人的行政诉讼。环保行政主管部门不能因为相对人申请听证而加重对相对人的行政处罚。上述案例中，国家环保总局没有因为池州海螺水泥股份有限公司申请听证而加重对相对人的行政处罚，相反，根据相对人在规定的期限内开始了环境保护设施的施工建设的事实，将“责令停止生产”的处罚缓期至 2004 年 4 月 30 日执行。这种考虑处罚效果的做法值得借鉴。

案例六十四（案二）：关于程序的问题（一份未送达的行政处罚决定书）

【案情介绍】

某县造纸厂自建设投产以来，一直超过国家“三废”排放标准。近年来，该厂排放污染物日趋严重，并造成多处水体污染。从 1998 年 3 月至 1999 年 5 月，由于水污染造成鱼、蚌死亡，该造纸厂已先后赔偿养殖户经济损失 1 万元，并向县环保局交纳排污费 2 万元。2002 年 1 月到 5 月，该造纸厂继续超标排放污染物，先后造成 10 户养殖户的鱼苗相继死亡，实际经济损失达 8 万元。县环保局根据《中华人民共和国水污染防治法》的有关规定，于 2002 年 6 月 8 日对某县造纸厂作出如下经济处罚：（1）赔偿养殖户经济损失 8 万元；

(2) 对县造纸厂罚款 1 万元。县造纸厂被处罚后，先后 3 次、历时 9 个月到县环保局索取书面裁决，到 2003 年 3 月 3 日才得到处罚决定书，并且该处罚决定书没有告知处罚人申请复议和起诉的期限。县造纸厂经过咨询律师后，向法院提起行政诉讼。

【案例分析】

对于一般程序，《行政处罚法》第三十九条规定：行政处罚决定书应当载明当事人的姓名或者名称、地址；违反法律、法规或者规章的事实和证据；行政处罚的种类和依据；行政处罚的履行方式和期限；不服行政处罚决定，申请行政复议或者提起行政诉讼的途径和期限；作出行政处罚决定的行政机关名称和作出决定的日期等。

第三十一条规定：行政机关在作出行政处罚决定之前，应当告知当事人作出行政处罚决定的事实、理由及依据，并告知当事人依法享有的权利。

第四十条规定：行政处罚决定书应当在宣告后当场交付当事人；当事人不在场的，行政机关应当在七日内依照民事诉讼法的有关规定，将行政处罚决定书送达当事人。

第四十一条规定：行政机关及其执法人员在作出行政处罚决定之前，不依照本法第三十一条、第三十二条的规定向当事人告知给予行政处罚的事实、理由和依据，或者拒绝听取当事人的陈述、申辩，行政处罚决定不能成立；当事人放弃陈述或者申辩权利的除外。

《环境保护行政处罚办法》(1999 年，2010 年已经修订) 第二十九条规定：环境保护行政处罚决定书，应当载明法律规定的事项。

环境保护行政主管部门就罚款制作的行政处罚决定书，应当载明当事人应当缴纳的罚款数额、期限及缴纳方法，并应明确对当事人逾期缴纳罚款是否加处罚款。

第三十一条规定：作出行政处罚决定的环境保护行政主管部门应在作出处罚决定之日起的 7 日内，将行政处罚决定书送达被处罚人，并根据需要将副本抄送与案件有关的单位。受送达人应在送达回执上记明收到日期，并签名或者盖章。受送达人在送达回执上的签收日期即为送达日期。受送达人拒绝签收的，送达人应当邀请有关人员到场见证，说明情况，并在送达回执上记明拒收理由和日期，把处罚决定书留置受送达人处，即视为送达。受送达人不在，可由其所在单位的领导或者成年家属代为签收。邮寄送达以挂号回执上注明的日期为送达日期。

本案例中环境行政处罚决定书 2002 年 6 月 8 日作出，到 2003 年 3 月 3 日，历时近 9 个月县造纸厂才得到环境行政处罚决定书，违反了以上有关“送达”的规定；并且该处罚决定书没有告知受处罚人申请复议和起诉的期限，这就是违法无视当事人应有的权利。显然，该行政行为违反了环境行政处罚的法定程序，此行政处罚决定不能成立。

【执法提示】

(1) 不及时送达环境行政处罚决定书将导致环境行政处罚不生效，也使做出的环境行政处罚无法执行。

(2) 环境行政处罚决定书没有告知受处罚人申请复议和起诉的期限，将无法确定受处罚人申请复议和起诉的期限是否超过，从而影响强制执行，甚至会影响行政处罚的正常执行。

(3) 违反法定程序实施行政处罚，还会导致环境执法人员本身受到行政处分。

中华人民共和国监察部、中华人民共和国国家环境保护总局 2006 年 2 月 20 日公布的

《环境保护违法违纪行为处分暂行规定》第七条规定，“依法具有环境保护监督管理职责的国家行政机关及其工作人员有下列行为之一的，对直接责任人员，给予警告、记过或者记大过处分；情节较重的，给予降级处分；情节严重的，给予撤职处分：（一）不按照法定条件或者违反法定程序，对环境保护违法行为实施行政处罚。”

资料

关于行政处罚文书送达有关问题的复函

国家环境保护总局

环函[2006]409 号

……

《中华人民共和国行政处罚法》第四十条规定：“行政处罚决定书应当在宣告后当场交付当事人；当事人不在场的，行政机关应当在七日内依照民事诉讼法的有关规定，将行政处罚决定书送达当事人。”根据《中华人民共和国民事诉讼法》和《最高人民法院关于适用〈中华人民共和国民事诉讼法〉若干问题的意见》关于送达有关规定，送达法律文书可以采用直接送达、留置送达、委托送达、转交送达、邮寄送达和公告送达的方式。

根据上述规定，受送达人是法人或者其他组织的，环境保护部门送达的行政处罚文书应当由法人的法定代表人、其他组织的主要负责人或者该法人、组织的办公室、收发室、值班室等负责收件的人签收或盖章；受送达人拒绝签收的，送达人应当邀请有关人员到现场见证，说明情况，并在送达回执上记明拒收理由和日期，把行政处罚决定文书留置受送达人处，即视为送达；直接送达行政处罚文书有困难的，可以委托受送达人所在地环境保护部门代为送达，或者邮寄送达。

二〇〇六年十月二十日

案例六十四（案三）：关于程序的问题（一般程序处罚案例）

【案情介绍】

某县贴面板厂位于县城东南角，法人赵有运。该厂 2002 年 7 月建厂，投资 8 万元，产品是贴面板，原料是成品板，面皮，年产 1.5 万张，主要生产设备是压机，锅炉，锅炉配备有除尘器。2007 年 4 月 19 日，县环保局执法人员到该厂检查发现锅炉配置的除尘器未经环保部门批准，擅自闲置未用。

县环保局按处罚的一般程序进行查处，过程如下：

（1）2007 年 4 月 19 日县环保局以该厂行为违反了《中华人民共和国大气污染防治法》第十二条第二款立案，办理了立案审批表。

（2）2007 年 4 月 19 日执法人员在该厂制作了现场检查笔录，证实该厂锅炉配置的除尘器擅自闲置未用。

（3）2007 年 4 月 21 日上午执法人员到该厂制作了调查询问笔录，证实 2002 年 7 月建厂，投资 8 万元，产品是贴面板，原料是成品板，面皮，年产 1.5 万张，主要生产设备是压机，锅炉，锅炉后边配有湿式除尘器，配置的除尘器未经环保部门批准闲置。

（4）2007年4月21日调查终结，制作了调查终结报告，并认为该厂行为违反了《中华人民共和国大气污染防治法》第十二条第二款，依据该法第四十六条第三项的规定，建议处：立即恢复使用，并罚款2 000元的行政处罚。同日，报批行政处罚事先告知审批表，并制作了行政处罚事先告知书。

（5）2007年4月23日将行政处罚事先告知书送达，有送达回证。

（6）2007年4月24日报批了行政处罚决定审批表，并制作了行政处罚决定书。同日将行政处罚决定书送达，有送达回证。

（7）2007年4月27日，该厂将罚款交入指定银行，有河北省罚没收入专用缴款书（付款凭证）。同日制作了结案报告，该案结案归档。

【案例分析】

根据《行政处罚法》、《环境保护行政处罚办法》，环境保护行政处罚一般程序包括立案、调查取证、告知、处理决定等过程。尤其是《环境保护行政处罚办法》规定得更具体。

案例中适用的《环境保护行政处罚办法》（1999年）第二十一条规定：环境保护行政主管部门对通过检查发现或者接到举报、控告、移送的环境违法行为，应予审查，并在7日内决定是否立案。第三十条规定：环境保护行政处罚案件自立案之日起，应当在3个月内作出处理决定。特殊情况需要延长时间的，环境保护行政主管部门应当书面告知案件当事人，并说明理由。第三十条规定：环境保护行政处罚案件自立案之日起，应当在3个月内作出处理决定。特殊情况需要延长时间的，环境保护行政主管部门应当书面告知案件当事人，并说明理由。第三十一条第一款规定：作出行政处罚决定的环境保护行政主管部门应在作出处罚决定之日起的7日内，将行政处罚决定书送达被处罚人，并根据需要将副本抄送与案件有关的单位。

这些规定，《行政处罚法》中没有，执法中也要遵守。

现行《环境行政处罚办法》（2010年）规定更具体。其中第二十四条规定：对需要立即查处的环境违法行为，可以先行调查取证，并在7个工作日内决定是否立案和补办立案手续。

本案例中环保局的处罚过程是完整的。

但是，仔细分析，仍可以看到有一处有违法嫌疑：行政处罚事先告知书通常会告知当事人对处罚建议有异议，根据《中华人民共和国行政处罚法》的规定，你（单位）可在收到告知书之日7日内到××环境保护局进行陈述和申辩，逾期视为放弃陈述和申辩。案例中环保局的行政处罚事先告知书2007年4月23日送达，行政处罚决定书2007年4月24日送达。行政处罚决定书送达时，行政处罚事先告知书中的7日陈述和申辩时间未过。如果当事人没有明确放弃陈述和申辩，环保局的处罚依然是违反了程序，并可能导致环境行政处罚决定不成立（《环境行政处罚主要文书制作指南》（环办[2010]51号）所列《行政处罚事先告知书》参考样式已经删除了7日的陈述和申辩期限。目前没有关于听取当事人陈述申辩期限的明确规定，环保部门可以自行确定一合理期限）。

【执法提示】

环境行政处罚要严格执行处罚程序。执行处罚程序不但包括《中华人民共和国行政处罚法》，也包括《环境行政处罚办法》（2010年修订）规定的程序。

案例六十五：外部移送案件

【案例介绍】

2010年8月25日，G市环保局接到群众举报信，信中反映G市L区某化工购销部长期从外地运入旧废酸液，向珠江水道倾倒。该局领导随即转交G市环境监察支队查办。经过缜密的初查、外调、分析，发现该化工购销部有重大违法嫌疑。为了不打草惊蛇，环境执法人员进行了长时间蹲守监控，终于在9月20日下午4时当场查获该部槽罐车运回7.81吨未经处理的有毒有害废液，经槽罐车暗道再通过厂区内埋设的29条暗槽，直接排入珠江水道，从该车驾驶室中发现了一本记录收运废液的“收据”本。经进一步核查，从该部经营账簿中查获了2010年5月29日至9月10日，该购销部共接收某公司提供的废酸液234.53吨的原始凭证。G市环保局对该购销部无经营许可证擅自收集、处置危险废物，非法转移并向水体倾倒危险废物的违法行为分别作出行政处罚，累计罚款378143.6元，没收违法所得9381.2元。G市环保部门认为，行为人违法行为涉嫌构成环境刑事犯罪，将案件移送到司法机关，追究其刑事责任。L区人民法院审理认为，该购销部未具备处理污水的资质和能力，但被告人何某在担任该购销部经理期间，从某企业运回24车，共234.53吨“含酸废水”，未作处理偷排到珠江水道，严重污染排污口周边河道，造成直接经济损失16万余元，故作出如下判决：被告人何某犯重大环境污染事故罪，判处有期徒刑3年，缓刑3年，并处罚金10万元。

【案例分析】

该案是一起无经营许可证擅自收集、处置危险废物，非法转移并向水体倾倒危险废物的违法案件。该案行为人不但违反了环境保护行政法律规范，还涉嫌构成环境刑事犯罪。G市环保局将案件移送到司法机关，追究其刑事责任。这种做法是值得肯定的。

环境违法案件移送制度，是指对超出环保部门管理权限的环境违法案件，依法向有处理权的主管部门移送处理，做好部门间的协调和衔接。例如，生产、销售、进口、使用产品或设备属于《淘汰落后生产能力、工艺和产品目录》的规定的，移送经济综合主管部门处理；因环境违法问题被政府依法关停的企业，有生产许可证的向颁发证件的部门移送，有营业执照的移送工商部门处理，有供电设备的移送供电部门处理；可以引发安全生产事故的，移送安全生产监督管理部门处理。

【执法提示】

《环境行政处罚办法》对行政处罚案件的外部移送做了明确规定，执法人员在具体执法中应特别予以重视。

《环境行政处罚办法》第十条列举了环境行政处罚的种类，它们分别是：（1）警告；（2）罚款；（3）责令停产整顿；（4）责令停产、停业、关闭；（5）暂扣、吊销许可证或者其他具有许可性质的证件；（6）没收违法所得、没收非法财物；（7）行政拘留。此外，法律、行政法规还可以设定其他的种类。在这7种环境行政处罚种类中，环保部门有权实施的有4种，人民政府有权实施的有两种（①责令停业、关闭；②责令停产整顿），公安机关有权实施的有1种（行政拘留）。环保部门要积极借助政府和其他部门的行政处罚权，主动予以移送。具体而言，对涉嫌违法，依法应当由人民政府实施责令停产整顿、责令停业、关闭的案件，环保部门应当立案调查，并提出处理建议报本级人民政府；涉嫌违法依法应当实施行政拘留的案件，移送公安机关；涉嫌违反党纪、政纪的案件，移送纪检、监察部门；涉嫌环境犯罪的案件，移送司法机关。

案例六十六：处罚过重，处罚决定内容被变更

【案情介绍】

江西省环保厅执法人员2009年3月31日在对萍乡市海螺石水泥有限责任公司现场检查时发现，该公司在正常生产，但大气污染物除尘设施由于大布袋引风机损坏未运行，处于闲置状态，造成黑烟直接排入外环境。该公司负责人接受了调查并承认布袋除尘设施引风机损坏已3天，但没有及时维修。2009年5月4日，江西省环保厅根据《中华人民共和国大气污染防治法》第四十六条及《江西省环境保护行政处罚自由裁量权细化标准（试行）》的规定，向该公司下达了罚款5万元的行政处罚，并责令其立即改正违法行为，保持大气污染物处理设施的正常运行。该公司不服江西省环保厅的处罚决定，在法定有效期内向江西省人民政府提出行政复议，认为：①其虽存在违法行为但并非主观故意，且能在江西省环保厅现场检查后立即予以改正；②江西省环保厅的行政处罚过重，不能按法律的上限实施处罚。

针对该公司提出的复议理由，江西省环保厅提出答辩理由：①根据国家环保总局《关于“不正常”使用污染物处理设施违法认定和处罚的意见》（环发[2003]177号）第一条“关于‘不正常使用’污染物处理设施的认定”的第七项“污染物处理设施发生故障后，排污单位不及时或者不按规程进行检查和维修，致使处理设施不能正常发挥处理作用”及第二条“关于‘故意’的认定”中，“排污单位明知上述行为可能导致污染物处理设施不能正常发挥处理作用的结果，并希望或者放任该结果的发生的，环保部门对该行为可以认定为‘故意’不正常使用污染物处理设施”。萍乡市海螺石水泥有限责任公司明知大气污染物处理设施停止运行会对环境造成污染，既未及时向环保部门报告也未及时进行修复，而是任由事态的继续发展，该违法行为至江西省环保厅发现日止已持续一段时间，对环境造成了一定程度的污染。②按照江西省环保厅《环境保护行政处罚自由裁量权细化标准（试行）》中对《中华人民共和国大气污染防治法》第四十六条第三项的细化标准为：“有上述情形的处5万元罚款”的规定，对萍乡市海螺石水泥有限责任公司的处罚是在法律规定的自由裁量权范围内。

江西省人民政府法制办根据萍乡市海螺石水泥有限责任公司的复议申请和江西省环保厅的复议答辩情况，召开了协调会，认为：①江西省环保厅认定事实清楚、证据确凿，调查取证及处罚程序合法；②对该企业在陈述申辩时即已提出的及时改正过错的事实未加以核实，也未根据其已改正过错的事实适当减轻处罚，根据该企业的违法情节，要求江西省环保厅变更处罚数额，重新给该企业下达3万元的处罚决定。

【案例分析】

《中华人民共和国大气污染防治法》（2000年4月29日修订）第四十六条规定：违反本法规定，有下列行为之一的，环境保护行政主管部门或者本法第四条第二款规定的监督管理部门可以根据不同情节，责令停止违法行为，限期改正，给予警告或者处以5万元以下罚款：……（三）排污单位不正常使用大气污染物处理设施，或者未经环境保护行政主管部门批准，擅自拆除、闲置大气污染物处理设施的。

本案例中萍乡市海螺石水泥有限责任公司在正常开工生产的状态下，知道大气污染处理设施已损坏，不及时维修，也未向环保部门报告，将大气污染处理设施停止使用达 3 天之久，造成大量黑烟直接排入外环境。可见，该公司知道应该保持大气污染处理设施的正常运行而未及时组织维修，任由事态发展。这种行为根据国家环保总局对关于“不正常”使用污染物处理设施违法认定和处罚的司法解释，可以认定为“故意”不正常使用污染物处理设施。因此，萍乡市海螺石水泥有限责任公司的行为存在主观上违法的故意，受到处罚是正确的。

但是，是否应按最高限 5 万元处罚是值得商榷的。

《中华人民共和国大气污染防治法》（2000 年 4 月 29 日修订）第四十六条规定：对不正常使用大气污染物处理设施或擅自闲置大气污染物处理设施等行为，环境保护行政主管部门可以根据不同情节做出处罚。这里的“不同情节”要看具体的案件情节及证据，情节严重的应处重罚；而是否及时改正违法行为和及时采取改正措施及效果如何，则是从轻处罚的考量环节。《环境保护行政处罚办法》（1999 年）第七条明确规定：环境保护行政主管部门在对环境违法行为实施处罚时，应当在法定的处罚种类和幅度范围内，综合考虑当事人的过错程度；违法行为造成的危害后果；当事人改正违法行为的态度和所采取的改正措施；当事人的违法行为是初犯还是再犯的情节。

现行《环境行政处罚办法》（2010 年）第六条规定：行使行政处罚自由裁量权必须符合立法目的，并综合考虑以下情节：（一）违法行为所造成的环境污染、生态破坏程度及社会影响；（二）当事人的过错程度；（三）违法行为的具体方式或者手段；（四）违法行为危害的具体对象；（五）当事人是初犯还是再犯；（六）当事人改正违法行为的态度和所采取的改正措施及效果。

可见不全面考虑案件“不同情节”，任意高限或低限处罚显然也是违反了立法目的。

本案中，萍乡市海螺石水泥有限责任公司提出在江西省环保厅现场检查的当日已及时改正过错，而江西省环保厅未对其改正过错情况进行核实，因此在对该案的处罚时未予考虑已改正过错的因素。环境保护部《环境行政处罚办法》第六条主要是说行使行政处罚自由裁量权必须考虑到违法行为人改正违法行为的态度和所采取的改正措施及效果。该公司指出已改正违法行为，江西省环保厅未对其改正情况进行核实，也未搜集相关证据进行反驳，就意味着认可其已改正过错的事实，那么在行使行政处罚自由裁量权时，就应适当减轻处罚。

【执法提示】

本案例启示环境执法人员，实施环境行政处罚要遵守“公平公正、过罚相当”的原则。行使行政处罚自由裁量权应结合违法行为的过错程度、所造成的环境污染、改正违法行为的态度和所采取的改正措施及效果等因素，在法律、法规、规章所规定的处罚种类和幅度范围内实施处罚。

此外，要重视违法行为人的陈述、申辩意见，对陈述、申辩意见中与案件有关的、可能影响案件处理的情况要及时进行核实，以便在行使行政处罚自由裁量权时予以考虑。因为这些环节有可能影响是否处罚或处罚的种类。

案例六十七：处罚种类应严格依据法律规定，是否重复处罚应分析违法行为属性

【案情介绍】

某纸业公司长期采用化学制浆从事生产，被列为A省“一控双达标”重点企业。B市C县政府发布了《关于对未按期完成环保治理任务的重点污染企业进行处理的决定》，要求此公司“若要恢复生产，必须停止化学制浆，落实终端废水环保措施，治理达标，经环保部门验收认可”。2001年4月1日，C县环保局查实此公司擅自恢复化学制浆，依据《A省环境保护条例》第五十条“不执行限期治理决定”和《A省环境保护奖励与处罚办法》第二十一条“逾期未完成限期治理任务的，处2万元以上10万元以下的罚款”的规定，罚款2万元。

2001年6月28日，B市环保局发现这家公司采用化学制浆，造纸黑液及废水泡沫未进行任何处理直接外排，所排废水化学需氧量和悬浮物浓度超过国家规定的排放标准，违反了《A省环境保护条例》第四十二条“禁止以不正当方式排放污染物规避治理污染责任”的规定。B市环保局依据《A省环境保护奖励与处罚办法》第十六条“以不正当的方式排放污染物的，责令限期改正，处5000元以上2万元以下的罚款；情节严重，造成环境污染或危害的，处2万元以上10万元以下的罚款”的规定，做出如下处罚：① 严格执行《C县人民政府关于对未按期完成环保治理任务的重点污染企业进行处理的决定》的要求；② 罚款10万元。

这家公司不服，申请行政复议，理由如下：① 公司基本停止了化学制浆，这次是因废钞票油墨多，只得临时采用化学制浆方法销毁。② 排放口只有一个，不存在“以不正当的方式排放污染物”的事实。③ C县环保局曾罚款两万元，而B市环保局又在同一排污口以同样的理由罚款10万元，属于重复处罚。

B市环保局答辩如下：① 不论用麦草、竹料还是用废钞票进行化学制浆，都不能否定其行为的违法性。② 此公司无任何污染治理设施。③ 此公司混淆了“同一违法行为”和“同一性质的违法行为”。在C县环保局处罚后，这家公司并未按要求“立即停止化学制浆，抓紧落实污染治理”，而是拒不改正违法行为，属屡犯，应从重处罚。

A省环保局审理后做出复议决定：① B市环保局《行政处罚决定书》规定的第一项处罚，即“严格执行《C县人民政府关于对未按期完成环保治理任务的重点污染企业进行处理的决定》的要求”，既非法定处罚种类，也无法定依据，予以撤销；② B市环保局《行政处罚决定书》规定的第二项处罚，即“罚款10万元”，认定事实清楚，证据确凿，适用依据正确，程序合法，内容适当，予以维持。

【案例分析】

《行政处罚法》第八条对行政处罚种类即行政处罚的具体形式采取列举法与概括法相结合的方式予以了明确：一是列举了行政处罚的6种形式，即警告；罚款；没收违法所得、没收非法财物；责令停产停业；暂扣或者吊销许可证、暂扣或者吊销执照；行政拘留。二是其他法律和行政法规规定的其他行政处罚种类。此外，《行政处罚法》第十一条、第十二条、第十三条分别规定地方性法规可以设定除限制人身自由、吊销企业营业执照以外的行政处罚。法律、行政法规对违法行为已经作出行政处罚规定，地方性法规需要作出具体

规定的，必须在法律、行政法规规定给予行政处罚的行为、种类和幅度的范围内规定。国务院部、委员会制定的规章可以在法律、行政法规规定的给予行政处罚的行为、种类和幅度的范围内作出具体规定。尚未制定法律、行政法规的，前款规定的国务院部、委员会制定的规章对违反行政管理秩序的行为，可以设定警告或者一定数量罚款的行政处罚。罚款的限额由国务院规定。省、自治区、直辖市人民政府和省、自治区人民政府所在地的市人民政府以及经国务院批准的较大的市人民政府制定的规章可以在法律、法规规定的给予行政处罚的行为、种类和幅度的范围内作出具体规定。尚未制定法律、法规的，前款规定的人民政府制定的规章对违反行政管理秩序的行为，可以设定警告或者一定数量罚款的行政处罚。罚款的限额由省、自治区、直辖市人民代表大会常务委员会规定。由上述规定可以得出，规章及其以下文件不能创设行政处罚种类。

本案例中，B 市环保局《行政处罚决定书》第一项处罚中的《C 县人民政府关于对未按期完成环保治理任务的重点污染企业进行处理的决定的通知》既不是国家法律、法规，也不是地方法规，那么“严格执行《C 县人民政府关于对未按期完成环保治理任务的重点污染企业进行处理的决定的通知》的要求”显然不是《行政处罚法》及环境保护法律、法规设定的行政处罚种类，A 省环保局复议予以撤销是正确的。

《行政处罚法》第二十四条规定：对同一个违法行为，不得给予两次以上罚款的行政处罚。如果 C 县环保局和 B 市环保局先后对此公司的同一个违法行为实施罚款，当然违反了《行政处罚法》的规定，依法应撤销其一。

一个具体的违法行为，由违法的主体、时间、地点、行为方式和违反的法律规范等诸多要素构成。此案例中，C 县环保局处罚决定书认定的违法行为是此纸业公司未按照规定完成限期治理任务、擅自恢复生产和化学制浆；而 B 市环保局处罚决定书认定的违法行为则是这家公司超标排污造成环境污染。不难看出，两份处罚决定书所认定的违法行为，一是行为方式不同，分别为擅自恢复生产和化学制浆、废水超标外排；二是行为时间不同，擅自恢复生产和化学制浆在前，废水超标准外排在后。行为时间和行为方式的不同，决定了此公司实施了两个违法行为而非一个违法行为。C 县环保局和 B 市环保局的罚款不是对同一个违法行为的重复处罚。

【执法提示】

本案例启示：

（1）实施环境行政处罚要严格依据国家法律、法规、地方法规规定的处罚种类进行处罚。规章及其以下文件不能创设任何行政处罚种类。

（2）找准处罚的对象，否则会因被处罚主体错误被撤销。

资料

关于对同一行为违反不同法规实施行政处罚时适用法规问题的复函

国家环境保护总局　环函[2002]166 号

江苏省环境保护厅：

你局《关于对违反不同法律规定的同一行为如何进行处罚等问题的请示》（苏环法[2002]15 号）收悉。经研究，函复如下：

根据《固体废物污染环境防治法》第七十五条的规定，液态废物和置于容器中的气态废物的污染防治，适用于固体废物污染环境防治的法律规定。

另据《国家危险废物名录》的规定，从医用药品的生产制作过程中产生的医药废物，属于危险废物。

《固体废物污染环境防治法》第十六条规定，处置固体废物的单位和个人，必须采取防止污染环境的措施。处置危险废物还必须遵守该法第四章关于危险废物污染环境防治的特别规定。

又据《大气污染防治法》第四十一条的规定：在人口集中地区和其他依法需要特殊保护的区域内，禁止焚烧产生有毒有害烟尘和恶臭气体的物质。

根据以上规定，有关单位在人口集中地区和其他依法需要特殊保护的区域内，焚烧高浓度医药废液，该行为同时违反《固体废物污染环境防治法》和《大气污染防治法》的有关规定。按照《行政处罚法》第二十四条关于"对当事人的同一违法行为，不得给予两次以上罚款的行政处罚"的规定，环保部门对违法行为人可依照两种法律规定中处罚较重的规定，定性处罚。

二〇〇二年六月十四日

案例六十八：行政机关应合法行政与合理行政案例

【案情介绍】

兰州百美纸业公司前身兰州榆中造纸厂是甘肃省规模最大的造纸企业，由于无环保设施，流动资金困难，2001 年被迫停产。2003 年 9 月，榆中县委、县政府招商引资，宋俊泽带着自己积攒及向亲朋集资、借贷的 3200 万元巨资到甘肃投资发展，与当地政府签订《租赁经营合同书》，个人租赁、独立经营、管理负债累累的榆中造纸厂，后改为兰州百美纸业有限公司。宋俊泽将筹得的资金全部用于企业的设施更新、生产工艺改造及环保设施的安装和运行，使企业生产规模、产品质量、污水治理、环境保护等得到重大改善；扩大了用工，对带动当地经济发展具有积极意义。截至 2007 年 11 月，企业 COD 自动在线监控仪显示数据表明污水中国家控制的主要污染物 COD 已经稳定地达到排放标准。该公司还更新了全部动力设施，生产能耗大大降低，生产能力显著提高。可是自申请人投入巨额资产后，麻烦和干扰便接踵而至，先是环保部门对企业迟迟不予验收，后是个别新闻媒体对企业进行失实报道，损害了企业的形象和声誉，导致管理部门对企业正常生产经营及符合标准的正常排污不敢认定，致使企业长期处于停停整整、断断续续的生产，造成了巨大的损失。

2008 年 4 月 30 日，兰州市人民政府对榆中县人民政府下达了《关于关闭兰州百美纸业有限公司的通知》，同日县政府对纸业公司作出关闭通知，并限定"必须于 2008 年 5 月 10 日前拆除主要生产设施，蒸球落地"。市、县政府的通知严重影响到企业的生存，致使企业 3000 多万元投资血本无归！于是，兰州百美纸业有限公司向甘肃省人民政府申请复议，认为兰州市人民政府、榆中县人民政府关闭纸业公司的决定违反法律规定，严重侵犯企业合法权益，依法应予撤销。

【案例分析】

从环保行政主管部门的职责看，上述案例涉及兰州百美纸业有限公司两个方面的环保问题，一是环保设施验收，二是废水排放。那么，这两个方面违法能否将企业关闭？

《中华人民共和国环境保护法》第三十九条规定：对经限期治理逾期未完成治理任务的企业事业单位，除依照国家规定加收超标准排污费外，可以根据所造成的危害后果处以罚款，或者责令停业、关闭。《中华人民共和国水污染防治法》（1996 年，2008 年已经修订）第五十二条规定：造成水体严重污染的企业事业单位，经限期治理，逾期未完成治理任务的，除按照国家规定征收两倍以上的超标准排污费外，可以根据所造成的危害和损失处以罚款，或者责令其停业或者关闭。罚款由环保部门决定。责令企业事业单位停业或者关闭，由作出限期治理决定的地方人民政府决定；责令中央直接管辖的企业事业单位停业或者关闭的，须报经国务院批准。《建设项目环境保护管理条例》第二十八条规定：违反本条例规定，建设项目需要配套建设的环境保护设施未建成、未经验收或者经验收不合格，主体工程正式投入生产或者使用的，由审批该建设项目环境影响报告书、环境影响报告表或者环境影响登记表的环境保护行政主管部门责令停止生产或者使用，可以处 10 万元以下的罚款。

环保局不给兰州百美纸业有限公司验收，兰州百美纸业有限公司继续生产，环保局的处罚充其量是责令停止生产或者使用，可以处 10 万元以下的罚款；但没有规定由政府将企业关闭。如果能认定兰州百美纸业有限公司污染严重，那么，应当对兰州百美纸业有限公司限期治理，如果逾期未完成治理任务，可以根据所造成的危害和损失处以罚款，或者责令其停业或者关闭。

本案例中，兰州市人民政府、榆中县人民政府做出的关闭兰州百美纸业有限公司的决定依据错误，不符合法定形式，违反了以上法律规定，也违反了法定程序。

本案发生之后修订的现行《中华人民共和国水污染防治法》（2008 年修订）第七十一条规定：违反本法规定，建设项目的水污染防治设施未建成、未经验收或者验收不合格，主体工程即投入生产或者使用的，由县级以上人民政府环境保护主管部门责令停止生产或者使用，直至验收合格，处 5 万元以上 50 万元以下的罚款。第七十四条规定：违反本法规定，排放水污染物超过国家或者地方规定的水污染物排放标准，或者超过重点水污染物排放总量控制指标的，由县级以上人民政府环境保护主管部门按照权限责令限期治理，处应缴纳排污费数额 2 倍以上 5 倍以下的罚款。限期治理期间，由环境保护主管部门责令限制生产、限制排放或者停产整治。限期治理的期限最长不超过一年；逾期未完成治理任务的，报经有批准权的人民政府批准，责令关闭。这里对企业限期治理和关闭的规定更明确。2009 年 6 月环境保护部配套发布了《限期治理管理办法（试行）》，环保行政主管部门也应当遵照执行。

【执法提示】

本案例启示，关闭企业要严格依照法律规定，合法行政与合理行政，既不能将不符合关闭条件的企业报政府强行关闭，也不能对应当关闭的企业不履行程序拖着不予关闭。国务院《全面推进依法行政实施纲要》规定，行政机关实施行政管理，应当依照法律、法规、规章的规定进行；没有法律、法规、规章的规定，行政机关不得作出影响公民、法人和其他组织合法权益或者增加公民、法人和其他组织义务的决定。行政机关实施行政管理，所采取的措施和手段应当必要、适当，可以采用多种方式实现行政目的的，应当避免采用损害当事人权益的方式。要严格遵循法定程序，依法保障行政管理相对人、利害关系人的知情权、参与权和救济权。违法关闭造成企业直接损失的将承担国家行政赔偿责任。

案例六十九：后督察案

【案情介绍】

某造纸厂因未按规定设置排污口被杭州市环保局立案调查。经调查核实，当事人物化沉淀池废水未经处理完全，而直接经溢流口通过管道外排至厂外沟渠。经采样监测，沉淀池溢流口排放废水 COD 浓度为 3160 毫克/升，悬浮物浓度为 231 毫克/升，总外排口排放废水 COD 浓度为 7770 毫克/升，悬浮物浓度为 172 毫克/升，均超过《制浆造纸工业水污染排放标准》（GB3544—2008）。

杭州市环保局于 2011 年 3 月 3 日作出杭环监罚[2011]7 号行政处罚决定书，责令当事人立即改正，并处罚人民币 10 万元。

2011 年 5 月 18 日，监察人员对当事人开展后督察，当事人污染物处理设施运行正常，对于未按规定设置的排污口已用混凝土予以封堵，整改比较到位，罚款也已经按时缴纳。

【案例分析】

随着社会经济发展日益迅速，与环境保护的矛盾不断凸显，民众环保意识的增强，对环境执法的规范性、有效度、执行力都提出了更高要求。执法需要有效监督，才能自我改善、自我提升。环境执法后督察是促进环境执法规范化的有力措施，是保障法律法规得以贯彻落实的重要手段，也是强化执法执行力的有效保证。《环境行政执法后督察办法》的出台让后督察工作更加有法可依。

从本案来看，当事人整改到位，行政处罚决定执行到位，后督察中未发现其他违法行为。但如何结合实际使得后督察工作更具成效，还需从以下几个方面不断完善：

《行政处罚法》第五十四条规定：行政机关应当建立健全对行政处罚的监督制度。县级以上人民政府应当加强对行政处罚的监督检查。

公民、法人或者其他组织对行政机关作出的行政处罚，有权申诉或者检举；行政机关应当认真审查，发现行政处罚有错误的，应当主动改正。

【执法提示】

环境行政执法应加强后续监管。许多重大污染事故或环境违法行为与监管不力有关，而监管不力中许多是忽视跟踪监管。因此，污染企业一犯再犯、屡教不改的现象时有发生。环境行政执法既要“查”又要“督”，“查”和“督”两手都要抓、都要硬，凡处罚必须要后督察，以后督察加强处罚执行力，实现执法目标与效果。

第三节　环境行政处罚强制执行典型案例及其分析

一、概述

环境行政强制执行包括：法院的强制执行和行政机关的强制执行两方面。

（一）行政强制执行

1．条件

（1）有不履行法定义务的事实；

（2）法律明确规定，被管理人不履行义务；

（3）必须依法定方式。

2．主要强制执行方式

（1）行政代执行；

流程：告诫→代执行→征收费用

（2）当事人拒不缴纳罚款的执行措施包括：

①当事人到期不缴纳罚款的，环境保护主管部门可以对当事人每日按罚款数额的百分之三加处罚款。

②《固体废物污染环境防治法》第五十五条规定：产生危险废物的单位，必须按照国家有关规定处置危险废物，不得擅自倾倒、堆放；不处置的，由所在地县级以上地方人民政府环境保护行政主管部门责令限期改正；逾期不处置或者处置不符合国家有关规定的，由所在地县级以上地方人民政府环境保护行政主管部门指定单位按照国家有关规定代为处置，处置费用由产生危险废物的单位承担。

③《水污染防治法》第七十六条规定：有下列行为之一的……逾期不采取治理措施的，环境保护主管部门可以指定有治理能力的单位代为治理，所需费用由违法者承担：（一）向水体排放油类、酸液、碱液的；（二）向水体排放剧毒废液，或者将含有汞、镉、砷、铬、铅、氰化物、黄磷等的可溶性剧毒废渣向水体排放、倾倒或者直接埋入地下的。

《水污染防治法》第八十条规定，……可以指定有治理能力的单位代为治理，所需费用由船舶承担。

《水污染防治法》第八十三条规定，企业事业单位违反本法规定，造成水污染事故的，……不按要求采取治理措施或者不具备治理能力的，由环境保护主管部门指定有治理能力的单位代为治理，所需费用由违法者承担。

（二）人民法院强制执行

1．人民法院受理强制执行申请的条件

人民法院受理强制执行申请的条件主要有：

①处罚决定已经生效；

②被申请人在处罚决定确定的期限内未履行义务；

③环境保护主管部门提出的申请在法定期限内；

④该案件属于受理申请执行的人民法院管辖。

2．人民法院受理环境行政强制执行的时间要求

《环境行政处罚办法》第六十二条对《环境保护法》、《行政复议法》、《行政诉讼法》和《最高人民法院关于执行〈中华人民共和国行政诉讼法〉若干问题的解释》的有关规定进行了梳理汇总，环保部门向法院提出强制执行申请应在下列期限内提起：

①行政处罚决定书送达后当事人未申请行政复议且未提起行政诉讼的，在处罚决定书送达之日起 60 日后起算的 180 日内；

②复议决定书送达后当事人未提起行政诉讼的，在复议决定书送达之日起 15 日后起算的 180 日内；

③第一审行政判决后当事人未提出上诉的，在判决书送达之日起 15 日后起算的 180 日内；

④第一审行政裁定后当事人未提出上诉的，在裁定书送达之日起 10 日后起算的 180 日内；

⑤第二审行政判决书送达之日起 180 日内。

3.《中华人民共和国行政强制法》已由中华人民共和国第十一届全国人民代表大会常务委员会第二十一次会议于 2011 年 6 月 30 日通过，自 2012 年 1 月 1 日起施行

《中华人民共和国行政强制法》第五章对没有行政强制执行权的行政机关申请人民法院强制执行做了专门规定。自 2012 年 1 月 1 日起，有关申请人民法院强制执行的时限、程序和其他有关要求应当按照《中华人民共和国行政强制法》执行。

申请期限：行政处罚决定书送达后当事人未申请行政复议且未提起行政诉讼的，在处罚决定书送达之日起 60 日后起算的 3 个月内提出申请。

前置程序：先催告当事人履行义务，催告书送达 10 日后当事人仍未履行义务的，向人民法院提出申请。

执行管辖：行政机关所在地有管辖权的人民法院；执行对象是不动产的，向不动产所在地有管辖权的人民法院申请。

向人民法院申请需提交的材料：

（1）强制执行申请书；

（2）行政决定书及作出决定的事实、理由和依据；

（3）当事人的意见及行政机关催告情况；

（4）申请强制执行标的情况；

（5）法律、行政法规规定的其他材料。

二、环境行政处罚强制执行典型案例分析及执法要点解析

案例七十：非诉强制执行案例

【案情介绍】

2010 年 4 月 1 日，A 市环保局在对辖区企业进行排查时发现，某印染公司污染防治设施未经验收，擅自于 2010 年 2 月 5 日正式投入生产，印染废水未经处理直接超标外排，违反了《建设项目环境保护管理条例》第二十三条“建设项目需要配套建设的环境保护设施经验收合格，该建设项目方可正式投入生产或者使用”的规定。

A 市环保局依据《建设项目环境保护管理条例》第二十八条“违反本条例规定，建设项目需要配套建设的环境保护设施未建成、未经验收或者经验收不合格，主体工程正式投入生产或者使用的，由审批该建设项目环境影响报告书、环境影响报告表或者环境影响登

记表的环境保护行政主管部门责令停止生产或者使用，可以处 10 万元以下的罚款”的规定，于 4 月 25 日作出如下处罚：① 责令立即停止生产；② 罚款 8 万元。

该公司在接到《处罚决定书》后，拒不履行处罚决定，既未停产也未在规定的履行期限内缴纳罚款，且在规定的时间内未申请行政复议，也未提起诉讼。A 市环保局遂向当地法院申请强制执行，请求法院对该公司强制执行停止生产和 8 万元罚款的处罚决定。

法院在对该案件的有关证据材料和处罚决定进行审查后，对罚款 8 万元的处罚决定进行了强制执行，但对停止生产的内容则以“不具有给付内容”为由不予受理，在执行完罚款决定后就予以结案。该公司在被强制执行缴纳罚款后，仍未停产，继续违法生产、排污。

【案例分析】

《行政诉讼法》第六十六条规定：公民、法人或者其他组织对具体行政行为在法定期间不提起诉讼又不履行的，行政机关可以申请人民法院强制执行，或者依法强制执行。

“责令停止生产”也是一种具体行政行为，也可以作为具体行政行为的一种申请法院强制执行。

本案例中，法院提出停止生产不具有给付内容而不予受理存在一定的问题。

1998 年最高人民法院发布的《关于人民法院执行工作若干问题的规定》第十八条第四项规定，人民法院受理执行案件，申请执行的法律文书应当具有给付内容。目前法院多以此为依据对责令不作为的具体行政行为不予受理。但是法律并未排斥执行内容为行为。因此，以执行司法解释认定责令不作为的具体行政行为不具给付内容，因而不属于人民法院受理，其依据不够充分。

2000 年 3 月 10 日起施行的《最高人民法院关于执行〈中华人民共和国行政诉讼法〉若干问题的解释》第八十六条中行政机关根据行政诉讼法第六十六条的规定申请执行其具体行政行为，应当具备的条件之一是“具体行政行为已经生效并具有可执行内容”，没有关于“给付内容”的规定。从法律规定及立法本意来看，法律和行政法规规定了对某种违法行为的遏制和制裁措施，是基于其违法事实、违法程度综合考量作出的规定，既然责令不作为具体行政行为是必要的、符合法律规定的，如果对此类案件不受理执行会使应受处罚、应当停止的违法行为不能得到有效的制裁和约束，使相关行为罚、行政命令、行政命令设定的立法意义、价值受到冲击。因此，对责令不作为具体行政行为的强制执行申请不受理的观点在理论上是不能成立的，也是违法的。

环境保护部《关于环保部门可以申请人民法院强制执行责令改正决定的复函》（环函[2010]214 号）也给予了明确解释。

法院在此类案件的具体执行方式上应以对相对人可处迟延履行金、罚款或对相对人的法定代表人、直接责任人采取人身强制等积极的作为为主要执行措施。当人民法院作出准予强制执行的裁定并送达后，相对人未履行停产的义务，即构成迟延履行、拒不履行人民法院生效判决裁定，应依诉讼法相关规定可以迟延履行金，予以警告、罚款、拘留，情节严重的，应追究相关人员的刑事责任。

【执法提示】

《环境行政处罚办法》明确规定了行政处罚和行政命令的区别和适用程序，在执法时必须本着处罚与教育相结合的原则，罚教结合，处罚的同时注重违法行为的改正。环保部门作出责令改正决定时，应当告知行政管理相对人依法享有申请行政复议或者提起行政诉讼的权利。对拒不改正违法行为的应积极向法院申请强制执行，但必须严格按照法定程序执法。对于责令停产等责令不作为的处罚，法院不予受理是不正确的。

案例七十一：证据不足法院不予强制执行

【案情介绍】

某环保局对某个体工商户的行政违法行为做出了行政处罚，由于此个体户地址在乡镇，故采取了邮寄送达方式，并收到邮局的送达回执。两个月后，此个体户既未履行处罚决定，又未申请复议与诉讼，某环保局遂向法院申请强制执行。执行过程中，此个体户声称未收到某环保局的行政处罚决定书。法院审理后认定，某环保局证据中虽有邮寄送达回执，但邮寄的内容是否包含行政处罚决定书缺乏证据，故驳回某行政机关的强制执行申请。

【案例分析】

2000 年 3 月 10 日起施行的《最高人民法院关于执行〈中华人民共和国行政诉讼法〉若干问题的解释》第九十一条第一款规定，行政机关申请人民法院强制执行其具体行政行为，应当提交申请执行书、据以执行的行政法律文书、证明该具体行政行为合法的材料和被执行人财产状况以及其他必须提交的材料；第九十三条规定，人民法院受理行政机关申请执行其具体行政行为的案件后，应当在 30 日内由行政审判庭组成合议庭对具体行政行为的合法性进行审查，并就是否准予强制执行作出裁定；需要采取强制执行措施的，由本院负责强制执行非诉行政行为的机构执行。

本案例中某环保局虽已“送达”行政处罚决定书，但其证据中邮寄送达回执的内容是否包含行政处罚决定书缺乏证据，法院驳回其强制执行申请是合法的。

【执法提示】

环境行政执法既要注重证据还要注重证据的质量。环境行政执法证据种类有书证、物证、视听资料、证人证言、当事人陈述、鉴定结论、现场笔录等。现行《环境行政处罚办法》（2010 年）规定环境行政处罚证据主要有书证、物证、证人证言、视听资料和计算机数据、当事人陈述、监测报告和其他鉴定结论、现场检查（勘察）笔录等形式。证据必须具备真实、合法、关联三个基本属性，三个基本属性必须同时具备。忽视关联性同样会导致证据失去效力。

资料

关于环保部门申请人民法院强制执行问题的复函

国家环境保护局　环法函字[91]第 49 号

内蒙古城乡建设环境保护厅：

你厅内建环字[91]第 225 号文收悉。经研究，对所提有关环保部门申请人民法院强制执行的问题答复如下：

根据有关法律法规的规定，环保部门可以就其作出的行政处罚和其他具体行政行为，申请人民法院强制执行，但必须符合法定条件。

一、环境行政处罚的强制执行

根据《环境保护法》第四十条的规定，当事人一方对环保部门的行政处罚不服的，可以在接到处罚通知之日起 15 日内，申请复议或者提起诉讼。如果当事人逾期不申请复议、也不向人民法院起诉、又不履行处罚决定的，作出处罚决定的环保部门可以申请人民法院强制执行。

二、其他具体环境行政行为的强制执行

环保部门除了有权作出行政处罚外，还可依法实施其他具体环境行政行为，如依法征收排污费。相对人对此不服的，也可依法申请复议和提起诉讼。根据《行政诉讼法》第六十六条的规定，如果相对人在法定期限内不提起诉讼又不履行的，作出具体环境行政行为的环保部门有权申请人民法院强制执行。又根据《行政复议条例》第九条和第二十九条的规定，如果相对人在法定期限内申请复议，而且复议机关已经受理的，则环保部门在法定复议期限内不得申请强制执行。

三、申请强制执行的费用问题

按照《人民法院诉讼收费办法》的规定，行政机关申请人民法院强制执行行政处罚或者其他具体环境行政行为，应当交纳申请执行费和执行中实际支出的费用。

因此，你厅请示中所指罚款的强制执行，应按上述第一条的精神办理；有关排污费及其滞纳金的强制征收，则应按上述第二条的精神办理。环保部门申请人民法院强制执行环境行政处罚和其他具体环境行政行为，亦应按照法院规定交纳有关费用。

国家环境保护局

1991 年 7 月 10 日

第五章　环境行政复议和环境行政诉讼

第一节　环境行政复议典型案例及其分析

一、概述

（一）环境行政复议范围

根据《行政复议法》第六条和第七条、《环境行政复议办法》第七条规定，以及有关环境保护法律、法规的规定，行政相对人对环境保护行政机关的下列具体行政行为不服可以申请复议或审查：

（1）对环境保护行政主管部门作出的查封、扣押财产等行政强制措施不服的；

（2）对环境保护行政主管部门作出的警告、罚款、责令停止生产或者使用、暂扣、吊销许可证、没收违法所得等行政处罚决定不服的；

（3）认为符合法定条件，申请环境保护行政主管部门颁发许可证、资质证、资格证等证书，或者申请审批、登记等有关事项，环境保护行政主管部门没有依法办理的；

（4）对环境保护行政主管部门有关许可证、资质证、资格证等证书的变更、中止、撤销、注销决定不服的；

（5）认为环境保护行政主管部门违法征收排污费或者违法要求履行其他义务的；

（6）认为环境保护行政主管部门的其他具体行政行为侵犯其合法权益的；

（7）认为环境保护行政机关的具体行政行为所依据的有关规定不合法的。

《行政复议法》第七条规定：公民、法人或者其他组织认为行政机关的具体行政行为所依据的国务院部门的规定，县级以上人民政府及其工作部门的规定，乡、镇人民政府的规定不合法的，在对具体行政行为申请行政复议时，可一并提出对该规定的审查申请。这一规定，第一次将部分抽象行政行为列入了申请审查的范围，从而扩大了环境行政复议的范围。

（二）不能申请复议的事项

根据《行政复议法》第八条和《环境行政复议办法》第八条规定，在环境保护领域中不能申请行政复议的事项包括：

（1）申请行政复议的时间超过了法定申请期限又无法定正当理由的；

（2）不服环境保护行政主管部门对环境污染损害赔偿责任和赔偿金额等民事纠纷作出的调解或者其他处理的；

（3）申请人在申请行政复议前已经向其他行政复议机关申请行政复议或者已向人民法院提起行政诉讼，其他行政复议机关或者人民法院已经依法受理的；

（4）法律、法规规定的其他不予受理的情形。

环境行政复议机关对不予受理的情况应说明理由。

（三）环境行政复议决定

环境行政复议决定指环境行政复议机构对复议案件进行全面审查之后提出意见，经复议机关的负责人同意或者集体讨论所作的复议决定。这是对争议的具体环境行政行为作出判断和处理，并按照法定内容制作行政复议决定书的过程。

作出决定之前，环境行政复议机构的全体成员应进行充分的讨论，并记录在案。

复议决定包括下列四种：

（1）维持原具体环境行政行为。

经过审理，复议机关认为具体环境行政行为同时具备以下四个条件，就会作出维持的决定。

① 具体环境行政行为适用依据正确。即具体环境行政行为的内容符合有关环境法律、法规、规章和具有普遍约束力的决定和命令的规定。

② 具体环境行政行为事实清楚、证据确凿。即由被申请人提供或者复议机关掌握的事实和证据，足以证明原具体行政行为是合法和正当的。

③ 具体环境行政行为符合法定权限。即作为被申请人的环境保护行政机关有资格作出该行为，且该行为的内容没有超出该机关的法定权限。

④ 具体环境行政行为符合法定程序。即作为被申请人的行政机关在作出该行为时是依照法定程序办理的。

（2）责令被申请人在一定期限内履行其法定职责。

主要运用于作为被申请人的环境保护行政机关不履行有关环境法律、法规或规章规定的职责。如对符合申请条件的排污单位未发给排污许可证，或对符合条件的环境保护设施不组织验收等。复议机关经审理确认后，决定环境保护机关在一定期限内履行职责。

（3）撤销、变更原具体环境行政行为。

原具体环境行政行为有下列情形之一的，决定撤销、变更，并可以责令被申请人重新作出具体行政行为：

① 主要事实不清、证据不足。主要事实是能够证明作出具体行政行为的客观情况及其证据，是环境保护行政机关适用法律的客观前提。主要事实是最基本的也是最关键的事实，其他相关的事实为次要事实。如某厂在最高水位线以下的岸坡堆放固体废物的行为被处以罚款。这里的主要事实就是违法堆放固体废物的事实及证据，至于堆放的是炉灰渣还是建筑垃圾，则是次要事实。

② 适用依据错误的。主要是指适用法律、法规和规章错误的。如应适用 A 法却适用了 B 法，应适用 A 法的省区条却适用了二十三条，适用的法律、法规是已失效或尚未生效的等。

③违反法定程序影响申请人合法权益。法定程序是保证行政机关合法高效行使职权的基本条件和保证。违反法定程序是违法的。有时违反法定程序并不影响相对人的合法权益，如实施现场检查或处罚时没有出示证件表明身份；而有时违反法定程序则直接影响相对人的合法权益，如某县环保局越权进行的行政处罚，既在程序上违法又影响相对人的权益。

④超越或者滥用职权。超越职权一般有两种情况，一种是行使不属于环境保护行政机关的权力，如行使了属于政府的停业关闭的权力。另一种是虽属于环境保护行政机关的职权但超越了法定权限，或滥用职权，如不依法作出行政许可或在作出行政许可时增加附加条件等。

⑤具体行政行为明显不当。主要是指环境保护行政机关在自由裁量权范围内做了明显不适当、不合理的行为。一般表现为，在法定范围内不论具体情节而畸轻畸重，或者对情节基本相同的数个相对人厚此薄彼，或者没有理由而不循先例。如相对人违法情节并不严重，却被处以罚款的上限。

（4）决定行政赔偿。

如果行政复议机关经过审理，确认原具体行政行为侵犯了相对人的合法权益，并造成损失，复议机关可以根据申请人的赔偿请求，责令做出具体行政行为的环境保护机关负责赔偿。

申请人在申请复议时没有提出赔偿请求的，行政复议机关在决定撤销或变更罚款、撤销违法集资、没收财物、征收财物、摊派费用及对财产的查封、扣押、冻结等行为时，应当同时责令被申请人返还财产、解除对财产的查封、扣押措施，或者赔偿相应的价款。

二、环境行政复议典型案例分析及执法要点解析

案例七十二：环境行政复议期限案

【案情介绍】

2007年3月，江苏省无锡市惠山区环保局在进行环境监察检查发现，无锡市某灯饰有限公司未经环评审批同意擅自开始进行电镀前处理镀铜、镀镍、镀铬和喷涂等生产线建设和生产。

4月25日，无锡市惠山区环保局以这一公司上述行为违反了《建设项目环境保护管理条例》第九条为由，依据《建设项目环境保护管理条例》第二十八条对这家公司做出如下行政处罚：①责令立即停止所有生产线的建设和生产，办理环评审批手续，未经环评审批同意或虽经环评审批同意但未通过项目“三同时”验收，不得进行现有生产线的建设和生产；②罚款5万元。同时，行政处罚决定书上载明：如无锡市某灯饰有限公司对本行政处罚决定不服，可以在收到本行政处罚决定书之日起60日内向无锡市环保局或无锡市惠山区人民政府申请复议，也可在15日内直接向人民法院起诉，逾期不申请复议，也不向人民法院起诉，又不履行行政处罚决定的，将申请人民法院强制执行。

行政处罚决定书生效后，这家公司既未在规定限期内履行行政处罚决定书规定的内容，也未申请行政复议或提起行政诉讼。8月15日，无锡市惠山区环保局向无锡市惠山区

人民法院申请强制执行，法院行政审判庭对此行政处罚决定进行了听证审查。审查期间，无锡市某灯饰有限公司缴纳了罚款 5 万元，但对行政处罚决定第一条仍未自觉履行。9 月 5 日，法院行政审判庭做出行政裁定：准予执行行政处罚决定书。随后，此案移送至法院执行局执行。

【案例分析】

行政复议是指公民、法人或者其他组织不服行政主体作出的具体行政行为，认为行政主体的具体行政行为侵犯了其合法权益，依法向法定的行政复议机关提出复议申请，行政复议机关依法对该具体行政行为进行合法性、适当性审查，并作出行政复议决定的行政行为。但是，公民、法人或者其他组织向法定的行政复议机关提出复议申请必须在一定期限内提出。

《行政复议法》第九条明确规定：公民、法人或者其他组织认为具体行政行为侵犯其合法权益的，可以自知道该具体行政行为之日起 60 日内提出行政复议申请；但是法律规定的申请期限超过 60 日的除外。因不可抗力或者其他正当理由耽误法定申请期限的，申请期限自障碍消除之日起继续计算。2007 年 8 月 1 日起施行的《行政复议法实施条例》第十五条又做出相应的补充：①当场作出具体行政行为的，自具体行政行为作出之日起计算；②载明具体行政行为的法律文书直接送达的，自受送达人签收之日起计算；③载明具体行政行为的法律文书邮寄送达的，自受送达人在邮件签收单上签收之日起计算；没有邮件签收单的，自受送达人在送达回执上签名之日起计算；④具体行政行为依法通过公告形式告知受送达人的，自公告规定的期限届满之日起计算；⑤行政机关作出具体行政行为时未告知公民、法人或者其他组织，事后补充告知的，自该公民、法人或者其他组织收到行政机关补充告知的通知之日起计算；⑥被申请人能够证明公民、法人或者其他组织知道具体行政行为的，自证据材料证明其知道具体行政行为之日起计算。行政机关作出具体行政行为，依法应当向有关公民、法人或者其他组织送达法律文书而未送达的，视为该公民、法人或者其他组织不知道该具体行政行为。

行政复议申请期限不仅关系到公民、法人和其他组织能否充分地行使其行政复议申请权，保护自己的合法权益，而且涉及行政机关能否正确地行使其权力。《环境保护法》第四十条规定：当事人对行政处罚决定不服的，可以在接到处罚通知 15 日内申请复议，也可以在 15 日内直接向法院起诉；当事人逾期不申请复议、也不向法院起诉、又不履行处罚决定的，由环保部门申请法院强制执行。由于《行政复议法》的颁布，当事人申请复议的期限一般为 60 日或更长。

本案例中，行政处罚决定书生效后，某灯饰有限公司既未在规定限期内履行处罚书规定的内容，也未申请行政复议或提起行政诉讼，无锡市惠山区环保局向无锡市惠山区人民法院申请强制执行是符合法律规定的。法院在受理申请执行审查期间，某灯饰有限公司虽然缴纳了罚款 5 万元，但对行政处罚决定中停止所有生产线的建设和生产仍未自觉履行，法院继续受理并执行是正确的。

【执法提示】

本案例中环保部门依照《环境保护法》规定的“不复议”、“不起诉”、“不履行”的条件向人民法院申请强制执行。但环保部门做出行政处罚决定到申请法院强制执行已长达近 4 个月，这 4 个月中被执行人某灯饰有限公司一直是在违法建设和生产。如果建设和生产中发生了污染事故，将可能导致难以弥补的损失和环境破坏。因此，对于环境风险比较大的违法行为，不能只等待申请法院强制执行，而应充分利用法律、法规、规章的规定促使企业自觉改正或停止违法行为。如《环境行政处罚办法》（2010 年修订）第十一条规定，环境保护主管部门实施行政处罚时，应当及时作出责令当事人改正或者限期改正违法行为的行政命令。责令改正期限届满，当事人未按要求改正，违法行为仍处于继续或者连续状态的，可以认定为新的环境违法行为。

资料

全国人民代表大会常务委员会法制工作委员会
关于环保部门就环境行政处罚决定申请人民法院强制执行的期限有关问题的答复
（法工委复字[2001]17 号）

国家环境保护总局:

你局 2001 年 5 月 26 日来函（环函[2001]100 号）收悉，现答复如下:

同意国家环保总局的意见。

环境保护法第四十条规定，当事人对行政处罚决定不服的，可以在接到处罚通知之日起 15 日内，向做出处罚决定的机关的上一级机关申请复议：对复议决定不服的，可以在接到复议决定之日起 15 日内，向人民法院起诉。当事人也可以在接到处罚通知之日起 15 日内，直接向人民法院起诉。当事人逾期不申请复议、也不向人民法院起诉、又不履行处罚决定的，由做出处罚决定的机关申请人民法院强制执行。行政复议法第九条规定，公民、法人或者其他组织认为具体行政行为侵犯其合法权益的，可以自知道该具体行政行为之日起 60 日内提起行政复议申请；但是法律规定的申请期限超过 60 日的除外。行政诉讼法第三十九条规定，当事人直接向法院提起诉讼的期限为 3 个月，法律另有规定的除外。

根据以上规定，如果当事人自接到环保部门的行政处罚通知之日起，超过 15 天未起诉，超过 60 日未申请复议，又不履行处罚决定的，做出处罚决定的环保部门即可申请人民法院强制执行。

全国人大常委会法制工作委员会
2001 年 6 月 25 日

案例七十三：改变具体行政行为的复议案例

【案情介绍】

2000 年 6 月初，某县经贸公司向某县环保局、工商局提出投资建设苦味酸（俗称黄色炸药）生产项目的申请。县环保局和工商局分别于 6 月 24 日、6 月 27 日批准了该经贸公司的申请。某县经贸公司于 2000 年 8 月正式投入生产。2000 年 11 月 24 日某市环保局接到某县群众举报称：某县经贸公司生产苦味酸，排放污水，造成对其周围环境严重污染。某市环保局经过调查，认为某县经贸公司未按《化学危险品安全管理条例》的规定程序报批，擅自投资生产苦味酸，利用渗坑排放污水，造成厂区附近土壤及饮用水井水质污染。据此，根据《水污染防治法》的规定，决定对经贸公司处罚如下：①立即停止苦味酸生产，拆除苦味酸生产设施；②罚款人民币 5 万元；③在一个月内清除所排废液及已污染的土壤。某县经贸公司不服某市环保局的行政处罚决定，遂向某市政府申请行政复议，请求撤销某市环保局的行政处罚决定。

复议机关认为：某县经贸公司在生产过程中造成对周围环境的污染，其行为违反了《水污染防治法》的规定，依法应予处罚。但某市环保局作出的行政处罚决定明显适用法律错误。责令拆除生产设施无法律依据；罚款人民币 5 万元不适当。为此，某市政府决定撤销某市环保局的行政处罚决定，责令其重新作出具体行政行为。

【案例分析】

某县经贸公司投资建设苦味酸生产项目，虽然经过申请并得到县环保局和工商局的审查批准，但根据《民用爆炸物品管理条例》的规定，建立民用爆炸器材工厂，必须符合法定的前置审批条件，县环保局和工商局审批同意投资建设苦味酸生产项目，属于越权许可行为。因此，某县经贸公司实际上并未真正取得合法的苦味酸生产资格。

县经贸公司在实际上并未真正取得合法的苦味酸生产资格的基础上，又在生产过程中造成对周围环境的污染。上述行为违反了《民用爆炸物品管理条例》和《水污染防治法》，依法应予以处罚。

但是，本案例中，擅自投资生产苦味酸，利用渗坑排放污水，造成厂区附近土壤及饮用水水质污染，无论是认定利用渗坑排放方式违法，还是造成污染违法，在《水污染防治法》（1999 年）中都找不到责令拆除生产设施的依据。根据 2000 年 3 月 20 日发布的《中华人民共和国水污染防治法实施细则》，如果排放的污水不含剧毒废液、可溶性剧毒废渣或病原，污染直接损失又达不到 25 万元，则某市环保局罚款人民币 5 万元的决定就没有依据，或者是不适当的。

《行政复议法》第二十八条第三项规定：具体行政行为有下列情形之一的，决定撤销、变更或者确认该具体行政行为违法；决定撤销或者确认该具体行政行为违法的，可以责令被申请人在一定期限内重新作出具体行政行为：①主要事实不清、证据不足的；②适用依据错误的；③违反法定程序的；④超越或者滥用职权的；⑤具体行政行为明显不当的。

因此，市政府决定撤销市环保局的行政处罚决定，责令其重新作出具体行政行为是正确的。

另外，某县经贸公司不仅是违反《水污染防治法》（1999 年，2008 年已经修订），还可能涉及违反《化学危险品安全管理条例》（1987 年发布，2002 年、2011 年两次修订）的规定。

【执法提示】

具体行政行为适用依据错误是行政复议机关决定撤销或者确认该具体行政行为违法的情形之一。因此，环境保护执法人员在环境行政执法中一定要正确地适用法律、法规以及规章。具体行政行为适用的依据是规章以下的规范性文件时，一定要认真审查其合法性，否则，经复议撤销或者确认违法会带来重新做出具体行政行为以及追责等问题。

资料

环境行政复议办法

环境保护部令第4号

（2008年12月30日起施行）

……

第二十九条

申请人在申请行政复议时，要求环境行政复议机关一并对被申请复议的具体行政行为所依据的有关规定进行审查的，或者环境行政复议机关在对被申请复议的具体行政行为进行审查时，认为其依据不合法，环境行政复议机关有权处理的，应当在30日内依法处理；无权处理的，应当在7个工作日内制作规范性文件转送函，按照法定程序转送有权处理的行政机关依法处理。

申请人在对具体行政行为提出行政复议申请时尚不知道该具体行政行为所依据的规定的，可以在环境行政复议机关作出行政复议决定前向环境行政复议机关提出对该规定的审查申请。

……

第三十二条

环境行政复议机构应当对被申请人作出的具体行政行为进行审查，拟定行政复议决定书，报请环境行政复议机关负责人审批。行政复议决定书应当加盖印章，送达当事人。

第三十三条

环境行政复议机关应当自受理行政复议申请之日起60日内作出行政复议决定。情况复杂，不能在规定期限内作出行政复议决定的，经环境行政复议机关负责人批准，可以适当延长，但是延长期限最多不超过30日。环境行政复议机关应当制作延期审理通知书，载明延期的主要理由及期限，送达当事人。

第三十四条

被申请人应当履行行政复议决定。被申请人不履行或者无正当理由拖延履行的，环境行政复议机关应当责令其限期履行，制作责令履行行政复议决定通知书送达被申请人，并抄送申请人和第三人。

被申请人对行政复议决定有异议的，可以向环境行政复议机关提出意见，但是不停止行政复议决定的履行。

第二节　环境行政诉讼典型案例及其分析

一、概述

（一）环境行政诉讼的受案范围

根据《行政诉讼法》第十一条的规定，结合环境法的有关规定，环境行政诉讼的受案范围包括：

（1）对环境行政机关作出的警告、罚款、吊销许可证、没收非法所得、责令停业关闭等环境行政处罚不服的；除此之外，还包括对环境保护行政机关依据环境法律、法规规定实施的其他行政处罚不服的都可以提起环境行政诉讼。实践中绝大部分环境行政诉讼都是因为对环境处罚不服而引起的。

（2）对环境行政机关不作为而引起的行政诉讼案件；

（3）认为环境保护行政机关违法要求履行义务而引起的行政诉讼案件；

（4）对环境行政机关违法限制人身自由或对财产进行查封、扣押、冻结，或者侵犯法律规定的经营自主权的行政行为不服而引起的行政诉讼案件；

（5）法律规定其他可以提起环境行政诉讼的案件。

此外，根据《行政诉讼法》第十二条规定，人民法院不受理对下列事项提起的行政诉讼：

（1）国防、外交等国家行为；

（2）行政法规、规章或者行政机关制定、发布的具有普遍约束力的决定、命令；

（3）行政机关对行政机关工作人员的奖惩、任免决定；

（4）法律规定由行政机关最终裁决的具体行政行为。

（二）环境行政诉讼的证据及举证责任

1. 证据的种类

最高人民法院《关于行政诉讼证据若干问题的规定》从第十至十九条分别规定了行政诉讼证据的种类和基本的表现形式。

根据该规定，环境行政诉讼的证据包括：书证、物证、视听资料、证人证言、当事人陈述、鉴定结论、勘验笔录、现场笔录等。由于科技的发展，电子证据作为一类新兴证据显现出来；为保护当事人程序权利，言辞审理笔录也发挥了重要作用，也应当是一类重要证据。

2. 环境行政诉讼的举证责任

所谓举证责任，是指当事人对有利于自己的主张向人民法院提供证据加以证明的责任。

（1）环保部门（被告）的举证责任。《行政诉讼法》第三十二条规定：被告对作出的具体行政行为负有举证责任。根据这一条规定，在环境行政诉讼中，被告即环境保护行政机关对作出的具体行政行为负有举证责任。被告应当提供作出该具体行政行为的证据和所依据的规范性文件。

环境行政机关负举证责任的原因在于：

①举证责任由环境行政机关承担是由环境行政机关与管理相对人在行政管理活动中不平等的地位所决定的；

②举证责任由环境行政机关承担是由环境行政机关的行政活动必须遵循依法行政原则所决定的。

作为被告的环境保护行政机关应提供的证据包括：

①被诉具体行政行为的事实依据；

②被诉具体行政行为的法律依据。

此外，根据《关于行政诉讼证据若干问题的规定》第四条规定，被告认为原告起诉超过法定期限的，也由被告承担举证责任。

如果被告对自己的主张不能提供证据或提供的证据不足以证明具体行政行为的合法性时，将承担败诉的后果。

另外，在行政诉讼过程中原则上是不允许被告补充证据的，但在法律有规定的情况下除外。《最高人民法院关于执行〈行政诉讼法〉若干问题的解释》（以下简称《行政诉讼法解释》）第二十八条规定：有下列情形之一的，被告经人民法院准许可以补充相关证据：①被告在作出具体行政行为时已经收集证据，但因不可抗力等正当理由不能提供的；②原告或者第三人在诉讼过程中，提出了其在被告实施行政行为过程中没有提出的反驳理由或者证据的。除此之外，在诉讼过程中，被告不能自行向原告和证人收集证据。

（2）环保部门（被告）的举证期限。

举证期限是指法律规定或法院指定当事人提供证据的期限，当事人若无正当理由逾期举证，就将产生证据失效的法律后果。

根据《关于行政诉讼证据若干问题的规定》的规定，被告即作出具体环境行政行为的环境保护行政机关应在收到起诉状副本之日起 10 日内，提供据以作出被诉具体行政行为的全部证据和所依据的规范性文件。被告不提供或者无正当理由逾期提供证据的，视为被诉具体行政行为没有相应的证据。

（3）原告的举证责任。

最高人民法院《关于行政诉讼证据若干问题的规定》第四条规定：公民、法人或者其他组织向人民法院起诉时，应当提供其符合起诉条件的相应的证据材料。

在起诉被告不作为的案件中，原告应当提供其在行政程序中曾经提出申请的证据材料。但有下列情形的除外：（一）被告应当依职权主动履行法定职责的；（二）原告因被告受理申请的登记制度不完备等正当事由不能提供相关证据材料并能够作出合理说明的。

第五条规定：在行政赔偿诉讼中，原告应当对被诉具体行政行为造成损害的事实提供证据。

第六条规定：原告可以提供证明被诉具体行政行为违法的证据。

（4）原告的举证期限。

最高人民法院《关于行政诉讼证据若干问题的规定》第七条规定：原告或者第三人应当在开庭审理前或者人民法院指定的交换证据之日提供证据。因正当事由申请延期提供证据的，经人民法院准许，可以在法庭调查中提供。逾期提供证据的，视为放弃举证权利。

原告或者第三人在第一审程序中无正当事由未提供而在第二审程序中提供的证据，人民法院不予接纳。

二、环境行政诉讼典型案例分析及执法要点解析

案例七十四：主体适格案例

【案情介绍】

天津市宝坻区农民于峰元，因其住宅附近宝坻宏源地毯厂任意排放工业废水污染其生

活环境的问题，于2002年5月27日，举报到天津市环保局。该局执法部门接到举报后与宝坻区环保局一起对该厂进行检查和监测。环保部门在检查中发现，该厂确有超标排放污染物行为。为此，环保部门依据《环境保护法》及《水污染防治法》（1996年，2008年已经修订）第十四条、十五条、四十八条及《水污染防治法实施细则》第四十一条的规定，对该厂作出加倍征收超标排污费人民币 10 万元，责令停止超标排污，保障治理设施正常运行的处理意见，并将该意见告知了于峰元。2002年11月18日，经当地环保部门监测，该厂排放的废水已实现达标排放。2003年2月24日，于峰元再次以宝坻宏源地毯厂排放污水超标为由到天津市环保局进行举报。天津市环保局将于峰元的第二次举报移交宝坻区环保局处理。2003年2月27日，宝坻区环保局依法对该厂进行了现场检查，发现该厂未使用污水处理设施，废水排放超标，即对该厂依法作出罚款人民币2万元，责令其必须恢复污水处理设施的正常使用，并将处理结果当面告知于峰元。2003年3月26日，经监测，该厂排放的废水再次实现达标排放。

于峰元认为，天津市环保局没有采取实质措施解决宏源地毯厂的工业废水超标排放问题，属行政不作为的行为，并以此为由向天津市第一中级人民法院提起行政诉讼。

一审法院受理此案后，经过调查取证认定，天津市环保局依据《环境保护法》、《水污染防治法》的规定，依法对宝坻宏源地毯厂进行了现场检查、监测，并在依法对该厂作出了行政处罚后，将处罚结果告知了于峰元，天津市环保局的行为已履行了法定职责。因此，一审法院判决驳回了于峰元的诉讼请求。

于峰元不服，向二审法院提出上诉。二审中于峰元称：一审法院认定被上诉人（以下称天津市环保局）已履行了法定职责的判决与事实不符。其一，宏源地毯厂建设的染纱车间为高度污染环境的项目，而天津市环保局未对宏源地毯厂 2000 年 4 月建设的染纱车间污染设施与其主体工程同时验收，违反了环境保护法等有关法律的规定。一审庭审中，天津市环保局没有提供事实证据，也没出示该厂染纱车间环境影响报告书，因此，自宏源地毯厂染纱车间建设时起，就存在行政不作为违法行为；其二，环境保护法规定，天津市环保局收取的排污费应当全部用于环境污染防治，而该局依职权收取的排污费用，没有用于对地毯厂附近区域性的环境污染防治；其三，天津市环保局对宏源地毯厂的处理，确是作了一些行政行为，但没有达到治理污染的目的，所以此行为不能称之为合法的行政行为。综上，请求法院依法撤销原审判决；确认天津市环保局的行为属行政不作为的违法行为；判令其作出具体行政行为。

天津市环保局答辩称，关于上诉人所称宏源地毯厂在建设染纱车间时，未经本局审批，与事实不符。2001年初，宝坻区环保局在环境监督管理中，发现宏源地毯厂的染纱车间建设项目未经环保部门审批，但该车间当时采取了相应的环境保护措施。依据法律有关规定，责令该厂补办了环境保护设施竣工验收手续，并于同年5月通过验收。关于未提供环境影响报告书问题，依据法律、法规的规定，本局依法具有对建设项目产生的污染和对环境的影响作出评价的审批职权，但该审批职权须以建设单位向本局申请为前提。关于环境保护补助资金问题，该资金收取的排污费全部按月上缴市财政，且主要用于重点排污单位及综合治理项目，各单位治理排污设施应根据自己的财力，提出所需资金帮助，并依法提出申请，本局无权自行支配环境保护补助资金。综上，本局已依法履行了环境保护行政监管的职责，请求二审法院依法驳回上诉人的诉讼请求，维持原审判决。

二审法院合议庭经审理后认为，根据最高人民法院《关于执行〈行政诉讼法〉若干问题的解释》第二十七条第（二）项规定，“在起诉被告不作为的案件中，证明其提出申请的事实”应由原审原告承担举证责任。上诉人向天津市环保局的两次举报，证明了上诉人要求该局履行法定职责的法律行为是客观存在的。根据《环境保护法》第七条第二款，《水污染防治法》（1996 年，2008 年已经修订）第四条第一款规定，天津市环保局具有对环境保护、水污染防治实施监督管理的主体资格和法定职权。根据国家环境保护局第 19 号令《环境信访办法》的规定，上诉人两次以举报形式反映宏源地毯厂有排污超标问题，天津市环保局在规定的期限内，履行了办结信访举报事项的处理并将处罚结果告知上诉人的职责。上诉人认为该局对宏源地毯厂建设染纱车间时没有进行审查，也没有出示环境影响报告书及防治污染专项资金未用于污染防治等问题，不属于履行法定职责之诉的审查内容。天津市环保局认为本案涉及社会公益事业，上诉人不具备原告主体资格。法院认为：随着法制的发展，公民、法人或者其他组织认为环境保护行政机关不履行法定职责的行为侵害了社会公共利益，在环境保护法律规范赋予诉权的情况下，无论是否涉及自身利益，都可以自己的名义提起行政诉讼。因此，上诉人具备本案要求天津市环保局履行法定职责行政诉讼的原告主体资格。

二审法院认定，原审判决认定事实清楚，证据充分，适用法律、法规正确，审判程序合法，故判决驳回上诉，维持原判。天津市高级人民法院终审判决：上诉人于峰元诉天津市环保局不履行法定职责的主张不能成立，其诉讼请求不予支持，维持原审法院判决。

至此，天津市宝坻区农民于峰元状告天津市环保局“行政不作为”案以败诉告终。

【案例分析】

该案是以天津市宝坻区农民于峰元状告天津市环保局“行政不作为”案败诉告终。

在该案的审理过程中，天津市环保局提出农民于峰元是否具有提出该诉讼请求的资格，即该环境行政诉讼案件的原告是否是适格的主体。

所谓“行政诉讼原告的主体资格”，是指什么人可以自己的名义向法院提起诉讼，请求法院审查行政行为并作出相应裁判。只有具备这种资格的人，在其起诉的同时符合其他法定条件（如法院受案范围、诉讼期限等）时，才能够启动行政诉讼程序，而不具备资格的人，则不存在启动诉讼程序的可能性。

《行政诉讼法》第二条规定：公民、法人或者其他组织认为行政机关和行政机关工作人员的具体行政行为侵犯其合法权益，有权依照本法向人民法院提起诉讼。即提起行政诉讼的人必须是合法权益直接受到行政机关行政行为侵害的人，在环境行政诉讼中，原告主要有两种类型，一种是“行政相对人”，大多是申请环保行政许可但被拒绝的企业或公民个人，或者被相关行政机关追究法律责任的排污单位，也可能是诉相关行政机关环境保护不作为的公民个人、法人或其他组织。另一类原告被称作“利害关系人”，是指虽不是行政相对人，但与行政机关的行政行为有法律上利害关系的公民、法人或者其他组织。为了进一步明确原告主体资格问题，最高人民法院《关于执行行政诉讼法若干问题的解释》第十二条规定：与具体行政行为有法律上利害关系的公民、法人或者其他组织对该行为不服的，可以依法提起行政诉讼。“有法律上利害关系”包括相邻权人和公平竞争权人、与被诉的行政复议决定有法律上的利害关系的人、在复议程序中被追加为第三人的人、要求主管机关追究加害人法律责任的人、与撤销和变更行为有法律上利害关系的人，都视为与被诉的具体行为有法律上的利害关系的人。最高人民法院行政审判庭庭长江必新将其概括为“公民、法人或者其他组织能够证明自己与被诉的行政行为具有其他公民、法人或其他组织不具有的特别的利害关系”。该案中的农民于峰元认为因环保局的不作为而使自己受到环境污染，与被诉的行政行为“具有其他公民、法人或其他组织不具有的特别的利害关系”。所以二审法院认为他具有主体资格是正确的。

【执法提示】

随着环境公益诉讼制度在我国的逐步建立，更广泛的社会主体将被赋予原告的资格。环保部门的工作将会受到更广泛的监督。

所谓环境公益诉讼是指社会成员，包括公民、企事业单位、社会团体依据法律的特别规定，在环境受到或可能受到污染和破坏的情形下，为维护环境公共利益不受损害，针对有关民事主体或行政机关而向法院提起诉讼的制度。实践证明，这项制度对于保护公共环境和公民环境权益起到了非常重要的作用。

环境公益诉讼的主体具有特殊性。环境公益诉讼的发起者不一定是与本案有直接利害关系的人。环境公益诉讼的提起者包括社会成员，如公民、企事业单位和社会团体。提起环境公益诉讼的社会成员，既可以是直接的受害人，也可以是无直接利害关系的人。任何组织或个人为了维护国家、社会利益都可把侵害公共环境利益之人推上被告席。环境公益诉讼的对象既包括一般的民事主体，也包括国家行政机关。一般的民事主体，如企事业单位和个人，当其行为对环境公共利益构成损害，而环境行政控制无力或不能干预时，即可成为环境公益诉讼的对象。国家行政机关未履行法定职责，构成了对环境公共利益损害的不当行政行为，也是环境公益诉讼的对象。

今后，环境行政诉讼的适格主体不一定是具体利益受到损害的当事人，将可能扩大到社会上关心环保工作的各方人士。

案例七十五：举证期限案例

【案情介绍】

2005 年 8 月 15 日，B 县环境保护局认定 B 县腾飞金属物资经贸有限责任公司（以下简称 B 县腾飞公司）的废旧物品加工项目未报批环境影响评价文件，擅自开工建设并投入加工生产，违反了环境影响评价的规定，遂作出 B 环罚字（2005）3 号行政处罚决定，对 B 县腾飞公司处罚款 8 万元，并责令停止生产。B 县腾飞公司不服，于 2005 年 8 月 24 日向某省 B 县人民法院提起诉讼。

原告 B 县腾飞公司诉称：该公司没有违反环保的有关法律规定，被告没有客观科学的证据证明该公司的加工生产项目对环境有影响及破坏，且被告也没有通知过该公司加工生产的项目需要环保部门审批才能建设和生产。被告认定事实的证据是违法取证，不能作为定案的证据，被告行政程序违法。请求人民法院依法判决撤销 B 环罚字（2005）3 号行政处罚决定。原告 B 县腾飞公司向法院提交了 B 环罚字（2005）3 号行政处罚决定书、B 环听告字（2005）01 号行政处罚听证告知书、B 环违改字（2005）05 号违法行为改正通知书，企业法人营业执照、资源综合利用认定书 1 份等九份证据。

被告 B 县环保局辩称：国家法律、法规规定一切生产项目建设都需要进行环境影响评价审批，处罚原告是以未经环境影响评价审批擅自建设并投入生产的违法行为作为处罚的事实根据，该局并没有认定原告单位造成污染的事实。调查取证过程中在原告单位不予配合的情况下该局进行的现场取证行为是合法的。总之，该局作出的具体行政行为认定事实清楚，证据充分，适用法律恰当，请求人民法院依法予以维持。被告B县环保局向法院提交了B县环保局投诉电话记录，环境违法行为立案登记表，整改通知书及其送达回证，对原告单位法定代表人环桂福的调查询问笔录，污染投诉登记表1份，新闻报道视听资料、现场检查照片以及行政处罚听证告知书、行政处罚听证通知书及其送达回执，《中华人民共和国环境保护法》、《中华人民共和国环境影响评价法》、《建设项目环境保护条例》、《中华人民共和国水污染防治法》、《中华人民共和国大气污染防治法》、《中华人民共和国环境噪声污染防治法》节录件1份，《某省建设项目环境保护管理规定》、《环境保护行政处罚办法》及其修正案文本，B县环保局曾进芳、李玉玺、李世忠三人的某省行政执法证等21份证据。

2005年9月15日被告以该局部分行政执法人员行政执法证有效期届满正在换证，不能在举证期限内提供为由，向B县人民法院提出延期举证的申请。经审查，B县人民法院认为被告的申请符合最高人民法院《关于行政诉讼证据若干问题的规定》第一条第二款的规定，准许延长举证期限至2005年9月21日。

经庭审质证、认证，对被告提供的除新闻报道视听资料因其属于剪辑画面的新闻报道，缺乏证据的客观性要件，不能作为认定案件事实的证据，法院不予采纳外，其余20份证据法院认为与案件事实有关联，内容真实，形式、来源合法，且在法定举证期限内提供，予以采信。

经B县人民法院审理查明：2005年6月14日经群众举报，被告对原告违反环境影响评价一案予以立案，同日向原告送达了违法行为改正通知书。2005年6月15日被告对原告单位法定代表人环桂福作调查询问，环桂福承认该单位的废旧塑料加工生产线没有办理环保审批手续，且执法人员现场检查时发现原告单位机器设备的发热管明显通红，烧焦的塑料还在加工段冒烟发臭，冲洗废旧塑料的污水还在外流，加工塑料袋工段还在生产，并有一些成品和半成品。生产时有污水排出，并能闻到刺鼻的塑料烧焦味，污水曾污染过邻近鱼塘的水，还死了很多鱼。

B县人民法院认为：环境影响评价和环境保护设施"三同时"（即建设项目中防治污染的措施与主体工程同时设计、同时施工、同时投入生产和使用）是建设项目环境行政管理的基本法律制度，是所有生产项目建设必须严格执行的前置环境评价审批程序，原告在未进行环境影响评价审批的情形下建设生产项目已构成环境违法，且该生产项目投入了加工生产，原告的违法行为一直处于继续状态，违法后果进一步加重，应予处罚。本案原告提出的虽然已投入生产但没有造成环境污染不能对其处罚的理由不能成立，本院不予支持。根据环保法律、法规的授权，被告B县环保局是作出B环罚字（2005）3号行政处罚决定的适格主体，该处罚决定认定事实清楚，证据确凿，适用法律、法规正确，行政程序合法。但是，被告B县环保局在衡量处罚幅度时没有充分考虑原告违法生产的规模小等因素，对其科以处罚幅度的上段额度罚款，属处罚畸重，显失公正，本院应予以变更。被告的抗辩理由部分成立，本院予以部分支持。据此，B县人民法院依照《建设项目环境保护条例》第二十八条、《中华人民共和国行政诉讼法》第五十四条第（一）项、第（四）项的规定，于2005年10月19日作出判决：①变更被告B县环境保护局2005年8月15日作出的B环罚字（2005）3号行政处罚决定的第一项罚款8万元，改为罚款3万元；②维持被告B县环境保护局2005年8月15日作出的B环罚字（2005）3号行政处罚决定的第二项，即责令停止生产。

案件受理费2910元，其他诉讼费1000元由原告负担。

宣判后，双方当事人在法定期限内均未提出上诉，一审判决发生法律效力。

【案例分析】

（1）该案中原告认为，该公司虽然没有进行环境影响评价，也没有建设环保设施，但没有造成环境污染事实，因此不应对其进行处罚。

《环境影响评价法》第十六条规定：国家根据建设项目对环境的影响程度，对建设项目的环境影响评价实行分类管理。《建设项目环境保护管理条例》第九条规定：建设单位应当在建设项目可行性研究阶段报批建设项目环境影响报告书、环境影响报告表或者环境影响登记表。

这就要求可能对环境有影响的建设开发者，必须事先通过调查、预测和评价，对项目的选址，对建设项目产生的污染和对环境的影响进行分析或者专项评价。建设项目对环境影响很小的，也需要填报环境影响登记表。经过环保部门审查批准后，才能进行开发和建设。法律的规定是为了贯彻预防为主，可持续发展的要求，避免“先污染、后治理”问题的出现。因此，只要建设项目可能会对环境造成影响就应在项目建设前进行环境影响评价。并且，在建设过程中要贯彻“三同时”制度。原告提出的没有具体的污染事实就不能处罚的理由不能成立。环保局的处罚是正确的。但根据原国家环保局的相关执法解释，该处罚按《环境影响评价法》第三十一条第一款规定责令其限期补办手续，再依据《建设项目环境保护管理条例》第二十八条责令停止生产，处以罚款为宜。

（2）罚款幅度。

《建设项目环境保护条例》第二十八条规定：违反本条例规定，建设项目需要配套建设的环境保护设施未建成、未经验收或者经验收不合格，主体工程正式投入生产或者使用的，由审批该建设项目环境影响报告书、环境影响报告表或者环境影响登记表的环境保护行政主管部门责令停止生产或者使用，可以处10万元以下的罚款。该条的罚款幅度属于有上限无下限的标准，这就赋予了行政执法人员在实际操作中很大的自由裁量权。

该案中原告公司的违法生产项目设备总投资额为10万元左右，属于较小的生产规模，被告对其8万元的罚款显属处罚畸重，显失公正；为体现处罚与教育相结合的原则，法院将被告B县环境保护局2005年8月15日作出的B环罚字（2005）3号行政处罚决定的第一项罚款8万元，改为罚款3万元是恰当的。

（3）《行政诉讼法》第三十二条规定：被告对作出的具体行政行为负有举证责任，应当提供作出该具体行政行为的证据和所依据的规范性文件。第四十三条规定：人民法院应当在立案之日起5日内，将起诉状副本发送被告。被告应当在收到起诉状副本之日起10日内向人民法院提交作出具体行政行为的有关材料，并提出答辩状。人民法院应当在收到答辩状之日起5日内，将答辩状副本发送原告。

被告不提出答辩状的，不影响人民法院审理。《最高人民法院关于行政诉讼证据若干问题的规定》第一条规定，根据《行政诉讼法》第三十二条和第四十三条的规定，被告对作出的具体行政行为负有举证责任，应当在收到起诉状副本之日起10日内，提供据以作出被诉具体行政行为的全部证据和所依据的规范性文件。被告不提供或者无正当理由逾期提供证据的，视为被诉具体行政行为没有相应的证据。

被告因不可抗力或者客观上不能控制的其他正当事由，不能在前款规定的期限内提供证据的，应当在收到起诉状副本之日起 10 日内向人民法院提出延期提供证据的书面申请。人民法院准许延期提供的，被告应当在正当事由消除后十日内提供证据。逾期提供的，视为被诉具体行政行为没有相应的证据。

B 县环保局根据《行政诉讼法》的规定在规定的时间内向法院提供了作出具体行政行为的全部证据和规范性文件；因该局部分行政执法人员行政执法证有效期届满正在换证，不能在举证期限内提供执法资格的证据时，及时向法院提出延期举证的申请，得到法院的批准准予延长。由于 B 县环保局正确的运行行政诉讼的证据规则并积极应诉，使得法院和原告对执法行为予以充分理解和支持。

【执法提示】

关于行政执法人员在实际操作中如何使用自由裁量权问题，环境保护部《规范环境行政处罚自由裁量权若干意见》（环发[2009]24 号）中对自由裁量权运用提出了原则要求，部分省、直辖市也出台了相应规定，环境执法人员要认真研究、贯彻执行。

案例七十六（案一）：行政不作为案例（不处罚）

【案情介绍】

2001 年 4 月 4 日由于浙江省建德市新安江塑料化工厂操作工人操作失误，致使化工原料苯乙烯大量泄漏到排水沟。苯乙烯比水轻，极易挥发，而排水沟正好流经离工厂 100 米左右远的更楼中心小学，致使大量的苯乙烯飘到学校里，造成中心小学正在上课的 345 名学生发生头昏、恶心、呕吐、腹痛、咳嗽等刺激性反应，经医院诊断为一过性苯乙烯气体刺激反应。苯乙烯是一种易燃、易爆、挥发性强、剧毒的化学物品，其腐蚀性很大，有强烈的刺激性，浓度高时，有麻醉作用，并对人体的中枢神经系统有严重影响。人体皮肤直接接触时，轻则灼伤皮肤，重则让人产生胸闷、皮肤发痒、眼睛疼痛的感觉，可能致死、诱发癌症，是国际卫生组织确认的致癌物。所以这是一起严重的环境污染责任事故。

事故调查后，建德市劳动部门对这个事件做出了处理：第一是企业停产整顿，第二是对企业罚款 1 万元。事故发生后，数百名学生家长先后给浙江省环保局、杭州市政府及环保局打电话并上访，认为作为环境保护的行政管理机关，没有作出任何具体行政行为。原告代理人北京市辽海律师事务所接受代理后也分别给浙江省、杭州市、建德市环保局发出公函，要求对这一特大事故立即作出处理决定和答复意见。但均未见环保部门对此事作出回应。故建德市新安江镇更楼中心小学 345 名学生认为环保部门没有履行环境监测、环境行政处罚等职责，遂以浙江省环保局环境行政不作为为由，向法院提起诉讼。

【案例分析】

这是一起在当时引起很大反响的案件。我国《环境保护法》第七条第二款规定，县级以上地方人民政府环境保护行政主管部门，对本辖区的环境保护工作实施统一监督管理。《水污染防治法》（1996 年，2008 年已经修订） 第四条规定：各级人民政府的环保部门是对水污染防治实施统一监督管理的机关。这是原则性的规定，具体对相对人的处理也有具体依据。《水污染防治法》第二十四条规定：对造成水体严重污染的排污单位，限期治理。

中央或者省、自治区、直辖市人民政府直接管辖的企业事业单位的限期治理，由省、自治区、直辖市人民政府的环保部门提出意见，报同级人民政府决定。市、县或者市、县以下人民政府管辖的企业事业单位的限期治理，由市、县人民政府的环保部门提出意见，报同级人民政府决定。排污单位应当如期完成治理任务。第二十五条规定：各级人民政府的环保部门和有关的监督管理部门，有权对管辖范围内的排污单位进行现场检查，被检查的单位必须如实反映情况，提供必要的资料。

因此，浙江省环保局、杭州市环保局、建德市环保局应根据各自职权范围对污染事故进行调查、取证、处罚、监督等法定工作。

另外，作为污染事故受害人对环保部门的不作为提起行政诉讼要有一定条件，首先要明确不作为的性质，其次要向所诉的行政机关申请过履行法定职责。

最高人民法院《关于执行〈行政诉讼法〉若干问题的解释》第三十九条第一款规定：公民、法人或者其他组织申请行政机关履行法定职责，行政机关在接到申请之日起 60 日内不履行的，公民、法人或者其他组织向人民法院提起诉讼，人民法院应当依法受理。法律、法规、规章和其他规范性文件对行政机关履行职责的期限另有规定的，从其规定。第三十九条第二款规定：公民、法人或其他组织在紧急情况下请求行政机关履行保护其人身权、财产权的法定职责，行政机关不履行的，起诉期间不受前款规定（60 日）的限制。

【执法提示】

环境行政执法中，特别是面对污染事件，要重视受害人的请求。如果不重视，不仅受害人可以提起行政诉讼，而且依据法律规定环保系统自身还要追责。

《水污染防治法》（2008 年修订）第六十九条明确规定：环境保护主管部门或者其他依照本法规定行使监督管理权的部门，不依法作出行政许可或者办理批准文件的，发现违法行为或者接到对违法行为的举报后不予查处的，或者有其他未依照本法规定履行职责的行为的，对直接负责的主管人员和其他直接责任人员依法给予处分。

环境行政不作为的特征表现为：①必须负有某种法定作为职责或义务；②环境行政不作为主体必须是负有法定环境监管职责的环境行政监督管理机关；③必须存在不作为的情形；④必须是违反法定程序。

案例七十六（案二）：行政不作为案例（信息公开）

【案情介绍】

因宝钢股份有限公司第三热轧项目生产中产生的噪声污染问题和宝钢股份有限公司第二炼钢项目生产中排放的粉尘污染问题，居民许某申请宝山区环境保护局依法履行职责，但宝山区环境保护局认为已经依法履行了职责。于是 2008 年 4 月 18 日许某向上海市环境保护局提出行政复议申请。2008 年 7 月 12 日许某接到上海市环境保护局行政复议决定书（沪环复决字（2008）第 001 号）。但行政复议过程中，上海市环境保护局未将宝山区环境保护局的行政复议答复书及相关的证据和依据告知许某。许某不服，向上海市环境保护局提出阅卷申请，并得到批准。在中国政法大学污染受害者法律帮助中心的帮助下，许某委托上海市建纬律师事务所的谢贤明律师查阅了行政复议案卷，但是上海市环境保护局工作人员不允许律师复印案卷材料。于是，许某根据律师抄录材料名称向上海市环境保护局申请政府信息公开。2008 年 10 月 21 日许某收到上海市环境保护局政府信息公开申请答复书（沪环保（2008）第 66、67 及第 72 号），认为许某申请的信息是宝山区环境保护局制作的，不属于他们公开权限范围。许某仍不服向法院提起诉讼，请求法院判令被告履行公开职责。

【案例分析】

2008 年 5 月 1 日起施行的《中华人民共和国政府信息公开条例》第二条规定的政府信息，是指行政机关在履行职责过程中制作或者获取的，以一定形式记录、保存的信息。《环境信息公开办法（试行）》第二条第二款规定：政府环境信息，是指环保部门在履行环境保护职责中制作或者获取的，以一定形式记录、保存的信息。那么按信息的形成来源分为制作和获取两类。

另外，《中华人民共和国政府信息公开条例》第十七条规定：行政机关制作的政府信息，由制作该政府信息的行政机关负责公开；行政机关从公民、法人或者其他组织获取的政府信息，由保存该政府信息的行政机关负责公开。法律、法规对政府信息公开的权限另有规定的，从其规定。

本案例中，上海市环境保护局正是依据行政机关制作的政府信息由制作该政府信息的行政机关负责公开为由拒绝公开。那么，上海市环境保护局从宝山区环境保护局获取的政府环境信息是否应公开，许某与上海市环境保护局争议的焦点又转到了获取的政府环境信息上海市环境保护局是否有保存的职责。两年多的诉讼，法院最终没有支持许某的诉讼请求，但其意义在于，公民可以通过诉讼来要求获取政府环境信息。

《中华人民共和国政府信息公开条例》第三十三条规定：公民、法人或者其他组织认为行政机关不依法履行政府信息公开义务的，可以向上级行政机关、监察机关或者政府信息公开工作主管部门举报。收到举报的机关应当予以调查处理。公民、法人或者其他组织认为行政机关在政府信息公开工作中的具体行政行为侵犯其合法权益的，可以依法申请行政复议或者提起行政诉讼。

为正确审理政府信息公开行政案件，2011 年 7 月 29 日最高人民法院发布了《最高人民法院关于审理政府信息公开行政案件若干问题的规定》（2011 年 8 月 13 日起施行）。环境行政管理工作人员应认真执行。

【执法提示】

环境执法中制作或者获取的，以一定形式记录、保存的信息，依照《中华人民共和国政府信息公开条例》和《环境信息公开办法（试行）》的规定，一般是可以公开的。拒绝公开，公民可以提起诉讼。过多拒绝公开政府信息不利于公正执法和取得信任，但违反法律规定公开政府信息也会承担法律责任。如何把握，应熟悉《中华人民共和国政府信息公开条例》和《环境信息公开办法（试行）》的规定，熟悉《最高人民法院关于审理政府信息公开行政案件若干问题的规定》（2011 年 8 月 13 日起施行），尤其要熟悉《中华人民共和国政府信息公开条例》第十四条、第二十三条规定中不得公开涉及国家秘密、商业秘密、个人隐私的政府信息的规定及可以公开涉及商业秘密、个人隐私的政府信息的情形。

案例七十七：撤销具体行政行为案例

【案情介绍】

本案是环保部门的环境行政处罚决定被二审人民法院撤销的案例。下面就该案二审情况作一介绍：

原告（上诉人）某大食综合经营部。

被告（被上诉人）某市A区环境保护局。

某市大食综合经营部系个人独资企业，2002年4月取得营业执照，经营范围为销售食品。某市A区环境保护局检查时发现大食经营部有违反《建设项目环境保护管理条例》的行为，于2004年4月对大食经营部作出行政处罚决定，认定大食经营部在未报批环境影响评价文件，需要配套建设的环境保护设施未与主体工程同时设计、同时施工、同时投产使用，需要配套建设的环境保护设施未经验收合格的情况下，擅自于2002年4月起在本市医学院路26号进行食品经营的行为，违反了《建设项目环境保护管理条例》第九条、第十六条、第二十三条的规定，依据《建设项目环境保护管理条例》第二十八条的规定，决定对大食经营部作出责令停止使用，并处罚款人民币4000元的行政处罚。大食经营部对被告A区环保局作出的行政处罚不服，在缴纳罚款后，向法院提起行政诉讼。

原告诉称，原告某市大食综合经营部经营范围对环境没有影响，被告对原告作出的行政处罚适用法律、法规不当，故请求法院撤销被告作出的第2120040001号行政处罚决定。

被告辩称，原告在未报批环境影响评价文件，需要配套建设的环境保护设施未与主体工程同时设计、同时施工、同时投产使用，需要配套建设的环境保护设施未经验收合格的情况下，进行食品销售，被告对原告的处罚事实清楚、证据确凿，适用法律、法规正确，程序合法，请求法院维持被告作出的行政处罚决定。

A区人民法院经审理认为，A区环保局作为环境保护行政主管部门，对辖区内的环境保护工作实施统一监督管理，依法有权对大食经营部作出行政处罚。A区环保局现场检查发现大食经营部未报批环境影响评价文件而进行食品经营，故对大食经营部进行处罚事实清楚，证据确凿，适用法律法规正确，程序合法，遂判决：维持A区环保局对大食经营部作出的行政处罚决定。

大食经营部不服原判提起上诉。

上诉人大食经营部和被上诉人A区环保局在二审中均坚持一审的诉辩意见。

某市第一中级人民法院在对证据和依据进行全面审查后认为，被上诉人A区环保局在原审提交的现场检查笔录、询问笔录、信访处理单、上诉人大食经营部的营业执照和执法程序证据，以及相关的法律、法规依据，与被诉行政处罚决定相关联，真实、合法，原审作为定案证据和依据并无不当，予以确认。

同时认为，上述采信的证据和依据能够证明上诉人大食经营部的经营状况基本情况，能够证明被上诉人A区环保局具有作出被诉行政处罚决定的法定职权，以及被上诉人A区环保局作出被诉行政处罚决定的立案、调查、告知、听证、送达程序符合规定等事实，予以确认。

但上述证据和依据尚不能够证明被诉行政处罚决定认定事实清楚、适用法律正确。

被上诉人A区环保局在处罚决定中认定上诉人大食经营部擅自进行食品经营，但其提交的上诉人的营业执照却证明上诉人的经营行为得到了工商行政管理部门的许可，并非擅自经营。被上诉人A区环保局认定上诉人大食经营部在未报批环境影响评价文件，需要配套建设的环境保护设施未与主体工程同时设计、同时施工、同时投产使用，需要配套建设的环境保护设施未经验收合格的情况下进行食品经营，该行为违反了《建设项目环境保护管理条例》第九条、第十六条、第二十三条规定。《建设项目环境保护管理条例》第九条规定：建设单位应当在建设项目可行性研究阶段报批建设项目环境影响报告书、环境影响报告表或者环境影响登记表；但是，铁路、交通等建设项目，经有审批权的环境保护行政主管部门同意，可以在初步设计完成前报批环境影响报告书或者环境影响报告表。按照国家有关规定，不需要进行可行性研究的建设项目，建设单位应当在建设项目开工前报批建设项目环境影响报告书、环境影响报告表或者环境影响登记表；其中，需要办理营业执照的，建设单位应当在办理营业执照前报批建设项目环境影响报告书、环境影响报告表或者环境影响登记表。该条例第十六条规定：建设项目需要配套建设的环境保护设施，必须与主体工程同时设计、同时施工、同时投产使用。该条例第二十三条规定：建设项目需要配套建设的环境保护设施经验收合格，该建设项目方可正式投入生产或者使用。上述三条规定并未对进行食品经营应当报批环境影响评价文件作出规定，也未对进行食品经营需要实行环境保护"三同时"并验收合格作出规定，因此，被上诉人A区环保局认定上诉人大食经营部行为违法，证据和依据均不足，故被上诉人A区环保局作出的被诉行政处罚决定认定事实不清。

由于被上诉人A区环保局认定上诉人大食经营部违法事实不清，证据和依据不足，导致被上诉人A区环保局依据《建设项目环境保护管理条例》第二十八条，"违反本条例规定，建设项目需要配套建设的环境保护设施未建成、未经验收或者经验收不合格，主体工程正式投入生产或者使用的，由审批该建设项目环境影响报告书、环境影响报告表或者环境影响登记表的环境保护行政主管部门责令停止生产或者使用，可以处10万元以下的罚款"的规定，对上诉人大食经营部实施行政处罚不当，故被上诉人A区环保局作出被诉行政处罚决定适用法律错误。

行政处罚决定是行政行为，具有确定力、拘束力和执行力等法律效力，因此，合法的行政行为必须具有明确、具体、可执行的内容。而本案被诉行政处罚决定第一项处罚内容仅为责令停止使用，该处罚并未确定停止使用的对象，设定上诉人大食经营部义务不明确，不具有可执行内容，故不能成为合法的行政行为。

此外，本案是对被诉行政处罚决定合法性作出裁判，上诉人大食经营部不应因被上诉人A区环保局实施的行政处罚认定事实不清、适用法律错误，就认为自己进行食品经营没有环境保护的义务。环境保护是基本国策，每一位公民和法人都有责任保护环境，防止污染。上诉人大食经营部在进行肉类食品销售经营活动时，正如被上诉人A区环保局答辩中所说会产生一些噪声、废水和固体废弃物等环境污染，因此，上诉人大食经营部应主动向被上诉人A区环保局征询环境保护意见，按要求做好环境保护工作，尽量减少对周围居民生活的影响。被上诉人A区环保局接到居民投诉，对上诉人大食经营部进行监督检查，是履行职责行为，上诉人大食经营部对监督检查应当积极配合，共同维护好环境保护秩序。上诉人大食经营部对居民投诉反映的问题，应当重视和改进，并主动听取居民意见，处理好相邻关系，维护社会稳定。

综上所述，被上诉人A区环保局作出的被诉行政处罚决定，认定事实不清，证据不足，适用法律错误，处罚内容不明，依法应予以撤销；原审判决维持不当，应予以纠正。上诉人大食经营部的上诉理由成立，上诉请求应予以支持。据此，依据《中华人民共和国行政诉讼法》第六十一条第（三）项、第五十四条第（二）项第一目、第二目的规定，判决如下：一、撤销某市A区人民法院[2004]徐行初字第49号行政判决；二、撤销被上诉人某市A区环境保护局于2004年4月27日对上诉人某市大食综合经营部作出的第2120040001号行政处罚决定。

【案例分析】

环境行政诉讼是指人民法院依照法律规定，审理并裁决环境保护中发生的行政争议案件的活动。环境行政争议包括企业与环境机关的争议。环境管理相对人对环境行政机关作出的警告、罚款、吊销许可证、没收非法所得、责令停业、关闭等行政处罚不服，可以通过行政诉讼这样一种途径来维护自身的权利，申请法院通过法定的方式对行政机关被诉具体行政行为合法性进行审查。第二审人民法院审理上诉案件，就是对原审人民法院的裁判和被诉具体行政行为是否合法进行了全面审查。

该案是某市大食综合经营部对某市A区环保局作出的行政处罚决定不服，且对一审法院作出的行政判决不服而提出的上诉案件。最终第二审人民法院判决撤销某市A区人民法院[2004]徐行初字第49号行政判决和被上诉人某市A区环境保护局于2004年4月27日对上诉人某市大食综合经营部作出的第2120040001号行政处罚决定。

该案中某市A区环保局在对某市大食综合经营部进行行政处罚时存在适用法律不准确越权执法的问题。案中A区环保局以大食经营部未报批环境影响评价文件，需要配套建设的环境保护设施未与主体工程同时设计、同时施工、同时投产使用，需要配套建设的环境保护设施未经验收合格的情况下，擅自于2002年4月起在本市医学院路26号进行食品经营的行为，违反了《建设项目环境保护管理条例》第九条、第十六条、第二十三条的规定，依据《建设项目环境保护管理条例》第二十八条的规定，决定对大食经营部作出责令停止使用，并处罚款人民币4000元的行政处罚。

我国对建设项目的管理是采取目录制管理，某市大食综合经营部是否需要报批环境影响评价文件呢？2003年发布的《环境影响评价法》第十六条规定，国家根据建设项目对环境的影响程度，对建设项目的环境影响评价实行分类管理。建设项目的环境影响评价分类管理名录，由国务院环境保护行政主管部门制定并公布。因此，适用建设项目环境保护管理法律规定的被管理对象应该是建设项目；其次，应是列入管理名录中的建设项目（对环境有影响的建设项目）。本案中大食经营部只从事食品经营活动，而非建设项目，适用建设项目管理的法律法规对其进行处罚明显适用法律和认定事实上均存在错误。

擅自经营行为属于违反工商行政管理规定的扰乱市场管理秩序的违法行为，对该违法行为的认定和查处，属工商行政管理部门的法定职责。某市A区环保局作为环境保护行政管理部门，不具有认定和查处擅自经营这种违法行为的法定职权。

因此，本案一审法院判决维持被诉行政处罚行为不当；二审法院判决撤销一审判决和被诉行政处罚行为是正确的。

【执法提示】

对群众投诉的环境违法行为进行管理是环保部门的法定职责，但是环境管理应依法行政。在行政执法过程中，要明确法律的适用对象、违法的事实，正确的适用法律。如上述案例中，如我们适用《环境噪声污染防治法》对经营活动中的环境噪声进行管理，适用《水污染防治法》对其排放的废水进行管理，适用《大气污染防治法》对其排放异味进行管理，这样既维护了群众的利益，又制止了违法行为。

第三节　环境行政赔偿典型案例及其分析

一、概述

（一）环境行政赔偿概念

《中华人民共和国国家赔偿法》于 1994 年 5 月 12 日第八届全国人民代表大会常务委员会第七次会议通过，根据 2010 年 4 月 29 日第十一届全国人民代表大会常务委员会第十四次会议《关于修改〈中华人民共和国国家赔偿法〉的决定》修正，修订后的《国家赔偿法》于 2010 年 12 月 1 日起实施。《国家赔偿法》的颁布，为我国全面推行国家赔偿制度，保护公民、法人和其他组织的合法权益提供了有力的法律依据。

环境行政赔偿，是指环境行政机关及其工作人员行使职权，侵犯公民、法人或者其他组织的合法权益的，由环境行政机关赔偿其损失的一种法律责任。

《国家赔偿法》第二条规定：国家机关和国家机关工作人员行使职权，有本法规定的侵犯公民、法人和其他组织的合法权益的情况，受害人有依照本法取得国家赔偿的权利。这一规定体现了行政机关在执法过程中“以人为本，立法为民”的执政理念。

（二）环境行政赔偿的范围

根据我国现行的环境保护法律、法规和《国家赔偿法》第四条的规定，环境保护领域中行政赔偿的范围包括：

（1）违法实施行政处罚造成行政相对人财产损失的（如违法实施罚款、没收违法所得、责令停止生产或者使用、吊销排污许可证、责令停业关闭等造成损失）；

（2）采取强制性行政措施而造成行政相对人财产损失的（如违法强制减少或停止排污等造成经济损失）；

（3）因实施不作为违法行为而造成财产损失的（如符合法定条件申请环境保护行政机关批准环境影响报告书（表）、登记表、申请发放“三同时”验收合格证等，环境保护行政机关违法不予批准或拒绝履行而造成损失）；

（4）环境保护行政机关违法要求行政相对人履行义务而造成财产损失的（如违法要求缴纳排污费或违法决定限期治理等）；

（5）造成行政相对人财产损失的其他违法行为。

（三）举证责任及赔偿时效

《国家赔偿法》第十五条规定：……赔偿请求人和赔偿义务机关对自己提出的主张应当提供证据。该条明确了赔偿义务机关的举证责任，同时该条还规定，特殊情况实行举证责任倒置。

赔偿请求人要求赔偿的，应当先向赔偿义务机关提出，也可以在申请行政复议或提起行政诉讼时一并提出。

赔偿义务机关应当自收到赔偿请求之日起 2 个月内，作出是否赔偿的决定。赔偿请求人请求国家赔偿的时效为两年，从国家机关及其工作人员行使职权时的行为被确认为侵犯其合法权益时计算，两年内如果不提出赔偿的请求将丧失请求赔偿的权利。

二、环境行政赔偿典型案例分析及执法要点解析

案例七十八：环境行政赔偿案例

【案情介绍】

辽宁省某县孟家村 2008 年 10 月 21 日 11:47 分渗水井水体颜色发生变化。村民向某县环保局反映后，某县环保局认为可能是邻市某区某化工厂排污造成，遂通知邻市某区环保局处理。邻市某区环保局立即取样检测得出为挥发性酚超标，经调查邻市某区某化工厂没有发现废水排入渗水井，但初步确定为邻市某区某化工厂污水渗漏所致。于是，为控制污染，防止事态扩大，依据《中华人民共和国水污染防治法》第六十二条的规定，通知邻市某区某化工厂停产。事发后 3 天左右，孟家村渗水井的水质恢复正常颜色。事发后 7 天左右，邻市某区某化工厂彻底停产。

2008 年 11 月，停产 1 个月后，邻市某区某化工厂认为孟家村渗水井污染不是自己造成的，停产 1 个月已产生巨大损失，向法院起诉要求确认邻市某区环保局的停产通知违法并赔偿损失。

【案例分析】

邻市某区环保局是否承担赔偿责任，关键要举证证明作出的停产命令合法，包括认定事实正确和程序合法。

《中华人民共和国水污染防治法》第六十二条规定：饮用水水源受到污染可能威胁供水安全的，环境保护主管部门应当责令有关企业事业单位采取停止或者减少排放水污染物等措施。那么，邻市某区环保局应有证据证明饮用水水源受到污染可能威胁供水安全，如现场笔录、监测报告等，还要证明邻市某区某化工厂与水源受到污染有关。法律没有规定“有关”到什么程度，但至少要证明邻市某区某化工厂的废水流入水源，有现场调查笔录即可。在程序上，饮用水水源受到污染可能威胁供水安全情况消除，应及时解除命令。企业有违法行为的应责令改正并依法处理。

该案中邻市某区环保局除渗水井检测报告外，没有其他证据表明与邻市某区某化工厂有关，因此是否必须对该厂采取停产措施值得斟酌。另外，在渗水井水质已恢复的情况下，未及时解除停产命令有违法律规定本意。如果邻市某区环保局的停产命令导致邻市某区某化工厂产生直接损失依法应当赔偿。

【执法提示】

环保部门执法中不仅要维护公共安全、保护受害人的合法利益，也要维护企业的合法权益。

执法人员行使行政职权一定要做到事实清楚、证据确凿、适法准确、程序合法。这才能维护法律的尊严，实现立法的目的，体现行政的效力。否则，不仅会伤害当事人的合法

权益，也会损害国家的利益，可能还会给执法者带来不良后果。

资料

中华人民共和国国家赔偿法

中华人民共和国主席令　[2010]第29号

（2010年12月1日起施行）

……

第四条　行政机关及其工作人员在行使行政职权时有下列侵犯财产权情形之一的，受害人有取得赔偿的权利：

（一）违法实施罚款、吊销许可证和执照、责令停产停业、没收财物等行政处罚的；

（二）违法对财产采取查封、扣押、冻结等行政强制措施的；

（三）违法征收、征用财产的；

（四）造成财产损害的其他违法行为。

第五条 属于下列情形之一的，国家不承担赔偿责任：

（一）行政机关工作人员与行使职权无关的个人行为；

（二）因公民、法人和其他组织自己的行为致使损害发生的；

（三）法律规定的其他情形。

……

第三十六条　侵犯公民、法人和其他组织的财产权造成损害的，按照下列规定处理：

（一）处罚款、罚金、追缴、没收财产或者违法征收、征用财产的，返还财产；

（二）查封、扣押、冻结财产的，解除对财产的查封、扣押、冻结，造成财产损坏或者灭失的，依照本条第三项、第四项的规定赔偿；

（三）应当返还的财产损坏的，能够恢复原状的恢复原状，不能恢复原状的，按照损害程度给付相应的赔偿金；

（四）应当返还的财产灭失的，给付相应的赔偿金；

（五）财产已经拍卖或者变卖的，给付拍卖或者变卖所得的价款；变卖的价款明显低于财产价值的，应当支付相应的赔偿金；

（六）吊销许可证和执照、责令停产停业的，赔偿停产停业期间必要的经常性费用开支；

（七）返还执行的罚款或者罚金、追缴或者没收的金钱，解除冻结的存款或者汇款的，应当支付银行同期存款利息；

（八）对财产权造成其他损害的，按照直接损失给予赔偿。

第六章　环境污染纠纷处理

第一节　环境污染民事责任典型案例及其分析

一、概述

（一）环境民事责任的构成

环境民事责任在构成上与一般的民事责任有所不同。一般民事责任的构成必须具备四个方面的要件，即：行为人的行为具有违法性；有损害事实的存在；行为人的行为与损害事实之间具有因果关系；行为人主观上具有过错。

对环境民事责任的构成要件来说，污染环境和破坏资源两种环境侵权行为承担民事责任的要件有所不同，后者要求符合民事责任一般构成要件，而环境污染民事责任的构成要件则为：损害事实的客观存在，污染危害行为以及污染危害行为和损害事实之间的关系（见表 6-1）。

表 6-1　污染环境与破坏资源承担民事责任的要件比较

类型 条件	污染环境承担民事责任的要件	破坏资源承担民事责任的要件
1	损害后果	损害后果
2	损害后果和污染危害环境行为之间有因果关系	损害后果和破坏行为之间有因果关系
3	污染危害环境的行为	破坏资源的行为
4	（无过错责任原则）	主观过错

（二）无过错责任原则及环境民事责任的免责

所谓“无过错责任”，是指一切污染危害环境的单位和个人，只要对其他单位和个人客观上造成了损害，即使主观上没有过错，也应当承担民事责任。我国环境侵权民事责任中也实行了该原则。

所谓“无过错责任的免责”，是指环境法所规定的，企业因污染和破坏环境造成他人财产和人身损害时可以不承担民事法律责任的特殊情况。包括不可抗力、受害人自身责任及第三人的过错等法律规定的免责情况。

二、环境污染民事责任典型案例分析及执法要点解析

案例七十九：环境污染民事责任构成案例

【案情介绍】

吴某在某河段上围栏养鱼，2002 年 10 月 4 日晚原告发现其河中养的鱼开始死亡，遂将河中死鱼捞出放在家中。次日如皋市环境监测站接报后赴现场进行了勘察并提取了水样，后经鉴定河水不超标。10 月 6 日如皋市渔政管理检查站到现场进行了调查和勘验，勘验时记录了原告家死鱼的情况。但两部门均未作任何处理。原告以被告袁某向河中排放了洗白果的污水，造成其鱼死亡为由，于 2002 年 10 月 22 日向县法院起诉要求被告赔偿鱼死亡的损失 3500 元。

县法院经审理后认为：（一）环境污染损失赔偿纠纷案件的受害人应举证证明：1. 加害人有污染行为；2. 损害的事实；（二）加害人要举证证明法律规定的免责事由及其行为与损害结果之间不存在因果关系。双方只有尽了各自的举证义务才能依法保护自己的合法权益。

本案中，双方对损害结果，即原告吴某 10 月 4 日发生了死鱼现象及审理中本院委托如皋市价格认证中心评估的原告损失为 2840 元的鉴定结果均无异议。对被告是否有加害行为即被告是否向河中排放了污水造成原告养鱼河段的水污染致鱼死亡的事实，系庭审中双方争议的焦点。虽然被告在自家门口洗白果是事实，但原告未能举证证实被告向其东侧的河中排放污水，更未能举证证实两地相距约一公里的自家养鱼河段中 10 月 4 日受到被告家洗白果的水污染的事实，亦未能举证证实其鱼死亡的真实原因。故按照法律规定的举证责任分配原则，原告对被告是否存在加害的行为，未能尽到举证证明的责任，其主张要求被告赔偿其损失的诉讼请求，证据尚不够充分，县法院难以支持。因此，县法院根据《中华人民共和国民法通则》第一百二十四条、最高人民法院《关于民事诉讼证据的若干规定》第四条第一款第（三）项的规定，判决驳回原告的诉讼请求。

【案例分析】

环境污染损害民事责任的构成要件包括：

（1）有损害事实存在。

损害事实是侵权行为所产生的危害后果，是承担民事责任的依据，是构成一般民事责任与环境民事责任都必须具备的要件。

环境民事责任不仅包括直接的财产损失，还包括因造成人体健康损害所引起的财产损失。

（2）有污染和破坏环境的行为存在。

通常情况下损害他人人身和财产的行为，总是违法行为。但在环境侵权行为中，却经常存在着“合法”行为却损害他人人身和财产的情况。如不超标引起的污染，由于环境因素相互作用造成的致人损害等。因此，环境侵权行为不以违法性为前提，而是以损害的客观性作为承担环境民事责任的要件。

（3）加害行为与损害结果之间的因果关系。

环境民事责任不以违法行为为构成要件，因此在这里只强调损害行为与损害结果之间

的因果关系。并且这种因果关系不再要求严格的直接证明，受害人只要证明受到侵害，而推定是加害人所致即可。

《固体废物污染环境防治法》第八十六条规定：因固体废物污染环境引起的损害赔偿诉讼，由加害人就法律规定的免责事由及其行为与损害结果之间不存在因果关系承担举证责任。首次以法律的形式确认了在环境污染损害赔偿诉讼中，如果排污者不能举证证明其可以依法免责或者不能证明其行为与损害结果之间不存在因果关系，他就必须承担污染损害赔偿责任。同样，2008 年修订的《水污染防治法》也做了类似的规定，该法第八十七条规定，因水污染引起的损害赔偿诉讼，由排污方就法律规定的免责事由及其行为与损害结果之间不存在因果关系承担举证责任。最高人民法院《关于民事诉讼证据若干规定》第四条（三）款规定：因环境污染引起的损害赔偿诉讼，由加害人就法律规定的免责事由及其行为与损害结果之间不存在因果关系承担举证责任。即在环境污染损害赔偿纠纷案件中加害人承担的举证责任的是：行为与损害结果之间不存在因果关系和免责事由。而其余的举证责任则由受害人承担，即受害人首先要证明加害人存在加害行为，如加害人排放污水的时间、地点、方式、造成水污染的程度等。其次，受害人要证明损害事实即损害结果，如加害人的加害行为造成直接的损害结果，比如鱼死亡的种类、数量、价值等。受害人举证不能满足上述两个要件则可能要承担败诉的结果。也就是说即使受到污染损害但因举证不利而不能获得赔偿。如受害人举证满足了上述两个要件，加害人仍不承认，则由加害人就法律规定的免责事由和行为与损害结果之间不存在因果关系承担举证责任，其若不能证明其行为与损害结果之间不存在因果关系，加害人当然依法要承担举证不能的赔偿责任。

本案中，原告未能举证证实被告向其东侧的河中排放污水，更未能举证证实两地相距约一公里的自家养鱼河段中 10 月 4 日受到被告家洗白果的水污染的事实，亦未能举证证实其鱼死亡的真实原因。故法院认为按照法律规定的举证责任分配原则，原告对被告是否存在加害的行为，未能尽到举证证明的责任，其主张要求被告赔偿其损失的诉讼请求，证据尚不够充分，本院难以支持。受害人最终未能获得赔偿。

【执法提示】

举证责任倒置的原则不等于受害人不承担举证责任及举证不利的后果。因此在污染纠纷的处理过程中，帮助受害人通过法律途径维护他们的合法权益的关键在于如何利用环保部门的资源优势，使受害人获得相应的证据。

案例八十：“不可抗力”案例

【案情介绍】

某化肥厂通过专用明渠向长江排放生产废水，渠道附近洼地有许多被当地农民承包的鱼塘。某年夏天，暴雨连天，加上汛期来临，上游洪水使江水猛涨，堤外水面逐渐接近堤内地面，致使排污渠内废水自然入江受阻，漫溢流入鱼塘。鱼塘承包人遂与化肥厂交涉，要求采取措施，阻止废水漫溢致鱼死亡。化肥厂对此请求并未予理睬。数日后鱼塘里出现死鱼现象。于是鱼塘承包人联合向化肥厂提出排除废水侵害和赔偿死鱼损失的请求，并报告当地环保部门，要求处理此污染纠纷。化肥厂在鱼塘承包人提出赔偿请求后，立即在排污渠入江闸门处安装了两台大功率水泵，将废水扬高排入江中。在环保部门处理纠纷期间，当地暴雨不断，长江洪峰多发，以致外洪内涝，排污渠与鱼塘水面连成了一片，鱼塘里的鱼部分被大水冲走，剩下的也被废水呛死。对此，鱼塘承包人要求化肥厂赔偿其全部财产损失。化肥厂则以洪水、暴雨为不可抗力为由拒绝赔偿。

【案例分析】

（1）根据《环境保护法》第四十一条第一款的规定，“造成环境污染损害的，有责任排除危害，并对直接受到损害的单位或者个人赔偿损失”，和《水污染防治法》第八十五条第一款的规定，“因水污染受到损害的当事人，有权要求排污方排除危害和赔偿损失”的规定，化肥厂应排除危害并赔偿鱼塘承包人的损失。对财产损失的赔偿，应遵循全部赔偿的原则，既要赔偿直接损失，又要赔偿间接损失。根据《侵权责任法》第十九条“侵害他人财产的，财产损失按照损失发生时的市场价格或者其他方式计算”的规定，鱼塘承包人要求赔偿的全部财产损失可以包括：购买鱼苗费用、鱼塘经营费用、鱼塘承包费用、污染清除费用和出售鱼产品预期收入。

（2）《环境保护法》第四十一条第三款规定：完全由于不可抗拒的自然灾害，并经及时采取合理措施，仍然不能避免造成环境污染损害的，免予承担责任。《水污染防治法》第八十五条二款规定：由于不可抗力造成水污染损害的，排污方不承担赔偿责任；法律另有规定的除外。

所谓不可抗力是指独立于人的行为之外，且不以人的主观意志为转移的客观情况。一般说来，不可抗力是人力所不可抗拒的力量，包括某些自然现象（如地震、台风、洪水等）和某些社会现象（如战争等）。《民法通则》第一百五十三条规定：不可抗力是指不可预见，不能避免，并不能克服的客观情况。由于不可抗力不受人的意志所支配，因此要人们承担与其行为无关而无法控制的事故后果的责任是不公平的，所以对不可抗力造成的损害法律做了免责的规定。

本案中因为化肥厂没有及时采取防范废水漫溢可能造成损害的合理措施，而导致污染发生，这部分损失本来是可以避免的，化肥厂不能以不可抗力为由拒绝赔偿损失。即对因“排污渠内废水自然入江受阻，漫溢流入鱼塘”造成的这部分财产损失，化工厂应对承包鱼塘的渔民予以赔偿。而对因“当地暴雨不断，长江洪峰多发，以致外洪内涝，排污渠与鱼塘水面连成了一片”造成的财产损失可以不可抗力为由，不承担赔偿责任。

【执法提示】

对不可抗力事件的处理关键是掌握不可抗力事件的认定。不可抗力是人力所不可抗拒的力量，是独立于人的行为之外，不以人的主观意志为转移的客观情况。且按照《环境保护法》的规定，即使是不可抗力造成污染损害行为人也必须证明两点才能够免责：

①损害必须完全是属于不可抗力造成的，致害人才能免责；不是“完全属于”的责任，如果损害后果的发生虽然有不可抗力的作用，但也夹杂着人为的或者其他的因素，此时就不能免除致害人的责任。如本案中化工厂就要对损害进行赔偿，不能完全免责。

②必须“经及时采取合理措施”。发生不可抗力损害后，如果没有及时采取措施，或虽及时采取了措施，但采取的措施“不合理”，就仍然要对损害进行赔偿，不能免责。所谓“合理措施”，是指依据当时的客观情况，充分利用了所能利用的条件，作出常人所能作出的努力而采取的应对措施，这种措施既不违反常规，又不超越常规。

案例八十一：受害人自身的原因免责案例

【案情介绍】

河南省某市大别山麓有一家化工厂始建于20世纪60年代，过去生产品种单一，群众生活水平低，对污染的危害也没有充分认识，因此，尽管该厂长期排放废气和废液，但周围居民都能忍受，即使有人因污染而患病，也没人想到是化工厂的原因。进入21世纪，随着当地生活水平的提高和化工厂适应社会主义市场经济体制的改革，一方面，化工厂大力推出新的产品，但污染处理措施却仍然保留在20世纪60年代的水平，因而排放的污染物不仅没有减轻，反而更加严重；另一方面，群众环境意识不断提高，越来越关注环境污染问题，附近居民因化工厂的环境污染而受害颇深，多人患有不明原因的气管炎，胸闷、心悸，特别是老人和小孩体质较弱，抵抗力较差，受害更大，有人对化工厂的排放物质进行了调查，发现其排放的废气污染物主要成分是二氧化硫，废液污染物则主要是带有氨水成分的碳氨残液。当地居民选出代表与厂方进行谈判，达成协议：化工厂每年给居民5万元健康补助费，减少排污量。协议达成后，化工厂对影响较大的废气排放严格控制，但对不直接影响居民的废液排放，则没有采取严格措施，带有氨水成分的废液继续大量排放。2000年3月，由于该市化肥厂生产困难，企业面临破产的危机边缘，原告周某经同村村民张某介绍：化工厂排放的废液里有氨水成分，可以用作代替氨肥，如果把这些废液充分利用起来，不仅可以解决燃眉之急，节省一大笔购买高价化肥的开支，而且还可以做到废物利用。周德元组织人力、物力，购买了多个大铁罐，用于装废液，为防止别人盗用，遂将铁罐都深埋于自家的园子里。此后一年，周某一直坚持搜集废液。2001年5月12日，周家突然全家严重中毒，经过调查，属于氨中毒，原来周某所埋的废液处离自家的饮用水井仅10米远，埋下的铁罐有一只腐烂，废液漏出渗入水井引起中毒。周某认为废液是化工厂排放的，遂向法院起诉化工厂，要求其赔偿损失。

法院在受理案件查明事实后，作出如下判决：① 周某虽然受到化工厂排放废液的污染危害，但该危害完全是周某自身责任所致，化工厂没有任何责任；② 化工厂长期排放污染物，应该予以相应的治理，做到达标排放；③ 周某自己承受全部损失，化工厂不承担损害赔偿责任。

【案例分析】

《中华人民共和国水污染防治法》（1996年，2008年修订）第五十五条第四款规定：水污染损失由受害者自身的责任所引起的，排污单位不承担责任。

所谓受害者自身的责任，是指受害人明知自己的行为会发生损害自己的后果，而希望或放任此种结果发生。受害人对损害的发生具有故意或重大过失，足以表明受害人的行为是损害发生的唯一原因，因此该损害后果与受害人的行为之间有因果关系，而与致害人之间无因果关系，故应由受害人自己承担责任，从而免除致害人的责任。

基于《水污染防治法》的规定，法院在受理案件，查明事实后，作出了如上判决。

本案中虽然化工厂排放的污染物给受害者提供了受害的可能性，但这种可能性转化为现实性则完全是由于受害者自身的过错，即原告受环境损害的根本原因在于自身过错，因而在这里不能适用无过错责任原则。

对受害者因自身责任而使排污单位免责应注意一点，即环境污染损害结果完全是由于受害者自身责任所致，排污者并无过错。如排污者自身也有过错，则排污者不能免责。

【执法提示】

本案例是典型原告自身过错引起的环境污染损害案件。化工厂排放的污染物给受害者提供了受害的可能性，但这种可能性转化为现实则完全是由于受害者自身的过错，因而不应由化工厂承担赔偿责任。1996 年修改的《水污染防治法》第五十五条第四款规定：水污染损失由受害者自身的责任所引起的，排污单位不承担责任。这是对受害者自身责任导致环境损害予以排污单位免责的明确规定。受害者自身责任是指受害人对损害的发生具有故意或重大过失，足以表明受害人的行为是损害发生的唯一原因，因此该损害后果与受害人的行为之间有因果关系，而与致害人之间无因果关系，故应由受害人自己承担责任，从而免除致害人的责任。

但 2008 年修改的《水污染防治法》第八十五条第三款规定：水污染损害是由受害人故意造成的，排污方不承担赔偿责任。水污染损害是由受害人重大过失造成的，可以减轻排污方的赔偿责任。这一变化，环保部门在民事纠纷处理中，除水污染损害是由受害人故意造成的排污方不承担赔偿责任外，水污染损害是由受害人重大过失造成的，排污方仍应承担一定赔偿责任，但具体赔偿实施中可以减轻排污方的赔偿责任。

案例八十二：第三人过错免责案例

【案情介绍】

某矿山公司（以下简称乙公司）的废水通过排水渠送到尾矿坝进行处理。2001 年，甲公司在建筑施工中挖开了乙公司将废水通过排水渠送到尾矿坝进行处理的排水渠，导致选矿废水全部外排，造成下游养殖渔场（以下简称丙渔场）污染。甲公司将排水渠挖开后既未向乙公司通报，也未向当地环保部门报告。污染发生后，当地环保部门责令甲公司修复了废水排水渠。但丙渔场找到甲公司要求赔偿。甲公司认为废水是乙公司排放的，与其无关。于是，丙渔场将甲公司、乙公司一并告上法庭，要求被告共同赔偿损失。

【案例分析】

《水污染防治法》（1996 年，2008 年已经修订）第五十五条规定：造成水污染危害的单位，有责任排除危害，并对直接受到损失的单位或者个人赔偿损失。

赔偿责任和赔偿金额的纠纷，可以根据当事人的请求，由环保部门或者交通部门的航政机关处理；当事人对处理决定不服的，可以向人民法院起诉。当事人也可以直接向人民法院起诉。

水污染损失由第三者故意或者过失所引起的，第三者应当承担责任。

……

甲公司挖开了乙公司废水排水渠导致选矿废水全部外排，造成下游养殖渔场（以下简称丙渔场）污染（且既未向乙公司通报，也未向当地环保部门报告），显然此水污染损失是由甲公司过失所引起的。因此甲公司应承担赔偿责任。乙公司排放的废水是可能导致水污染危害的原因之一，但使此可能变为现实则是甲公司“挖开了乙公司将废水通过排水渠送到尾矿坝进行处理的排水渠”的过失行为。因此，按照法律规定甲公司就应为此承担责任。

【执法提示】

本案例是一个典型的第三人造成水污染损害的案件。随着相关法律法规的完善，对此类案例的处理，也有了较大变化。2008 年修订后的《水污染防治法》第八十五条第四款规定：水污染损害是由第三人造成的，排污方承担赔偿责任后，有权向第三人追偿。似乎原告只能向排污方要求赔偿，而不能向第三人要求赔偿。2010 年《侵权责任法》第六十八条规定：因第三人的过错污染环境造成损害的，被侵权人可以向污染者请求赔偿，也可以向第三人请求赔偿。污染者赔偿后，有权向第三人追偿。这样，污染受害者就具有了选择权。环保部门在处理该类环境污染民事责任时应先考虑第三人承担赔偿责任，第三人如无赔偿能力等，还可以考虑排污方承担赔偿责任。这就使污染受害者的权益进一步得到了保障。

案例八十三：环境污染财产损害赔偿案例

【案情介绍】

2007 年 11 月 15 日，王战全承包了距丰田肥业公司生产厂区约 700 米的济源市克井镇小庄村五组的土地 35.17 亩，用于繁殖薄皮核桃苗，并于当年冬季播种薄皮核桃 15000 余斤。2008 年春，核桃苗长势良好，从 6 月至 10 月份，王战全发现核桃苗叶片发黄，长势变弱，有大量干枯落叶，高度、粗度不够。王战全于 2008 年 10 月 22 日诉至济源市人民法院，请求判令丰田肥业公司赔偿损失 160500 元。案件在审理中，经王战全申请，法院依法委托新乡绿剑林业司法鉴定所对核桃苗损失价值进行了鉴定。2009 年 4 月 26 日，该鉴定所作出新乡绿剑林业司法鉴定所[2009]林鉴字第 15 号司法鉴定意见书，鉴定意见为：被污染核桃苗的损失 144873.38 元。其中直接损失 90039.39 元，苗木经营利润 54833.99 元。

根据最高人民法院《关于民事诉讼证据的若干规定》第四条第一款第三项的规定，“因环境污染引起的损害赔偿诉讼，由加害人就法律规定的免责事由及其行为与损害结果之间不存在因果关系承担举证责任”。本案中，王战全已就自己受损的事实提供了鉴定结论等证据，证明受损的事实存在；而丰田肥业公司应当就法律规定的免责事由及其生产行为与王战全种植的核桃苗出现损失之间不存在因果关系承担举证责任。但丰田肥业公司提供的证据不能证明其主张，故济源市人民法院认定丰田肥业公司生产过程中产生的废气与王战全核桃苗损失之间存在因果关系。王战全要求丰田肥业公司承担其损失的 60%，请求合理，予以支持。根据新乡绿剑林业司法鉴定所出具的鉴定意见，王战全的核桃苗损失为 144873.38 元，丰田肥业公司承担 60%的赔偿责任为 86924 元。根据《中华人民共和国民法通则》第一百零六条第二款、第一百二十四条、第一百三十四条第一款第（七）项的规定，判决丰田肥业公司于判决生效后 20 日内赔偿王战全 86924 元。案件受理费 3510 元，由王战全负担 1573 元，丰田肥业公司负担 1973 元；鉴定费 5000 元，由丰田肥业公司负担。济源市人民法院于 2010 年 7 月 12 日作出（2008）济民一初字第 2725 号民事判决。丰田肥业公司、王战全均不服该判决，分别提起上诉。

丰田肥业公司上诉称：其公司的生产未对王战全的核桃苗造成污染，不应承担赔偿责任；新乡绿剑林业司法鉴定所的鉴定结论缺乏客观公正性，一审判决其公司承担全部鉴定费无事实依据，请求驳回王战全的诉讼请求。

王战全上诉称：丰田肥业公司的污染，导致其总投资的 60%无法收回，其在原审庭审所述的 60%，是要求丰田肥业公司赔偿总投资 271075 元的 60%，即 160500 元，并不是请求丰田肥业公司对其损失承担 60%的责任。原判误将总投资数理解为污染损失，从而判令丰田肥业公司对其损失承担 60%责任明显错误，请求改判丰田肥业公司承担全部责任。

经审理法院认为，王战全承包的土地距离丰田肥业公司约 700 米，其种植的核桃苗生长出现问题后，丰田肥业公司应就法律规定的免责事由及其公司生产行为与损害结果之间不存在因果关系承担举证责任。因丰田肥业公司举证不能，应认定丰田肥业公司的生产与核桃苗损失具有因果关系。经原审法院委托新乡绿剑林业司法鉴定所鉴定，王战全的核桃苗损失共计 144873.38 元，双方对该鉴定结论均未申请重新鉴定，予以确认。经查，王战全在起诉书中请求丰田肥业公司赔偿经济损失 160500 元，未要求丰田肥业公司承担 60%责任，一审庭审中，王战全所述的 60%，是对诉讼请求具体计算方法的阐述，即按核桃种植总投资额的 60%予以赔偿，而鉴定结论中确定的 144873.38 元系核桃苗损失，并非总投资。一审以王战全请求丰田肥业公司赔偿其损失 60%为由，判令丰田肥业公司承担损失 144873.38 元的 60%明显错误，本院予以纠正。由于丰田肥业公司未能证明王战全对核桃苗损失具有故意或重大过错，应对王战全的损失承担全部赔偿责任，并负担鉴定损失引起的费用。综上，一审认定事实清楚，但处理结果不当，本院予以纠正，根据《中华人民共和国民事诉讼法》第一百五十三条第一款第（三）项的规定，判决如下：① 撤销济源市人民法院（2008）济民一初字第 2725 号民事判决；② 济源市丰田肥业有限公司于本判决生效后 20 日内赔偿王战全 144873.38 元。

一审案件受理费 3510 元，鉴定费 5000 元，由济源市丰田肥业有限公司负担；二审案件受理费 3197 元，由济源市丰田肥业有限公司负担。

【案例分析】

该案涉及两个问题：

（1）关于举证责任转移的法律规定。

我国于 1992 年 7 月 14 日，在最高人民法院《关于适用〈民事诉讼法〉若干问题的意见》中首次作出了明确规定，该《意见》第七十四条规定：因环境污染引起的损害赔偿诉讼，“对原告提出的侵权事实，被告否认的，由被告负责举证。”

（2）关于污染损害的赔偿。

赔偿损失是指国家依照环境法律法规的规定强制侵权人用自己的财产弥补他人的财产损失的一种民事责任形式，是我国环境民事法律责任中最为普遍的责任形式。《侵权责任法》第十五条规定了承担侵权责任的 8 种主要方式：停止侵害；排除妨碍；消除危险；返还财产；恢复原状；赔偿损失；赔礼道歉；消除影响、恢复名誉。

《环境保护法》第四十一条规定：造成环境污染损害的，有责任排除危害，并对直接受到损害的单位或者个人赔偿损失。

赔偿损失的范围，既包括对财产损失的赔偿，又包括对人身损害引起的财产损失的赔偿；既包括赔偿直接损失，也包括赔偿间接损失。

对财产损失的赔偿，应遵循全部赔偿的原则，既要赔偿直接损失，又要赔偿间接损失。

所谓直接损失是指受害人因受环境污染或破坏而导致现有财产的减少或灭失，如鱼苗死亡，蔬菜枯死、树木减少等。间接损失是指受害人在正常情况下应当得到但因受到环境污染或破坏而未能得到的收入，如鱼苗死亡而未能得到成鱼的收入等。具体的赔偿数额，根据《侵权责任法》第十九条规定，侵害他人财产的，财产损失按照损失发生时的市场价格或者其他方式计算。

本案中受害人王战全认为，丰田肥业公司的污染导致其总投资的60%无法收回，因此要求丰田肥业公司赔偿其总投资的60%。这一要求符合《侵权责任法》第十九条的规定，所以二审法院支持受害人的请求，改判了一审法院的错误。二审法院的做法是正确的。

【执法提示】

对环境污染损害的民事赔偿，按照环境法律法规的要求应包括两个方面：

其一，排除危害，恢复原状。如《固体废物污染环境防治法》第八十五条规定：造成固体废物污染环境的，应当排除危害，依法赔偿损失，并采取措施恢复环境原状。要求造成污染损害的单位不但要排除危害，而且要承担其恢复原状的责任。要求环境执法者监督致害者不仅要赔偿损失，还要承担恢复环境原状的责任和费用。

其二，赔偿损失。赔偿损失包括对财产损失的赔偿和对造成人身伤害而引起的财产的赔偿。如果因环境污染而造成他人严重精神损害的，根据《侵权责任法》第二十二条规定，还应当赔偿因精神损害而造成的损失。

环保部门在处理环境污染损害民事纠纷时还应注意有关共同侵权的赔偿的问题。根据《侵权责任法》第八条规定，二人以上共同实施侵权行为，造成他人损害的，应当承担连带责任。

《侵权责任法》第六十七条规定：两个以上污染者污染环境，污染者承担责任的大小，根据污染物的种类、排放量等因素确定。

案例八十四：环境污染致人身伤害赔偿案例

【案情介绍】

唐山市某小区是唐山地震后重建，最近的楼与唐山焦化厂北面仅一墙之隔。该小区共有29栋住宅楼，于1982年分配受灾居民并陆续入住。但唐山焦化厂每天24小时不间断地向空气排放着令人难闻的废气，严重污染了周边环境。1994年唐山焦化厂建设二期工程，二期工程完成后污染程度更加严重，空气更加恶劣，小区夏季不能开窗，冬季浓烟遮日，部分居民免疫力下降，患多种疾病和绝症的人数剧增。为免继续遭污染，小区118人推举刘某等人为代表不断向有关部门反映。2001年污染问题仍未解决，于是向中国政法大学污染受害者法律帮助中心寻求法律帮助。2002年刘某等118人向唐山市中级人民法院起诉唐山焦化厂，要求被告赔偿污染致原告人身伤害费用2 502 126元。

2005年唐山市中级人民法院重审判决，支持刘某等118人的请求，判令被告赔偿2 502 126元。

被告不服提起上诉。期间唐山市焦化厂申请破产，2006年河北省高级人民法院裁定终结诉讼。2008年11月底，唐山市国资委向原告支付了75万元，此案终结。

【案例分析】

此案是典型的法院支持原告要求人身健康损害赔偿的环境污染民事案件。

《中华人民共和国环境保护法》第四十一条第一款规定：造成环境污染危害的，有责任排除危害，并对直接受到损害的单位或者个人赔偿损失。《中华人民共和国大气污染防治法》第六十二条规定：造成大气污染危害的单位，有责任排除危害，并对直接遭受损失的单位或者个人赔偿损失。赔偿责任和赔偿金额的纠纷，可以根据当事人的请求，由环境保护行政主管部门调解处理；调解不成的，当事人可以向人民法院起诉。当事人也可以直接向人民法院起诉。《中华人民共和国民法通则》第九十八条规定：公民享有生命健康权。《最高人民法院关于民事诉讼证据的若干规定》第四条第三款规定：因环境污染引起的损害赔偿诉讼，由加害人就法律规定的免责事由及其行为与损害结果之间不存在因果关系承担举证责任。

据此，唐山市中级人民法院重审判决唐山市焦化厂赔偿原告刘某等 118 人污染致原告人身伤害费用 2502126 元，有理有据，有力地维护了公民的人身健康权。

【执法提示】

原告刘某等 118 人中，一些人并未出现疾病临床症状，但法院认为长期受到污染，健康一定会受到影响，被告又无相反证据，故判决按受害时间长短给予一定赔偿。

环保部门在处理环境民事纠纷案中切不可忽视环境污染对人身健康影响的赔偿。

第二节　环境污染纠纷行政处理典型案例及其分析

一、概述

（一）环境污染纠纷行政处理的概念及性质

环境污染民事纠纷的行政调处，是依照当事人的请求，由环境保护行政主管部门或其他依法行使环境监督管理权的部门对赔偿责任和赔偿金额的纠纷作出调解处理。

《环境保护法》第四十一条规定：造成环境污染危害的，有责任排除危害，并对直接受到损害的单位和个人赔偿损失。赔偿责任和赔偿金额的纠纷，可以根据当事人的请求，由环境保护行政主管部门或者其他依照法律规定行使环境监督管理权的部门处理，当事人对处理决定不服的，可以向人民法院起诉。当事人也可以直接向人民法院起诉。在以后发布的《水污染防治法》、《大气污染防治法》、《固体废物污染环境防治法》等污染防治的法律中均有类似的规定。这一规定，给了受污染损失当事人要求赔偿的两种方法，既可以请求环保部门调解处理，也可以向人民法院提起民事诉讼。

这种“处理”的立法原意是行政调解，而不是行政裁决。性质上属于行政机关居间对当事人之间的民事权益争议，在查清事实、分清责任的基础上，通过调解方式，达成协议，解决纠纷。根据全国人大常委会法工委 1992 年 1 月 31 日（法工复字[92]1 号）就如何理解和执行我国《环境保护法》第四十一条第二款给国家环保局的答复《关于不能以作出环境污染赔偿纠纷处理决定的环保部门为被告提起行政诉讼的答复》中称，“因环境污染损害引起的赔偿责任和赔偿金额的纠纷属于民事纠纷，环境保护行政主管部门依据《中华人民共和国环境保护法》第四十一条第二款规定，根据当事人请求，对因环境污染损害引起的赔偿责任和赔偿金额的纠纷所做的处理，当事人不服的，可以向人民法院提起民事诉讼。但这是民事纠纷双方当事人之间的民事诉讼，不能以作出处理决定的环境保护行政主管部门作为被告提起行政诉讼。”

（二）环境污染纠纷行政处理的法律效力

《环境保护法》规定：我国环境侵权民事赔偿的解决有两种途径：行政处理和司法审判，后者是最终的解决途径，即如果当事人对行政处理的决定不服，仍可寻求司法处理。若一方当事人对处理决定不服，却既不向人民法院起诉，又不履行义务，另一方当事人也可以向人民法院起诉。这就是说，环境行政处理决定并没有法律上的强制执行力，在前述情况下，作出处理的环境行政机关不能自己强制执行，也不能申请法院强制执行，另一方当事人也无权申请强制执行，而只能向人民法院起诉。

（三）环境污染纠纷行政处理的范围

《环境保护法》明确规定了适用行政调处的环境纠纷有两种：一是环境污染发生后的污染责任纠纷，二是赔偿金额纠纷。不过在实践中，其他一些环境纠纷若请求行政处理的，环保部门一般也予以受理。

（四）环境污染纠纷行政处理的程序

对于当事人请求环保部门对污染损害赔偿进行调解处理的程序尚无具体法律规定。

根据法律法规的规定，结合我国环境监督管理的实践，环境污染民事纠纷行政处理的程序可分为申请、受理、调查、调解、处理和执行六个阶段，具体见图 6-1。

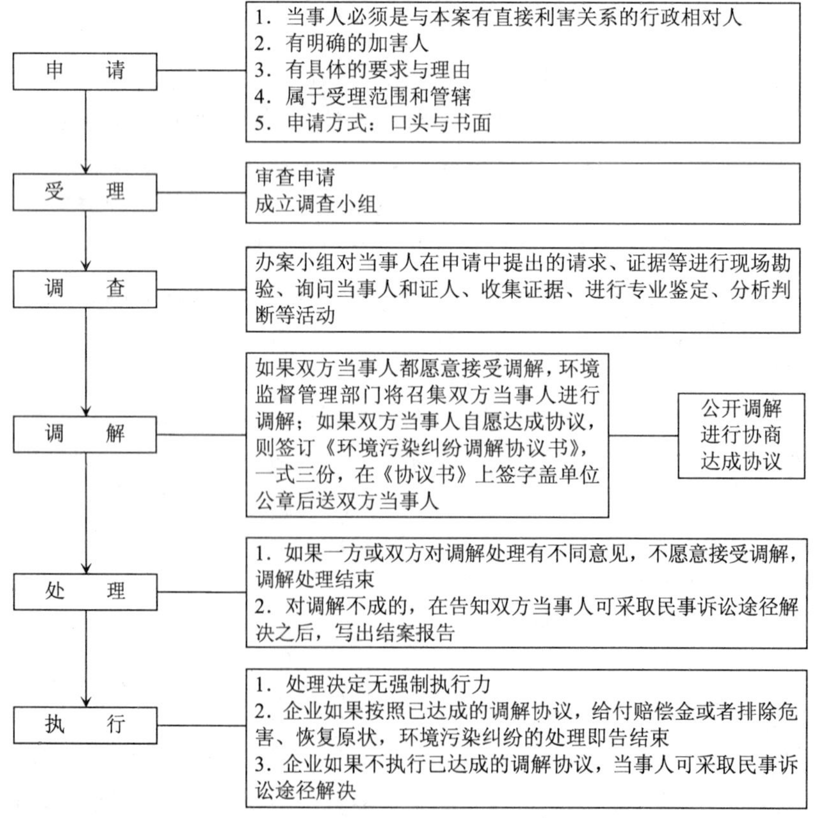

图 6-1　环境纠纷行政处理流程图

二、环境污染纠纷行政处理典型案例分析及执法要点解析

案例八十五（案一）：环境污染纠纷行政调处案例

【案情介绍】

徐州市安居工程西苑小区二期民安园，由市经济适用住房发展中心承建。1997年上半年居民开始陆续进住。至1998年4月，即有居民不断向市环保部门反映，邻近的徐州铸造厂噪声连续24小时不停，睡在床上，感到耳膜被震动得难以忍受，彻夜难眠。加上该厂时常向高空中排放多余的废气，更让高层的居民心惊肉跳。伴随着夏季的来临，噪声扰民显得更为突出，严重扰乱了居民的正常生活秩序，学生无法安心学习。根据徐州市环保局的监测结果及了解的有关情况，噪声源为两台空气压缩机、一台碰撞机和两台水泵及制氧高压外排等。该厂及其分厂执行了3类区域排放标准，即昼间限值65分贝，夜间限值55分贝。6月5日市环境监测人员在该厂厂界处测得夜间噪声为62分贝，超标7分贝。且现厂界围墙距离居民楼仅有15米，按制氧行业的安全标准距离应为30米。早在1995年，市政府已发文指定这一范围不适宜居住。

经过市环保局协调，有关方面达成如下协议：铸造厂制氧分厂在6月底制定治理方案，按3类区域治理排放达标；受害居民由市经济适用住房发展中心负责采取防护措施；如治理达标后，仍然出现噪声扰民现象，市经济适用住房发展中心应接受居民提出的调（退）房要求。

【案例分析】

本案是一起噪声污染引起的民事纠纷经过环境保护部门行政调解处理的案件。

《环境保护法》第四十一条第二款规定：赔偿责任和赔偿金额的纠纷，可以根据当事人的请求，由环境保护行政主管部门或者其他依照法律规定行使环境监督管理权的部门处理；当事人对处理决定不服的，可以向人民法院起诉。当事人也可以直接向人民法院起诉。

在本案中，环境保护部门的处理还是比较及时地、较好地理清了当事人之间的纠纷，并促使双方达成协议明确了责任：由铸造厂制氧分厂在6月底制订治理方案，按3类区域排放治理达标，受害居民由市经济适用住房发展中心负责采取防护措施；如治理达标后，仍然出现噪声扰民现象，市经济适用住房发展中心应接受居民提出的调（退）房要求。这是因为原告所居住的小区是由市经济适用住房发展中心承建的，居民是在1997年上半年陆续入住的，而早在1995年，市政府已发文指定这一范围不适宜居住。这说明市经济适用住房发展中心在开发安居工程时没有注意到居住区周围的环境影响，在规划、设计上没能充分考虑到居民住宅区的环境质量问题，在不适于居住的地方建造了居民楼，最终导致了本案的发生，所以市经济适用住房发展中心也有一定的责任。

【执法提示】

环境污染纠纷由环保部门进行调解处理具有快捷、节约成本等优点，因此目前大多数环境污染纠纷都是通过一种途径解决的。在对环境污染案件的调解处理过程中，对于越来越多的进入妨扰的问题应予以处分重视，要区分是故意进入妨扰还是无意或过失进入妨扰。另外，这类问题环保部门一家往往很难解决，应与政府、规划部门及开发商进行沟通

以便使问题得到彻底解决。

案例八十五（案二）：环境污染纠纷行政调处案例

【案情介绍】

1997年5月上旬，A市环境监察机构收到市郊区某村的一份举报，反映其附近某化工厂和某冶炼厂高空排放的烟气污染，造成其8000多亩农作物、花卉苗木出现不同程度的枯黄、死亡或减产，共计损失13万多元，要求致害单位给予赔偿。市环保部门接到举报后立即成立专案组，经调查查明，某化工厂生产硫酸，其制酸尾气主要有害气体为二氧化硫和硫酸雾，通过一高度为85米的烟囱排放；某冶炼厂从事铜冶炼，冶炼尾气主要有害气体也是二氧化硫和硫酸雾，通过一高度为112米的烟囱排放；两工厂经烟囱排放的二氧化硫和硫酸雾都符合国家《大气污染物综合排放标准》规定的要求；当时的气象条件较差，风速小，常有逆温现象，大气污染物难以扩散，是造成本次污染事故的主要原因。另外，两工厂一墙之隔，其排放二氧化硫和硫酸雾的烟囱相距也不过200多米，对农作物、花卉苗木的危害有叠加作用。经市农业、林业等部门实地核算，造成经济损失5.8万元，市环保部门根据两工厂排放的二氧化硫和硫酸雾的总量，确定了两厂共同承担赔偿损失的责任，并按35∶65的比例分摊，当事人双方签订了赔偿协议。

【案例分析】

该案中某市郊区某村举报某化工厂和某冶炼厂高空排放的烟气污染，造成其8000多亩农作物、花卉苗木出现不同程度的枯黄、死亡或减产，共计损失13万多元。

因二厂高空排放烟气造成环境污染损害，属于共同环境致害问题。所谓共同环境致害行为，是指行为人排放的污染物共同造成他人损害。它又包括两种情况：一种是每一排污行为都是损害发生的原因；另一种是单独的排污行为并不能使损害发生，但与其他排污行为合在一起则构成损害发生的原因，即所谓共同环境危险行为。但这种两个或两个以上的行为人的排污行为都有造成他人损害的危险性，但不知谁是造成损害的直接加害人，这种情况下为救济受害人，可推定他们的行为都是损害发生的原因需共同赔偿受害人损失。

共同致害行为实际是一种共同侵权的行为，共同侵权行为人应承担环境损害赔偿责任。环境损害赔偿责任分为两种，即外部责任和内部责任。外部责任，对受害者负连带赔偿责任；内部责任，应依各自行为导致环境损害的程度按比例分担。在进行行政调处时如果能使共同侵权行为人达成赔偿责任的内部分担协议，则按协议办理。如不能达成内部分担协议的，又无法分清每一个侵权行为人的危害程度，则推定行为人在实施共同侵权行为过程中，导致环境损害后果的概率大致相等，平均分担损害后果所造成的损失。《侵权责任法》就共同侵权致人损害的赔偿问题做了原则规定，该法第六十七条规定，两个以上污染者污染环境，污染者承担责任的大小，根据污染物的种类、排放量等因素确定。

该案中市环保部门根据两工厂排放的二氧化硫和硫酸雾的总量，确定了两厂共同承担赔偿损失的责任，并按35∶65的比例分摊，当事人双方签订了赔偿协议。环保部门的处理是正确的。

【执法提示】

在执法实践中，大量的环境侵权民事赔偿案都是在环保部门的调解下解决的。这是因为，相对于司法审判，行政处理方式灵活。环保部门对环境侵权民事赔偿案的处理，只是以第三者的身份居中调解，所作出的处理决定没有强制力，因此，在处理方式、方法上较为灵活，处理程序也相对简洁，不必遵守严格的民事诉讼程序。由于环保部门占有大量的环境监测数据、统计资料，所以，省去了许多调查取证费用，又不收案件受理费，使得处理成本较低。而环保部门又拥有大量的专业人才和专门的处理机构，也保证了案件能够及时得到公正处理。

第三节　环境污染民事诉讼典型案例及其分析

一、概述

（一）环境民事诉讼与一般民事诉讼的区别

环境民事诉讼是指环境法主体在其环境权利受到或可能受到损害时，依民事诉讼程序提出诉讼请求，人民法院依法对其审理和裁判的活动。

环境民事诉讼旨在解决平等主体之间的环境纠纷，所关注的主要是环境私权。由于环境纠纷的特殊性，环境民事诉讼与一般的民事诉讼相比也具有一些特殊性：

1．诉讼时效不同

环境民事诉讼时效为 3 年。

《环境保护法》第四十二条规定：因环境污染损害赔偿提起诉讼的时效期间为 3 年，从当事人知道或者应当知道受到污染损害时起计算。

2．环境民事诉讼适用举证责任倒置

因环境污染引起的损害赔偿诉讼，对原告提出的侵权事实，被告否认的，由被告负举证责任，即“举证责任倒置”。之所以在环境民事诉讼中适用举证责任倒置，是因为要求原告证明被告从事排污行为、排污行为与损害后果之间的因果关系十分困难，如果实行原告举证无异于剥夺受害者的胜诉权。

《最高人民法院关于适用〈中华人民共和国民事诉讼法〉若干问题的意见》第七十四条规定：“在诉讼中，当事人对自己提出的主张，有责任提供证据。但在下列侵权诉讼中，对原告提出的侵权事实，被告否认的，由被告负责举证。”这些侵权诉讼的第（三）项为“因环境污染引起的损害赔偿诉讼”。

3．因果关系推定

在我国环境司法实践中，实行因果关系推定，即被告不能证明自己与环境污染危害无关，如行为人排放的污染物不可能产生受害人遭受的污染，就推定因果关系存在。

（二）环境民事诉讼证据

1．环境民事诉讼证据的种类

环境民事诉讼证据，是指能够证明环境民事案件真实情况的客观事实材料。

环境民事诉讼证据有三个最基本的特征，即客观真实性、关联性和合法性。

根据我国民事诉讼法律规定，我国民事诉讼证据的表现形式可以分为书证、物证、视听资料、证人证言、当事人陈述、鉴定结论、勘验笔录七种。

2. 举证责任倒置

举证责任倒置，是指受害方不必提供包括加害方有过错的证据，而只需提供加害方已有污染危害环境行为等“表面”证据及自身受损害是由于加害方排污行为所造成的事实，赔偿请求即成立；如果加害方要否认，就必须提供反证。

根据有关法律、法规和司法解释的规定，在环境民事诉讼实践中，应由原告承担举证责任的具体事项为：

（1）被告实施或者可能实施了污染环境损害行为；

（2）原告本身遭受了污染损害，既可表现为人身伤害，又可表现为直接的财产损失。原告须就上述事项向法院提供充分的证据加以证明。

应由被告承担举证责任的具体事项为：

（1）其所实施的行为与损害结果之间不存在因果关系；

（2）存在着法律规定的免责事由。

（三）环境民事公益诉讼与集团诉讼

1. 环境民事公益诉讼

环境民事公益诉讼，是指特定的国家机关、社会组织和公民，为维护环境公共利益不受损害，根据法律的规定，对已经或可能污染和破坏环境的行为，针对实施该行为的主体向法院提起并要求其承担民事责任，由法院按照民事诉讼程序依法审判的活动。

实践证明，这项制度对于保护公共环境和公民环境权益起到了非常重要的作用。

2. 环境民事集团诉讼

集团诉讼是指一个或数个代表人，为了集团成员全体共同的利益，代表全体集团成员提起的诉讼。法院对集团所作的判决，不仅对直接参加诉讼的集团具有约束力，而且对那些没有参加诉讼的主体，甚至对那些没有预料到损害发生的相关主体，也具有适用效力。

二、环境污染民事诉讼典型案例分析及执法要点解析

案例八十六（案一）：环境污染民事诉讼证据规则案例

【案情介绍】

某化妆品用具有限公司于 1997 年建厂开始生产毛刷（以下简称毛刷厂）。该厂 2003 年 10 月以前的锅炉烟囱距居民区约 100 米，2003 年 10 月该厂向西扩建后，将烟囱北移，距离居民区仅约 8 米。注胶车间使用的胶体溶剂主要成分是苯、甲苯、二甲苯、正己烷等。在临床医学中，这些物质具有很强的致畸、致癌、致突变作用。李某住宅与毛刷厂厂区毗邻，长期身受排放废气的危害。2003 年李某之妻发现患病，2006 年李某之妻确诊患肺癌死亡。李某认为其妻死亡与毛刷厂污染有关，多次请求县环保局查处并要求毛刷厂对其妻的死亡承担赔偿责任。但毛刷厂以其排污不违法，李某之妻的死亡与其排放没有关系为由拒不赔偿。李某信访无果后，向中国政法大学污染受害者法律帮助中心寻求法律帮助。2007

年李某向法院起诉，要求被告赔偿医疗费、丧葬费、交通费、误工费、死亡补偿金、精神损失费等共计人民币 558 255.62 元。

2008 年 9 月，县法院以原告（李某）不能证明其妻患癌是苯造成的，判决驳回原告的诉讼请求。原告（李某）上诉，2009 年 2 月，二审法院裁定撤销原判，发回县法院重新审理。2009 年 6 月，县法院以被告（毛刷厂）未能举证证明其排放污染物（苯系列）的行为与李某之妻患肺癌没有关系，以及患肺癌与多种因素有关为由，判决被告承担 30%的责任，赔偿原告 83 105.89 元（其中包括精神损害赔偿 3 000 元）。原、被告均不服提起上诉。2010 年 2 月，二审法院再次裁定撤销原判，发回县法院重新审理。2010 年 12 月，县法院以李某之妻致癌原因未经权威部门鉴定，不能直接认定致癌原因，判决驳回原告的诉讼请求。原告再次上诉，二审尚未判决。

原告向法庭提供的证据有：①原告提交县环境保护局、市环境保护局、省环境保护局关于环境信访事项复查意见书，证实被告厂房西侧的插毛车间存在用黏合剂加工化妆用刷时产生的气味经车间北侧排风扇排出厂外现象，明确对原告造成污染的事实。②五份检测报告，证实了被告确实有排放污染物行为，其中排放的气体含有强致癌物苯和甲苯。③证人证言，证实被告存在着严重的焚烧废料现象，而且时间长，数量大。④医院诊断证明书、医疗费票据等，证实原告之妻患肺癌，2006 年 9 月 23 日死亡，及支付的医疗费用。⑤文献资料，证实苯已经被世界卫生组织确定为一类高度致癌物。

审判依据：

《中华人民共和国环境保护法》第四十一条第一款规定：造成环境污染危害的，有责任排除危害，并对直接受到损害的单位或者个人赔偿损失。《中华人民共和国大气污染防治法》第六十二条规定：造成大气污染危害的单位，有责任排除危害，并对直接遭受损失的单位或者个人赔偿损失。赔偿责任和赔偿金额的纠纷，可以根据当事人的请求，由环境保护行政主管部门调解处理；调解不成的，当事人可以向人民法院起诉。当事人也可以直接向人民法院起诉。《最高人民法院关于民事诉讼证据的若干规定》第四条第（三）款规定：因环境污染引起的损害赔偿诉讼，由加害人就法律规定的免责事由及其行为与损害结果之间不存在因果关系承担举证责任。《中华人民共和国侵权责任法》（2010 年 7 月 1 日起施行）第六十五条规定：因污染环境造成损害的，污染者应当承担侵权责任。第六十六条规定：因污染环境发生纠纷，污染者应当就法律规定的不承担责任或者减轻责任的情形及其行为与损害之间不存在因果关系承担举证责任。

【案例分析】

该案是典型环境污染民事诉讼证据规则如何运用的案例。第一次一审法院是要求原告举证证明李某之妻的患癌是苯造成的，否则承担不利后果。第二次一审法院是要求被告举证证明其排放的苯不会致李某之妻患癌，否则承担不利后果，但考虑患癌原因是多因素的，故判承担责任 30%。第三次一审法院以李某之妻的致癌原因不明判决原告败诉，与第一次判决理由相似。《中华人民共和国侵权责任法》明确，因污染环境发生纠纷，污染者应当就其行为与损害之间不存在因果关系承担举证责任，即通常所说的举证责任倒置。只要李某之妻受到损害，那么李某之妻致癌原因就是被告排污行为与患癌之间存在因果关系的组成部分。如果被告不能证明其排污行为与患癌之间不存在因果关系，就应推定因果关系成立。原告主要证明被告是否向环境排放苯等物质，原告之妻是否受到被告排放物质的污染，原告之妻患病及死亡事实即可。

【执法提示】

环保部门在环境污染民事纠纷处理中也适应举证责任倒置的规定，有利于调处的成功。

案例八十六（案二）：环境污染民事诉讼证据规则案例

【案情介绍】

2003 年 3 月间，原告谢某等 7 人在被告某水泥有限公司经营的水泥厂周边种植了两片四季豆，面积合计 28.5 亩。同年 4 月间，被告经营的水泥厂的烟囱顶倒塌，在倒塌期间，该水泥厂继续生产，并向外排放烟尘。此后，原告谢某等 7 人所种植的四季豆出现枝叶枯死，豆角畸形等症状。原告谢某等 7 人认为是被告经营的水泥厂烟囱倒塌，排放大量烟尘所致。于是，摄制了四季豆种植地现场录像，聘请了福建省尤溪县农家 155 组织的专家小组进行鉴定。该专家小组于 2003 年 5 月 8 日以尤溪县农业局的名义作出的《关于中仙乡上仙村四季豆基地遭受某水泥厂烟尘污染的鉴定书》，认定原告谢某等 7 人所种植的四季豆苗萎缩，枝叶渐渐枯死，长出豆角畸形，系被告经营的水泥厂排放的烟尘所致，且农作物经济损失 41 912.10 元。

2003 年 6 月 16 日，原告谢某等 7 人向福建省尤溪县法院起诉。要求被告赔偿四季豆经济损失 41 912.10 元，以及误工费、差旅费、取证费 5 000 元。

被告某水泥有限公司辩称，尤溪县农家 155 组织的专家小组作出的鉴定结论，从形式要件上看，这份鉴定书是以县农业局的名义作出的，鉴定单位不具备资质条件，其所作出的鉴定结论不具有证明力，不能证明 7 原告所种植的四季豆受损与被告经营的水泥厂排放的烟尘存在必然的因果关系，并申请法院重新进行鉴定。

在诉讼中，法院根据被告某水泥有限公司的申请，征询双方当事人意见后，首先依法委托福建省分析检测中心对原告谢某等 7 人种植的四季豆叶片中二氧化硫、铜、镉、铬、铅的含量和种植地土壤中的 pH 值、铜、镉、铬、铅的含量进行检测鉴定。然后再委托福建省农科院蔬菜研究中心专家根据福建省分析检测中心的《检测报告》、原告谢某等 7 人提供的现场录像以及法院对现场的摄像等材料，对原告谢某等 7 人种植的四季豆枝叶枯死、豆角畸形是否系被告某水泥有限公司经营的水泥厂排放的烟尘所致进行专门鉴定。经专家鉴定后，作出了《关于〈某水泥有限公司周边四季豆枝叶枯死、豆角畸形〉原因的鉴定意见》的鉴定结论，即原告谢某等 7 人种植的四季豆耕作管理比较粗放，未见有 SO_2 直接危害的明显症状。

法院审理认为，环境污染损害民事责任的构成要件是致害行为与损害结果之间具有因果关系。根据福建省分析检测中心的《检测报告》和福建省农科院蔬菜研究中心专家作出的《关于〈某水泥有限公司周边四季豆枝叶枯死、豆角畸形〉原因的鉴定意见》的鉴定结论，原告谢某等 7 人种植的四季豆发生枝叶枯死，豆角畸形等损失与被告某水泥有限公司经营的水泥厂排放的烟尘没有因果关系。为此，原告谢某等 7 人要求被告赔偿其种植的四季豆因枝叶枯死、豆角畸形造成经济损失，以及误工费、差旅费、取证费的诉讼请求，因证据不足，本院不予支持。依照《中华人民共和国民法通则》第一百二十四条的规定，作出判决：驳回原告谢某等 7 人的诉讼请求。宣判后，原、被告双方均未提出上诉。

【案例分析】

最高人民法院在《关于民事诉讼证据的若干规定》第四条中进一步规定，因环境污染引起的损害赔偿诉讼，由加害人就法律规定的免责事由及其行为与损害结果之间不存在因果关系承担举证责任。在环境污染损害赔偿的民事诉讼中我国执行的是举证责任倒置原则。

但这并不意味着原告不承担举证责任，根据有关法律、法规和司法解释的规定，在环境民事诉讼实践中，举证责任一般分配如下：

由原告承担举证责任的具体事项为：

（1）被告实施或者可能实施了污染环境损害行为；

（2）原告本身遭受了污染损害，既可表现为人身伤害，又可表现为直接的财产损失。原告须就上述事项向法院提供充分的证据加以证明。

由被告承担举证责任的具体事项为：

（1）其所实施的行为与损害结果之间不存在因果关系；

（2）存在着法律规定的免责事由。

本案属环境污染损害赔偿纠纷，被告应就其行为与损害结果之间不存在因果关系承担举证责任。被告以原告委托鉴定单位不适格为由，向法院提出申请重新鉴定，法院应予准许。福建省分析检测中心的《检测报告》和福建省农科院蔬菜研究中心专家作出的《关于〈某水泥有限公司周边四季豆枝叶枯死、豆角畸形〉原因的鉴定意见》的两个鉴定结论均排除了某水泥有限公司周边四季豆枝叶枯死、豆角畸形属 SO_2 所致。该鉴定结论的依据及使用的手段科学，符合法律规定，可以作为定案的依据，法院予以采信。故原告谢某等 7 人种植的四季豆枝叶枯死、豆角畸形与被告经营的水泥厂因烟囱顶倒塌所排放烟尘没有因果关系。因此，被告不应当承担原告谢某等 7 人的四季豆经济损失 41 912.10 元，以及误工费、差旅费、取证费 5 000 元。故法院判决驳回原告谢某等 7 人的诉讼请求。原告谢某等 7 人要求被告赔偿其种植的四季豆因枝叶枯死、豆角畸形造成经济损失，以及误工费、差旅费、取证费的诉讼请求，因证据不足，没有得到法院的支持。

【执法提示】

实行举证责任倒置原则并不意味着原告将一切举证责任都转移给被告承担，而只是将依传统的举证责任规则原本应由原告承担的部分举证责任转由被告承担，原告本身则仍然负有一定的举证责任。对行为与损害结果之间因果关系问题，如果被告不否认其存在的，自然无须举证。但如果被告否认其存在的，被告即应提供足以反驳原告指控的证据加以证明。如果被告不能提出证据证明或者提出的证据不足以证明其行为与损害结果之间不存在因果关系的，被告即应承担“举证不能”所引起的后果。法院将可推定被告之行为与损害结果之间具有因果关系。

案例八十七：环境污染民事公益诉讼案例

【案情介绍】

被告贵阳市乌当区定扒造纸厂位于贵阳市商明河下游河边，始建于 1993 年，以回收的废旧纸板生产瓦楞纸，当时年设计生产能力 3 500 吨。经过几次改造，至 2004 年，设计年生产能力达 6 000 吨。根据环保技改要求，被告应做到全部生产废水回收利用（即废水的零排放），废气应达标排放。而被告并未按环保部门要求严格对废水进行处理、回收利用，仅仅是修建了总储量约 800 立方米的两个水池，将生产废水抽入水池沉淀。自 2003 年起，被告因经常将生产废水偷偷排入南明河或超标排放锅炉废气，多次受到当地环保部门处罚，并对其作出限期整改决定。但环保部门的行政处罚并未使被告定扒造纸厂停止违法排污。

2010 年 10 月 18 日，原告中华环保联合会接到贵阳市乌当区群众投诉，称贵阳市乌当区定扒造纸厂将生产废水排放到南明河，导致南明河受到污染，希望中华环保联合会进行监督，消除污染。中华环保联合会经派人实地调查，发现被告贵阳市乌当区定扒造纸厂确实仍在通过位于厂区和南明河之间的溶洞排放大量的生产废水，气味刺鼻，污染产生的大量泡沫与上游流入的南明河水汇合，形成一个长长的污染带，使南明河污浊不堪。于是中华环保联合会和贵阳公众环境教育中心以原告身份将被告告上法庭，请求判令被告立即停止向河道排放污水，消除偷排生产废水对其下游南明河及乌江产生的危险；判令被告支付承担原告支出的合理费用 10000 元（律师费等）。

2010 年 12 月 30 日，贵州省清镇市人民法院开庭审理。2011 年 1 月 24 日判决被告贵阳市乌当区定扒造纸厂立即停止向南明河排放污水，消除对南明河产生的危害；支付中华环保联合会花费的律师费 10000 元、由贵州两湖一库基金会垫付的水质检测费 1500 元以及案件诉讼费 60 元。

审判依据：

《中华人民共和国环境保护法》第六条规定：一切单位和个人都有保护环境的义务，并有权对污染和破坏环境的单位和个人进行检举和控告。

第二十四条规定：产生环境污染和其他公害的单位，必须把环境保护工作纳入计划，建立环境保护责任制度；采取有效措施，防治在生产建设或者其他活动中产生的废气、废水、废渣、粉尘、恶臭气体、放射性物质以及噪声、振动、电磁波辐射等对环境的污染和危害。

第二十八条第一款规定：排放污染物超过国家或者地方规定的污染物排放标准的企业事业单位，依照国家规定缴纳超标准排污费，并负责治理。水污染防治法另有规定的，依照水污染防治法的规定执行。

第四十一条第一款规定：造成环境污染危害的，有责任排除危害，并对直接受到损害的单位或者个人赔偿损失。

《中华人民共和国侵权责任法》第六十五条规定：因污染环境造成损害的，污染者应当承担侵权责任。

《中华人民共和国水污染防治法》第八十五条第一款规定：因水污染受到损害的当事人，有权要求排污方排除危害和赔偿损失。

《贵阳市促进生态文明建设条例》第二十三条规定：检察机关、环境保护管理机构、环保公益组织为了环境公共利益，可以依照法律对污染环境、破坏资源的行为提起诉讼，要求有关责任主体承担停止侵害、排除妨碍、消除危险、恢复原状等责任。

【案例分析】

该案到目前是我国第一个完整的环境民事公益诉讼案例。通过该案可以看到环境公益诉讼可以弥补环保部门执法手段的不足。乌当区环保局 2004 年 3 月、2005 年 3 月、2010 年 10 月多次对被告进行过处罚，但都没有使被告停止违法排污，而是每天晚上 7 点到第二天早上7点都会偷排污水。这起环境公益诉讼，法院在判决前责令企业先停止排污，即先予执行以及申请环保基金资助鉴定等有益的尝试为推动各级人民法院开展环境公益诉讼提供了可资借鉴的经验。法院的判决，加上原告的监督，将会使被告彻底停止违法排污行为。

案例涉及的主要事实一是被告是否有向河道排放污水的行为；二是偷排的生产废水是否对其下游南明河及乌江产生的危险。对于前一事实，通常收集被告违法排污环保部门的现场监察记录、被告被罚款或限期治理等环保部门的处罚决定书、记载被告销售情况的工商年检报告、缴纳排污费的发票、用水发票等；物证有正在排放的废水（照片等）、现场勘验笔录。对于后一事实收集现场勘验笔录、水质监测报告等。

【执法提示】

这是一起引人关注的环境公益诉讼。法庭在审理这一案件时，集中运用了环保审判中积累的经验和创新的方法，值得其他环境执法人员借鉴。

（1）受件同时保全固定证据。

环境污染侵权案件存在取证难的问题。为解决这一难点，环保法庭率先在环境公益诉讼中运用证据保全的法律规定来固定污染证据。

（2）果断采用先予执行措施。

此案是水污染侵权纠纷，由于被告一直在生产，其生产废水也不可避免地持续排放，因而会一直对南明河造成污染。因此，两原告向环保法庭申请先予执行，要求被告立即停止排污。环保法庭认为，停止排污行为，消除对环境的影响，符合《民事诉讼法》第九十七条所指的“紧急情况”，可以裁定先予执行，责令排污企业停止排污，及时有效地减少了其对环境的危害。

（3）环保基金资助减原告负担。

原告向“两湖一库”保护基金会提出了申请，环保法庭经审核后同意，“两湖一库”保护基金会根据法庭意见支付了鉴定费用。这是全国首例公益诉讼案件中鉴定费用得到基金会帮助的案例。

（4）审理过程中采用专家证言。

环保法庭充分发挥了已经成立的专家咨询委员会专家的作用。

专家认为，被告厂内只有污水储存、沉淀池，没有全程对污水进行处理，很难实现零排放。因此，原告的诉讼请求虽然是停止排污，但这一诉讼请求只有通过关停才能彻底实现。故本案今后执行就转化为对被告生产线进行关停。这一专家证言转化为法庭证据采用，将成为法庭执行的重要依据。

（5）环保专家陪审员参加审理。

环保专家担任人民陪审员参与环保案件的审理，是环保法庭的独创做法。本案合议庭组成人员中，有两位人民陪审员，一位是环保高级工程师、贵阳市“两湖一库”管理局局长，一位是贵州省两湖办工作人员、博士。两位专家担任陪审员，不仅使环保审判更加专业，也使得环保审判更加公开，也更加高效。

案例八十八：环境污染民事支持诉讼案例

【案情介绍】

2000年2月14日，河南鹿邑县开闸排放工业污水，大量污水进入亳州市涡河渔业水体，导致原告周志国等298户渔民养殖水体被污染，直接经济损失498万元。污染主要原因是被告河南鞋城皮革（集团）总公司直接排放污水所致。2003年2月19日，河南鹿邑县又开闸排放工业污水，再次造成严重污染，直接经济损失239.1万元。此次污染主要原因仍是被告直接排放污水所致。由于被告两次大规模排污，几年来共计造成原告经济损失1230.3万元。为此原告提起诉讼，要求被告赔偿原告经济损失共计1230.3万元。

2006年12月13日，亳州市谯城区人民法院受理原告周志国等298户的起诉。2007年元月20日，被告提出管辖权异议。2007年4月5日，亳州市中级人民法院裁定由亳州市谯城区人民法院继续审理。2007年8月1日，亳州市谯城区人民法院应原告申请委托农业部长江下游渔业生态环境监测中心对原告所养鱼死亡的经济损失和鱼死亡原因进行评估鉴定。2009年8月，农业部长江下游渔业生态环境监测中心作出鉴定，其中包括，造成原告直接经济损失737.1万元。2009年11月10日，亳州市谯城区人民法院公开开庭审理，中国政法大学污染受害者法律帮助中心派人以支持单位参加诉讼。2010年8月，法院判决被告河南鞋城皮革（集团）总公司赔偿原告周志国等298名渔民损失合计人民币147.42万元；驳回原告的其他诉讼请求。

【案例分析】

《中华人民共和国环境保护法》第四十一条第一款规定：造成环境污染危害的，有责任排除危害，并对直接受到损害的单位或者个人赔偿损失。

《中华人民共和国水污染防治法》（1996年，2008年已经修订）第五十五条第一款规定：造成水污染危害的单位，有责任排除危害，并对直接受到损失的单位或者个人赔偿损失。第二款规定：赔偿责任和赔偿金额的纠纷，可以根据当事人的请求，由环保部门或者交通部门的航政机关处理；当事人对处理决定不服的，可以向人民法院起诉。当事人也可以直接向人民法院起诉。

《中华人民共和国民事诉讼法》第十五条规定：机关、社会团体、企业事业单位对损害国家、集体或者个人民事权益的行为，可以支持受损害的单位或者个人向人民法院起诉。

2008年修订的《中华人民共和国水污染防治法》第八十八条第二款规定：环境保护主管部门和有关社会团体可以依法支持因水污染受到损害的当事人向人民法院提起诉讼。

该案就是一起民间环保组织支持受害人起诉并参与法庭审理的环境民事诉讼案例。

民间环保组织支持受害人起诉不仅容易使受害人收集比较充分的证据，而且可以参与法庭审理发表自己的观点，有助于法庭公正审理。

【执法提示】

环保部门可以借鉴民间环保组织依法支持因水污染受到损害的当事人向人民法院提起诉讼的做法，派执法人员依法介入到诉讼中支持原告，这将有利于原告胜诉、威慑污染企业、提高执法水平。

参考案例

本教材在编写过程中根据教材内容选择了八十八个典型案例，但仍觉不足，还有很多精彩的案例未能选用。为弥补遗憾，现从环境保护部环境监察局组织编写的案例库中精选了十个来自全国各地的案例，以求多方位、多方面为读者提供有实用和理论参考价值的案例。

【案例一】

B有限公司违反环境影响评价制度案

一、基本案情和审理过程

某市工业园内的A机械厂2007年10月取得了环评审批，同年A机械厂根据环评批复办理了工商登记，核定的经营范围为机械加工，同时A机械厂也办理了用地手续。2008年正当项目建设时，全球性的金融危机发生了，A机械厂的产品市场环境发生了变化，于是，A机械厂停止了建设，A机械厂股东又重新注册了B包装材料有限公司，营业执照登记的经营范围是PE保护膜制造、加工及销售。B项目地址为A项目原址，投资人仍为原A项目的投资人，只是经营范围发生了变化。A机械厂和B包装材料有限公司同属某物流公司的下属企业，两企业都具备独立的法人资格（法定代表人为同一个人，也是某物流公司的法定代表人）。B包装材料有限公司PE保护膜制造、加工项目于2009年5月开工建设，同年8月投入试生产。

2009年6月，某市环保局在对建设项目"三同时"执行情况进行检查时，发现B包装材料有限公司PE保护膜制造、加工项目未重新报批相关环评文件的情况下擅自开工建设，于同年6月29日对B包装材料有限公司下达了《环境保护违法行为限期改正通知书》，要求B包装材料有限公司7月29日前改正违法行为，补办PE保护膜制造、加工项目的环境影响评价审批手续。同年8月3日，某市环保局在当事人既未取得该项目的审批文件，又无法定的免责理由的情况下，下达行政处罚事先告知书和行政处罚听证告知书。B包装材料有限公司在收到某市环保局的行政处罚事先告知书和行政处罚听证告知书后，第二天向某市环保局提出了补办环评审批手续的口头申请，但并未提交该项目的环境影响评价文件。在规定的时间内，B包装材料有限公司没有提供能免予处罚的法定理由，也未在规定的时间内提出听证申请，某市环保局遂依据《中华人民共和国环境影响评价法》第二十二条第一款和第三十一条第一款，对B包装材料有限公司作出了立即停止建设、补办环评审批手续和罚款5万元的行政处罚决定，同年9月15日，某市环保局将处罚决定书送达给了当事人。

2009 年 9 月 21 日，B 包装材料有限公司以 A 机械厂已办理环评审批手续和处罚金额畸重为由，向某市市政府申请行政复议。某市环保局书面提交了如下答辩理由：

（1）处罚主体适格。某市环保局依据该省关于建设项目环评审批权限的规定，对该项目有审批权，因此某市环保局依法是实施该行政处罚的主体。

（2）定性准确。虽然 A 机械厂和 B 包装材料有限公司的法定代表人、出资的股东、住所都相同，但从 A 机械厂和 B 包装材料有限公司工商登记注册情况看，B 包装材料有限公司营业执照登记的经营范围是 PE 保护膜制造、加工及销售，A 机械厂营业执照登记的经营范围是选矿设备生产和销售，两者是两个独立的企业法人，依法应各自承担各自的行政法律责任。A 机械厂办理了选矿设备生产和销售项目的环评审批手续，后因故停止建设并改建为 B 包装材料有限公司的 PE 保护膜制造、加工及销售项目，该项目未办理环评审批手续，且建设单位为 B 包装材料有限公司。据此某市环保局以 B 包装材料有限公司的 PE 保护膜制造、加工及销售项目未办理环评审批手续，擅自开工建设，给予责令立即停止建设、补办环评审批手续和罚款的行政处罚决定，定性是准确的。

（3）违法事实清楚、证据确凿。某市环保局提交了如下证据材料：①分别对 B 包装材料有限公司办公室主任熊某和负责牵头办理部门手续的吴某（该公司法定代表人许志刚的妻子）的调查询问笔录；②《环境保护违法行为限期改正通知书》及送达回执；③B 包装材料有限公司和 A 机械厂的工商营业执照；④A 机械厂的环评报告表和环评批复文件。

（4）程序合法。某市环保局执法人员依法向申请人下达了《环境保护违法行为限期改正通知书》、行政处罚事先告知书和行政处罚听证告知书，并口头和书面告知了申请人有陈述申辩权、申请听证权等权利。由于当事人对其违法行为缺乏足够的认识，采取无所谓的态度，虽作了经不起推敲的无法定免责理由的陈述，但未申请听证，听证期限过后，某市环保局作出了行政处罚决定。

（5）量罚适当。鉴于 B 包装材料有限公司在进入处罚程序后，能改正错误，申请补办环评审批手续，某市环保局在听证告知拟给予 10 万元罚款的基础上，决定从轻处罚，按《中华人民共和国环境影响评价法》第三十一条第一款规定的下限 5 万元给予处罚。

某市市政府法制办根据申请人的申请，主持召开了听证会，申请人和被申请人双方进行了质证，最后，申请人主动撤回了复议申请。

二、案件涉及的法律问题

（1）认定 B 包装材料有限公司 PE 保护膜制造、加工项目为新建项目是否有依据？谁是承担该违法行为的责任主体？

B 包装材料有限公司提出 A 机械厂和 B 包装材料有限公司法定代表人、出资的股东、建设的地点都未改变，只是企业名称发生了改变，两个项目的生产工艺变化也不是很大，可不重新补办 PE 保护膜制造、加工项目的环境影响评价审批手续。

某市环保局认为，虽然 A 机械厂和 B 包装材料有限公司的法定代表人、出资的股东、住所都相同，但从 A 机械厂和 B 包装材料有限公司工商登记注册情况看，并不能改变两者是两个独立的企业法人的法律事实。而且 B 包装材料有限公司 PE 保护膜制造、加工项目虽是在 A 机械厂原址上建设，厂房未作大的改动、部分生产设备相同，但 PE 保护膜制造、加工项目有排放废气的加热炉这套生产设备，而A机械厂机械加工项目没有加热炉，其环评报告也未对加热炉产生的废气作出评价。显然这两个项目不只是建设单位名称发生变化的问题，应由B包装材料有限公司独立承担PE保护膜制造、加工项目的违法责任。某市环保局据此认定B包装材料有限公司违反了《中华人民共和国环境影响评价法》第二十二条第一款的规定定性是准确的。

（2）下达行政处罚事先告知书和行政处罚听证告知书后，作出行政处罚决定前，当事人提出补办建设项目的环境影响评价审批手续，是否能给予处罚？处以5万元罚款是否畸重？

B包装材料有限公司认为在收到某市环保局的行政处罚事先告知书和行政处罚听证告知书后，正在积极申请补办有关环评审批手续，而且A机械厂项目已取得环评审批，应免除其罚款的行政处罚责任。

某市环保局认为，该局对当事人进行立案调查并在查明事实的基础上，向当事人依法下达行政处罚事先告知书和行政处罚听证告知书后，已进入处罚程序，当事人能积极申请补办有关环评审批手续，虽出于处罚的震慑，但当事人有改正违法行为的行动，在自由裁量时可从轻处罚，但不能完全免除其应承担的环境行政法律责任，符合《环境保护行政处罚办法》第三条和第七条第一款第三项的规定，而且处以5万元的罚款是《中华人民共和国环境影响评价法》第三十一条第一款规定的处罚下限。

三、本案启示

本案给予环境执法部门的启示有两点：一是在执法过程中要准确认定违法主体，防治违法主体通过分立、合并以及新设公司等方式逃避法定义务；二是自由裁量幅度要与违法主体的改正态度等因素相适应，做到过罚相当。

案例点评人：冯加清（湖北省大冶市环境保护局法制科）

【案例二】

某国际乡村俱乐部有限公司违反建设项目“三同时”及验收制度案

一、基本案情和审理过程

2007年8月，国家环保总局政府网站有群众反映某国际乡村俱乐部有限公司环境污染问题。同年11月30日，国家环保总局环监局发文至A市环保局要求进行核查处理，A市环保局按照属地管辖的规定将案件交由当地环保局查处。2008年4月17日，A市环保局执法人员对该公司进行环保执法后督察，并于4月28日进行了补充调查。经查，该公司高尔夫球场（一期）项目于2007年2月投入使用，至现场检查时未经环保部门验收，按照《建设项目竣工环境保护验收管理办法》（国家环保总局令第13号）第十条第二款及《关于企业试生产期间违法行为行政处罚意见的复函》（环函[2007]112号）的相关规定，A市环保局认定该公司高尔夫球场（一期）项目已投入正式使用，违反了《建设项目环境保护管理条例》第二十条的规定，依据《建设项目环境保护管理条例》第二十八条的规定作出如下处罚：① 责令高尔夫球场（一期）项目停止使用；② 罚款 10 万元。

《行政处罚听证告知书》下达后，该公司不服 A 市环保局拟作出的行政处罚，提出听证申请，并提出如下听证理由：① 高尔夫球场（一期）项目从 2005 年陆续开始建设，一直处于建建停停状态中，至今项目还在建设当中，还没有正式营业。另外，公司还有个别墅项目，现在只是有别墅的部分业主去高尔夫球场打球，凭此不能视为正式营业；② 公司接到处罚听证告知书后很重视，也愿补办相关手续，是否可让公司限期处理。对拟作出的“高尔夫球场（一期）”项目停止使用的处罚，能否考虑公司的经营和正在采取补救措施实际情况，将“停止使用”处罚予以变更；关于罚款，希望环保局给企业以整改期，如到期未改正再予以罚款。2008 年 6 月 4 日，A 市环保局按照法定程序组织了行政处罚听证会。6 月 11 日，A 市环保局作出听证意见：维持拟作出的行政处罚。6 月 18 日，A 市环保局依法向该单位送达了《行政处罚决定书》。

2008 年 8 月 14 日，该公司向 A 市政府提出行政复议，请求撤销 A 市环保局的行政处罚决定，并提出如下理由：① A 市环保局的行政处罚决定所依据的事实及证据不客观全面。“高尔夫球场（一期）”工程虽然已经建成但尚未投入正式经营使用，与之相匹配的环境保护设施尽管缺乏政府职能机构应提供的排污主管道无法排污达标，但目前公司正在积极进行后续施工完善，自筹资金履行政府执政部门应提供的环保条件，且环保报验工作正在抓紧进行。此情况已在听证程序向 A 市环保局予以说明，但 A 市环保局并未考虑到上述的实际情况，只是一味机械地照搬法条，脱离本案的实际情况；② A 市环保局作出的“责令高尔夫球场（一期）项目停止使用并处罚款 10 万元”的处罚显失公平。

针对该公司提出的复议理由，A 市环保局提出如下答复意见：对该公司所作出的行政处罚事实清楚、法律依据充分。2008 年 4 月 17 日，A 市环保局执法人员对该公司进行环保执法后督察，并于 4 月 28 日进行了补充调查。经查，该公司高尔夫球场（一期）项目于 2007 年 2 月投入使用，至现场检查时未经环保部门验收，上述行为违反了《建设项目环境保护管理条例》第二十条的规定，依据《建设项目环境保护管理条例》第二十八条的规定作出如下处罚：① 责令高尔夫球场（一期）项目停止使用；② 罚款 10 万元；③ 对该公司所作出的行政处罚程序合法。A 市环保局在对该公司实施现场检查、调查询问和处罚过程中，严格执行了法定的执法程序，并依该公司的申请依照法定程序组织了行政处罚听证会。因此，A 市环保局行政处罚决定认定的环境违法事实清楚，证据确凿，适用法律和依据的名录正确，程序合法，处罚的种类和幅度适当。

经书面审查并核定有关证据材料，A 市政府作出复议决定：A 市环保局作出的《行政处罚决定书》认定事实清楚、证据充分、适用法律法规正确、程序合法、内容适当，予以维持。

2008 年 10 月 17 日，该公司以相同理由向 A 市 B 区法院提起行政诉讼，请求依法撤销 A 市环保局作出的行政处罚决定书的具体行政行为并承担相应的诉讼费用。10 月 31 日，A 市环保局向 B 区法院提交了《行政诉讼答辩状》，同时提交 5 组证据用以证明 A 市环保局执法行为的合法性，并向法院提交了作出具体行政行为的依据。

B 区法院依法组成合议庭，于 11 月 27 日公开审理了本案。12 月 19 日，B 区法院作出一审行政判决，认为：A 市环保局依法具有对违反环境保护法律的行为进行查处的执法主体资格和职权。A 市环保局向法院提交的证据能够证实某国际乡村俱乐部有限公司违反了我国环境保护法律这一事实。A 市环保局作出的具体行政行为事实清楚，证据充分，适用法律正确，所作出处罚程序合法。依照《中华人民共和国环境保护法》第十四条，依照《建设项目环境保护管理条例》第二十条、第二十八条，依照《中华人民共和国行政诉讼法》第五十四条第（一）项的规定，判决维持 A 市环保局作出的行政处罚，并由某国际乡村俱乐部有限公司负担案件的诉讼费用。

一审判决下达后，该公司不服判决，又向 A 市第一中级人民法院提起上诉，在法院审理过程中，该公司提交撤诉申请。2009 年 2 月 3 日，A 市第一中级人民法院依法作出终审裁定，准许该公司撤诉。

终审裁定下达后，该公司履行了 A 市环保局的行政处罚决定。在缴纳罚款的同时，自筹资金建设了污水处理设施并通过了建设项目竣工环保验收。

二、本案涉及的法律问题

1. 严格的行政处罚程序是案件被维持的保障

在环境行政执法过程中，执法机关所作出的具体行政行为因为程序不合法被诉的情况越来越频繁。这是因为一方面公众的环境法制意识在不断的提高，对判定环境执法机关的执法效能的标准也逐步提高。另一方面，也确实存在着个别执法活动存在着程序上的缺失。而在环境执法中，执法机关不仅仅只是做到实体合法，还要做到程序合法。《中华人民共和国行政处罚法》、《环境行政处罚办法》对行政处罚程序均作出了明确、严格的规定。如果违反了程序法的规定，即使环境执法机关认定的违法事实再清楚不过，所作出的行政处罚也是违法的、无效的。

本案中，A 市环保局责令某国际乡村俱乐部有限公司高尔夫球场（一期）停止使用和处以 10 万元罚款，因此应适用听证程序。A 市环保局依据法律规定，依法向该公司现场送达了《行政处罚听证告知书》并有该公司在场人签收，尽到了告知义务。同时，依该公司的申请组织了听证会，保证了相对人的听证权。听证结束后，A 市环保局又依法向该公司下达了《行政处罚决定书》，亦有该公司在场人签收，并告知了相对人依法享有复议和提起诉讼的权利。正是由于前期的处罚程序严格按照法定程序执行，才使得本案在进入到诉讼程序后禁得起法院对执法程序合法性的严格审查。

2. 完整的证据链条是案件被维持的关键

在环境行政诉讼中，主要的举证责任是由环境执法机关承担，也就是“举证责任倒置”。《行政诉讼法》第三十二条规定：“被告对作出的具体行政行为负有举证责任，应当提供作出该具体行政行为的证据和所依据的规范性文件”。在环境行政诉讼中，环境执法机关向法院提交的证据应包括：①作出具体行政行为的证据，主要是事实证据，如现场检查记录、询问笔录、监测报告等；②作出具体行政行为的依据。主要是指法律、法规、地方性法规、单行条例等。

本案中，A 市环保局向人民法院共提交了 5 组证据和 2 组作出具体行政行为的依据，分别为：

（1）现场检查记录一份，《现场检查询问通知书》1 份，《调查（询问）笔录》1 份，原国家环保总局《交办件》1 份，《监测报告》1 份，某国际乡村俱乐部有限公司董事长接受媒体采访报道1份，用以证明该公司的违法事实及违法事实开始的时间。

（2）A市环保局《关于对某国际乡村俱乐部高尔夫球场（一期）环境影响报告书的批复》，用以证明该公司应严格执行“三同时”管理制度，项目竣工后必须履行验收手续，验收合格后方可正式投入运行。

（3）《行政处罚听证告知书》1份，《听证申请书》1份，《行政处罚听证通知书》1份，《行政处罚听证笔录》1份，《行政处罚听证会听证意见》1份，用以证明是A市环保局在作出行政处罚前依法履行了法定的听证程序。

（4）《行政处罚决定书》1份，用以证明A市环保局对该公司的处罚。

（5）送达回执2份，用以证明A市环保局依法履行了送达程序。

（6）《中华人民共和国环境保护法》第七条第二款、《天津市环境保护条例》第十四条，用以证明A市环保局的执法主体资格和职权。

（7）《中华人民共和国环境保护法》第十四条、《建设项目环境保护管理条例》第二十、二十八条、《建设项目环境保护竣工验收管理条例》第十条第二款、原国家环保总局《关于企业试生产期间违法行为行政处罚意见的复函》第二条第五项，用以证明A市环保局作出的行政处罚的合法性。

行政证据与行政诉讼证据虽然存在着一定的差别，但是法律及司法解释对行政诉讼证据的要求大部分也适用于行政证据，而且行政证据要合法、规范就必须以行政诉讼中合法、有效行政诉讼证据的要求为标准。具体到本案，A市环保局在收集证据的过程中严格按照相关法律的规定执行，如：现场检查环节有3名执法人员进行检查并首先出示执法证件；《现场检查记录》、《调查询问笔录》均有执法人员签字和行政相对人在场人签字；相关法律文书的送达均有行政相对人在场人签收等。同时，在收集证据时，A市环保局并未局限于行政相对人的陈述和对现场情况的勘验，而且还收集了该公司董事长接受媒体采访的报道，从而有效地证明了该公司高尔夫球场（一期）项目正式投入运营的时间，否定了其对高尔夫球场正式投入运营时间的主张。由此可以看出，收集证据的手段合法及证据链条的全面是保证案件有效成立的关键。

三、本案启示

《行政处罚法》、《环境行政处罚办法》对行政处罚程序都有着严格的规定，同时，《行政诉讼法》、《最高人民法院关于执行〈中华人民共和国行政诉讼法〉若干问题的解释》（法释[2000]8号）、《最高人民法院关于行政诉讼证据若干问题的规定》（法释[2002]21号）等法律及司法解释对行政诉讼案件证据的提交及采纳也做出了明确的规定。环保部门在实施行政处罚时，除了要保证行政处罚程序的正当性、合法性的同时，在获取、搜集证据时，更要站在被诉的角度严格按照相关的法律规定执行。具体到本案，启示如下：一是行政处罚必须按照法定程序实施；二是在实施行政处罚的过程中要尽到告知义务，充分保障行政相对人的各项权利；三是在行政执法过程中采集证据时，要严格按照证据规则采集证据，从而形成严谨的证据链条，确保案件证据的客观性、合法性和关联性。只有做到了程序严密、证据严谨，行政机关的具体行政行为才能在事实上和法律上禁得起推敲，才能保证执法的严肃性，提高执法效率。

案例点评人：李濮　叶学永（天津市环境监察总队）

【案例三】

某纸业公司违反限期治理制度案

一、基本案情和审理过程

某纸业有限公司长期采用化学制浆从事生产，排污量大且无治理措施，被列为A省“一控双达标”重点企业，要求于2000年底前达标排放，否则依法予以关停。为了防止该公司擅自恢复化学制浆，确保“一控双达标”任务的完成，C县人民政府专门发布了《关于对未按期完成环保治理任务的重点污染企业进行处理的决定的通知》，要求该纸业公司“若要恢复生产，必须停止化学制浆，落实终端废水环保措施，治理达标，经环保部门验收认可”。

根据群众举报，C县环保局查实该纸业公司于2001年4月1日擅自恢复化学制浆。C县环保局依据《A省环境保护条例》第五十条第一款第四项和《A省环境保护奖励与处罚办法》第二十一条的规定，罚款2万元。

2001年6月28日，B市环保局现场检查发现，该纸业公司采用化学制浆，造纸黑液及废水泡沫未进行任何治理直接外排，所排废水COD和悬浮物浓度超过国家规定的排放标准，对周围环境造成污染。B市环保局认定，纸业公司擅自恢复化学制浆、直接外排造纸黑液且屡禁不止的行为，违反了《A省环境保护条例》第四十二条第三款“禁止以不正当方式排放污染物规避治理污染和缴纳超标排污费的责任”的规定。8月30日，B市环保局依据《A省环境保护奖励与处罚办法》第十六条的规定，作出如下处罚：① 严格执行《C县人民政府关于对未按期完成环保治理任务的重点污染企业进行处理的决定的通知》的要求；② 罚款10万元。

纸业公司不服B市环保局的行政处罚决定，向A省环保局申请行政复议，并提出如下复议理由：① 纸业公司为了使造纸废水排放达到排污标准，基本停止了化学制浆；因银行废钞票油墨太多，只得采取化学制浆的办法进行销毁。② 废水是经过滤网过滤后排放，而检测人员提取检测样品时，提取的是未经过滤的废水，不能作为排污超标的证据。③ 排放废水的出口只有一个，不存在《A省环境保护条例》规定的“以不正当的方式排放污染物，规避治理污染和缴纳超标排污费的责任”的事实。④ 没有告知申请人有要求举行听证的权利，该处罚决定程序违法。⑤ C县环保局2001年5月9日就以申请人擅自恢复生产和化学制浆为由，对申请人处以2万元罚款。而B市环保局2001年8月30日又在同一排污口以同样的理由罚款10万元。B市环保局的处罚违反了《行政处罚法》第二十四条和《环境保护行政处罚办法》（已失效）第六条关于对同一违法行为不得给予两次以上罚款的行政处罚的规定，属于重复处罚，且处罚畸重。

针对纸业公司的复议理由，B市环保局提出答辩理由如下：

（1）纸业公司在无任何污染治理措施的情况下进行化学制浆，不仅为《国务院关于环境保护若干问题的决定》所禁止，而且违反了《C县人民政府关于对未按期完成环保治理任务的重点污染企业进行处理的决定的通知》中“必须停止化学制浆”的规定。因此，不论申请人是用麦草、竹料进行化学制浆，还是用破废钞票进行化学制浆，都不能否定其行为的违法性。

（2）现场摄像表明，废水样品是执法人员在申请人造纸废水外排之处所采，过滤网根本过滤不了外排废水中的 COD 和悬浮物浓度。因此，C 县环保局依据监测规范制作的环境监测报告真实可信。

（3）申请人是在无任何污染治理设施的情况下进行化学制浆的。时至今日，申请人的污水治理设施土建工程才基本完工。申请人存在规避治理责任的行为。

（4）B 市环保局于 2001 年 7 月 20 日以特快专递向纸业公司寄送了《B 市环境保护局行政处罚听证告知书》，经邮局查明，纸业公司保管员 7 月 23 日签收，纸业公司收到听证告知书后逾期未提出听证申请，依法应被视为自动放弃听证权利。

（5）关于重复处罚问题，这是纸业公司对《行政处罚法》有关规定的曲解，混淆了“同一违法行为”和“同一性质的违法行为”两个具有不同内涵的概念。纸业公司在 C 县环保局做出处罚决定后，并未按要求“立即停止化学制浆，抓紧落实污染治理”，而是拒不改正违法行为。纸业公司所谓的“同一违法行为”实质上是“屡犯”行为，依据《环境保护行政处罚办法》（已失效）的有关规定，应予从重处罚。

（6）纸业公司在环保“专项行动”和 C 县政府明文要求其停产治理期间，公然顶风作案，擅自恢复国家明令禁止的化学制浆，且屡犯不改，造成未经任何治理的造纸黑液和泡沫直接外排，严重污染河流水质，其行为严重违反了《A 省环境保护条例》第四十二条第三款“禁止以不正当的方式排放污染物规避治理污染和缴纳超标排污费的责任”的规定，理应从重处罚。B 市省环保局依据《A 省环境保护奖励与处罚办法》第十六条规定作出的行政处罚决定，符合法定权限和程序。

经过审理，A 省环保局作出复议决定：

（1）B 市环保局《行政处罚决定书》规定的第一项处罚，即“严格执行《C 县人民政府关于对未按期完成环保治理任务的重点污染企业进行处理的决定的通知》的要求”，既非法定处罚种类，也无法定依据，予以撤销；

（2）B 市环保局《行政处罚决定书》规定的第二项处罚，即“罚款 10 万元”，认定事实清楚，证据确凿，适用依据正确，程序合法，内容适当，予以维持。

二、本案涉及的法律问题

（1）“严格执行《C 县人民政府关于对未按期完成环保治理任务的重点污染企业进行处理的决定的通知》的要求”是否为法定处罚种类？有无法律依据？

行政处罚种类即行政处罚的具体形式，《行政处罚法》采取列举法与概括法相结合的方式予以了明确：一是列举了行政处罚的 6 种形式，即警告；罚款；没收违法所得、没收非法财物；责令停产停业；暂扣或者吊销许可证、暂扣或者吊销执照；行政拘留。二是其他法律和行政法规规定的其他行政处罚种类。除了上述两种情形外，地方性法规、规章及其以下文件自行创设的行政处罚种类，都不是合法的行政处罚种类。

本案中，B 市环保局《行政处罚决定书》规定的第一项处罚，即“严格执行《C 县人民政府关于对未按期完成环保治理任务的重点污染企业进行处理的决定的通知》的要求”，没有法定依据，并且不是《行政处罚法》及环境保护法律法规设定的行政处罚种类，依法应予撤销。

（2）B 市环保局是否告知了纸业公司听证申请权？

为了保证行政处罚的公正性和公开性，《行政处罚法》规定了实施行政处罚所应遵循的程序。其中一般程序是行政机关实施行政处罚所应遵循的最基本、最普通的程序；简易程序是一种例外程序，属于一般程序的例外，仅在特定的条件下适用；听证程序不是完整的处罚程序，不能与一般程序并列，它仅仅是行政处罚一般程序中的一个程序环节，在性质上属于行政机关以听证这种特殊的方式来履行处罚前告知和听取相对人陈述、申辩。

那么，本案中实施 10 万元罚款的行政处罚应当采用哪一种程序呢？对照《行政处罚法》的相关条款，不难在简易程序和一般程序之间作出选择。在确定选用一般程序后，需要考虑的就是是否采用听证环节。根据《行政处罚法》的规定，行政机关在作出责令停产停业、吊销许可证或者执照、较大数额罚款等行政处罚决定，必须适用听证程序，告知处罚相对人要求举行听证的权利，并应其要求组织听证，否则行政处罚不成立。至于多大数额才算“较大数额罚款”呢？考虑到中国之大，各省份经济发展水平不一，《行政处罚法》并没有规定。《环境保护行政处罚办法》（已失效）将“较大数额罚款”原则规定为对个人 5000 元以上、对法人或者其他组织 50000 元以上，并且规定，各省、自治区、直辖市通过的地方法规或者地方政府规章如果对“较大数额罚款”的限额另有规定的，从其规定。具体到本案，《A 省环境保护行政处罚程序规定》规定，环保部门拟对公民处以 1 000 元以上、对单位处以 3 万元以上罚款的，必须适用听证程序。由此可见，本案中的环保局对纸业公司处以 10 万元罚款，必须告知纸业公司要求举行听证的权利，并应其要求组织听证。如果没有证据表明 B 市环保局在实施行政处罚之前告知了纸业公司听证申请权，或者有证据证明纸业公司提出了听证申请而 B 市环保局未组织听证，B 市环保局就违反了法定程序，依法应撤销其处罚决定。

经调查发现，A 市环保局于 2001 年 7 月 20 日以特快专递方式向纸业公司送达了处罚听证告知书；经邮局查明，纸业公司保管员于 7 月 23 日签收了该听证告知书。以上事实有《B 市环境保护局行政处罚听证告知书》和纸业公司保管员的签字为证，可以认定，因此 B 市环保局履行了告知纸业公司听证申请权的义务。

（3）C 县环保局和 B 市环保局先后对纸业公司实施处罚是否构成了对同一个违法行为的重复处罚？

《行政处罚法》第二十四条规定：对同一个违法行为，不得给予两次以上罚款的行政处罚。如果 C 县环保局和 B 市环保局先后对纸业公司的同一个违法行为实施罚款，就违反了《行政处罚法》的规定，依法应撤销其一。那么，本案中县环保局和省环保局先后实施的罚款，是否针对纸业公司的同一个违法行为呢？

一个具体的违法行为，由违法的主体、时间、地点、行为方式和违反的法律规范等诸多要素构成。对违法行为各个构成要素的分析，有助于我们对违法行为的识别和对不同违法行为的区分。本案中，C 县环保局处罚决定书认定的违法行为是纸业公司未按照规定完成限期治理任务、擅自恢复生产和化学制浆，而 B 市环保局处罚决定书认定的违法行为则是纸业公司超标排污造成环境污染。不难看出，两份处罚决定书所认定的违法行为，一是行为方式不同，分别为恢复生产和化学制浆、废水超标外排；二是行为时间不同，恢复生产和化学制浆在前，废水超标准外排在后。行为时间和行为方式的不同，决定了纸业公司实施了两个违法行为而非一个违法行为，理应分别处罚。县环保局和省环保局分别对这两

个违法行为处以罚款，绝非对同一个违法行为的重复处罚。此外，纸业公司的两个违法行为所违反的法律规范也不同，分别违反的是有关限期治理的法律规定和有关污染治理的法律规定；实施处罚的适用条款也不同，分别为《A省环境保护条例》第五十条和《A省环境保护奖励与处罚办法》第二十一条、《A省环境保护奖励与处罚办法》第十六条。

（4）罚款10万元是否处罚畸重？

任何违法行为都有其一定的社会危害性，行政处罚作为违法行为人所应承担的不利的法律后果，应与违法行为的危害程度相均衡。而对违法行为这种客观事实，行政处罚的决定过程实际上是将该客观事实与法律条款相对照的主观过程。为了避免主观适用法律条款可能存在的偏差，立法者在设定行政处罚的种类、幅度时，严格衡量违法行为的性质、情节、后果等因素，予以均衡设定。同时，执法中行政机关也有一定的自由裁量权，但这并不等于执法机关及其执法人员可以随心所欲、毫无标准地选择适用，而应综合考虑违法行为造成的危害后果、违法行为人的过错程度、改正违法行为的态度、所采取的改正措施、初犯还是再犯等因素，在规定的处罚种类和幅度范围内适用。对社会危害性较重的违法行为，应选择较重的处罚措施和幅度；对社会危害性较轻的违法行为，应选择较轻的处罚措施和幅度。重过轻罚或者轻过重罚都有失公平。

本案中，《国务院关于环境保护若干问题决定》规定，超标排污的工业污染源必须在2000年底实现达标排放。纸业公司是当地人民政府限期治理的重点污染企业，C县人民政府2000年12月18日《关于对未按期完成治理任务的重点污染企业进行处理的决定的通知》明确要求："造纸公司若要恢复生产，必须停止化学纸浆，落实终端废水环保措施，治理达标，经环保部门验收认可。"而纸业公司无视国务院和C县人民政府的要求，擅自恢复生产和化学纸浆，不按照"一控双达标"要求完成治理任务；经C县环保局处罚，仍拒不改正，继续使用化学纸浆，生产废水仍然未经处理即直接外排，污染环境。纸业公司拒不改正违法行为，一再违反环保法规，已经清楚地表明了其社会危害性之大，对其行为理应从重处罚。B市环保局适用地方性环保法规，并在法定处罚权限和幅度之内从重处罚，并无不当。纸业公司认为B市环保局"处以法定的最高处罚，处罚畸重，显示公正"的复议理由，不能成立。

三、本案启示

《行政处罚法》对行政处罚的设定和实施作了严格的规定。《环境保护行政处罚办法》（2010年已经修订）以及地方法规、地方政府规章等文件作了进一步的规定。环保部门在实施行政处罚时，必须严格地遵循国家和地方所规定的行政处罚程序，在法律、法规、规章所规定的处罚种类和幅度范围内实施处罚。具体到本案，启示有三：一是必须严格按照法定处罚种类实施处罚；二是符合听证条件的，必须告知当事人听证申请权；三是对同一个违法行为，不得给予两次以上罚款的行政处罚。只有这样做，才能保证行政机关的执法行为经得起执法相对人的推敲和法律的检验，才能保证执法效率的真正提高。

案例点评人：赵柯（环境保护部环境监察局）

【案例四】

某公司擅自拆除部分污染治理设施案

一、基本案情和审理过程

2009年3月和4月，省、市两级环保部门先后决定对某公司烟气和废水实施限期治理，并要求其提交治理方案，经审查后予以实施。2009年7月该公司限期治理技术方案经市环保局评审通过，之后该公司开始对其污染治理设施进行改造。2010年7月14日，市环境监察支队环境监察人员在对该公司进行现场检查时，发现该公司在正常生产的情况下，在污水治理设施施工改造中，将原污水处理系统中的一个过滤装置拆除，利用原有闲置的沉降槽作为临时应急处理设施，此情况未按要求向环保部门报告。环境监察人员现场调查后认为该公司的上述行为违反了《水污染防治法》、《河南省水污染防治条例》和《河南省环境污染防治设施监督管理办法》的相关规定，建议立案查处。

2010年8月5日市环保局向该公司下达了行政处罚事先告知书和行政处罚听证告知书，该公司向市环保局进行了陈述申辩，认为自己已经上报污染治理技术方案并通过环保部门的评审，尽管在施工中拆除了部分设备，但应属已经履行了法定的申请义务，并未违反环境保护法律法规的有关规定，同时公司生产废水经处理后回用于生产系统不外排，并未对环境造成影响，因此不应予以处罚。

该公司在规定期限内未向市环保局提出听证申请，2010年8月26日，市环保局召开行政处罚案件讨论会议，经讨论后认为该公司提交的污染治理技术方案不属于《河南省环境污染防治设施监督管理办法》规定的拆除污染防治设施时应提交的申请，其行为属于擅自拆除污染防治设施，违反了《水污染防治法》第二十一条第二款、《河南省水污染防治条例》第二十六条第一款和《河南省环境污染防治设施监督管理办法》第十一条第一款的规定，但该公司在拆除了部分污水治理设备后能及时采取措施，保证污水处理系统的正常运行，并未对环境造成危害，其违法行为属于轻微，故于2010年8月27日作出处罚决定：依据《河南省环境污染防治设施监督管理办法》第十五条第（二）项的规定，对该公司处以1 000元的罚款。2010年12月6日该公司履行了处罚决定。

二、本案涉及的法律问题

（1）排污单位按照《河南省污染源限期治理管理办法》的规定以及《限期治理通知书》的要求提交治理方案，是否属于行政许可的申请？

本案中被处罚的排污单位认为自己提交污染治理技术方案并通过评审，应属已经提出了申请并获得批准，因此拆除部分污染治理设施的行为不属违法。

根据《水污染防治法》第二十一条第二款的规定，“企业事业单位和个体工商户拆除或者闲置水污染物处理设施的，应当事先报县级以上地方人民政府环境保护主管部门批准”，《河南省水污染防治条例》第二十六条第一款规定：“拆除或者闲置水污染物处理设施的，应当事先报县级以上人民政府环境保护主管部门批准”，因此拆除或者闲置水污染处理设施的审批属于法律法规设定的行政许可，同时《河南省环境污染防治设施监督管理办法》对申请方式、受理机构，审批时限以及审批机构都进行了具体的规定。

《行政许可法》第二十九条规定：公民、法人或者其他组织从事特定活动，依法需要取得行政许可的，应当向行政机关提出申请。申请书需要采用格式文本的，行政机关应当向申请人提供行政许可申请书格式文本。申请书格式文本中不得包含与申请行政许可事项没有直接关系的内容。因此该公司提交的治理技术方案不具备行政许可申请的一般特征。《行政许可法》第三十九条规定：行政机关作出准予行政许可的决定，需要颁发行政许可证件的，应当向申请人颁发加盖本行政机关印章的下列行政许可证件：（一）许可证、执照或者其他许可证书；（二）资格证、资质证或者其他合格证书；（三）行政机关的批准文件或者证明文件；（四）法律、法规规定的其他行政许可证件。因此，技术方案的评审意见也不符合行政许可证件有关规定，不应视为行政许可证件。

（2）排污单位拆除部分污染治理设施但又未对环境造成影响是否影响对其进行处罚？

排污单位认为在施工中虽然拆除了部分治理设备但采取了临时应急措施，并未对环境造成不良影响，因此不应给予处罚。环保部门认为，该公司擅自拆除部分污水治理设备尽管没有因此导致超标排放污水，但其行为已经违反了环境保护的法律法规规定，若因为拆除污染防治设施导致出现超标排污等环境违法行为，则要另行进行查处。《水污染防治法》第七十三条和第七十四条已经分别就上述两种环境违法行为做出了规定。因此，本案中，排污单位拆除部分污染治理设施对环境造成影响并不影响对其进行处罚。

（3）罚款 1 000 元是否“处罚得当”？

尽管《水污染防治法》第七十三条和《河南省水污染防治条例》第六十三条第一款都对“不正常使用水污染物处理设施，或者未经环境保护主管部门批准拆除、闲置水污染物处理设施”的环境违法行为规定了罚则，但该公司的生产废水经处理后回用于生产系统不外排，不符合《水污染防治法》第二十四条和《排污费征收使用管理条例》第二条规定的应缴纳排污费的情形，在当时国家未对“应缴纳排污费”进行进一步明确的情况下，难以适用“处以应缴纳排污费数额 1 倍以上 3 倍以下的罚款”。同时，该公司拆除部分污染防治设备后采取了应急措施保证污水处理系统的运行，且事出有因也未造成严重后果，违法情节属于轻微，因此给予了 1 000 元罚款，主要目的是为了促进排污单位在今后的工作中更加严格地遵守环境保护的规定。

三、本案启示

部分排污单位对环境保护的法律法规的理解存在偏差，认为只要不造成严重后果就行，不能严格遵守环境保护的有关规定，为突发环境事件的发生埋下了隐患，必须及时予以查处和纠正。同时，环保部门应切实加强限期治理项目的现场监察，积极与管理部门进行沟通，有针对性地开展工作，消除环境隐患。

案例点评人：薛东飞（河南省三门峡市环境监察支队）

【案例五】

胡某、丁某投放危险物质案

一、基本案情和审理过程

2007年11月底至2009年2月16日间，胡某、丁某明知盐城市某化工有限公司系环保部门规定的“废水不外排”企业，明知在“氯代醚酮”生产过程中所产生的钾盐废水含有毒、有害物质，仍将大量钾盐废水排放在公司北侧的五支河内，任其流入蟒蛇河污染盐城市城西、越河自来水厂取水口，致2009年2月20日本市20多万居民饮水停水达66小时40分，造成直接经济损失543.21万元。

江苏省盐城市盐都区人民法院经公开审理认为，被告人胡某、丁某明知钾盐废水中含有有毒、有害物质，仍大量排放，危害公共安全，并致公私财产遭受重大损失，其行为均已触犯刑律，构成投放危险物质罪。在共同犯罪中，被告人胡某起决定作用，系主犯；被告人丁某起辅助作用，系从犯，依法可予减轻处罚。据此，盐都区人民法院于2009年8月4日，依照《中华人民共和国刑法》第一百一十五条第一款、第二十五条第一款、第二十六条第一、四款、第二十七条的规定，作出判决如下：（一）被告人胡某犯投放危险物质罪，判处有期徒刑10年；（二）被告人丁某犯投放危险物质罪，判处有期徒刑6年。

二、本案涉及的法律问题

（一）本案定性是重大环境污染事故罪还是投放危险物质罪？

两罪的区别表现在多个方面，最主要的区别有两点：一是犯罪的主观方面不同。重大环境污染事故罪的主观方面一般认为仅为过失；而投放危险物质罪的主观方面是故意，包括直接故意和间接故意。二是犯罪客体不同。重大环境污染事故罪侵犯的客体是环境资源保护的社会秩序；投放危险物质罪侵犯的客体是公共安全。本案中，两被告明知排放的废水中含有有毒、有害物质，也明知该有毒有害物质可能产生的严重后果，特别是因排放废水被环保部门行政处罚及限期整改后，仍未采取相应措施继续大量偷排。由此可见，两被告的行为已经超出了过失犯罪的范畴，其主观上具有明显放任的主观故意。

（二）本案排放钾盐废水的行为是否系盐城市××化工公司的单位行为？

本案辩护人提出：本案排放钾盐废水的行为系盐城市××化工公司的单位行为，但刑法关于“投放危险物质罪”并无单位犯罪的规定。因此，既不能追究单位的刑事责任，也不能追究实施者个人的刑事责任。本案中虽然两被告人排放有毒废水的动机系为单位利益，但犯罪动机并不影响本罪的成立，个人“为单位谋利益”的意图并不能与“体现单位意志”之间画等号，本案两被告完全在其个人意志支配下实施的，体现的是其个人意志。

三、本案启示

本案是全国首起因污染环境行为以投放危险物质罪判处的案件。此案宣判后，曾引起多方热议。以往类似案件中对环境污染损失的严重低估，不足以体现法律对环境污染的威慑力，这也是企业违法成本低的写照。随着我国工业化进程的不断加快，工业污染问题日益突出，我们要借鉴英美等西方国家司法机关积极介入环境污染案件审理解决曾经严重污染问题的经验，发挥司法手段的重要作用。此案的审判显示了当前我国司法机关对环境案件的强力介入，既有公正司法的意义，也会产生很好的社会效应。对蓄意或过失破坏环境者科以重典，既能给当事人以刻骨铭心的惩戒，又可以作为今后意欲违法者的前车之鉴。

案例点评人：王律政（江苏省盐城市盐都区环保局）

【案例六】

某餐饮店油烟气排放扰民案

2010 年 6 月，上海市环境监察总队接居民投诉，反映某区一家餐饮店油烟扰民。经执法人员现场调查，发现该公司油烟排放口设置不符合相关规范。上海市环境监察总队对其作出责令改正并处罚款的行政处罚决定。

一、基本案情和审理过程

该餐饮店是上海一家著名餐饮企业，被处罚的店面成立于 2002 年，租用腾龙房产有限公司所属的久隆大厦一至二层，于同年 10 月开始餐饮经营。2002 年 7 月，通过所在区环保局环境影响评价审批；2003 年通过建设项目环境保护设施竣工验收，油烟净化设施运行正常。酒店成立之时，油烟净化装置排放口四周都是空地。2006 年 4 月，酒店东南侧开始新建福源汇小区，随着居民小区的完工，原有酒店与新建居民大楼之间的间隔已不能满足油烟气排放的要求。居民与酒店之间的矛盾日益突出，环保部门对此调解数次未果。

根据群众投诉反映情况，2010 年 6 月上海市环境监察总队现场勘察发现，该餐饮店油烟气净化装置排放口与正对福源汇小区居民窗口的垂直距离仅 15 米左右，排气筒出口段长度为 2 米，高度 6 米，排放管道直径为 1 米。由于油烟气排口未设置监测口及监测平台，执法人员无法委托监测人员对其排放浓度进行监测，因此不能确定其排放是否超标。根据《上海市饮食服务业环境污染防治管理办法》的规定，执法人员对油烟气排放口设置规范进行勘察，结果发现以下不符合规范之处：

（1）《饮食业环境保护技术规范》（HJ 554—2010）规定：经油烟净化后的油烟排放口与周边环境敏感目标距离不应小于 20 米；另外，筑物高度小于等于 15 米时，其油烟气排放口应高出屋顶；建筑物高度大于 15 米时，其油烟气排放口高度应大于 15 米。本案中，酒店油烟排放口，高度及与周边居民小区的距离都未达到该规范所规定的要求。

（2）《饮食业油烟排放标准》（GB 18483—2001）第五条第二款规定：排气筒出口段的长度至少应有 4.5 倍直径（或当量直径）的平直管段。本案中油烟气排气筒出口段长度仅为 2 米，未达到直径 4.5 倍的要求。

（3）未按《固定污染源排气中颗粒物测定与气态污染物采样方法》（GB/T 16157—1996）的要求设置监测口及监测平台。

根据“教育指导为先”和“分类分步执法”的原则，总队于 2010 年 7 月 1 日对该公司发出整改通知书，明确要求该餐饮店应于 8 月 15 日前采取措施，完成油烟排放口监测口及监测平台设置。8 月 17 日，执法人员再次赴现场对整改情况进行检查。检查中发现，该餐饮店并未在期限内完成油烟排放口改造，依然没有设置监测口及监测平台。对此，总队依据《上海市饮食服务业环境污染防治管理办法》第四条第三款、第七条第二款的规定，按照第十九条的处罚规定，对其环境违法行为予以责令限期改正并处罚款 3 000 元，要求于 2010 年 10 月 20 日前对油烟气排放设施进行符合技术规范的改造，同时一并完成油烟气监测平台的设置工作。

责令改正期间，当事人提出开业时周围没有居民小区，油烟气装置设施也符合环评要求及法律法规的规定；新建福源汇居民小区时，曾向规划部门提出书面建议，表示两楼之间间距太小可能会引发居民矛盾，但未被采纳。而至今由规划带来的一系列问题却要让企业承担，当事人表示无法接受。经过市、区环保部门的多次调解，最终该餐饮店表示愿意出资对油烟气排放口进行改造，并提出了整改方案，但由于其租用房屋的业主不同意对其所属的久隆大厦进行施工，整改无法按期完成。

鉴于本案情况特殊，总队一方面将再次对酒店开出限期治理的处罚决定，另一方面联合区县环保部门对该大厦业主进行调解。

二、本案涉及的法律问题

（1）本案对该餐饮店作出责令改正并处罚款所适用的法律依据是什么？

由于国家尚未对饮食业油烟气排放专门立法，因此本案中执法人员作出责令改正并处罚款 3 000 元的处罚决定的依据主要是上海市政府于 2003 年 10 月 15 日颁布的《上海市饮食服务业环境污染防治管理办法》。该办法第七条第二款规定，“对于现有餐饮服务项目，其油烟排放口不符合本办法第四条第三项规定的环境污染防治要求的，应当按照市或者区县环保部门规定的污染防治要求和限期改造”。第四条第三项规定为“所在建筑物高度在 24 米以上的，其油烟气排放口设计应当符合环境污染防治要求，其具体设计规范由市环保局另行制定并公告。”由于目前上海市没有专门制定的设计规范，因此此处参照国家 2010 年 4 月 1 日实施的《饮食业环境保护技术规范》（HJ 554—2010）。另外，《办法》第八条第一款规定“饮食服务经营场所的油烟排放，应当符合《饮食业油烟排放标准》（GB 18483—2001）的规定。

根据《办法》第十九条的规定，“违反本办法第七条、第八条第三款规定，饮食服务经营者不按规定排放油烟，或者擅自闲置、拆除油烟净化设施的，由市或者区、县环保部门责令限期改正，并可处以 2 000 元以上 1 万元以下的罚款，情节严重的，可处以 1 万元以上 3 万元以下的罚款”；“违反本办法第八条第一款规定，饮食服务经营场所排放的油烟对附近居民的居住环境造成污染的，应当限期治理，市或者区、县环保部门对污染较轻的可处以 200 元以上 3 000 元以下的罚款，对污染严重的可处以 3 000 元以上 5 万元以下的罚款；限期治理期满后，仍未达到规定要求的，由市或者区、县人民政府依法责令其停业或者关闭”。

执法人员对油烟气排放口进行实地勘察，发现多处不符合《饮食业环境保护技术规范》（HJ 554—2010）和《饮食业油烟排放标准》（GB 18483—2001）的相关规定。前者虽然是强制性行业标准，其适用范围是：“新、改、扩单位的污染防治和环境保护”，只有在环评中作为建设环保设施的建设要求，才能作为环保执法的考核依据；后者因为该酒店未按照

《固定污染源排气中颗粒物测定与气态污染物采样方法》（GB/T 16157—1996）的要求设置监测口及监测平台，执法人员无法通过监测确定其超标与否，所以也无法确定油烟气排放已对居民造成污染。执法人员要求企业设置监测口及监测平台，但是缺乏相关的处罚条款，无法对企业做出强制性的要求。

因此，执法人员在对照《上海市饮食服务业环境污染防治管理办法》第七条进行处罚时，该餐饮店油烟气排放口的设置并不符合第四条提到的《饮食业环境保护技术规范》的要求。只能按照《办法》第十九条的规定责令其限期改正并处罚款 3 000 元的行政处罚。

（2）该餐饮店油烟排放口设置不符合《饮食业油烟排放标准》（GB 18483—2001）的规定，能否按照《上海市饮食服务业环境污染防治管理办法》第八条进行处罚？

《办法》第八条第一款规定指出饮食服务经营场所的油烟排放，应当符合《饮食业油烟排放标准》（GB 18483—2001）的规定。根据《办法》第十九条的规定，违反本办法第八条第一款规定，饮食服务经营场所排放的油烟对附近居民的居住环境造成污染的，应当限期治理，市或者区、县环保部门对污染较轻的可处以 200 元以上 3 000 元以下的罚款，对污染严重的可处以 3 000 元以上 5 万元以下的罚款。本案中，由于其未设置监测口及监测平台，在无法监测的情况下，不能确定其对周围居民存在污染，因此不能使用这一条款对该酒店进行处罚。

上海市在油烟气排放方面设立了相关的管理办法，而全国许多城市还尚未对餐饮企业油烟气排放方面的立法，环境执法人员在处理此类环保投诉时，存在无法可依的局面。即使有相关的管理条例，执法人员在参照此类法规进行执法活动时，仍会觉得并不顺利。以本案为例，国家相关的标准对油烟气排放口设置都进行了规范，但缺乏适用的条款，或者在执行条款时，各个法律法规之间存在自相矛盾的情况。《饮食业环境保护技术规范》（HJ 554—2010）规定：经油烟净化后的油烟排放口与周边环境敏感目标距离不应小于 20 米；经油烟净化和除异味处理后的油烟排放口与周边环境敏感目标的距离不应小于 10 米。而《上海市饮食服务业环境污染防治管理办法》第四条规定：油烟排放口位置应当距离居民住宅、医院或者学校 10 米以上。本案中油烟气排放口距离居民住宅约 15 米，应用不同的规范，存在不同的结论。

（3）该酒店环保审批在前，居民区建造在后，在未监测的情况下能否认定该酒店排放油烟气违法？

近年来随着房地产开发的升温，不少区县将原有闲置的土地用作房地产建设，由此也带来了一些规划与环评批复之间的矛盾。本案就是典型的一例。当事人于 2002 年取得所在区环保局环境影响评价批复，当时手续及油烟气排放完全合法。但随着东侧居民小区的建造，矛盾日益突出。“公说公有理，婆说婆有理”的局面增加了环境执法人员的执法难度。特别在未取得监测数据的情况下，无法认定该酒店的油烟气排放是否存在污染问题，在适用法律方面显得力不从心。而对于《固定污染源排气中颗粒物测定与气态污染物采样方法》（GB/T 16157—1996）要求大气污染物产生单位设置监测口及监测平台的规定，也没有对应的法律及相关的处罚条款，使得环境执法人员在处理此类案件时，显得无能为力；对于违规企业也不能采取强制性的措施让其按照规定安装监测口及监测平台，从而取得监测数据，对其污染行为进行进一步的处罚。

三、本案启示

目前各地对油烟气排放方面的立法比较薄弱，执法人员在处理相关环境纠纷时，存在无法可依，或是立法不清、执法较难的问题。各地在对油烟气管理立法时，应该做全局考虑，避免与国家现有法律法规相抵触，同时在法规的可执行性上多加考虑，做到法条清晰，违法事实认定准确，为执法人员执法带来便利；规划部门在土地规划时，应多与环保部门沟通，避免规划与环评审批相抵触的情况再次发生；环保执法人员在处理油烟气纠纷时，在现有法律的框架内，遇到法律尚不完善的情况，要灵活应用法律条款，急居民所急，考虑企业实际难处，真正将问题解决。

案例点评人：姚永春（上海市环境监察总队）

【案例七】

某矿产品加工厂违反固体废物污染防治制度案

一、基本案情和审理过程

2010年4月22日，河南省某市环境监察大队在对某矿产品加工厂（1999年11月17日，经环保部门验收投入生产）进行现场检查时，发现该厂日处理50吨金精粉的主生产设备、污水处理设施运转正常；临时贮存场地面用水泥混凝土硬化防渗漏，用水泥墙作围堰防流失，但未有相应防扬散设施和管理措施，现场堆有固体废物1200余吨。存在“三防”设施不全的环境违法行为。

发现违法行为的当天，经调查人员认定：违法事实清楚、证据确凿，应予以立案。立案后，22日至25日，调查人员对案件的相关事实进行了调查，并形成相关证据：环境保护现场检查笔录、环境保护现场调查询问笔录和环境违法行为改正通知书。2010年4月26日，该市环保局对该厂下达了行政处罚事先告知书和行政处罚听证告知书，告知当事人作出行政处罚决定的事实、理由及依据，并告知当事人依法享有知情等权利，当事人未进行陈述和申辩。

2010年4月30日，该局法制科经审查、复核后认定：调查组调查过程符合法定程序，违法事实清楚、证据确凿，引用法律条款准确。根据违法行为的事实、性质、情节和社会危害程度，经法制领导小组研究决定：违法行为等次确定为一般；依据《固体废物污染环境防治法》第六十八条第一款第七项的规定：责令停止违法行为，限期改正；行政处罚5万元。同日出具处罚决定书并直接送达当事人。当事人没有申请复议，也没有提起行政诉讼，2010年5月4日，在指定银行足额缴纳了5万元罚款。

二、本案涉及的法律问题

（1）污染防治设施，即专门用于固体废物防治的“三防”设施及其造成的危害是否达到应该处罚的程度、怎样确定？

依据《固体废物污染环境防治法》第六十八条第一款（七）的规定，“未采取相应防范措施，造成工业固体废物扬散、流失、渗漏或者造成其他环境污染的”，也就是说违法构成要件有两个：防范措施不全和造成污染。该厂在主要生产设备正常运转的状态下，擅自建设临时固体废物储存场地并长期储存固体废物，未向环保部门报告、申请验收、建成后长期使用；使用期间未采取相应防扬散措施，也没有相应管理制度，造成工业固体废物扬散、流失、渗漏或者其他环境污染。该厂任由污染事态发展、无视法律、影响较大，故意或者侥幸心理明显。

对基层而言，根据当年发展经济的需要，1999 年虽然该厂已通过验收，但主要在于污水处理设施的监管上，“三同时”以及固体废物储存执行的并不严格，主要在于废渣及时运走。现在倘若不适合《固体废物污染环境防治法》第六十八条第一款第七项规定，就会违反该条第二项的规定，“对暂时不利用或者不能利用的工业固体废物未建设贮存的设施、场所安全分类存放，或者未采取无害化处置措施的”因而，可用此项予以处理。

或者根据原国家环保总局《关于“不正常使用”污染物处理设施违法认定和处罚的意见》对“不正常”使用污染物处理设施违法认定和处罚的司法解释，这家企业主观上存在数个连续违法故意，起初建设未“三同时”、事后建设未报告、未经验收，一直违法储存固体废物，违法状态一直处于持续的不法之中。也可依次处罚。

本案适用了上述《固体废物污染环境防治法》第六十八条第一款（七）的规定，是准确的。

（2）适用“三防”设施不全的具体条款以及造成危害的量化，处罚额度量化的依据极其计算。

依据《河南省环境行政处罚裁量标准（试行）》的规定，违反《固体废物污染环境防治法》第六十八条第一款（七）的规定：（1）按照实际贮存量 1000 立方米以下的，责令停止违法行为，限期改正，处 1 万元以上 3 万元以下罚款；（2）按照实际贮存量，1 000～10000 立方米的，责令停止违法行为，限期改正，处 3 万元以上 5 万元以下罚款；（3）按照实际贮存量，10000 立方米以上的，责令停止违法行为，限期改正，处 5 万元以上 8 万元以下罚款；（4）污染严重，对社会造成较大影响的，责令停止违法行为，限期改正，处 8 万元以上 10 万元以下罚款。

依据《环境行政处罚办法》第六条规定的行使行政处罚自由裁量权必须符合立法目的，并综合考虑情节：“（一）违法行为所造成的环境污染、生态破坏程度及社会影响；（二）当事人的过错程度；（三）违法行为的具体方式或者手段……行政处罚种类和幅度应当相当。”所以，规范自由裁量权就应当考虑上述中的故意、侥幸、长期持续等情节。就本案而言，堆放场地是个临时场地，依其规模 50 吨/日，24 天就是 1200 吨废渣，稍作细算，持续流动堆放量就非常可观，2 年累计就达近 30000 余吨。依据《行政处罚法》第二十九条的规定，违法行为在 2 年内未被发现的，不再给予行政处罚；从违法行为发生之日起计算；违法行为有连续或者继续状态的，从行为终了之日起计算。以两年为期计算，是可行的。而且倒腾、装卸、运输本身就会造成更大扬尘。考虑到实际生产不可能全天候进行和生产记录以及环保监管存在的责任，因此，依照“（2）按照实际储存量 1 000～10000 立方米的”的上限，处以 5 万元罚款是合理的。

三、本案启示

本案违法行为人虽未进行抗辩、提出复议、提起行政诉讼，但执法部门在执法过程中要明白，处罚幅度，处罚自由裁量权应结合违法行为的过错程度、所造成的环境污染等因素在法律、法规、规章所规定的处罚种类和幅度范围内实施处罚。

具体来说，得到的启示有：一是必须严格按照法律的规定调查违法行为的事实构成；二是按照程序告知当事人应有的权利，如陈述权、申辩权和听证权等；三是对法律条文之规定要弄清实质及其构成要件，形成一个较为系统全面的体系，不能断章取义；四是处罚数额要与危害行为的性质和后果相当，所作处罚额度要有法律依据支持；五是证据中未明确提及的事实不能作为处罚的依据，而且要前后形成链条，前后照应。

尤其需要注意，在处罚结果上，要把处罚中提到的“限期改正”放在与“行政处罚决定执行足额到位”同样重要的位置。处理结果当中不能缺相应处理措施和后果，如当事人的自我认识和主动改正或者后续检查等，否则就有注重金钱处罚而轻改正之嫌。执法部门在执法时应牢记《行政处罚法》第五条规定的重心：实施行政处罚，纠正违法行为，应当坚持处罚与教育相结合，教育公民、法人或者其他组织自觉守法。

案例点评人：张武丁（河南省灵宝市环境保护局）

【案例八】

L 公司违反危险废物处置制度案
——在行政解释中寻求法律正义

在日常执法中，环保执法人员常会遇到法律适用的难题，解决问题的关键在于正确的法律解释。法律解释无论对行政机关还是对行政相对人，都具有重要意义。本文所涉案例正是一起由于当事人对法律理解存在偏差而导致行政违法的案件，具有典型意义。

一、基本案情和审理过程

2009 年 10 月，四川省某市环保局对 L 公司天然气勘探开发项目进行了全面大检查。检查中执法人员发现 L 公司在该市境内开采天然气以来，一直将废弃钻井液经沉淀产生的污泥委托给没有危险废物经营许可证的 U 环保公司进行固化处置，并将这些污泥转运，堆放到隶属于 L 公司的 G 气田钻井废泥浆固化堆放场（以下简称 G 堆放场）。G 堆放场中未设置任何危险废物识别标志，其防渗漏、防流失、防扬散等设施也不符合国家相关标准。

针对 G 堆放场的问题，市环保局于 2009 年 10 月向 L 公司下达了《限期整改决定书》，要求该公司限期委托有危险废物经营许可证的单位，按照危险废物处置标准，完成对 G 堆放场内所有废弃物的处置，对新生产的钻井泥浆应按照危险废物处置规定，交由有危险废物经营许可证的单位进行收集、贮存、运输和处置。2010 年 1 月，市环保局根据《中华人民共和国固体废物污染环境防治法》及《国家危险废物名录》等相关规定，就 L 公司 G 堆放场未设置危险废物识别标志以及将钻井废泥浆委托给无危险废物经营许可证的公司进行处置的行为，处以罚款 19 万元的行政处罚。L 公司不服，以适用法律不当、认定事实不清为由向四川省环境保护厅提起复议申请。

二、本案涉及的法律问题

本案的争议点在于：废弃钻井液处理产生的泥浆是否为危险废物？如答案为否，则无论是L公司委托没有危险废物经营许可证的环保公司进行处置，还是G堆放场不设危险废物识别标志，都不构成违法。

L公司认为：根据《关于废弃钻井液管理有关问题的复函》（环办函[2009]1097号）认为“废弃钻井液”并未被列入《国家危险废物名录》，不是危险废物。更重要的是，无论从适用标准、检测结果还是固废处置方式上判定，公司通过“经分离筛分离”方法处理废弃钻井液而产生的泥浆都不具有危险特性，不应属于危险废物，仅是一般工业固体废物。因此没有必要在G堆放场设置危险废物识别标志，更无需委托具有危险废物经营许可证的公司处置。

市环保局则认为：首先，废弃钻井液和处理废弃钻井液产生的污泥不是同一概念。其次，废弃钻井液处理产生的污泥，已被列入《国家危险废物名录》，无需专门进行危险性鉴别。实践中各级环保部门也都将其列入危险废物进行管理。L公司的行为已构成违法。

产生以上争议的原因在于行政机关和行政相对人对《国家危险废物名录》中所规定的“来源于‘天然原油和天然气开采’行业的‘废弃钻井液处理产生的污泥’（废物代码071-002-08）”中的“处理”一词的理解不同。就此，行政复议机关四川省环保厅中止复议审理，专门向环境保护部报送了专题请示。

2010年8月19日，环境保护部制发《关于废弃钻井液经分离筛分离是否属于〈国家危险废物名录〉中“废弃钻井液处理”的复函》（环函[2010]253号）。该函明确指出：《国家危险废物名录》（环境保护部令第1号）中来源于“天然原油和天然气开采”行业的“废弃钻井液处理产生的污泥”（废物代码071-002-08）中的“处理”，包括对废弃钻井液进行的经分离筛分离、絮凝、沉降等技术处理。根据上述解释，可以认定L公司违法事实成立，某市环保局事实认定清楚、适用法律得当。

三、本案启示

本案中的争议，是由对法律规定用语理解的不一致引起的。解决的关键在于对所涉法律做出恰当解释。那么这里的“解释”由谁做出，在案件办理中又能起到何种作用呢？一个能起到实效的“解释”需要具备哪些要素？这些从案件中引出的法理思考对环境执法工作都有所益助。

（1）行政解释是行政执法的前提和基础。

通常情况下，环保监察案件要求执法人员熟悉相关法律规定，在办案中认真调取证据，清楚认定事实，正确适用法律。当涉案法律用语存在模糊，办案人员无法准确适用时，需要报经有解释权的机关进行法律解释。

所谓法律解释，是指对法律规范的含义以及所使用的概念、术语、定义等所作的说明。法律解释分为正式解释和非正式解释。

正式解释是指由特定的国家机关，依据法定权限对有关法律进行的解释。这里的“法律”，不仅包括法律、法规、规章，也包括上级和本级人大及其常委会和人民政府及其部门发布的其他规范性文件。根据《全国人民代表大会常务委员会关于加强法律解释工作的决议》的规定，凡关于法律、法令条文本身需要进一步明确界限或做补充规定的，由全国人民代表大会常务委员会进行解释或用法令加以规定；凡属于法院审判工作中具体应用法律、法令的问题，由最高人民法院进行解释；凡属于检察院检察工作中具体应用法律、法令的问题，由最高人民检察院进行解释；不属于审判和检察工作中的其他法律、法令如何具体应用的问题，由国务院及主管部门进行解释。据此，正式解释被分为了立法解释、司法解释和行政解释。

在环保行政执法中，我们更多接触到的是行政解释，即由行政机关在行政管理活动中，对有关法律法规所作的说明。国务院办公厅为了保证法律、行政法规的正确实施，就行政法规解释权限和程序问题做出通知（国办发[1999]43 号），要求凡属于行政法规条文本身需要进一步明确界限或者做补充规定的问题，由国务院作出解释；凡属于行政工作中具体应用行政法规的问题，由有关行政主管部门在职权范围内能够解释的，由其负责解释；有关行政主管部门解释有困难或其他有关部门对其作出的解释有不同意见，要求国务院解释的，由国务院法制办公室承办，作出解释；凡属于国务院、国务院办公厅有关贯彻实施法律、行政法规的规范性文件的解释问题，由国务院法制办公室承办，作出解释。

行政解释是执法人员在办案中认定事实和适用法律的前提，是案件查处中的核心环节。行政法适用机关只有正确地理解、解释行政法规范，才有可能使其行政法律适用行为具有合法性和正当性。

（2）行政解释应具有合目的性、明确性和可接受性。

面对环境保护部对《国家危险废物名录》中来源于天然原油和天然气开采行业的“废弃钻井液处理产生的污泥”中的“处理”所做的法律解释，L 公司认识到了自身的错误，并撤销了复议申请。之所以本案能以这样的方式顺利结案，主要是因为环境保护部遵循了法律解释的具体原则，使该行政解释具有合目的性、明确性和可接受性。

在行政解释中，解释主体可以对法律、法规等规范性文件进行语法解释、历史解释、字义解释，但更重要的是要探求法律规范当初的立法目的和行政执法目的，进而进行目的解释。《国家危险废物名录》是环境保护部、国家发展和改革委员会根据《中华人民共和国固体废物污染环境防治法》的有关规定制定的部门规章，是《固体废物污染环境防治法》的配套文件。其立法目的应以《固体废物污染环境防治法》的立法目的为准——即为了防止固体废物污染环境，保障人体健康，维护生态安全，促进经济社会可持续发展。因此一切具有危险特性的固体废物都应被列入危险废物的范畴，并实施特殊管理。环函[2010]253 号文件在对“处理”一词进行解释时一方面尊重了科学，另一方面也尊重了涉案法律的立法目的，做到了法律解释的合目的性。在人类大量开采能源，对环境造成重大影响的今天，这一行政解释不仅对于本案，对今后类似案件也都具有指导性，对我国环境保护和生态建设具有重要意义。

环函[2010]253 号文件是对涉案法律中词语的解释，其表述清楚明确，使行政相对人和执法者都能理解其含义。行政解释机关对涉案法律进行清晰、明确地解释，有助于行政机关规范执法、正确适用法律、节省执法成本；更有助于从事相关行业的行政相对人在今后的经营活动中更好地遵循法律规定，严格守法。

虽然行政机关在执法过程中会根据自己的理解对事实认定和法律适用作出解释，但是因为处于执法者的地位，与行政相对人相对立，所以其解释往往被行政相对人质疑合法性和公正性。在双方就涉案法律的理解存在分歧时，由不做出具体行政行为的国务院环境保护主管部门进行法律解释，是权威性和公正性的体现。即使行政解释的结果不支持行政相对人，其也会信服，并接受行政处罚或处理。本案中，环境保护部就四川省环保厅的请示，及时做出回复，措辞恰当，表述准确，对案件的处理起到了至关重要的作用。由于其行政解释具有可接受性，行政相对人认识到了自身的错误，撤销了之前提出的复议申请。

（3）行政解释应由有权解释的机关作出。

关于行政解释的主体，必须是有权对法律作出具有国家认可的拘束力解释的机关。根据《全国人民代表大会常务委员会关于加强法律解释工作的决议》、《国务院办公厅关于行政法规解释权限和程序问题的通知》（国办发[1993]12号）以及《国务院办公厅关于行政法规解释权限和程序问题的通知》（国办发[1999]43 号）的相关规定，具有行政解释权的主体是国务院及其主管部门，省、自治区、直辖市人民政府主管部门等。

总体而言，国务院及主管部门负责对不属于审判和检察工作中的其他法律、法令如何具体应用的问题进行解释。具体来看：第一，国务院负责解释属于行政法规条文本身需要进一步明确界限或者做补充规定的问题。同时，对于涉及具体应用行政法规的问题，如果行政主管部门无法解释或者多个行政主管部门有不同解释的时候，由国务院法制办公室按照行政法规草案审查程序提出意见，报国务院同意后，根据不同情况，由国务院发布或者由国务院授权有关行政主管部门发布。第二，国务院法制办公室承办对国务院、国务院办公厅有关贯彻实施法律、行政法规的规范性文件的解释问题作出解释，其中涉及重大问题的，由国务院法制办公室提出意见，报国务院同意后作出解释。第三，有关行政主管部门在职权范围内负责解释属于行政工作中具体应用行政法规的问题；如果该行政主管部门解释有困难或者其他有关部门对其作出的解释有不同意见，要求国务院解释的，由国务院法制办公室承办，作出解释，其中涉及重大问题的，由国务院法制办公室提出意见，报国务院同意后作出解释，答复有关行政主管部门，同时抄送其他有关部门。第四，省、自治区、直辖市人民政府主管部门负责解释地方性法规如何具体应用的问题。

案例点评人：温慧卿（北京青年政治学院讲师、中国人民大学法学院博士研究生）

【案例九】

某陶瓷发展公司违反危险废物处置制度案

一、基本案情和审理过程

南昌市J陶瓷发展有限公司主要生产陶瓷制品。南昌市环保局 2010 年 6 月 5 日对该公司进行现场检查时发现其将生产中煤气发生炉产生的煤焦油（属危险废物）在未经环保部门批准、未按规定填写危险废物转移联单的情况下，擅自将煤焦油出售给高安一家企业。当事人每年产生的煤焦油约 600 吨，产生量和转移量较大，当事人在执法人员现场检查当日所作的现场检查笔录中已全部承认该违法事实。南昌市环保局经审理，认定当事人违反了《中华人民共和国固体废物污染环境防治法》第五十九条第一款：“转移危险废物的，必须按照国家有关规定填写危险废物转移联单，并向危险废物移出地设区的市级以上地方人民政府环境保护行政主管部门提出申请”的规定。根据《中华人民共和国固体废物污染环境防治法》第七十五条第一款第六项和第二款：“违反本法有关危险废物污染环境防治的规定，不按照国家规定填写危险废物转移联单或者未经批准擅自转移危险废物的，处2万元以上20万元以下的罚款”的规定，南昌市环保局于2010年6月11日对当事人下达了责令立即停止违法行为，并拟实施罚款20万元的《行政处罚事先（听证）告知书》。此后，J公司派人来到环保局进行陈述申辩，反悔现场检查时已承认并签字确认的违法事实，称当天承认危险废物擅自转移是因为被调查人对情况不清楚，称该危险废物平时是自己公司收集起来并掺在煤里一并焚烧，这样做可以买便宜点的煤，提高燃烧效率，节约生产成本。

由于当事人对违法事实的反悔，而南昌市环保局在调查取证时又没有除现场检查笔录外的更为确凿的证据来反驳其陈述申辩意见，证实其擅自转移危险废物的事实，导致该案中止了法律程序。

二、本案涉及的法律问题

本案涉及固体废弃物污染证据收集问题。在环境行政诉讼中，主要的举证责任是由环境执法机关承担，也就是“举证责任倒置”。《行政诉讼法》第三十二条规定：被告对作出的具体行政行为负有举证责任，应当提供作出该具体行政行为的证据和所依据的规范性文件。在环境行政诉讼中，环境执法机关向法院提交的证据应包括：（1）作出具体行政行为的证据，主要是事实证据，如现场检查记录、询问笔录、监测报告等；（2）作出具体行政行为的依据。主要是指法律、法规、地方性法规、单行条例等。

本案中，环境执法机关仅仅有现场检查笔录，并没有直接证据证明该公司有不按照国家规定填写危险废物转移联单或者未经批准擅自转移危险废物的情况，因此最终使得该公司逃脱了处罚。

三、本案启示

违反《中华人民共和国固体废物污染环境防治法》案是南昌市近两年来查处的违法行为中所占比重较大的案件，约占总案件的30%，该类案件的违法频次较高，对环境造成的污染严重。近几年，重金属污染水质和土壤常是群众投诉的热点问题，已引起国家的高度重视，随着环境形势的变化，南昌市近两年加大了对固体废物尤其是危险废物污染环境的查处力度，仅2009年即查处该类违法行为50余起。但该类违法行为取证极为艰难，违法行为人在我厅调查立案后以种种理由拒绝承认违法事实，导致因证据取证不足无法实施行政处罚。

从本案中可以看出，现场检查和调查笔录只是调查取证的基础内容，仅仅依靠笔录不能形成认定违法事实的铁证，要确凿地认定该违法事实，还必须有危险废物的销售、转移用于财务入账的单据及危险废物产量及处理情况等的证明材料，应从多方面入手来获取证据，以形成认定违法事实的完整的证据链，只有这样，才能对违法行为的认定做到无懈可击。

案例点评人：迟赛慧（江西省环境监察局）

【案例十】

夏某环境监管失职案

一、基本案情和审理过程

2009年2月12日盐城市盐都区环境监察局将关于“盐城市B化工有限公司废水未经处理直接外排，春节放假期间废水都排入河中，严重污染河水，味道也很刺鼻”的群众举报信访件交四分局查处。2009年2月16日上午，被告人夏某与区环境监察局副局长蔡某（另案处理）等人到B化工公司董事长胡某办公室内，告诉胡某有群众举报其公司外排废水后，在未到现场勘察的情况下，伪造了1份内容为“该公司氯代醚酮产品生产正常，冷却水经收集循环利用，钾盐水收集处理”的现场监察记录。2009年2月20日由于B化工公司继续排放在生产氯代醚酮过程中的含有毒有害物质的钾盐废水，导致发生盐城市区“2·20”饮用水源严重污染事件，造成盐城市城西和越河西水厂生活饮用水地表水源和盐城市区自来水供水管网严重污染，市区20余万居民生活饮用水停水66小时40分钟，造成直接经济损失543.21万元。

江苏省盐城市盐都区人民检察院以被告人夏某犯环境监察失职罪向盐城市盐都区人民法院提起公诉。被告人夏某对公诉机关指控的基本事实予以供认，请求从轻处罚。被告人夏某辩护律师认为夏某虽有环境监管的责任，但造成“2·20”重大污染事故的根本原因是B化工公司偷排有毒废水（该公司董事长胡某系盐城“2·20”特大水污染事件的主犯，被盐城市盐都区人民法院以犯投放有害物质罪，判处有期徒刑10年），故应对夏某从轻处罚。

盐城市盐都区人民法院审理后认为：被告人夏某作为负有环境保护监督管理职责的国家机关工作人员，严重不负责任，导致发生重大环境污染事故，致使公私财产遭受重大损失，其行为已触犯刑律，构成环境监管失职罪。公诉机关指控被告人夏某犯环境监管失职罪名成立。辩护人提出的造成“2·20”重大污染事故的根本原因系标新化工公司偷排有毒物质的辩护意见，并不能成为被告人夏某的免责理由，不予采纳。鉴于被告人夏某对公诉机关指控的基本事实供认，可酌情从轻处罚。该院依照《中华人民共和国刑法》第四百零八条、全国人民代表大会常务委员会《关于〈中华人民共和国刑法〉第九章渎职罪主体适用问题的解释》的规定，于2009年12月20日作出刑事判决如下：

被告人夏某犯环境监管失职罪，判处有徒刑2年。

宣判后，被告夏某不服，以一审辩称理由提出上诉。盐城市中级人民法院经过二审审理，驳回上诉，维持原判。

二、本案涉及的法律问题

本案争议的焦点，被告人夏某辩护人以造成“2·20”重大污染事故的根本原因系B化工偷排有毒物质提出夏某的免责理由是否成立。B化工公司偷排有毒废水的行为确系造成“2·20”重大污染的根本原因，但被告人夏某身为负有环境监管职责的人员，未按相关规定的监管频次、监管内容等正确履行环境监管职责，夏某对其辖区内重点污染源——

位于盐城市区饮用水源二级保护区内的“零排放”企业B化工有限公司，日常监管对未能按照《环境监理工作程序（试行）》等规定，结合该公司工况进行严格的现场监察。2008年8月至2009年12月20日间对该公司现场监察达不到《环境监理工作制度（试行）》规定的每月至少一次的频次要求，未能及时发现该公司长期外排含高浓度挥发酚的钾盐废水。特别是在处理涉及环境污染信访举报过程中，仍未引起足够重视并正确履行监管职责，而采用伪造现场监察记录的方式敷衍了事，使得造成重大环境污染的危险状态未得到有效处置。夏某主观上不想发生重大污染事故，但在对B公司的环境监管期间，严重不负责任的工作态度，是导致重大环境污染的重要原因，其玩忽职守的情形十分明显，故该辩护人提出被告人夏某的免职理由不能成立。

三、本案启示

环境监管失职罪，是指负有环境保护监督管理职责的国家机关工作人员严重不负责任导致发生重大环境污染事故，致使公私财产遭受重大损失或者造成人身伤亡的严重后果的行为。近年来，此类案件在基层环保系统呈高发态势，仅江苏省去年就发生3起，涉案10人，本案夏某就是其中一起。究其原因，总的形势是环境监管的压力在不断增大，但少数环境监管人员责任意识不强、法制观念淡薄、个人私欲膨胀、履职能力欠缺、保障机制不全等因素是主要成因。当前，环保行业是一个高危行业，必须切实加强防范工作，遏制或减少此类案件的发生。一要强化“不愿犯”的自律意识。“决定因素是人不是物”。在发展社会主义市场经济环境下，环境监管工作人员要牢固树立宗旨意识，加强党性修养，恪守职业操守，以《廉政准则》为镜子，检点自己的行为，守得住心神，管得住手脚，抗得住诱惑，耐得住寂寞，经得住考验，公私分明，公而忘私，克己奉公，用积极态度对待人生，用正确的原则规范行为。做心系群众、服务人民的公仆，筑牢防腐拒变的思想道德、纪律、法律防线。二要建立“不能犯”的防范机制。必须建立健全环境监管人员职务制度执行的有效运行机制，要明确环境监管人员工作岗位职责，规范工作流程，靠制度管人，用程序管事，建立从源头上治理失职渎职的防范体系，通过完善各种规章制度，堵塞各种监管漏洞，盯牢产生失职渎职的各个环节。把反渎职的各项工作融入环境行政管理全过程，防止出现制度空白和软档，积极推进阳光执法。要实施重点岗位轮岗制度。要建立有效的反渎职的预警机制，正确分析和判断失职渎职的苗头和动向。三要形成“不敢犯”的监督格局。“没有监督的权力最容易滋生腐败”。建立健全全方位全过程监督机制，充分发挥民主监督、群众监督和新闻舆论监督的作用，营造“不敢犯”的环境。要加强事前监督和过程监督，采取盯住薄弱环节监督；结合中心工作监督；置于阳光监督。

案例点评人：王律政（江苏省盐城市盐都区环保局）

参考文献

[1] 环境保护部环境监察局．环境行政处罚办法释义．北京：中国环境科学出版社，2011.

[2] 王灿发．环境与自然资源法案例教程．北京：知识产权出版社，2006.

[3] 陆新元．环境监察（第三版）．北京：中国环境科学出版社，2009.

[4] 李艳芳．环境保护法典型案例．北京：中国人民大学出版社，2003.

[5] 王灿发，常纪文．环境法案例教程．北京：清华大学出版社、北京交通大学出版社，2008.

[6] 环境保护部环境监察局．环境监察执法手册（内部参考教材），2009，7.

[7] 刘定慧．企业环境法律实务．北京：中国环境科学出版社，2011.

[8] 毛应淮，刘定慧．工业污染源现场检查执法指南．北京：中国环境科学出版社，2003.

[9] 朴光洙，刘定慧，马品懿．环境法与环境执法．北京：中国环境科学出版社，2004.

后 记

本次编制完成的环境监察系列培训教材是主干教材《环境监察》(第三版)的辅助教材，包括正式出版的《污染源环境监察》、《排污收费与排污申报》、《生态环境监察》、《环境典型案例分析与执法要点解析》、《环境行政处罚》和参考讲义《建设项目及集中式污染处理设施环境监察》、《挂牌督办典型环境违法案件》、《环境执法后督察》、《限期治理项目环境监察》、《环境监察廉洁执法》等。

为了使环境监察执法理念及工作方法的研究工作更加科学合理，欢迎大家将上述培训系列教材使用过程中的建议和工作中好的经验、实例及时反馈给我们，使得环境监察培训系列教材能够不断地推陈出新，更好地适应新形势下环境监察工作的需要。